Lena Kiefer

# WESTWELL

## HOT & COLD

Traduzione di
Tania Spagnoli e Federico Zaniboni

GIUNTI

Titolo originale:
*Westwell: Hot & Cold (# 3)*


Questa è un'opera di fantasia. Ogni riferimento a fatti accaduti e a persone esistenti o realmente esistite è puramente casuale.

*Realizzazione editoriale:* Grand Publishing Hotel

www.giunti.it


Via Bolognese 165 – 50139 Firenze – Italia
Via G. B. Pirelli 30 – 20124 Milano – Italia

Prima edizione: gennaio 2024

# WESTWELL

## HOT & COLD

*Per Simone,*
*sei la mia eroina*

## Playlist

*Westwell Theme* – technokrates

*I Don't Pray* – AVEC

*Breathe Easy* – Blue

*I Guess I'm in Love* – Clinton Kane

*You Are The Reason* – Duet Version – Calum Scott, Leona Lewis

*Out Of The Woods* – Taylor Swift

*Lost Without You* – Freya Ridings

*Shape of My Heart* – Backstreet Boys

*Warm* – Moncrieff

*Cry On Me* – Ella Henderson, Mikky Ekko

*Half a Heart* – One Direction

*Walk With Me* – Måns Zelmerlöw, Dotter

*Crazy What Love Can Do* (Acoustic) – David Guetta, Becky Hill, Ella Henderson

*Little By Little* – Oasis

*Lay Me Down* – Sam Smith

*Closer* – Kings of Leon

*Brave* – Ella Henderson

*11:11* – Ben Barnes

*Wonderland* – Taylor Swift

*Where It All Begins* – Summer Kennedy

*These violent delights*
*have violent ends*
*and in their triumph die,*
*like fire and powder,*
*which, as they kiss, consume.*
William Shakespeare, *Romeo and Juliet*

# 1

# Helena

«Pronto, 911, come posso aiutarla?» La voce sembrava calma, quasi rilassata. Tutto il contrario di me.

«Pronto, sono… Helena Weston» balbettai. Le mani mi tremavano così tanto che riuscivo a malapena a reggere il telefono. «Mandate subito un'ambulanza all'Emilio's, nel West Village.»

«Si calmi, signorina. Cos'è successo?»

«Il mio ragazzo… presto, è un'emergenza, ha bisogno d'aiuto.» Ne ero certa, anche se non avevo idea di cosa fosse accaduto esattamente. Mi era bastato udire la sua voce strozzata, quasi irriconoscibile: non avevo mai sentito Jess parlare così.

«Signorina, deve dirmi cos'è successo, altrimenti non posso aiutarla.»

«Non lo so che cazzo è successo!» sbottai. Mi resi conto che non era il tono appropriato, ma l'angoscia mi impediva di essere razionale.

L'operatore fece un respiro profondo. «Riesce a vedere qualcosa, signorina? Il suo ragazzo è cosciente, respira, ha ferite visibili?»

«Non sono con lui, gli ho solo parlato un attimo al telefono e ha pronunciato il mio nome con un filo di voce, come… come se stesse morendo. Può mandare qualcuno? Per favore!» Con gli occhi velati di lacrime, guardai la strada in preda alla disperazione. Ero davanti a casa di Jess: quanto distava da lì il ristorante di cui mi aveva parlato?

«Okay, mando un'ambulanza» disse infine l'operatore con mio grande sollievo, che tuttavia durò solo pochi secondi prima di lasciare di nuovo spazio al panico. Cos'era accaduto a Jess? I soccorsi sarebbero riusciti ad arrivare in tempo?

Prima di riagganciare ripetei il mio nome e quello del ristorante, dopodiché mi guardai intorno in cerca di un taxi. Niente da fare, nemmeno uno in vista. Com'era possibile che in quella maledetta città, che contava più taxi che abitanti, non ce ne fosse nessuno in circolazione in quel momento?

Raccolsi da terra il mio borsone da viaggio e lo gettai dietro alcuni cespugli vicino alla porta d'ingresso. Che lo rubassero pure, non me ne fregava niente. Mi affrettai verso la Settima strada con la speranza di trovare finalmente un taxi, ma anche quella era deserta – d'altronde era pur sempre la vigilia di Natale.

Aprii in tutta fretta il navigatore sul telefono e dovetti premere il tasto più volte perché le mie dita non obbedivano. Imprecai tra me e me, poi inserii l'indirizzo dell'Emilio's e mi incamminai. Erano quasi due chilometri e mezzo, con un tempo stimato di venticinque minuti.

*Devo assolutamente arrivare prima.*

Mi misi a correre e, mentre attraversavo la strada, mi passarono per la testa gli scenari più spaventosi: Jess era stato investito da un'auto e lasciato a terra agonizzante, oppure picchiato o aggredito con un coltello. Al telefono aveva pronunciato solo il mio soprannome, con voce terribilmente fievole, come se le forze lo stessero abbandonando. E quando gli avevo chiesto, anzi *implorato*, di dirmi cosa fosse successo, non aveva risposto. Non avevo mai rivolto la parola a una persona in fin di vita, ma ero certa che il tono fosse proprio quello. A quel punto la chiamata si era interrotta, con un semplice, brevissimo suono che mi aveva separata da lui. Fine.

Passai di corsa davanti a un bistrot, accanto ad alcuni clienti che stavano fumando, ne urtai un paio e mormorai delle scuse. Non riuscivo a pensare ad altro che a Jess. I pochi ricordi di noi due insieme, la serata al Bella Ciao, la notte nel suo appartamento, la tempesta di neve al Randy East. Per tutto quel tempo avevo temuto di non rivederlo più, ma senza mai provare il terrore che mi attanagliava adesso.

Continuando a correre lanciai un'occhiata allo smartphone: avevo percorso circa metà della distanza. Cominciai ad avvertire una fitta alla milza, ma la ignorai. Sarei riuscita ad arrivare in tempo? E l'ambulanza? *Merda, merda, merda!* Avevo già perso una figura che significava tantissimo per me; non potevo permettere che accadesse di nuovo.

A un tratto mi imbattei in un gruppetto di persone, con ogni evidenza quasi tutte ubriache, che avanzavano barcollando nella mia direzione. Rallentai l'andatura e cercai di evitarle, ma mi sbarrarono la strada. Spinsi via con rabbia uno degli uomini, più sgarbatamente di quanto avessi voluto, dopodiché ripresi a correre.

Il tizio mi lanciò un'imprecazione, ma ormai ero già all'incrocio successivo. Per qualche centinaio di metri udii solo il mio respiro e il rumore delle poche auto in circolazione. Non osai fermarne una: da brava newyorchese, sapevo benissimo che nessuno si sarebbe fermato; anzi, se ci avessi provato avrebbero probabilmente chiamato la polizia, e non potevo certo rischiare di cacciarmi nei guai. Così continuai a correre più veloce che potevo, nella speranza di raggiungere Jess in tempo.

Metro dopo metro cominciavo ad avvertire sempre più la fatica, il corpo mi mandava chiari segnali di essere al limite. E tuttavia non rallentai. Dovevo resistere, non potevo permettermi di mollare. Mai e poi mai.

Ero madida di sudore sotto il cappotto, quando finalmente scorsi l'insegna dell'Emilio's in fondo alla strada. Un attimo dopo, però, notai dei lampeggianti e un capannello di persone all'angolo di un vicolo. Mi fermai di colpo e rimasi a fissare, atterrita, quella scena che ero abituata a vedere solo in televisione. E se fosse stato proprio come nelle serie *crime*? E se Jess fosse morto?

Una parte di me voleva precipitarsi lì, un'altra invece mi tratteneva. Mi balenarono in mente i ricordi della mattinata successiva alla morte di Valerie, che mi trafissero come coltellate.

*Ti prego, no. Fa' che non sia così, ti prego!*

«Ti prego, no.» La voce suonava estranea alle mie stesse orecchie, fievole e implorante. Poi finalmente mi riscossi dalla paralisi e cominciai a muovermi.

Stavo per attraversare la strada quando udii l'ululato assordante di una sirena e vidi un'ambulanza sfrecciarmi accanto, diretta verso nord. La guardai e capii. Chissà come, ero certa che Jess fosse lì dentro. L'avevano già portato via. Ero arrivata troppo tardi.

Mi sfuggì un gemito, metà grido e metà singhiozzo. Sentii che le ginocchia stavano per cedermi, ma mi sforzai con tutta me stessa di restare in piedi. Non potevo crollare adesso, Jess aveva bisogno di me. Dovevo ricompormi e informarmi sull'accaduto, per quanto avessi una paura folle di conoscere la verità.

«Cos'è successo?» chiesi alle prime persone che incontrai, assiepate dietro il nastro segnaletico.

«Hanno sparato a qualcuno» rispose una donna di mezza età, stringendosi nel cardigan. «Proprio una brutta storia. E dire che questo è sempre stato un quartiere tranquillo.»

«Sparato?» ripetei con voce inespressiva, in preda allo sgomento. Avevano sparato a Jess. Gli avevano *sparato*. La parola mi vorticava in testa, del tutto priva di senso.

«Tesoro, stai bene?» mi domandò la donna preoccupata.

Non feci in tempo a darle una risposta, perché in quel momento alcuni si fecero da parte liberando la visuale sul vicolo. Pochi metri al di là del nastro, un agente di polizia accese un riflettore che illuminò di colpo l'asfalto. Alla vista di una grande chiazza scura, mi si rivoltò lo stomaco. Era sangue. *Molto* sangue. Quanto può contenerne un uomo? Era possibile sopravvivere dopo averne perso così tanto? In testa mi rimbombò un secco NO! Eppure l'ambulanza era ripartita a tutta velocità, quindi forse c'era ancora speranza, giusto?

Fino a quel momento non avrei mai immaginato che mi si potesse scatenare in testa un simile turbine di pensieri: riuscivo a malapena a formulare una domanda che questa veniva subito scalzata da un'altra. Mi sentivo intorpidita, tutto il mio essere sembrava opporre resistenza alla realtà. Forse era solo un brutto sogno. Magari di lì a poco mi sarei svegliata e Jess sarebbe stato accanto a me, sano e salvo.

Ma non era un brutto sogno. E non mi svegliai.

Un poliziotto mi passò accanto e io scattai subito verso di lui per fermarlo. «Mi scusi, sa dove hanno portato il ferito?» chiesi cercando di mantenere la lucidità.

L'agente mi guardò. «Non posso darle questo genere di informazioni, signorina.»

«La prego, me lo dica!» gridai disperata. «È il mio ragazzo, io...» Il resto fu soffocato dal groppo in gola. Era solo la seconda volta che chiamavo Jess in quel modo. Il pensiero che forse non avrei mai più potuto pronunciare quella frase al presente mi mozzò il fiato.

L'uomo sembrò impietosirsi, il suo sguardo si addolcì. «Lo hanno portato al Mount Sinai, a Stuyvesant Square, è l'ospedale più vicino.» Mi stavo già allontanando quando l'agente mi interpellò di nuovo. «Signorina, non abbiamo trovato documenti addosso alla vittima, saprebbe dirci chi è? Così avvisiamo i parenti.»

Avrei preferito non riferirglielo, perché era facile intuire chi avrebbero avvertito. Ma Trish aveva il diritto di essere informata. Così annuii e risposi: «Si chiama Jessiah Coldwell. Saprà senz'altro chi è sua madre».

Senza attendere la replica del poliziotto, mi avviai di corsa nella stessa direzione dell'ambulanza. Come se il destino si divertisse a prendersi gioco di me, ecco spuntare all'improvviso decine di taxi. Con un gesto energico – non so dove ne avessi trovato la forza – ne fermai uno, aprii la portiera e sprofondai sul sedile.

«Dove andiamo?» mi domandò l'autista, e io mi trattenni a stento dal chiedergli a gran voce dove diavolo fosse stato venti minuti prima. Al contrario mi concentrai sulla mia priorità assoluta: Jess.

«Al Mount Sinai, sulla Prima avenue. Il più in fretta possibile.»

# 2
# Helena

Il tassista mi prese in parola e partì a tutta velocità verso la Prima avenue. Durante il tragitto strinsi forte i lembi del mio cappotto immaginando che fossero le mani di Jess, come se in quel modo potessi tenerlo in vita. Per un attimo pensai di chiamare qualcuno – Malia o Lincoln –, ma non avevo voglia di raccontare quello che era successo. Per un altro istante, sull'onda di un impulso infantile, desiderai persino che i miei genitori fossero lì accanto a me; poi però mi tornò in mente che solo un'ora prima avevo annunciato loro la mia intenzione di trasferirmi da Jess. Sembravano passati giorni.

Poco dopo vidi stagliarsi davanti a me il profilo del Mount Sinai e riaprii a fatica le dita contratte per estrarre il portafoglio. Per quanto fossi in preda al panico, non dimenticai di pagare la corsa.

«Eccoci qui.» Il tassista si fermò davanti all'ingresso principale e io gli allungai l'importo in tutta fretta per scendere dall'auto e precipitarmi all'interno. Varcate le porte scorrevoli, fui accolta da una luce intensa che mi bruciò gli occhi, ormai abituati all'oscurità. Ignorai il fastidio e mi guardai intorno, senza intravedere Jess da nessuna parte. Ovviamente non poteva essere lì: dovevano averlo portato d'urgenza in sala operatoria.

«Salve» salutai la donna al banco dell'accettazione accennando un sorriso. «Poco fa è stata portata qui una persona, un ragazzo, gli hanno spa… è ferito. Può dirmi come sta?»

Mi guardò. «È una parente?»

«Sì» mentii, sapendo che altrimenti non mi avrebbe rivelato nulla. «Certo. È mio… Insomma, siamo parenti.»

«E di che tipo di parentela si tratta?» Dall'alto della sua consumata esperienza, la donna si insospettì all'istante. Intuii che aveva smascherato la mia bugia. Di solito ero più brava a mentire, ma in quelle condizioni non riuscivo a essere convincente. Così mi arresi.

«Di nessun tipo. È un mio amico. Stavo andando da lui, quando a un certo punto mi ha chiamata e sembrava in fin di vita. Ho contattato subito il 911 e sono corsa da lui, ma ero troppo lontana e sono arrivata tardi, lo avevano già portato via.» Le parole mi uscirono di getto e mi resi conto che stavo iniziando a tremare come una foglia, mentre a poco a poco l'adrenalina lasciava spazio allo shock e alla paura. «Adesso sono qui e non ho idea di cosa stia succedendo. E temo che potrei perdere la testa se non mi dite almeno che è ancora vivo.»

L'infermiera parve accorgersi dello stato pietoso in cui mi trovavo. «Come si chiama, signorina?»

«Helena… Helena Weston» dissi battendo i denti. Non riuscivo a dominare il tremito.

«Signorina Weston, capisco cosa sta passando. L'unica cosa che posso dirle è che in questo momento il suo amico sta subendo un intervento chirurgico. Non posso riferirle altro, sennò finisco nei guai. Forse conosce qualche familiare del ragazzo da chiamare? Così potrete aspettare qui insieme finché non ci saranno novità.»

Per poco non scoppiai in una risata isterica. Ma certo, Trish Coldwell sarebbe sicuramente rimasta lì ad attendere con me e mi avrebbe tenuta informata sulle condizioni del figlio. Era più probabile che ghiacciasse l'inferno. Tuttavia sapevo che non avrei potuto ottenere molto di più, così mi arresi, limitandomi ad annuire.

«Grazie» aggiunsi con voce inespressiva, poi raggiunsi la sala d'attesa e mi accasciai su una sedia, nel timore che le gambe mi cedessero da un momento all'altro.

Mi sentivo esausta e allo stesso tempo come se avessi bevuto dieci tazze di caffè, irrequieta e agitata. Solo una cosa avrebbe potuto farmi uscire da quello stato: la notizia che Jess ce l'avrebbe fatta.

Chi lo aveva ridotto così? Era stata una rapina finita male? Si era trovato nel posto sbagliato al momento sbagliato? O era stato preso di mira deliberatamente? Ripensai a Valerie e Adam, alla possibilità che fossero stati uccisi. Perché mai qualcuno avrebbe voluto eliminare anche lui? Non aveva alcun senso.

Le lancette dell'orologio nella sala d'attesa si muovevano al rallentatore, almeno così mi sembrava. Ogni volta che qualcuno varcava le porte di vetro smerigliato trasalivo, ma erano solo medici e infermieri intenti al loro lavoro. Non avrei mai pensato di potermi sentire così male, così debole e vulnerabile. Gli ultimi sei mesi senza Jess erano stati terribili, ma almeno allora sapevo che era vivo. Adesso invece, me lo *sentivo*, stava lottando tra la vita e la morte. Forse era solo la mia immaginazione. In ogni caso mi misi a pensare intensamente a lui, sperando con tutta me stessa che riuscissero a salvarlo.

Strinsi con forza il telefono, desiderando come non mai che Valerie fosse ancora con me, che fosse lì al mio fianco per dirmi che sarebbe andato tutto bene, anche se lei stessa non avrebbe certo potuto saperlo. Allora non sarei stata tanto sola e mi sarei sentita molto meno impotente. Ma Valerie non c'era più. Restava soltanto la sua voce che di tanto in tanto mi risuonava in testa, prodiga di saggi consigli.

Come adesso.

*Chiama Lincoln.*

Poco prima avevo represso quell'impulso, ma, a dirla tutta, avevo disperatamente bisogno di parlare con qualcuno per non impazzire. E mio fratello era una delle persone più rassicuranti che conoscessi.

Era consentito usare il cellulare in ospedale o era ancora vietato? Non ne avevo idea, ma non vedendo alcun cartello che ne proibisse l'utilizzo, e fidandomi poco delle mie gambe, composi il suo numero. Lincoln rispose dopo il secondo squillo.

«Len, tutto bene?»

«Linc, io... ho bisogno del tuo aiuto» risposi con voce lamentosa poiché in quel momento non riuscivo a farmi forza.

«Cos'è successo?» Sembrava allarmato. «Stai bene? Ti prego, dimmi qualcosa!»

«Sto bene, ma Jess... è...» Dovetti interrompermi di nuovo, avvertendo un pesante groppo in gola. Pronunciare quelle parole le rendeva sempre un po' più reali. «Gli hanno sparato.»

«Sparato?» ripeté mio fratello stupito. «E come sta? È all'ospedale?»

«Sì, ho chiamato il 911 e l'hanno portato via.»

«Quindi eri lì anche tu? Sei ferita?» Udii il panico insinuarsi nella sua voce.

«No, no, ero solo al telefono con lui» mi affrettai a rispondere con un gemito. «E adesso sono qui in ospedale, ma non mi dicono nulla perché non sono della famiglia e...» Ormai non riuscivo più a reprimere i singhiozzi, mi portai una mano alla bocca per soffocare il pianto.

«Vengo lì. Dove sei?» Si udì il tintinnio di un mazzo di chiavi, il fruscio di un cappotto. Non sapevo se fosse ancora dai nostri genitori o già a casa sua. Non me ne fregava niente.

«Al Mount Sinai, sulla Prima» sussurrai attraverso le dita premute sulle labbra.

«Okay, è vicino. Arrivo subito, Len, tieni duro.» Dopodiché riattaccò.

In quell'istante mi sentii stranamente sollevata, perché adesso anche qualcun altro era al corrente dell'accaduto. La presenza di Lincoln non avrebbe certo migliorato le condizioni di Jess, ma forse con lui accanto sarebbe stato più facile attendere e sperare. Anche solo chiacchierando un po'.

Mio fratello non era ancora arrivato quand'ecco che le porte a vetri dell'ingresso si aprirono e qualcuno si precipitò in sala, una donna alta e bionda con un lungo cappotto beige i cui lembi le svolazzavano dietro la schiena. Era Trish Coldwell. Inarrestabile, senza nemmeno guardarsi intorno, si diresse a grandi passi verso l'accettazione. Io rimasi seduta rigida, incerta sul da farsi.

«Mio figlio è appena stato ricoverato qui» dichiarò perentoria all'infermiera. «Si chiama Jessiah Coldwell. Voglio sapere subito come sta.»

Non riuscii a udire la risposta perché ero troppo lontana, ma la donna si soffermò un po' a parlare con lei, quindi senza dubbio le stava dando qualche informazione in più. Poco dopo si alzò e sparì dietro le porte di vetro smerigliato, forse per chiamare un medico. Trish rimase al banco, in attesa.

Mi dava le spalle, chiaramente non mi aveva ancora vista. Con ogni probabilità avrei dovuto evitare di farmi notare, se non altro perché non potevo prevedere le conseguenze che ne sarebbero derivate per la mia famiglia. Non avevo nessuna voglia di rivolgerle la parola, ma era l'unica persona che potesse dirmi come stava Jess. Magari, solo per oggi, solo per lui, potevamo mettere da parte la nostra reciproca avversione.

Presi il coraggio a quattro mani e la raggiunsi.

«Signora Coldwell?» domandai con cautela. «Mi scusi, potrebbe dirmi…»

La madre di Jess si voltò di scatto. «Tu?!» Il suo tono furente mi fece trasalire. «Eri con lui quando è successo?»

Scossi la testa. «No, ma abbiamo parlato al telefono e…»

«Cosa ti avevo detto riguardo a mio figlio?» inveì con uno sguardo da cui trapelava la stessa angoscia che provavo io. «Ti avevo detto di stare alla larga da lui!»

«Ci ho provato!» gridai senza badare alla presenza del personale ospedaliero.

«Tutto qui? Ci hai *provato*?» Sbuffò esasperata. «Pensavo di essere stata chiara su cosa sarebbe successo se non avessi rispettato il nostro accordo, o sbaglio? Che motivo avevi di violarlo?»

«Io amo Jess!» Era orribile dichiararlo per la prima volta in quella situazione, mentre ero in apprensione per la sua vita e litigavo con Trish. Ma era la verità.

Lei si avvicinò, furibonda e minacciosa. Per un attimo fui certa che mi avrebbe mollato uno schiaffo. Ma poi la sua voce si fece più calma e tagliente.

«Già, è sempre questa la spiegazione di tutto, vero? Non bastava che quella sciagurata di tua sorella avesse fatto morire Adam? Dovevi per forza uccidere anche Jess, adesso?»

Fu come se mi avesse dato un pugno in faccia. «Io… io non… non avrei mai…» balbettai attonita di fronte a quelle parole così ingiuste e rancorose.

Trish mi fulminò con lo sguardo. I suoi occhi scintillavano di odio.

«È colpa tua se mio figlio è in fin di vita, Helena. Solo tua. E ti giuro, su quanto ho di più caro al mondo, che, se non sopravvive, non soltanto farò estromettere la tua famiglia dall'alta società newyorchese. No, se muore ti farò desiderare con tutto il cuore di aver fatto la sua stessa fine. E...»

«Signora Coldwell, la smetta subito!» Lincoln spuntò all'improvviso e mi cinse con il braccio per difendermi da Trish. «Capisco che sia fuori di sé, ma quello che è successo a Jess non è certo colpa di Helena.»

Lei scoppiò in una risata sarcastica. «Sì invece, è colpa sua. Voi Weston siete una vera maledizione! Se non fosse stato per Valerie, Adam sarebbe ancora vivo. Se non fosse stato per Helena, adesso Jess non sarebbe steso su un tavolo operatorio! Non sapete fare altro che distruggere la mia famiglia!»

In quell'istante arrivò un medico che ci lanciò uno sguardo contrariato, notando la collera e lo sconcerto dipinti sui nostri volti. «Signora Coldwell?» chiese.

«Sì, sono io.» La donna si precipitò da lui. «Allora, come sta mio figlio?»

Io rimasi in ascolto senza osare avvicinarmi.

«Al momento non possiamo affermare nulla con certezza, l'operazione è ancora in corso» rispose il medico in tono rassicurante. «Probabilmente ci vorrà qualche ora per formulare una prognosi.»

«Ma se la caverà, vero?» Adesso il tono di Trish non sembrava più autoritario e carico d'odio, ma solo supplichevole.

«Per ora non possiamo prevederlo, mi dispiace. I miei colleghi stanno facendo tutto il possibile per salvarlo. Deve avere pazienza.»

Mi portai una mano alla bocca, sospettando che quelle parole significassero in realtà: *Potrebbe non farcela.* Lincoln mi prese tra le braccia e mi strinse a sé. Tuttavia in quel frangente il mio unico desiderio era che fosse Jess a farlo. Avevamo passato troppo poco tempo insieme, non potevo lasciarlo morire. Era inconcepibile.

«Anche voi fate parte della famiglia?» ci chiese il medico. Io mi staccai da mio fratello per rispondere, ma Trish mi anticipò.

«No, nient'affatto» disse bruscamente. «Anzi, sono l'esatto opposto. Quella ragazza è responsabile dell'aggressione subita da mio figlio. Non potrebbe mai e poi mai far parte della famiglia.»

Il medico cambiò espressione e io scossi la testa con vigore.

«Non è vero! Non ho fatto niente, ero solo al telefono con lui...»

Lincoln mi prese delicatamente per il braccio e mi allontanò da Trish e dal dottore, che la salutò e scomparve.

«Helena, credo che sia meglio andare.»

«Cosa? No!» Mi divincolai. «Non posso andarmene finché non so se ce la farà!»

Mio fratello guardò la madre di Jess, intenta a dare ordini al telefono. Lincoln pareva alquanto a disagio. «Non puoi restare qui. Quella donna ti ritiene evidentemente responsabile. Sai bene quanta influenza abbia e di cosa è stata capace con Valerie. Non voglio che trami qualcosa contro di te, perché poi non potrò proteggerti.»

«Ma io non c'entro niente!» esclamai esasperata. «Lo stavo aspettando sotto casa sua, lui era stato all'inaugurazione di un ristorante e stava tornando. Abbiamo solo parlato al telefono, tutto qui» conclusi con le lacrime che mi rigavano il viso.

«Lo so. Comunque è meglio non provocarla. Andiamo da me, è più vicino, così se hai bisogno sarai qui in dieci minuti. Adesso chiamo Ben e gli chiedo di tenerci informati.»

Non avevo nemmeno pensato a Ben Hatfield: era il migliore amico di Lincoln e lavorava come specializzando in quell'ospedale. Forse, per mio fratello, avrebbe fatto uno strappo alla regola.

Cionondimeno ogni fibra del mio corpo opponeva resistenza: non potevo andarmene così, mentre Jess era in sala operatoria a lottare per la vita. Mi sembrava del tutto ingiusto, come se lo stessi abbandonando.

Non avevo ancora mosso un passo, quando alcuni uomini entrarono nell'atrio. Indossavano uniformi della polizia di New York e si diressero verso Trish, che strinse la mano a uno di loro e, voltandoci le spalle, gli rivolse la parola. A un tratto andai nel panico: se mi avessero portata via per interrogarmi, solo perché quella donna insinuava che ero coinvolta, non avrei più saputo nulla di Jess. Quindi mi arresi, non avevo scelta.

«Okay» dissi a mio fratello. «Andiamo.»

Lanciando un'ultima occhiata a Trish, seguii Lincoln fuori dall'ospedale con l'angoscia che mi attanagliava lo stomaco: non per la mia sorte, bensì per quella di Jess. Solo per lui. Non volevo prendere in considerazione l'eventualità della sua morte, e tuttavia il pensiero mi frullava in testa senza posa, così insistente da non lasciare spazio ad altro. Salii sull'auto di Lincoln quasi senza accorgermene. Via via che avanzavamo, però, mi resi conto che mi stavo allontanando sempre di più da Jess, e questa consapevolezza mi fece un male atroce, come se mi stessero strappando il cuore.

Cos'avrei fatto se lo avessi perso?

E come riuscire a impedirlo?

# 3

# Helena

Al nostro arrivo trovammo Paige ad accoglierci. Apprezzai la sua discrezione perché evitò di farmi domande, limitandosi ad abbracciarmi e andare in cucina a preparare il tè. Lincoln prese i cappotti, mentre io, in preda all'inquietudine, camminavo su e giù per il soggiorno, finché lui non mi costrinse delicatamente a sedermi sul divano per poi chiamare il suo amico Ben. Un attimo dopo Paige tornò con un vassoio e lo posò sul tavolino. Quando mi porse una tazza, la guardai con gratitudine senza riuscire a proferire parola.

«Sì, capisco. Ti ringrazio. A dopo.» Lincoln riattaccò e si sedette accanto a me. «Ben non è di turno oggi, ma chiamerà l'ospedale per informarsi. Ci farà sapere al più presto.»

Mi limitai ad annuire sorseggiando il mio tè. Adesso che mi ero allontanata da Jess, il panico aveva lasciato spazio a uno stato di shock. Stringevo la tazza tra le dita, ma riuscivo a malapena a sentirmi le gambe. Mi sembrava che ogni fibra del mio corpo fosse tesa fino al punto di rottura. Per questo restai in silenzio finché non squillò il cellulare di mio fratello.

Lincoln si affrettò a rispondere e io non ebbi nemmeno il coraggio di guardarlo. Aspettai che riagganciasse, poi aprii bocca.

«Allora?» chiesi con una voce stridula che io stessa stentavo a riconoscere.

«È in gravi condizioni» rispose. All'udire quelle parole provai un tuffo al cuore, tanto che per poco la tazza non mi sfuggì dalle mani. Fino a quel momento avevo brancolato nel buio, ma di certo non mi sarei mai aspettata nulla del genere. «A quanto pare Jess è stato colpito alla schiena. Per fortuna i proiettili non hanno intaccato i vasi principali, ma gli hanno lesionato un rene e parte della milza. Non sono un medico, ma da quel che ho capito stanno cercando di fermare l'emorragia interna per salvare gli organi.»

Mi morsi il pugno, ma non servì a niente, le lacrime continuavano a scorrermi sulle guance. Colpito alla schiena, rene, milza, emorragia interna? Cosa significavano quelle parole, se non che Jess *era in pericolo di vita*? Mi sembrava un maledetto incubo, uno di quelli in cui si cerca affannosamente una via di fuga ma ci si ritrova sempre nella stessa stanza. E dire che quella notte avrebbe dovuto essere così diversa, la prima della nostra vita insieme. Felicità, intimità, amore: dovevano essere questi i sentimenti predominanti. Non odio, angoscia e impotenza.

«Ben sta andando in ospedale, così ci terrà aggiornati» annunciò Lincoln toccandomi il braccio.

Posai la tazza perché la mano mi tremava troppo per reggerla. Mio fratello se ne accorse e mi abbracciò di nuovo. Gliene fui grata, anche se quel gesto, per quanto confortante, non poteva certo proteggere Jess.

«Ho tanta paura, Linc» sussurrai affondandogli il viso nel maglione.

«Lo so, ma ce la farà, vedrai» mormorò lui in tono rassicurante, accarezzandomi la schiena. «È forte, lotterà e ne uscirà vincitore, ne sono certo.»

Detta da lui pareva una verità incontrovertibile, ma sapevo

che era soltanto una speranza. Tuttavia mi ci aggrappai, perché non avevo altro a cui affidarmi.

«Quando ci siamo sentiti al telefono, sembrava allo stremo delle forze.» Mi staccai da Lincoln e mi asciugai il viso con la manica. «Stentavo a riconoscerlo. È stato orribile.» Jess era la persona più vivace che conoscessi: i suoi occhi, tutto il suo essere irradiavano quella speciale vitalità che era uno dei tanti motivi per cui mi ero innamorata di lui. Sentirlo così debole mi aveva sconvolto. Al solo pensiero che quella potesse essere l'ultima volta in cui gli avevo rivolto la parola e che le mie grida di panico rischiassero di diventare l'ultima cosa che aveva sentito in vita sua… Feci un respiro profondo. C'era ancora speranza: era su quella che dovevo concentrarmi. Proprio così, non dovevo farmi travolgere dalla negatività, bensì pensare positivo: Jess si sarebbe salvato. Ero pronta a fare qualsiasi cosa purché riaprisse gli occhi, persino promettere di stargli lontano per il resto della mia vita.

«Ti va di raccontarci cos'è successo dopo che te ne sei andata da casa?» mi domandò Lincoln con cautela.

Scossi la testa, in quel momento non me la sentivo.

«Mamma e papà erano fuori di sé, vero?» chiesi a mia volta. Per quanto non desiderassi parlarne, forse quell'argomento poteva distrarmi dalle orribili immagini che mi vorticavano in testa. «Il fatto che io sia voluta andare da Jess deve averli mandati su tutte le furie.»

Paige e Lincoln si scambiarono un'occhiata.

«Non direi» intervenne lei. «Piuttosto io ho avuto l'impressione che fossero tristi.»

Mi sfuggì uno sbuffo. Certo, come no. Durante la nostra discussione non mi erano affatto sembrati tristi, bensì delusi e arrabbiati perché non volevo assecondare le loro aspettative.

Perfino adesso, nel bel mezzo della crisi in cui mi trovavo, senza la più pallida idea di ciò che mi aspettava, avevo una sola certezza: non sarei mai tornata indietro.

«Forse dovrei… chiamarli?» domandò mio fratello.

«No, assolutamente no.» Mi guardai le mani. «Semmai, al massimo domani, dovresti avvisarli di stare all'erta. Adesso Trish Coldwell sa che non ho rispettato il nostro accordo, quindi, alla prima occasione, farà di tutto per distruggere il Weston Group.»

Lincoln annuì. «A questo penseremo noi.» Sembrava preoccupato per la nostra famiglia, e forse lo sarei stata anch'io se i miei pensieri e sentimenti non fossero stati interamente rivolti a Jess. I miei genitori avevano combattuto per anni le loro battaglie professionali senza coinvolgermi. E per giunta avevano affermato chiaro e tondo di non aver bisogno del mio aiuto.

«Vuoi mangiare qualcosa?» propose Paige. «Posso prepararti un panino, se vuoi. E volendo c'è anche la zuppa di ieri.»

Mi sforzai di sorridere. «Grazie, ma tanto non riuscirei a mandare giù niente.» Perfino i due sorsi di tè che avevo bevuto mi gorgogliavano tuttora nello stomaco, quasi fossero indecisi se tornare indietro o meno. Meglio non ingerire altro. «Mi spiace di avervi rovinato la serata. Dovevate avere ben altri programmi per Natale.»

Lincoln mi prese la mano e la strinse. «Smettila di scusarti. Sei mia sorella e dobbiamo sostenerci l'un l'altra. Sempre.»

«Puoi restare qui quanto vuoi» aggiunse Paige. «Finché Jess non si sarà ripreso e tu non avrai deciso cosa fare.»

Mi sarei stupita della sua solidarietà, se non avessi avuto il sentore che anche lei, a volte, meditasse di prendere le distanze dalla propria famiglia. Dall'esterno sembrava sempre che le persone come noi vantassero soltanto privilegi: denaro, influenza, potere. Ciò che molti non vedevano, però, erano gli obblighi derivanti da tale stile di vita, che spesso finivano per soffocare qualsiasi scintilla di libertà.

Li ringraziai di nuovo. Non c'era altro da aggiungere, così rimanemmo in silenzio, mentre io seguitavo a ripetermi in testa il mantra *Ti prego, Jess, tieni duro*. Forse mi spinsi addirittura a pregare, pur non essendo credente, senza mai staccare gli occhi dall'orologio, chiedendomi quanto tempo richiedesse un'operazione del genere.

Se non fosse stato per Trish, sarei potuta restare in ospedale per ricevere le ultime notizie. Mi chiesi che ne fosse di Eli: era già al corrente dell'accaduto, o forse sua madre aveva preferito lasciarlo dormire per informarlo solo l'indomani? Mi si strinse il cuore pensando al fratellino di Jess; dopo aver perso Adam, aveva bisogno di lui più di chiunque altro, persino di me.

Restammo svegli tutti e tre fino a notte fonda. Dopo un po' Lincoln invitò Paige ad andare a letto, ma lei rimase dov'era. Gliene fui grata, anche se non potevamo parlare o fare granché nell'attesa di una telefonata che ci annunciasse il cessato pericolo. Ben chiamò di nuovo verso le due per avvisarci che non c'erano aggiornamenti, dopodiché il telefono rimase silenzioso a lungo.

A un certo punto dovevo essermi addormentata, perché feci sogni confusi. Al risveglio mi ritrovai avvolta da una coperta di lana, mentre Lincoln era accovacciato davanti al divano, con una mano posata sul mio braccio. Sussultai e mi tirai su a sedere di scatto, ignorando il capogiro.

«Novità?» chiesi con ansia. Non riuscivo a decifrare l'espressione di mio fratello, né sollevata né affranta.

«Sì, Ben ha appena chiamato. Jess è uscito dalla sala operatoria, sono riusciti a stabilizzarlo e ad arrestare l'emorragia, ma non è ancora fuori pericolo, le sue condizioni rimangono critiche. Le prossime ore saranno decisive. Al più tardi domani mattina sapremo se ce la farà.»

Le lacrime tornarono a velarmi gli occhi e mi affrettai ad asciugarle. Il sollievo per il fatto che fosse ancora vivo si mescolava alla paura che la prossima telefonata avrebbe potuto recare notizie peggiori.

«Posso… posso andare da lui?» Avevo bisogno di vederlo per credere che fosse ancora tra noi. E magari anche per dargli forza, ammesso che ci riuscissi.

Lincoln scosse la testa. «Finché è in terapia intensiva solo i parenti possono vederlo, e per poco tempo. Inoltre pare che Trish Coldwell abbia assunto degli addetti alla sicurezza per proteggerlo il più possibile. A quanto dice Ben, il reparto sembra una prigione di massima sicurezza.»

Rimasi a fissarlo per un istante.

«Tutto questo per causa mia?» chiesi a mezza voce. Come avremmo mai potuto essere felici io e Jess, se sua madre cercava sempre di ostacolarci con tanta veemenza? Lui aveva affermato di non temerla, ma probabilmente era l'unico. Io avevo paura di lei. Eccome.

Mio fratello scosse la testa. «No, Len, certo che no. Il motivo, come ha spiegato lei stessa al personale, è di prevenire un eventuale altro agguato ai danni di Jess. Sai, c'è il rischio che chi gli ha sparato voglia portare a termine il lavoro. A quanto pare Trish teme seriamente che si sia trattato di un'aggressione mirata e non di una rapina finita male. È paranoica, secondo me. Ma sono sicuro che presto tornerà in sé e lascerà perdere.»

«Forse no.» A poco a poco, con una crescente sensazione di panico, cominciavo a capire cosa potesse significare tutto ciò. «Quindi non ho il permesso di vederlo, giusto?» Anche se la madre di Jess non avesse assunto gli addetti alla sicurezza per causa mia, avrebbe senz'altro dato loro istruzioni per tenermi a distanza dal figlio. Chissà perché, era convinta che fossi io la responsabile.

Lincoln si sedette accanto a me, scuro in volto. «Sì, senza dubbio. Quella donna ci odia, ma in fondo è una persona molto razionale. Non appena Jess sarà fuori pericolo, capirà che tu non c'entri nulla con questa storia. Come potresti, del resto! È un'accusa assurda!»

Trish però sembrava di tutt'altro avviso, convinta com'era che la morte di Adam e l'aggressione a Jess fossero collegate. Ripensai ai filmati di sorveglianza modificati e a quello che avevamo scoperto sui nostri fratelli. Lincoln non ne sapeva nulla.

«Linc, devo dirti una cosa.» Mi feci forza prima di rialzare lo sguardo, dopodiché sputai il rospo: «È possibile che Valerie e Adam… siano stati uccisi».

Mio fratello stava per alzarsi e rimase impietrito. Sul suo volto si avvicendarono paura, sconcerto e sgomento. «Cosa?» fu la reazione che gli lessi sulle labbra, senza sentirla. Si accasciò sul divano.

«Negli ultimi mesi io e Jess abbiamo indagato e abbiamo raccolto delle prove: c'era qualcuno nella loro suite quando sono morti, qualcuno che non voleva essere visto.» Mi affrettai a proseguire prima che lui potesse replicare. «Quindi Jess ha assunto una detective privata perché riprendesse in mano il caso da cima a fondo. Per adesso, però, non abbiamo ancora ricevuto nessun aggiornamento.»

«Wow.» Lincoln scosse la testa, prima leggermente, poi con più vigore e di nuovo in modo quasi impercettibile. Infine si alzò in piedi. «Ma chi… voglio dire, perché…?»

«Non ne abbiamo idea. Non sappiamo nemmeno se si è davvero trattato di un omicidio.» Da parte mia, mi sentivo sempre combattuta tra il desiderio che fosse così, perché in quel caso Valerie sarebbe stata scagionata, e la speranza che lei e Adam non fossero stati uccisi. «Ma se anche Trish sospetta qualcosa, ovviamente teme che la stessa sorte possa toccare a Jess.» A dire il vero, era difficile capire come mai, anni prima, invece di concentrarsi sulla caccia agli assassini, avesse scatenato una campagna diffamatoria contro Valerie. Ma forse aveva cominciato a nutrire sospetti soltanto in seguito.

Lincoln annuì pensieroso. «Qualche anno fa non le hanno rapito il figlio minore?»

«Sì, Eli. Sei anni fa.»

«Allora mi sa proprio che dovrebbe incolpare se stessa anziché te. A quanto pare i Coldwell non possono mai stare tranquilli.» Buttò fuori l'aria. «Tu pensi davvero che Adam e Valerie siano stati uccisi?»

Intrecciai le dita, abbassando lo sguardo sul tappeto. «Non lo so. Ma se è così, troveremo il colpevole, vedrai.»

«Chi, tu e Jess? Sei impazzita?» Sgranò gli occhi. «So che volevi fare chiarezza sull'accaduto, ma un omicidio… è roba per la polizia.»

«La polizia potrebbe essere coinvolta in questa faccenda, Lincoln. Non c'è da fidarsi.»

Mio fratello rimase in silenzio per un po'. Poi rialzò la testa con un'espressione molto determinata. «Se le cose stanno così, hai bisogno di protezione. Ci penso io.»

Apprezzavo la sua premura, ma in quel momento non me la sentivo proprio di affrontare la questione. «Possiamo riparlarne quando sarà tutto finito? Volevo solo che tu lo sapessi.»

«Ma certo.» Accennò un sorriso. «Allora preparo il caffè.»

Uscì dalla stanza e io guardai l'orologio alla parete. Era passato solo un quarto d'ora da quando Lincoln mi aveva svegliata, le lancette avevano da poco superato le sette del mattino. *Cazzo*. Quello sarebbe stato il giorno più lungo della mia vita.

A un tratto udii la vibrazione del cellulare, che avevo posato sul tavolino al mio arrivo. Alla vista del nome sul display, lo afferrai al volo.

«Malia?»

«Len, ho appena saputo. Stai bene?» Sembrava in grande apprensione. «Eri insieme a lui quando è successo?»

Senza entrare nei dettagli, le raccontai dell'agguato e di come in quel frangente io mi trovassi lontano, impossibilitata a intervenire. Se fossi stata con lui, avrebbero sparato anche a me? Se l'aggressore non l'avesse incontrato per strada, sarebbe andato a cercarlo a casa? Simili pensieri mi provocarono un nuovo tremito alle mani, che mi sforzai di tenere sotto controllo.

«Per caso la polizia ha scoperto qualcosa?» chiesi. Tutta la mia attenzione era concentrata su Jess, ma era comunque altrettanto importante rintracciare il colpevole.

«Stanno ancora vagliando le testimonianze, mentre una pattuglia è impegnata a interrogare gli abitanti del quartiere. Il movente principale è quello della rapina. È il sesto distretto a condurre le indagini, vado subito a farci un salto, dato che non sono in servizio. Tu hai già rilasciato una deposizione?»

«Io… ehm, no. Non ero lì con lui, e al telefono non ho sentito nulla di particolare che potrebbe essere d'aiuto.» Non avevo udito altre voci o rumori da cui ricavare qualche indizio.

«Okay, se ti viene in mente qualcosa, chiamami. Mi rifaccio sentire quando ho novità.» Malia riattaccò e io posai il telefono. Poteva davvero essersi trattato di una rapina? Jess si era trovato nel posto sbagliato al momento sbagliato? Eppure lo conoscevo abbastanza da sapere che non era particolarmente attaccato ai beni materiali e che non avrebbe mai corso stupidi rischi. Se gli avessero puntato addosso una pistola, avrebbe senz'altro consegnato il denaro, il cellulare o le chiavi dell'auto.

«Chi era?» mi domandò Paige, di ritorno insieme a Lincoln con un vassoio di bagel e un bricco di caffè.

«Malia. La polizia sta indagando nel Greenwich Village e interrogando possibili testimoni. Mi richiama appena sa qualcosa.» Mentre lo dicevo, però, smisi di pensare all'indagine e alle informazioni della mia amica. Ovviamente la cattura del colpevole era importante, ma la vita di Jess lo era ancora di più.

Accettai il caffè da Paige, ma rinunciai al bagel.

Dopodiché ricominciai a sperare.

# 4

# Helena

Come previsto, la giornata trascorse lentamente. Alle prime luci del giorno Lincoln chiamò i nostri genitori per riferirgli l'accaduto, aggiungendo che, con ogni probabilità, nel prossimo futuro Trish Coldwell avrebbe colpito duro. Io non ascoltai, né mi interessava la loro reazione. Non riuscivo a riflettere sulle conseguenze della rottura con loro o della possibile evoluzione del nostro rapporto. Sapevo solo che non rimpiangevo la mia decisione, presa contro una vita che non mi apparteneva. E soprattutto in favore di Jess.

Quella mattina Lincoln rimase a casa, ma non ne approfittai per chiedergli come avessero reagito i miei. In compenso mandai giù a forza due bocconi di bagel, innaffiandoli con così tanto caffè che il mio battito cardiaco passò da un ansioso martellare a un frenetico staccato. Verso le undici, proprio mentre stavo pensando di andare a correre per scaricare la tensione, mi squillò il cellulare. Non conoscevo il numero e per un attimo sperai che fosse Jess, ma ovviamente era impossibile. Forse era meglio lasciarlo squillare? A parte lui e forse Ben, non c'era nessuno con cui avessi voglia di parlare. Eppure, chissà, poteva anche essere importante.

«Pronto?» dissi con voce arrochita dai pianti della notte precedente.

«Helena?» Il tono mi suonava in qualche modo familiare, ma lì per lì non riuscii a riconoscerlo.

«Sì, sono io. Chi parla?»

«Sono Eli, Eli Coldwell.» Da come si controllava a fatica, intuii che si stava sforzando di mantenere la calma. Capivo benissimo come si sentiva. «Ho recuperato il tuo numero... spero non sia un problema.»

«Certo che no» dichiarai mentre il mio battito stracciava ogni record. Eli sapeva qualcosa? C'erano brutte notizie?

«Volevo solo... chiederti se hai novità su Jess. Mia madre è in ospedale, ma è da un po' che non riesco a contattarla e ho come un brutto presentimento...» concluse con voce rotta, che mi spezzò il cuore. Evidentemente ne sapeva ancora meno di me.

«L'operazione è andata bene, sono riusciti a stabilizzarlo.» Dal sospiro di sollievo all'altro capo, dedussi che Trish non lo aveva nemmeno informato. «Ma dobbiamo ancora aspettare di vedere come si evolvono le cose.»

«Okay, però è una buona notizia, no?» Sembrava ancora più smarrito del solito. «Allora... be', grazie, Helena. Se vieni a sapere altro, potresti chiamarmi? Te ne sarei grato.» Com'era educato, nonostante dovesse essere spaventato a morte dall'idea di perdere anche l'altro fratello – soprattutto considerando le sue vicissitudini. Tutt'a un tratto mi assalì un dubbio.

«Eli, sei a casa da solo?»

«Sì» rispose con voce tremante, segno che si stava sforzando al massimo di mantenere l'autocontrollo. «Papà è fuori città. E anche i miei nonni sono irraggiungibili.»

Trasalii. Certo, ormai aveva sedici anni ed era quasi un adulto, ovviamente non aveva più bisogno di una tata; eppure lasciarlo da solo con i suoi pensieri in una situazione del genere era comunque crudele. Con ogni evidenza, però, a Trish stava bene così. E, ricordando come aveva informato Jess della morte di Adam, non c'era poi tanto da stupirsi.

Così, senza esitare, presi una decisione. Se io avevo bisogno di sostegno morale, Eli ne aveva ancora di più.

«Tra venti minuti sono lì» gli dissi alzandomi dal divano.

«No, non ti preoccupare, non serve. Davvero, me la caverò.»

Non sembrava molto convincente. Tuttavia non volevo trattarlo con condiscendenza smentendo le sue parole. Così scelsi un'altra strada. «Non ne dubito, ma un po' di compagnia potrebbe fare bene a entrambi.»

«Okay» convenne Eli con sollievo. «Grazie, Helena.»

«A tra poco.» Riattaccai e corsi al guardaroba per prendere il cappotto.

Lincoln doveva avermi sentita, perché si precipitò in corridoio. «Che succede, dove stai andando?»

«Il fratello di Jess è a casa da solo, e temo possa perdere la testa se nessuno gli dice cosa sta succedendo. Devo correre subito da lui.»

Lincoln assentì. «Allora ti accompagno, non me la sento di lasciarti andare da sola.»

Sapevo cosa intendeva: Coldwell House era la casa di Trish, e nessuno poteva prevedere la reazione della donna quando, rientrando, mi avrebbe trovata nel suo appartamento.

«Bene.» Non me la sentivo di rifiutare la proposta di mio fratello: nelle ultime ore il suo sostegno era stato così prezioso che tremavo all'idea di allontanarmi da lui.

Paige ci raggiunse mentre ci apprestavamo a uscire. «Ci sono novità?»

Il suo compagno le spiegò la situazione e lei annuì. «Già che ci siete, fatemi un favore: ficcatele lo spazzolino nel water.»

Scoppiai a ridere, nonostante avessi ancora voglia di piangere; era troppo buffo sentire Paige fare una battuta. Lei e Lincoln risero con me, aiutandomi a dimenticare per qualche istante che stavo vivendo uno dei giorni peggiori della mia vita. Subito dopo, però, tornarono le ombre, la paura, l'apprensione. E, quando uscii di casa insieme a mio fratello, ebbi come il sentore che sulle nostre famiglie incombesse una maledizione.

Venti minuti dopo accostammo davanti all'edificio altissimo e il parcheggiatore prese in carico l'auto di Lincoln. Pur sapendo che Eli mi attendeva con ansia, ci fermammo per un attimo davanti all'ingresso per osservare la facciata di vetro biancastro. Dovevo ammettere che mi sentivo un po' intimidita da quel grattacielo. Certo, lo odiavo con tutta me stessa, ma era comunque piuttosto impressionante.

«Pensa un po', due Weston a Coldwell House» commentai guardando mio fratello. «Chi l'avrebbe mai detto?»

«Allora spero proprio che potremo festeggiare l'occasione come si deve.» Lincoln mi posò una mano sulla spalla e insieme varcammo il portone di vetro. L'atrio ricordava una specie di Antartico scuro: pavimento nero, mobili neri, banco della reception nero, probabilmente il più lungo del suo genere a New York. Ci avvicinammo alla giovane portiera in uniforme scura che sembrava aspettarci.

«Signorina Weston?» Mi fece un cenno cortese e poi guardò mio fratello. «E il signor Weston, vedo. Vi attendono. Prego, l'ascensore quattro per l'attico.»

La ringraziai rivolgendo a Lincoln uno sguardo sorpreso, dopodiché ci incamminammo. A quanto pareva Eli aveva avuto la buona idea di avvisare della mia visita, consapevole che altrimenti non avrei potuto incontrarlo. Sapevo che era un ragazzo sveglio, ma non mi aspettavo che dimostrasse tanta accortezza in una situazione del genere.

Iniziammo a salire in ascensore, la cui velocità mi procurò un leggero senso di nausea.

«Tutto bene?» mi chiese Lincoln.

«Sì, sì. Però nessuno dovrebbe farsi sparare in alto a parecchi metri al secondo, secondo me.»

Prima ancora che lui potesse replicare, eravamo già arrivati: le porte si aprirono rivelando un enorme ingresso. Eli era in piedi sulla soglia, con le mani strette intorno agli avambracci. Corse subito da me e io lo abbracciai forte, malgrado avessimo parlato solo poche volte e non fossimo certo intimi. Lui ricambiò e ci sostenemmo a vicenda. Poi lo lasciai andare sorridendo con fare rassicurante, anche se non mi sentivo per niente tranquilla. Ma Eli ne aveva bisogno.

«Mi dispiace di averti chiamata.» Si passò una mano sul volto con gesto nervoso. «Ma non sapevo a chi altro chiedere. La mamma non risponde al cellulare.»

Mi trattenni dal commentare il comportamento di Trish con una battuta e, in compenso, gli accarezzai il braccio. «Non c'è bisogno di scusarsi. Nessuno di noi dovrebbe stare solo in questo momento.» Mi voltai. «Conosci mio fratello Lincoln?» Benché Eli accompagnasse sua madre agli eventi soltanto di rado, ero sicura che si fossero già incontrati da qualche parte. «Ha un amico che lavora nell'ospedale in cui è ricoverato Jess e che ci tiene aggiornati sulle sue condizioni.» Più ci pensavo e più mi rendevo conto che ero davvero in debito con Ben, senza il suo aiuto sarei stata completamente all'oscuro.

«Ah sì? Sul serio?» Eli guardò Lincoln meravigliato, come se stentasse a credere che un altro Weston fosse in grado di ignorare il cognome che portava. «Grazie, davvero.»

«Figurati» replicò mio fratello con un mezzo sorriso. A me venne da pensare che, per quanto i nostri genitori si odiassero a morte, questa avversione non doveva per forza valere anche per la nostra generazione. L'amore tra Valerie e Adam, quello tra me e Jess, o il semplice fatto che io e Lincoln ci trovassimo adesso in quella casa, erano tutte dimostrazioni che l'odio non era ereditario.

Eli continuava a spostare lo sguardo da una parte all'altra, come se non sapesse a cosa aggrapparsi per non perdere la calma. Gli posai delicatamente la mano sulle spalle.

«Ce la farà, vedrai» gli dissi riprendendo le parole di Lincoln. «Tuo fratello è la persona più forte che conosca. Tornerà da noi, okay?»

Il ragazzo annuì facendosi coraggio.

Lincoln mi prese il cappotto e lo posò insieme al suo sullo schienale del grande divano di pelle bianca che troneggiava nell'enorme stanza. «Vedo se riesco a trovare del tè.»

Andò in cucina, di dimensioni mostruose come il resto dell'attico, ma anche molto impersonale, quasi asettica. L'esatto opposto dell'appartamento di Jess, caldo e accogliente grazie al legno scuro e all'enorme divano di velluto. Qui invece era tutto bianco, il pavimento, i mobili, la cucina. E in mezzo a tutto ciò, con indosso una felpa sformata e i jeans strappati, c'era Eli, così spaesato da stringere il cuore. Sospirò e rivolse lo sguardo alla finestra di fronte, apparentemente incurante della vista pazzesca su Central Park.

«Chi può essere stato?» chiese sottovoce. «Insomma, in questa città ogni giorno succedono un sacco di cose brutte, ma perché prendersela proprio con Jess? Non ha mai fatto del male a nessuno.»

Purtroppo, a volte, anche gli innocenti potevano restare vittime di un'aggressione con arma da fuoco, ma non c'era bisogno di precisarlo, Eli lo sapeva benissimo. «La polizia sta indagando a trecentosessanta gradi. Secondo loro si tratta di una rapina finita male.»

Da come il ragazzo abbassò lo sguardo, intuii che stesse pensando alle violenze subite durante il sequestro. Per evitare che si abbandonasse a ricordi dolorosi, cercai di cambiare discorso. Mi guardai intorno e notai un tablet e un album da disegno sul divano.

«Ti piace disegnare?» domandai.

«Sì, molto.» Alzò le spalle. «Niente di speciale, solo cose che mi vengono in mente o che ho visto da qualche parte. Secondo mia madre è una perdita di tempo, ma io non sono d'accordo.»

Ecco un altro motivo per mettere in pratica il suggerimento di Paige sullo spazzolino. Capii ancora meglio perché suo fratello era rimasto in città nonostante l'avversione per New York: Eli non aveva nessun altro accanto che lo sostenesse.

La paura di perdere Jess mi assalì di nuovo con ferocia, ma cercai di scacciarla. Dovevo pensare positivo, tutti noi dovevamo farlo: era l'unico modo per aiutarlo.

«Posso guardare i disegni?» Sapevo che a volte gli artisti sono molto gelosi delle loro creazioni e non volevo mettere a disagio Eli.

«Certo.» Afferrò l'album, ma poi parve ricordarsi delle buone maniere e indicò il divano per invitarmi a sedere.

Accettai con piacere, mentre mio fratello riempiva un bollitore per scaldare l'acqua. C'era da sperare che in quella casa gli elettrodomestici funzionassero a dovere, dato che Trish non aveva proprio l'aria di essere una cuoca provetta.

Fin dal primo istante in cui aprii l'album, mi resi conto che il suo contenuto andava ben oltre le mie aspettative. Quello che vidi davanti a me non era il disegno maldestro di un adolescente che scarabocchiava un po' per passare il tempo, bensì una scena ambientata su un molo, così vivida e realistica da lasciarmi di stucco. «Wow. È bellissimo!»

Eli sembrava un po' imbarazzato. «È solo uno schizzo.»

«Ma che dici!» obiettai interpretando la parte della sorella maggiore orgogliosa, solo che in questo caso ero davvero sincera e non avevo bisogno di fingere.

Seguirono alcuni disegni molto dettagliati di edifici, ma notai che Eli ci aggiungeva sempre delle persone che camminavano nei paraggi o se ne stavano sedute da qualche parte. Era come se volesse abituarsi alla presenza degli altri, il che forse non era una cattiva idea per curare le proprie fobie. Sulla carta poteva controllare le persone, a differenza che nel mondo reale. Ma questo non fu l'unico particolare a balzarmi all'occhio: nella maggior parte dei disegni, infatti, c'erano anche altri esseri viventi.

Alzai lo sguardo. «Ti piacciono i cani, vero?» Eli aveva raffigurato pressoché ogni specie di amici a quattro zampe, dai bassotti agli alani, con una tale attenzione ai dettagli che rendeva scontata la risposta alla mia domanda.

«Li adoro.» Per un attimo lo vidi illuminarsi, poi sul viso gli calò di nuovo la pallida maschera della paura. «Mi piacerebbe averne uno, ma la mamma non me lo permette. Pensa che non sia in grado di prendermene cura, visti i miei problemi» spiegò alzando le spalle impotente.

All'udire quelle parole provai un moto di compassione. E mi tornò in mente un articolo che avevo letto di recente sui cani d'assistenza. Oltre ai ben noti cani guida, ormai ne venivano addestrati alcuni anche per altri scopi, tra cui assistere i malati di diabete o epilessia, nonché le persone afflitte da disturbo da stress post-traumatico come Eli. Erano animali incredibili, capaci non solo di rilevare un imminente attacco di panico molto prima degli esseri umani, ma anche di contrastarlo ricercando il contatto fisico o perfino accendendo la luce in caso di incubi. Decisi di recuperare quell'articolo, senza dubbio Jess avrebbe… *Jess*. Quel nome fu una pugnalata al cuore, che mi costrinse a soffocare un grido. Per un momento avevo dimenticato che stava lottando per la vita; era stato solo un attimo, ma fu sufficiente. Lo stesso era accaduto con Valerie: i primi tempi pensavo a lei molto spesso, quasi fosse ancora al mio fianco, tanto da includerla spontaneamente nei miei progetti nonostante fossi in collegio in Inghilterra. Poi bastavano brevi momenti di oblio, e ogni volta mi schiantavo al suolo della verità con grande dolore. Proprio come adesso.

*Jess non è morto*, continuavo a ripetermi. Era vivo. E sarebbe sopravvissuto. Non c'era spazio per altre considerazioni. Eppure ancora una volta la paura si insinuò dentro di me, come un serpente pronto a mordere.

Eli mi posò una mano sul braccio e alzai lo sguardo. Evidentemente si era accorto che ero assorta in cattivi pensieri e mi aveva riportato alla realtà con quel tocco delicato. Mi sforzai di sorridere perché sapevo che era necessario, per quanto potesse apparire forzato.

A casa di Lincoln ero sprofondata in una spirale di dolore e paura, un vortice che mi risucchiava senza scampo. Grazie alla chiamata di Eli, invece, avevo capito che qualcun altro provava i miei stessi sentimenti e aveva bisogno di conforto. Tuttavia non era un'esigenza unilaterale, perché mi rincuorava sapere che non ero sola con la mia angoscia.

Mio fratello aveva preparato il tè e io mi chiesi se fossero i nostri geni in parte britannici a far sì che, nei momenti di crisi, mettessimo sempre a bollire dell'acqua. Poi Lincoln ricevette una chiamata e io mi irrigidii di colpo, ma lui scosse la testa e rispose con un «Ehi, papà» prima di uscire dalla stanza.

Guardai Eli. «Spero che tu abbia qualcosa da darmi per difendermi da tua madre quando arriverà» scherzai nel tentativo di alleggerire un po' l'atmosfera.

«Ma certo, nessun problema» replicò Eli sullo stesso tono. «Ho una calibro 45 sotto il cuscino e un fucile da caccia nell'armadio.»

Scoppiai a ridere, ma poi tornai subito seria. «Dici davvero?»

«No. La mamma odia le armi. Non le vuole qui in casa.» Calò un breve silenzio carico di imbarazzo, poi lui mi guardò con gli occhi lucidi. «Jess non morirà, vero?»

Cominciò a piangere sommessamente, e io lo abbracciai serrando le labbra per trattenere le lacrime. Come mi era saltato in mente di fare una battuta del genere? Che stupida! Non era certo il modo migliore di sdrammatizzare. Avendo studiato psicologia per oltre due anni, avrei dovuto saperlo.

«Non lo so» risposi sinceramente «ma dobbiamo credere che se la caverà, okay? Se c'è qualcosa che possiamo fare per aiutarlo, è essere ottimisti.»

Eli si staccò da me e annuì di nuovo con un coraggio che mi colpì ancor più delle sue lacrime. Non riuscivo neanche a immaginare la battaglia che doveva condurre ogni giorno, né quanto Jess fosse importante per lui.

Prese lo smartphone, probabilmente più per l'imbarazzo che per la speranza di ricevere notizie. Ma poi sgranò gli occhi per un attimo e si strinse nelle spalle.

«Mia madre è ancora in ospedale. Dice che non può andarsene.»

Da un lato era un atteggiamento comprensibile, dall'altro

molto meno. Trish doveva pur prevedere in che stato si trovasse il figlio minore, no?

«E non puoi raggiungerla?»

Lui scosse la testa.

«Vuoi chiederglielo?»

Altro diniego, dopodiché mise giù il telefono. «Lei non vorrebbe mai. Non… non è capace di gestire le situazioni difficili. È stato lo stesso con Adam.» Intrecciò le dita. «Ha passato tutto il tempo a organizzare ogni cosa nei minimi dettagli, ha tenuto sempre d'occhio i fornitori, non si è fermata un attimo. Forse credeva di morire se si fosse presa una pausa per sfogare le proprie emozioni.»

«Magari era davvero così» replicai. Non intendevo difendere in alcun modo il comportamento di Trish, perché, anche durante il lutto, non si può pensare soltanto a sé stessi. Tuttavia ricordavo come mi ero sentita dopo la morte di Valerie e sapevo che puoi perdere di vista tutto il resto quando ti succede una cosa del genere.

Passarono le ore, ormai era quasi pomeriggio e Lincoln uscì per prendere qualcosa da mangiare, che di certo né io né Eli avremmo toccato. Il ragazzo mi mostrò la sua stanza, molto più accogliente del resto dell'appartamento. Dovevamo pur fare qualcosa, se non volevamo impazzire ascoltando il ticchettio dell'orologio.

«È bellissima» commentai osservando la poltrona beige e il tappeto colorato.

«È stato Jess a comprarmi queste cose» spiegò lui con un mesto sorriso. «Diceva che non potevo "vivere dentro un frigorifero".»

Ricambiai il sorriso. «Non aveva tutti i torti, in effetti.»

«Gli capita spesso di avere ragione. E a volte mi dà un po'

sui nervi.» Un attimo dopo parve rendersi conto di cosa aveva appena detto e si portò una mano alla bocca come per scusarsi. Ma io sapevo benissimo, fin dal nostro primo incontro, che Jess non era affatto un tipo suscettibile.

«Tranquillo, non ti preoccupare» mi affrettai a rassicurarlo. «Sono certa che lui non se la prenderebbe mai.»

Eli annuì poco convinto. Poi gli venne in mente qualcosa. «Posso farti una domanda?»

«Ma certo.»

«Tu e Jess state insieme adesso? Perché so che la mamma ti ha obbligato a rompere con lui.»

Per un istante, al pensiero di come sarebbe dovuta andare la notte precedente, il dolore prese il sopravvento dentro di me, tanto che non realizzai subito cosa sottintendevano le sue parole.

«Quindi lo sai?» chiesi alquanto perplessa.

«Non è stato Jess a dirmelo» si affrettò a precisare lui. «L'ho intuito. Non è stato poi così difficile dopo aver visto com'era triste perché non stavate più insieme... e lo stesso valeva per te. C'era qualcosa che non quadrava.»

Era davvero un ottimo osservatore.

«Mi dispiace che tu abbia dovuto tenertelo per te.» Era evidente che avesse mantenuto il riserbo, altrimenti Trish non sarebbe certo rimasta a guardare se avesse scoperto prima che avevo infranto il nostro accordo.

«Non importa.» Si sforzò di sorridere. «Non è l'unico segreto che mantengo. E in questo caso non è stato così complicato.»

Volevo rispondere alla sua domanda sullo stato attuale del rapporto tra me e Jess, ma non riuscivo a trovare parole che non mi procurassero un enorme groppo in gola. Prima ancora che potessi provarci, Lincoln si affacciò all'improvviso sulla porta.

«Ehi» disse in un tono che ci mise subito in allarme. Poi però notai che gli sorridevano gli occhi e trattenni il respiro. «Mi ha appena chiamato Ben, ci sono novità. I parametri vitali di Jess sono buoni, anzi molto migliori del previsto. I medici sono convinti che ce la farà.»

Per un attimo rimasi a fissarlo come fosse un'apparizione, un'immagine uscita da un sogno, tanto avevo desiderato sentire quelle parole. Ma Lincoln era lì, in carne e ossa, e lo aveva detto davvero. Tutt'a un tratto la paura e l'angoscia per la vita di Jess erano svanite.

Pronunciai qualcosa che era allo stesso tempo un'imprecazione e una preghiera, mentre dentro di me dilagava un sollievo infinito. Abbracciai Eli, poi Lincoln, poi ancora il ragazzo e alla fine dovetti sedermi perché mi stavano per cedere le ginocchia. Scoppiai a piangere di gioia mentre chiedevo a mio fratello di ripetermi ancora una volta le esatte parole di Ben, prendendo finalmente coscienza che Jess si sarebbe salvato. E avrebbe vissuto con me. L'avevo già deciso la sera prima, e l'aggressione ai suoi danni non aveva fatto altro che confermare quel proposito. Saremmo stati insieme. Certo, le nostre famiglie ci avrebbero dato del filo da torcere, ma l'avremmo spuntata noi. Non vedevo l'ora di baciarlo in strada, davanti a tutti, senza alcun timore.

«E adesso che succede?» chiesi a un certo punto. Gli addetti alla sicurezza assunti da Trish erano ancora sul posto, dubitavo che mi avrebbero permesso di vederlo. Questo pensiero smorzò un po' la mia euforia, ma in realtà non era poi così determinante andare a trovarlo: la priorità era che guarisse.

«Probabilmente ci vorrà ancora qualche giorno prima che si svegli.»

Lincoln si passò una mano tra i capelli, anche lui doveva aver tirato un bel sospiro di sollievo. «Ben dice che per prima cosa deve riprendersi fisicamente, poi, com'è ovvio, resterà in osservazione per un po'.»

Annuii. Avrei tanto voluto andare a trovarlo, ma, per quanto Trish potesse tuttora proibirmelo, non sarebbe riuscita a impedirci di stare insieme in futuro.

In quel momento squillò il telefono di Eli e lui si affrettò a rispondere. Dall'espressione si capiva che all'altro capo c'era sua madre, ma non le rivelò di aver già ricevuto la buona notizia da Lincoln. Si limitò invece a qualche secca replica prima di riagganciare e asciugarsi le guance.

«Mi ha detto che adesso posso andare in ospedale, chiamo l'autista perché passi a prendermi. Vieni anche tu, Helena?» Mi guardò speranzoso.

«Non credo sia una buona idea.» Non gli avevo raccontato delle insinuazioni offensive di Trish della sera precedente e, anche se avrei dato qualsiasi cosa per rivedere Jess, era meglio evitare ulteriori sfuriate. «Però possiamo accompagnarti, se vuoi. Così non dovrai aspettare l'autista.» Se ricordavo bene, per Eli viaggiare in auto con quest'ultimo era ancora stressante dopo il rapimento: motivo in più per approfittarne.

Scosse la testa. «No, non vi disturbate.»

«Nessun disturbo» disse Lincoln, seduto accanto a me. «Abbiamo la macchina qui sotto, e in più oggi non ho altro da fare, quindi possiamo prendercela comoda.»

«Be', in questo caso… grazie.» Il fratello di Jess sorrise, non solo per la nostra proposta. Ero contenta che avessimo passato la giornata insieme a lui. Con buona pace di Trish, era stata la cosa giusta da fare.

Lincoln prese i cappotti ed Eli la sua giacca da un armadio all'ingresso.

«Sei pronto?» gli chiesi, scrutandolo per accertarmi che se la sentisse davvero di uscire con noi. In fondo, anche se quella giornata ci aveva avvicinati molto, ci conoscevamo appena.

Fece un respiro profondo. «Sì.»

«Allora andiamo.»

Il tragitto dall'estremità sud di Central Park alla Prima avenue durò poco meno di venti minuti nel ridotto traffico pomeridiano. Arrivata al Mount Sinai, avvertii un enorme peso sullo stomaco. Sapevo che Jess era lì dentro, a meno di cento metri da me, e desideravo vederlo con tutta me stessa, per assicurarmi che fosse effettivamente ancora vivo e dirgli che ero al suo fianco, anche se non poteva sentirmi. Ciononostante in quel momento mi mancavano le forze per sfidare Trish, e inoltre sapevo che il mio era un desiderio egoistico e non teneva conto di ciò che era meglio per lui. L'unica cosa che contava era che si svegliasse e, a quel punto, sua madre non avrebbe più potuto separarci. Cos'erano pochi giorni di attesa rispetto ai molti altri che sarebbero seguiti? Niente.

«Davvero non vuoi entrare?» Eli non demordeva.

«No, meglio non surriscaldare gli animi.»

«Va bene» assentì. «Ti scrivo appena sono da lui. Poi, quando la mamma si sarà data una calmata, verrai anche tu, vero?»

«Certo, nessuno potrà impedirmelo.»

Il ragazzo ci ringraziò ancora, dopodiché si avviò verso l'ingresso. Quando scomparve oltre le porte di vetro, io e Lincoln tirammo un sospiro di sollievo.

«Dev'essere brutto per te non poter entrare» osservò.

«Molto, ma non quanto il non sapere se sopravviverà o no, quindi mi adeguo.» Passai il dito sulla maniglia della portiera, quasi cedendo alla tentazione di tirarla. Poi ritrassi la mano. «Andiamo via. Ho proprio bisogno di mangiare qualcosa.»

Lincoln annuì e si rituffò nel traffico. Rimanemmo in silenzio finché non fummo nei pressi di casa sua, più per la stanchezza che per l'imbarazzo.

«Grazie per essere stato con noi oggi» gli dissi infine. «Non hai idea di cosa significhi per me.»

«Sono tuo fratello maggiore, è il mio lavoro, no?» replicò con dolcezza, facendomi sorridere perché sapevamo entrambi che il suo sostegno andava ben oltre.

«Allora, cos'ha detto papà?» gli chiesi.

«Voleva sapere se saresti tornata. È preoccupato.»

Mi accigliai. «Anche loro, come Trish, pensano che io sia coinvolta nell'aggressione a Jess?»

«No, credono che ieri tu abbia commesso un errore di cui ti pentirai. Mi hanno detto di farti presente che non sono arrabbiati con te perché sei scappata.»

«Oh, wow, fantastico. Allora, per favore, digli che il loro paternalismo di merda se lo possono infilare su per il culo.»

Gli sfuggì una risata sommessa. «In pratica gli ho già anticipato che avresti detto qualcosa del genere, anche se non proprio con queste parole. Ma volevo comunque farti sapere che la loro porta è sempre aperta.»

Se me l'avessero comunicato in modo diverso, sarebbe stata tutt'altra storia. Invece si trattava solo di una raccomandazione: dovevo ascoltarli e finirla di ribellarmi. Eppure avrebbero dovuto mettersi il cuore in pace. Ormai avevo preso una decisione; non era un capriccio, né un atto di ribellione, bensì la logica conseguenza di tutto ciò che era accaduto negli ultimi mesi. Volevo continuare a far parte della famiglia, purché mi permettessero di essere me stessa. Al momento le cose non stavano così, perciò non intendevo tornare. Tuttavia non ero ancora in grado di cavarmela da sola, per questo mi sarebbe servito ancora un po' di tempo. Fino ad allora, quindi, avevo bisogno del sostegno di un altro familiare.

Guardai mio fratello. «Linc, pensi che potrei restare da voi per un po'?»

Lui staccò la mano dal volante per posarmela sulla spalla. «Certo. Tutto il tempo che vuoi, sorellina.»

# 5

# Jessiah

Non avevo idea di quanto tempo fosse passato. Mi sentivo come se fossi stato smontato pezzo per pezzo e rimontato male. Mi rimbombava la testa, come se le cellule cerebrali stessero gridando l'una contro l'altra senza che io potessi intervenire per zittire quell'odioso battibecco. Il resto del corpo, invece, restava silenzioso, insensibile, incapace di muoversi. Avvertivo solo una dolorosa pulsazione alla schiena, anzi a tutto il busto. Che cazzo mi era successo?

Mi sforzai di ricordare, ma era tutto inutile: il mio cervello sembrava inerte, quasi riluttante a funzionare a dovere. Percepivo soltanto una ridda di immagini insensate. Aprii gli occhi a fatica, gemendo per l'intensità della luce. *Cazzo, che male*. Mi doleva tutto. Così mi affrettai a richiuderli e mi appisolai di nuovo.

Al mio risveglio il dolore si era leggermente attenuato, ma mi sentivo sempre intontito e non avevo idea di dove mi trovassi. Mi venne in mente solo una cosa: l'ultima a cui avevo pensato prima di riaddormentarmi.

«Helena» dissi – o meglio ci provai, dal momento che non mi uscì di bocca nessun suono. Mi sentivo come se avessi qualcosa infilato nella trachea.

Ehi, fermi tutti: avevo davvero qualcosa infilato nella trachea? Presi a tastarmi il viso in preda al panico, quando qualcuno mi chiamò per nome.

«Jess?» Intravidi una sagoma nel mio campo visivo e sbattei le palpebre finché non mi resi conto che si trattava di mia madre. Era pallida, con due occhi che sembravano giganteschi. Dovevo essere ridotto proprio male, non avevo mai visto Trish così preoccupata.

«Si è svegliato!» esclamò in tono imperioso, talmente forte da farmi venire il mal di testa. Si udirono dei passi e poi un volto sconosciuto si chinò su di me, evidentemente quello di una dottoressa.

«Signor Coldwell, mi sente?» domandò. «Basta che annuisca, adesso non può parlare, dobbiamo prima estubarla.»

Obbedii all'istante, sempre più spaventato. *Estubarmi?* Che diavolo significava?

«Si trova in ospedale, al Mount Sinai. Ricorda cos'è successo?»

Scossi la testa. Ero in ospedale, dunque. Questo spiegava molte cose.

«È stato ricoverato cinque giorni fa per una ferita da arma da fuoco.»

Ferita da arma da fuoco? Non ricordavo quasi nulla, solo la telefonata di Helena. Mi ero fermato davanti alla vetrina dell'Harper's, poi, tornando verso la macchina, avevo ascoltato il suo messaggio e l'avevo richiamata. Lei era quasi arrivata a casa mia e mi avrebbe aspettato lì – dopo aver voltato le spalle ai suoi genitori scegliendo di stare con me. E poi… più niente, solo buio. Ignoravo cosa fosse accaduto.

Qualcuno mi aveva sparato. *Sparato*. All'udire quel verbo, mi si mozzò il fiato. Avevo un gran bisogno di respirare, lo volevo con tutto me stesso, ma non ci riuscivo. Il panico mi attanagliava la gola.

«Le do subito qualcosa per tranquillizzarla» annunciò la dottoressa, armeggiando con l'asta portaflebo accanto al letto. «Non si preoccupi, tra poco si sentirà meglio.»

Aveva ragione, nel giro di pochi minuti cominciai a rilassarmi. I pensieri mi si confondevano nella mente, formando una massa viscosa in cui non riuscivo a distinguere nulla.

«Suo figlio dormirà ancora un po'» disse qualcun altro rivolto a Trish, mentre io scivolavo lentamente nel sonno, riavvolto da quella densa nuvola di ovatta da cui ero riemerso poco prima.

Avevo sognato cose bizzarre, come lucertole alte quanto un uomo con le scarpe da ginnastica e dinosauri che infestavano New York. Quando tornai dal mondo dei sogni, però, mi ricordai subito dove mi trovavo e perché. A quanto pareva mi avevano rimosso quell'affare dalla trachea, perché non avvertivo più la presenza di un corpo estraneo. In compenso mi sentivo la gola ruvida come una tavola di legno grezzo rimasta per giorni sotto la pioggia. Anzi, mi sembrava che tutto il mio corpo fosse così.

La luce non mi dava più fastidio agli occhi, forse perché ormai era giorno e le lampade erano spente. Dalla finestra si intravedevano sprazzi di cielo grigio. Voltai la testa e mi guardai intorno. Per essere una stanza d'ospedale era piuttosto accogliente, con pareti lilla pastello, divani e poltroncine. Su uno di questi dormiva mio fratello, tutto rannicchiato. Al vederlo mi si strinse il cuore.

«Ehi» dissi con un filo di voce, perché riuscivo a parlare solo a fatica. In compenso diedi qualche colpo di tosse, che evidentemente bastò a riscuoterlo. Un attimo dopo Eli si alzò di scatto, si guardò intorno e poi, vedendo che ero sveglio – per così dire –, si illuminò. Mi tornò in mente che qualcuno mi aveva sparato, ma chi e perché restava un mistero.

Eli mi raggiunse, si fermò accanto al letto e mi guardò. «Come stai?» chiese con una voce che lasciava trasparire tutta la sua apprensione.

«Io…» Tossii di nuovo e lui prese il bicchiere di plastica con la cannuccia sul comodino. Me lo portò delicatamente alla bocca e ne bevvi qualche sorso: era come lava che mi scendeva in gola. Mi sfuggì una smorfia di dolore.

«Devo chiamare la dottoressa?» chiese mio fratello.

«No.» Era la mia prima parola, e quasi quasi mi sembrava che sarebbe stata anche l'ultima. «Non c'è bisogno» aggiunsi invece prima di lasciarmi ricadere sul cuscino.

«Sei sicuro? Se ti fa molto male, possono aumentare la dose.»

Scossi la testa. Avevo come l'impressione di trovarmi nel corpo di un altro, ma tutto sommato le pulsazioni erano sopportabili. Merito della flebo, senza dubbio. Un apparecchio lì accanto mi misurava il battito cardiaco. Tutti quei bip, bip, bip mi perforavano il cranio come aghi. Speravo solo che lo spegnessero presto.

«Sono contento che tu sia qui con me» riuscii a dire. «Che giorno è oggi?»

«Sabato.» Eli si sedette sulla sedia accanto al letto. «È Capodanno.»

E così mi ero perso l'arrivo del nuovo anno, che strana sensazione. Soprattutto perché significava che ero stato in coma per più di una settimana. Proprio così, era passata una settimana dal mio agguato. E da quando Helena aveva scelto noi. Eppure non ricordavo di aver visto il suo volto quando mi ero svegliato. Era apparsa solo nei miei sogni inquietanti.

«È… è venuta Helena?» chiesi dopo un attimo di esitazione, perché non ero sicuro di voler sentire la risposta.

Eli disse di no e io sentii un macigno sullo stomaco. Sapevo che era diretta a casa mia la notte in cui ero stato ferito. Aveva dichiarato di voler stare con me, indipendentemente dalle conseguenze per la sua famiglia. Forse aveva cambiato idea? Oppure Trish aveva architettato un altro dei suoi intrighi per impedirle di farmi visita?

«Voleva venire» spiegò Eli. «Ma la mamma ha... ha assunto degli addetti alla sicurezza. Sono fuori dalla porta e, tranne il personale, lei e me, non fanno entrare nessuno. Neanche Helena.» *Soprattutto Helena*, sembrava dire il suo sguardo.

Il dispiacere si trasformò in rabbia: mia madre era pronta a tutto pur di tenerci separati.

«Puoi andare a chiamare Trish? Devo parlarle.»

«Jess, cerca di capire, è molto preoccupata» replicò Eli invocando la mia comprensione. Evidentemente avevo usato un tono piuttosto tagliente. «Si è spaventata a morte, credeva che dopo Adam avrebbe perso anche te. E in realtà lo pensavamo tutti.»

«Ma insomma, si può sapere che diavolo mi è successo?» Mi sentivo di nuovo incredibilmente stanco, come se fossi stato sveglio per dieci giorni di fila e non soltanto per dieci minuti. Ciononostante dovevo resistere ancora per un po'.

Mio fratello scrollò le spalle. «Credo sia meglio che te lo dica qualcun altro.»

In quell'istante la porta si aprì ed entrò la dottoressa. «Signor Coldwell, si è svegliato» si rallegrò senza perdere il suo tono professionale.

«Non del tutto, dottoressa» la corressi.

«Certo, ci credo. Ci vorrà un po' di tempo prima che si senta di nuovo in forma.» Controllò il monitor accanto al letto e il dosaggio della flebo. Nel frattempo Eli si alzò e propose di andarmi a prendere qualcosa da leggere.

«Sono la dottoressa Wang, il suo medico curante. Ha dolore in questo momento?»

Scossi appena la testa. «Non proprio. È più una specie di pulsazione sorda.»

«Okay. Se dovesse peggiorare, può premere questo pulsante e riceverà in automatico una dose supplementare. In caso di dolore particolarmente forte, però, ci chiami.»

«Lo farò, grazie.» Cercai invano di sorridere. Ero tutto intontito, come se mi muovessi al rallentatore. In passato mi ero fatto male più volte ed ero stato anche ricoverato per la frattura di una gamba a dodici anni. Ma questa, ovviamente, era tutta un'altra storia. Mi avevano sparato. Non riuscivo ancora a capacitarmene.

«A proposito, la polizia vorrebbe parlare con lei.» La dottoressa Wang alzò lo sguardo dalla cartellina. «Finora ho chiesto agli agenti di aspettare, perché ha bisogno di riposo. Ma ho come l'impressione che non si arrenderanno tanto facilmente.»

Provai a frugare nella memoria, ma brancolavo nel buio. «Possiamo anche parlare, ma temo che sarà inutile. Non ricordo nulla dell'aggressione.»

La donna mi rivolse uno sguardo indagatore. «È normale. Si tratta della cosiddetta amnesia retrograda, che si manifesta spesso in caso di esperienze traumatiche. Ci sono buone probabilità che le ritorni la memoria, ma ci vorrà un po' di tempo. Se questo la fa sentire in ansia, possiamo somministrarle dei farmaci. È importante che adesso si concentri esclusivamente sulla sua guarigione.»

«Non ho bisogno di niente, grazie.» Con ogni probabilità, se fossi stato in forma, non sapere nulla dell'agguato mi avrebbe fatto impazzire. Adesso però ero quasi grato di trovarmi in quelle condizioni. Forse quel meccanismo di difesa del mio cervello era più utile del previsto. Anche se non avrebbe contribuito alla cattura del colpevole. «Lei sa cosa mi è successo?» La stanchezza mi intorpidiva la mente, ma cercai di mantenere la concentrazione.

La dottoressa Wang appese la cartellina al fondo del letto. «In base alla ricostruzione della polizia, lei stava camminando verso la sua auto quando è stato fermato da alcuni individui. Non si sa cosa le abbiano intimato di fare, ma più tardi, quando è stato ritrovato a terra, non aveva più il portafoglio né il cellulare.»

Dunque ero stato rapinato. Rispetto all'incertezza di prima, in qualche modo questa era una notizia rassicurante. Ma non ebbi il tempo di fare altre domande, perché la porta si aprì ed entrò mia madre di corsa.

«Eli mi ha detto che ti eri svegliato!» Si precipitò al mio capezzale, con indosso l'immancabile cappotto chiaro e un'acconciatura impeccabile, emanando ventate di profumo Clive Christian. L'apparenza era quella di sempre, ma nei suoi occhi si notava una sincera apprensione. «Dottoressa Wang, mi dica, come sta?»

Quest'ultima aggrottò la fronte. «Be', dato che è sveglio può chiederglielo lei stessa. Dal punto di vista medico ha bisogno di riposo. Molto riposo.» Scandì le parole con enfasi, poi andò alla porta e se la richiuse alle spalle con uno sguardo eloquente.

«Tesoro, come ti senti?»

*Tesoro?* Questa mi suonava nuova.

«Insomma» risposi, lottando contro un'ondata di stanchezza che minacciava di farmi ripiombare in un sonno profondo. Prima però dovevo chiarire una cosa. «È vero che hai assunto degli addetti alla sicurezza per non fare entrare nessuno?»

Trish arricciò il naso. «Proprio così. Hai rischiato la vita,

Jessiah. Ti hanno sparato in un vicolo del Village, per l'amor di Dio! Non sappiamo chi è stato, perciò è mio dovere cercare di proteggerti. Del resto chi può dire se non ci riproveranno? Per non parlare del fatto che la stampa ti starà addosso se non prendiamo le giuste contromisure. Non si parla d'altro che della tua aggressione e, per adesso, stiamo tenendo a bada i giornalisti, anche se alcuni vorrebbero intervistarti di persona.»

«Quindi quei gorilla sono qui per proteggermi?» sbuffai. «O per tenere lontano qualcun altro?» Helena, per la precisione. Come doveva sentirsi, non avendo più avuto mie notizie da oltre una settimana? E dove si trovava in quel momento? A casa dei suoi? No, stentavo a crederlo. Oppure non volevo.

«Intendi forse la giovane Weston?» Trish mi fissò come se fosse al corrente della decisione presa da Helena la vigilia di Natale. «La ragazza che ha avuto l'ardire di venire qui in ospedale a chiedere di te come se fosse un suo diritto? E che è arrivata perfino a giustificarsi dicendo che ti *ama*?»

«Cosa?» La fissai incredulo. Aveva detto a mia madre che mi amava? Mi sentii invadere da una calda ondata di affetto e dovetti sforzarmi di mantenere il controllo per non sorridere. *Helena mi ama*. Era la migliore notizia da molto tempo a quella parte.

Trish sembrò rendersi conto di aver commesso un errore. Con ogni evidenza credeva che quella dichiarazione d'amore non fosse una novità per me e invece, contrariamente ai suoi piani, me l'aveva rivelata.

«Lasciamo perdere» si affrettò ad aggiungere. «Qui non entra nessuno che non sia autorizzato da me. Fine del discorso. È semplicemente troppo pericoloso.»

Sbuffai. Il busto mi pulsava in modo sempre più doloroso, anche a causa della rabbia scatenata dalla manovra di Trish.

Notai che sul tavolo accanto al letto non c'era il telefono: l'aveva fatto togliere?

«Sei paranoica» sbottai. «Si è trattato di una rapina finita male. È stata solo sfortuna, nient'altro. Ed è inutile che provi a sabotare la storia tra me e Helena: appena uscirò da qui starò con lei, e tu non potrai farci nulla.»

Mia madre serrò le labbra ma si astenne dal ribattere. Per quanto fossi intontito, ne intuii il motivo: non voleva tradirsi. Anch'io non potevo dire altro finché non avessi parlato con Helena. Pur sospettando che l'accordo tra loro fosse saltato, non intendevo affrontare Trish senza prima consultarmi con lei.

«Be', staremo a vedere» concluse. Stavo per raccogliere le mie ultime energie per ribadirle che non era lei a decidere chi avesse il diritto di farmi visita, ma mi trattenni perché in quell'istante entrò Eli.

Guardò prima l'uno e poi l'altra, percependo senza dubbio la tensione nell'aria. Tuttavia non aprì bocca, ma si limitò a posarmi sul letto alcune riviste. «Non sapevo cosa ti andasse di leggere, così ti ho portato un po' di tutto. Se per caso ti interessano gli yacht, lì sotto c'è anche una rivista con gli ultimi modelli.» Sorrise.

«Sì, guarda, di recente stavo proprio pensando di comprarmi una barca ultracostosa» replicai alla sua battuta. «Grazie, fratellino.»

«Eli, prendi le tue cose, è meglio che Jess si riposi.» Mia madre afferrò la borsa e attese che Eli raccogliesse la giacca dal divano. Poi si rivolse di nuovo a me: «Ripassiamo più tardi. Riposati, dev'essere stata un'esperienza davvero estenuante per te».

*Già, se poi ti ci metti anche tu…*, pensai.

Erano già usciti quando all'improvviso rientrò mio fratello. Lì per lì ipotizzai avesse dimenticato qualcosa, e invece si guardò intorno come per assicurarsi che Trish non lo vedesse. Poi infilò una mano nella tasca della giacca, estrasse qualcosa e me lo porse: era il suo smartphone.

Lo guardai perplesso.

«Ho memorizzato il suo numero» sussurrò.

«Elijah, muoviti» lo richiamò Trish, e lui se ne andò così in fretta che probabilmente non sentì nemmeno il mio «grazie».

# 6

# Helena

*Nome e cognome della studentessa/dello studente: Helena Grace Weston*

*Dipartimento di studi richiesto: Jonathan M. Tisch Center of Hospitality*

*Ambito disciplinare richiesto: Turismo*

*Si prega di caricare la documentazione…*

Quando mi resi conto che stavo fissando lo schermo del portatile da diversi minuti senza avere ancora caricato i documenti necessari per l'iscrizione, mi sfuggì un sospiro. Era quasi un'ora che cercavo di concentrarmi sulla domanda di immatricolazione alla NYU, ma ero assorta nei miei pensieri e mi si annebbiava la vista. Era passata più di una settimana, per la precisione otto giorni dall'aggressione ai danni di Jess, e ancora non mi era stato permesso di vederlo. Tre giorni prima ero persino tornata al Mount Sinai, ma gli addetti alla sicurezza non mi avevano lasciata passare. Cominciavo a sentirmi non solo triste e impotente, ma anche furiosa.

Mi stiracchiai per la stanchezza, poi mi alzai. Forse era il caso di fare una pausa. Mi sarebbe piaciuto andare a Central Park per una passeggiata, ma la temperatura era ancora sottozero e non sopportavo il freddo. Quindi dovevo cambiare programma.

Uscii dalla stanza degli ospiti e andai in cucina a prepararmi un tè. In casa regnava il silenzio, Lincoln era al lavoro e Paige a una riunione della sua associazione femminile per fondare un ente di beneficenza in favore dei bambini svantaggiati. Era giusto che entrambi rispettassero i loro impegni, non volevo certo che anche mio fratello entrasse in conflitto con i nostri genitori.

Nell'attesa che l'acqua bollisse, guardai fuori dalla finestra le spesse nuvole grigie, che parevano immutate da giorni. Avevo trascorso il Capodanno in quell'appartamento, da sola. Lincoln e Paige erano stati invitati a casa di amici e avevano provato a convincermi ad andare con loro, ma io non ero in vena di festeggiare. Allora si erano offerti di restare con me per farmi compagnia, ma io avevo insistito perché uscissero a divertirsi. Così mi ero seduta vicino alla finestra a leggere e, a mezzanotte, avevo guardato i fuochi d'artificio su Central Park, provando una gioia mista ad angoscia. Per la prima volta in vita mia, sentivo di non avere più certezze.

In realtà sapevo cosa volevo, ma si trattava più di desideri che di progetti concreti e, malgrado l'aiuto di mio fratello, non potevo andare avanti così ancora per molto. La settimana successiva avevo un appuntamento in banca per informarmi sulle possibilità di chiedere un prestito. Avrebbero senz'altro contattato i miei genitori, ma non mi importava. Mamma e papà non si erano fatti vivi con me, limitandosi a chiamare Lincoln. Non facevano che ripetergli che, se avessi cambiato idea, sarei potuta tornare a casa, ma non avevano mai espresso la volontà di comprendermi e sostenermi. Chissà se credevano davvero che stessi attraversando una fase ribelle e che non facessi sul serio. Se me lo avessero chiesto, avrei spiegato loro che non intendevo cambiare la mia decisione. Amavo Jess e desideravo stare con lui; volevo capire se il nostro rapporto potesse diventare fanta-

S. MICHELE ARCANGELO

S. Michele Arcangelo, difendici nella lotta: sii il nostro aiuto contro la malvagità e le insidie del demonio. Supplichevoli preghiamo che Dio lo dòmini e Tu Principe della Milizia Celeste, con il potere che Ti viene da Dio incatena nell'inferno satana e gli altri spiriti maligni che si aggirano per il mondo per perdere le anime.

Amen.

**Leone XIII**

Edizione PP. Benedettini
Riprod. vietata

SANTUARIO DI S. MICHELE
71037 Monte S. Angelo (FG)
ITALY

Valsele Tipografica - Materdomini (AV)

stico come immaginavo. E avevo deciso di vivere la mia vita alle mie condizioni. Speravo che prima o poi lo avrebbero accettato. In quel momento rompere i contatti con loro poteva anche sembrarmi positivo, ma a lungo andare mi avrebbe fatta soffrire.

Il bollitore si spense e io cercai nello scaffale ben fornito di Paige una varietà di tè di mio gradimento. Non avevo ancora trovato quello giusto, quando nell'altra stanza squillò il telefono e mi precipitai a rispondere.

Sul display c'era il numero di Eli. Negli ultimi giorni mi aveva aggiornata sullo stato di Jess, informandomi che qualche volta si era svegliato, anche se solo per poco. Poi non mi aveva più chiamata e, mentre stavo per rispondere, mi chiesi cosa volesse. Speravo solo che non ci fossero cattive notizie.

«Ciao, Eli» lo salutai, cercando di mascherare l'apprensione.

«Sbagliato» fu la replica.

Per poco lo smartphone non mi sfuggì di mano all'udire quella voce così familiare, che, per quanto stanca, era ancora come la ricordavo.

«Jess» sussurrai, come se fosse un fantasma che rischiava di scomparire se avessi osato parlare più forte.

«Ciao, Splendore. Scusa se non mi sono più fatto sentire.»

«Ma… non importa.» Sentii le lacrime salirmi agli occhi, stavolta di gioia. Sapevo che Jess era fuori pericolo, ma parlare con lui mi procurava un enorme sollievo. «Come ti senti?»

Inspirò. «Bene. Oddio, non benissimo, ma mi riprenderò. E tu? Tutto a posto?»

Il suo tono premuroso non mi aiutò a dissipare il groppo in gola. Deglutii a fatica prima di rispondere.

«Sì, certo.» Non ero del tutto sincera, ma, a differenza di Jess, io non ero mai stata in pericolo di vita. In quel momento mi sembrava ridicolo confidargli le incertezze sul mio futuro.

«Dove sei?» chiese.

«Sono da Lincoln, mi ha offerto asilo.»

«È gentile da parte sua.» Sembrava sollevato, probabilmente temeva che fossi tornata dai miei genitori. Anzi, forse pensava che fosse proprio questo il motivo per cui non ero andata a trovarlo? Mi affrettai a spiegare.

«Volevo venire da te» gli assicurai «davvero, ma...»

«I gorilla là fuori non ti hanno fatta passare, lo so» sbuffò. «Qui sembra di stare in un carcere di massima sicurezza. Se Eli non mi avesse prestato il telefono, non avrei nemmeno potuto chiamarti.»

Mi venne da ridere. «Un bel gesto da parte sua, considerando quanto gli adolescenti siano attaccati allo smartphone al giorno d'oggi.»

«Già, infatti temo che presto lo rivorrà indietro.» Da come pronunciò la frase a fatica, immaginai che sforzo gli costasse. «Mi manchi. E non voglio parlare con te solo al telefono. Non puoi venire qui?»

A parole sembrava così semplice e mi si scaldò subito il cuore. Dio, anche a me mancava così tanto! Quanto avrei voluto mollare tutto e correre da lui. Eppure c'era un problema.

«Ci sono sempre i tizi della sicurezza fuori dalla porta» gli rammentai. «Sai, stavo pensando di diventare un ninja, ma purtroppo non sono ancora capace di rendermi invisibile.»

Jess scoppiò a ridere e poi gli sfuggì un'imprecazione. «Cazzo, se rido mi fa male.»

«Scusa, non volevo» mi discolpai.

«Figurati, che vuoi che sia.» Fece un respiro profondo. «Senti, me la vedo io con i gorilla.»

«E Trish?» Il solo pensiero di sua madre mi fece ribollire il sangue nelle vene. Non temevo un altro confronto con lei, malgrado il timore che potesse danneggiare la mia famiglia. Una lite davanti alla camera di Jess, però, non avrebbe certo contribuito alla sua guarigione.

«Trish può andare a farsi fottere» si limitò a rispondere. «Anche se, finché è nei paraggi, sarà difficile tenere a bada i suoi uomini. E mi ha già detto che tornerà più tardi.»

«Allora è meglio che io venga appena se ne va, alla fine dell'orario di visita. Verso le otto.» Mancavano ancora alcune ore, decisamente troppe, ma era sempre meglio essere prudenti. «Vuoi che ti porti qualcosa?»

«No» rispose lui, ormai in procinto di riaddormentarsi. «Mi basti tu.»

Sorrisi. «A dopo, allora.»

Jess ricambiò il saluto con un mormorio. Al che riattaccai e tornai a guardare fuori dalla finestra con il sorriso stampato in faccia. Il cielo era ancora grigio, ma adesso avevo la sensazione che si stesse rischiarando.

Quando alle otto meno un quarto entrai al Mount Sinai dall'ingresso laterale, ero particolarmente nervosa. Sapevo che Trish se n'era già andata, Jess mi aveva mandato un messaggio dal telefono di Eli avvertendomi che aveva lasciato l'ospedale da venti minuti. Inoltre aveva precisato che gli addetti alla sicurezza non mi avrebbero creato problemi. Ciononostante, quando entrai in ascensore e premetti il pulsante per il piano, il cuore mi batteva all'impazzata. Non perché temessi di compiere un passo falso, piuttosto per il caos che l'ultima settimana mi aveva scatenato nella testa e nel cuore.

La camera di Jess si trovava alla fine di un corridoio quasi deserto. Incontrai un'infermiera che mi salutò come se sapesse esattamente chi ero e da chi stavo andando. Anche l'omone dall'aria poco rassicurante appostato fuori dalla stanza si limitò ad annuire e a farsi da parte al mio arrivo. Stavo per chiedergli il permesso di entrare, ma poi mi feci coraggio e bussai.

Mi ero preparata psicologicamente a quel momento; d'altronde non era passato molto tempo da quando mio padre era stato ricoverato proprio al Mount Sinai. Vederlo lì, così vulnerabile, mi aveva sconvolto. C'è poco da fare: tutti ci sembrano più piccoli e indifesi quando si trovano in un letto d'ospedale, attaccati a tubi e macchinari. Si riducono a una versione di sé che ci appare singolarmente estranea. Con Jess, però, era diverso.

A quanto pareva non si era accorto del mio arrivo, perché non aprì gli occhi quando mi richiusi la porta alle spalle. La stanza era ben illuminata da una luce calda, ma lui era pallido e mostrava un livido violaceo all'altezza dello zigomo. Anche nel sonno sembrava esausto, come se i giorni passati gli avessero prosciugato le forze. Lo conoscevo come una persona pressoché indistruttibile e, al vederlo così, sapendo che era stato in fin di vita, mi si strinse il cuore, sia per amore che per paura. Quando finalmente aprì gli occhi e mi guardò, dovette accorgersi della mia espressione angosciata, ma non mi importava. Davanti a lui non avevo mai dovuto fingere di essere forte quando in realtà mi sentivo debole. Così accennai un sorriso e mi avvicinai al letto.

«Ehi» sussurrai con un nodo alla gola.

«Ehi.» Jess mi rivolse a sua volta un mezzo sorriso ironico. «Mi guardi come se fossi al mio funerale.»

«Scusami.» Mi affrettai ad asciugare le lacrime, dovute soprattutto al sollievo: vederlo e potergli parlare, anche se in quel momento sembrava così prostrato, mi rassicurava.

«Va tutto bene. Vieni qui.» Allungò una mano e io mi tolsi il cappotto per posarlo sulla sedia lì accanto. Poi intrecciai le dita con le sue, che ricambiarono la stretta con più decisione del previsto. Si spostò un po' di lato per farmi sedere sul bordo del letto.

«Come stai?» chiesi, accarezzandogli delicatamente la guancia con l'altra mano. «Ti fa molto male?» Percependo il calore della sua pelle, tutta la tensione accumulata nell'arco di una settimana cominciò a poco a poco ad allentarsi. Era vivo e sarebbe guarito. Lo sapevo già, ma adesso potevo *sentirlo*.

«No, sono solo molto stanco.» Un altro mezzo sorriso. «Mi danno un sacco di antidolorifici, quindi non sento granché.» Si indicò vagamente il busto sotto il lenzuolo, là dove doveva essere stato ferito. Ben aveva detto che il proiettile lo aveva colpito alla schiena ed era uscito dall'altra parte. Non volevo nemmeno immaginare cosa avesse potuto provare. Distolsi lo sguardo da quel punto e mi concentrai sul suo viso. «Non hai idea di quanto sia felice che tu ti stia riprendendo» mormorai.

Annuì stancamente. «Sì, per fortuna. Del resto avevo ancora alcune cosette in programma nella mia vita. L'unica che dovrò depennare dalla lista, temo, è una carriera da modello di biancheria intima.»

Mi sfuggì una risata sommessa, sebbene non ci fosse molto da scherzare. «A quanto ho sentito, fare il modello è comunque un lavoro piuttosto noioso, in cui per metà del tempo te ne stai lì ad aspettare e per l'altra congeli.»

«Sì, lo so.» Alzò lo sguardo rassegnato. «L'ho già fatto una volta e non è stato molto divertente.»

«Hai fatto il modello?» Sorrisi meravigliata. «Posso trovare le foto da qualche parte?»

«Certo. Se riesci a scovare una brochure dell'Ufficio turistico del Nuovo Galles del Sud di circa quattro anni fa, stampata in cinquecento copie a dir molto. Buona fortuna!»

Alzai gli occhi al cielo. «Non sottovalutare le mie capacità di ricerca su Google.»

«Non ti sottovaluterei mai, in nessun caso.» Jess sorrise e mi accarezzò il braccio. Era un gesto semplice, ma un po' impacciato, che mi ricordò dove ci trovavamo e che lui, fino a poco prima, aveva lottato per la vita. Con un enorme groppo in gola, ripensai per un attimo a come la nostra storia avesse rischiato di finire nel peggiore dei modi ancora prima di cominciare.

«Qualcosa non va?» mi chiese preoccupato, indovinando i miei pensieri.

«Niente, niente.» Scossi la testa. Non si trattava di me, ma di lui. «Va tutto bene.»

«Dai, sputa il rospo. Se nel frattempo hai incontrato qualcun altro, sarebbe un gran peccato. Anche perché al momento non posso andare da lui a dargli una lezione.»

Mi sfuggì un misto tra uno sbuffo e una risata, che non attenuò il nodo alla gola. Rinunciai a convincerlo che fosse tutto a posto, visto che non era così.

«Ho pensato che dopo Valerie avrei perso anche te» dissi asciugandomi di nuovo le lacrime. «Che quella telefonata sarebbe stata l'ultima volta in cui avrei sentito la tua voce.»

«Ma non è andata così» ribatté Jess accarezzandomi la mano. «Anche se, tutto sommato, non sarebbe stata male come ultima telefonata, perché mi avevi detto che potevamo finalmente stare insieme.»

Sgranai gli occhi. Dunque non ricordava di avermi chiamata di nuovo dopo che gli avevano sparato?

«Dai, non scherzare» ribattei, evitando di raccontargli la verità. Le amnesie sono conseguenze tipiche di quegli eventi traumatici e, viste le sue condizioni, non era affatto opportuno ridestare certi ricordi.

Così tenni per me il fatto che era stato colpito proprio durante la nostra ultima telefonata, nonché il terrore da me provato ascoltando quell'unica parola di tre sillabe che aveva pronunciato allo stremo delle forze.

«Non sto scherzando, è quella l'ultima cosa che ricordo» mormorò Jess, affondando la testa nel cuscino. «Dell'aggressione, invece, nulla.»

Non riuscii a replicare, a causa del gigantesco groppo in gola che minacciava di soffocarmi. Jess se ne accorse.

«Ehi, guardami. Sono qui.» Mi strinse la mano e cercò di abbracciarmi, lui che sapeva farmi sentire protetta e al sicuro come nessun altro; tuttavia i cavi e i tubicini a cui era collegato glielo impedivano, così si limitò ad accarezzarmi la guancia. «Andrà tutto bene. Tra qualche settimana ci saremo lasciati tutto questo alle spalle.»

Avrei tanto voluto credergli, ma sapevo che non sarebbe stato così facile. Non avevo preso la decisione di vivere con lui a cuor leggero, anzi, ero ben consapevole delle sue conseguenze. Eppure gli ultimi avvenimenti mi avevano scossa a tal punto da far vacillare ogni mia certezza, tranne quella riguardo ai miei sentimenti. Ero sicura come non mai di quello che provavo per Jess.

E poiché volevo, anzi *dovevo* tenerlo stretto, mi chinai su di lui e gli sfiorai le labbra. Non fu un vero bacio, solo un accenno, ma sufficiente per tornare a sentire quella profonda sensazione di calore nello stomaco.

Jess emise un gemito soddisfatto, seguito da un altro di frustrazione. «Che rabbia non poter fare altro.»

Mi ritirai su. «Non appena sarai fuori di qui, recupereremo il tempo perso.» Eppure non riuscivo a pregustare quel momento, frenata com'ero da tutto ciò che mi frullava in testa.

«Ti prendo in parola» replicò lui, fissandomi a lungo come se volesse leggermi nel pensiero. Quando finalmente riprese a parlare, notai una certa preoccupazione nei suoi occhi. «Te ne sei pentita?»

«Di cosa?»

«Della decisione che hai preso la Vigilia, quella di lasciare la tua famiglia e venire da me. È una scelta difficile e, dopo tutto quello che è successo, capirei se...»

«No» lo interruppi sfiorandogli ancora la guancia. «Ho dubbi su tante cose, ma su questa no. Neanche per un secondo.»

«Bene, mi fa piacere.» Sembrava sollevato. «Appena mi rimetterò in forma, parlerò con Trish perché lasci in pace una buona volta la tua famiglia» mormorò prima di chiudere gli occhi per un attimo.

«È meglio che ti riposi un po'.» Feci per alzarmi, ma lui li riaprì subito e mi rivolse uno sguardo indignato.

«Ma scusa, a cos'è servito corrompere tutta quella gente là fuori se dopo cinque minuti te ne vai? Guarda che ho speso un sacco di soldi, sai?»

Sorrisi. «Ah, sì? Ecco come hai fatto.»

Annuì stancamente. «Già. O forse gli ho raccontato una storia triste, oppure ho sfoderato tutto il mio fascino, adesso non ricordo più tanto bene.» Si sforzò di rimanere sveglio. «Resti ancora un po'?»

«Rimango quanto vuoi.» Dopo che mi era stato impedito di vederlo per una settimana – per non parlare dei sei mesi precedenti –, non avrei mai voluto lasciarlo, anche solo per convincermi sempre di più che sarebbe guarito. «Ma tra poco finirà l'orario di visita e credo che mi cacceranno.»

«Non preoccuparti, non succederà.» Jess si spostò un po' più in là e allungò il braccio che non era collegato alla flebo. Il suo invito mi provocò un nodo allo stomaco. Avrei tanto voluto accoccolarmi accanto a lui e posargli la testa sulle spalle, eppure esitai.

«Non so, non vorrei farti male…»

«Credimi, per me non c'è niente di meglio» mi interruppe amorevolmente.

Così non dissi altro e mi distesi accanto a lui, appoggiandogli con molta delicatezza la testa sulla spalla. Jess mi tirò verso di sé, strappandomi un sospiro. Che bello sentirlo di nuovo così vicino. Eravamo in uno strano limbo sospeso tra passato e futuro, dove il tempo non esisteva. E, nonostante le mie inquietudini, mi abbandonai con gioia a quella sensazione di puro, perfetto presente.

Notai che Jess, esausto, si stava già addormentando, e chiusi gli occhi a mia volta. In quell'istante mi resi conto che, pur trovandomi in una stanza d'ospedale – un luogo che associavo principalmente alla sofferenza, al lutto e alla perdita –, non avrei voluto essere in nessun altro posto al mondo.

# 7
# Jessiah

Svegliarsi in un letto d'ospedale non è certo molto piacevole – o almeno quasi mai. Ma quella mattina, quando riaprii gli occhi, mi sentivo particolarmente bene. Non solo perché avevo dormito tutta la notte, a differenza delle precedenti in cui mi ero svegliato più volte. Ma soprattutto perché accanto a me c'era Helena, che dormiva beata con la testa posata sulla mia spalla. Fuori era ancora buio, ma, a giudicare dal traffico ovattato lungo la Prima avenue, doveva essere già mattina.

Mi mossi leggermente, finendo senza volere per svegliarla. Quando si rese conto di dove si trovava, Helena scattò su di colpo e mi fissò stupita.

«Mi sono addormentata? Oddio, ti ho fatto male, vero?»

«Macché, sto benissimo.» Sorridendo, le scostai una ciocca di capelli. Se davvero, come avevo letto o sentito dire da qualche parte, i sentimenti positivi sono molto importanti per la guarigione, in quel momento ne stavo provando una bella dose. Avevo l'impressione di stare molto meglio rispetto alla sera prima. Certo, avevo i muscoli un tantino indolenziti per aver trascorso diverse ore nella stessa posizione, ma non mi importava.

Helena ricambiò il sorriso. «È stato bello. Non come le altre notti, ma comunque meglio del previsto.»

«Ma che gentile che sei.» Feci una risatina. «Spero di non sentirti mai più dire una cosa del genere.»

«Be', dipende da te.» Si chinò per baciarmi, non più con la cautela del giorno prima, ma pur sempre con molta tenerezza. Fu comunque sufficiente a provocarmi un'ondata di calore nelle parti basse che mi strappò un lieve gemito, segno che le mie lesioni non gradivano affatto quella reazione.

«Okay, *adesso* sì che ti ho fatto male.» Helena si staccò e si alzò dal letto.

«No, no. È che non vedo l'ora di andarmene da qui…» *E che il mio fisico torni a funzionare come prima*, pensai. Provavo ancora l'inquietante sensazione di trovarmi nel corpo di un altro.

«Ti hanno detto quando ti dimetteranno?» si informò lei in tono neutro, restando in piedi accanto al letto: doveva aver capito che non era un bene suscitare in me quel genere di desiderio.

«Non ne ho idea. La dottoressa mi ha accennato alla riabilitazione, ma non so ancora per quanto mi terranno qui.» In quell'istante si udirono alcuni energici colpetti alla porta. Helena si irrigidì, mentre io ormai avevo imparato a riconoscere quel modo di bussare: era un'infermiera. Non feci nemmeno in tempo a dirlo che era già entrata. Era Adele, una delle più anziane, quella che il giorno prima, ricorrendo a tutto il mio fascino, avevo convinto a prolungare l'orario di visita. Chissà, forse possedeva un animo romantico e, vedendo in noi due una specie di Romeo e Giulietta del terzo millennio, aveva permesso a Helena di rimanere per la notte. Adesso però mi scrutava con espressione severa, che non prometteva nulla di buono.

«Sta arrivando sua madre» annunciò. «Ha già avvisato la sicurezza.»

*Oh oh.* La sera prima avevo semplicemente informato un addetto che Helena era stata da poco aggiunta all'elenco delle persone autorizzate, lasciando peraltro intendere che Trish non era entusiasta della sua presenza. Il gorilla se l'era bevuta e, per una volta, mi ero rallegrato che la gente avesse tanta paura di mia madre. Solo che adesso quella trovata si stava rivelando un boomerang, perché al suo arrivo avrebbe subito smascherato la mia bugia.

«È meglio che vada, allora.» Helena prese il cappotto dallo schienale della sedia e si guardò intorno in cerca della borsa. In quel momento la sua espressione denotava rabbia e paura, un miscuglio di emozioni che Trish avrebbe dovuto brevettare, dato che lo suscitava puntualmente nelle persone. Sapevo che, se non avessi fatto qualcosa, nel giro di pochi secondi Helena sarebbe sparita. Perciò mi rivolsi all'infermiera.

«Adele, potrebbe trattenere mia madre per qualche minuto?»

La donna accennò un sorriso. «Solo perché sei tu. Vedrò di trovare qualche modulo da farle compilare.»

«Grazie, sei un tesoro.»

La donna annuì e se ne andò.

Io mi raddrizzai e guardai Helena: sembrava particolarmente agitata.

«Jess, credimi, è meglio che io e lei non ci incontriamo. L'ultima volta è stata... a dir poco spiacevole.»

A giudicare dalla sua espressione, doveva essere l'eufemismo dell'anno. «Cosa ti ha detto?» Sapevo della dichiarazione d'amore nei miei confronti, ma nulla della reazione di Trish.

Helena si ravviò i capelli. «Lasciamo perdere, non importa.»

«Per me sì.»

Esitò un attimo. «Mi ha detto che quello che ti è successo è tutta colpa mia.» Parlava a voce bassissima. «Che Valerie aveva ucciso Adam e che io avrei fatto lo stesso con te...» Si interruppe, serrando le labbra. Quanto odiavo il fatto di non potermi alzare e abbracciarla.

«Sono tutte stronzate» azzardai, incapace di trovare le parole giuste. «Lo sai benissimo.»

Helena si fece forza e annuì. «Certo, ma preferisco andarmene, non voglio sentirle ripetere certe cose.»

Come darle torto: ovviamente sapeva che mia madre si sbagliava, ma era una magra consolazione. E, anche se non ne avevamo parlato, eravamo entrambi consapevoli che Trish era capace di ordire nuovi intrighi pur di separarci. Ormai avevamo deciso di stare insieme, certo, ma non sarebbe stato per niente facile.

«Ne riparliamo la prossima volta, okay?» proposi, cercando di rasserenarla un po'. Helena si chinò su di me per darmi un tenero bacio sulla fronte. «Scrivimi quando ci sarà via libera. E nel frattempo, mi raccomando, riposati.» Mi salutò con un sorriso prima di andarsene in tutta fretta.

A mia volta non persi tempo, appoggiai la testa sul cuscino e chiusi gli occhi. Cercare di dormire mi sembrava l'unico modo per evitare di mettere le mani addosso a Trish – a dispetto delle mie ferite. Come aveva potuto lanciare a Helena accuse così infamanti proprio in un momento simile? Quanto bisognava essere insensibili per non riuscire a trattenersi neanche in situazioni del genere?

La mia tattica funzionò. Mia madre entrò nella stanza, mi rivolse la parola e, non vedendomi reagire, si limitò ad accarezzarmi un attimo il braccio per poi uscire di nuovo e dare ordini al personale. A suo dire nella mia stanza faceva troppo freddo, il cuscino non era stato sprimacciato e i fiori sul comodino stavano già appassendo. *Una vera tragedia, soprattutto se para-*

*gonata al fatto che poco prima ero in fin di vita*, commentai tra me con sarcasmo, sforzandomi di tenere a freno la collera. In quel momento non serviva a niente.

Poco dopo la porta si riaprì, ma stavolta i passi non erano quelli di Trish.

«Se n'è andata» mi avvertì Adele e io riaprii gli occhi, sbuffando di irritazione. «Ha detto che oggi ha molti appuntamenti e che non riuscirà a tornare prima di domani.»

«Vi ha fatto impazzire, vero? Fa un dramma per qualsiasi cosa, mi dispiace.»

«Oh, si figuri.» Adele sorrise. «Sono dieci anni che lavoro in questo reparto, un'area vip per pazienti pieni di soldi. Ho visto ben di peggio.»

Preferii non indagare, non avevo nessuna voglia di saperne di più.

«Come si sente stamattina?» L'infermiera mi osservò con attenzione.

«Meglio» risposi sinceramente.

Lei sorrise. «Ah, i miracoli dell'amore! Ma voglio ben sperare che non proverete a rifarlo, perché alcuni miei colleghi non sono così romantici.» Mi lanciò uno sguardo indagatore.

«In realtà pensavo che oggi mi avrebbe tolto questi dannati affari e mandato a casa.»

Scoppiò a ridere. «Mi piace il suo ottimismo, signor Coldwell.»

«Jess, per favore.»

«D'accordo, Jess. Più tardi le cambieremo le fasciature e la dottoressa Wang controllerà i punti per assicurarsi che sia tutto a posto. In ogni caso, anche se adesso si sente meglio, le ci vorrà un po' per rimettersi in sesto.»

Me lo ripetevano in continuazione, solo che nessuno aveva

ancora specificato quanto tempo ci sarebbe effettivamente voluto. «Di quanto stiamo parlando? Due settimane? Tre?» Non mi ero mai trovato in una situazione simile e, fino a quel momento, non avevo ancora avuto l'occasione di chiedere lumi. Forse, a dire il vero, mi era anche mancato il coraggio.

«In base alla mia esperienza, direi all'incirca due mesi. Ferite del genere non guariscono certo dall'oggi al domani.» L'infermiera sfoggiò un sorriso molto professionale. «Ma con un po' di pazienza tornerà in forma. E il tempo passerà più in fretta di quanto pensa.»

Trattenni l'impulso di tastare il punto da cui era fuoriuscito il proiettile. Grazie agli antidolorifici non mi faceva troppo male, ma era come se il mio corpo mi rammentasse di continuo che nulla era più come prima. *Mi avevano sparato*: adesso che avevo recuperato un po' di lucidità, quel fatto mi appariva ancora più inquietante. Deglutii a fatica.

«Se ha bisogno di parlare con qualcuno di quello che è successo, qui abbiamo un ottimo servizio di sostegno psicologico.» Adele controllò i dati sul monitor accanto al letto. «Un'esperienza del genere metterebbe a dura prova chiunque.»

«Poco ma sicuro» mormorai. «Anche se non ricordo nulla.»

«Quando sarà il momento le tornerà in mente tutto. Basta avere pazienza.»

Al che se ne andò e io mi appisolai di nuovo, con la testa ovattata e le viscere contratte per la rabbia nei confronti di Trish. Dopo non so quanto tempo, la dottoressa Wang mi svegliò bussando alla porta. Non si fermò a lungo, preferendo rimandare il cambio della medicazione. Nel giro di un minuto capii il perché.

Qualcuno bussò di nuovo e fece capolino nella stanza. Non apparteneva al personale ospedaliero. «Signor Coldwell? Detective O'Reilly della polizia di New York. Se la sente di rispondere a qualche domanda?»

«Sì, certo.» Mi sollevai un po' e annuii. Sebbene non potessi contribuire più di tanto alle indagini, era meglio togliersi subito il pensiero.

«Bene.» O'Reilly entrò. Doveva essere a una decina d'anni dalla pensione, portava i baffi alla Magnum P.I. e, mentre si sedeva sulla sedia accanto al letto senza che l'avessi invitato a farlo, mi rivolse un sorrisetto forzato. Eppure non era questo il motivo per cui mi suscitava antipatia: qualcosa in lui mi diceva che non saremmo andati molto d'accordo.

«C'è un discreto spiegamento di forze là fuori» commentò, alludendo agli addetti alla sicurezza assunti da mia madre. «Immagino che con i soldi si possa comprare tutto, o sbaglio?»

«Non tutto, come può vedere» risposi freddamente. Dunque nutriva dei pregiudizi nei confronti dei ricchi, che originalità!

«Già, ha ragione.» Il detective estrasse dalla tasca della giacca un piccolo taccuino e lo aprì. «Allora, torniamo alla sera del 24 dicembre, quando è stato aggredito nei pressi del ristorante Emilio's. Le hanno sparato e l'hanno lasciata esanime a terra, dove poi è stato ritrovato e soccorso.»

O'Reilly mi guardò con aria interrogativa, come se fosse in attesa di un mio commento. Evitai il suo sguardo. «Purtroppo non ricordo nulla di quello che è successo.»

Il detective annuì. «Sì, la dottoressa ci ha già informati. Tuttavia vorremmo ricostruire il più possibile il momento dell'agguato. Qual è l'ultima cosa che ricorda?»

Non dovetti rifletterci più di tanto, perché la scena continuava a tormentarmi. «Ho fatto una telefonata, poi sono andato verso la macchina che avevo parcheggiato in un vicolo lì vicino.»

«Quindi non ha avuto interazioni con nessuno in particolare. Solo quella telefonata con una certa…» Controllò il taccuino. «… Helena Weston, che in effetti abbiamo trovato nel registro delle chiamate.»

Annuii.

«Qual è il suo rapporto con la signorina Weston?»

«Che importanza ha?» chiesi aggrottando la fronte.

«Be', qualsiasi tipo di rapporto personale è rilevante ai fini dell'indagine.»

Sospirai e mi arresi. «È… un'amica.» Avrei detto volentieri la verità, ma temevo che sarebbe stata messa a verbale, così preferii restare sul vago.

O'Reilly ne prese nota e rimase in silenzio per un istante.

«Vi siete fatti qualche idea di chi potrebbe essere il colpevole?» domandai poi, senza nutrire molte speranze.

«In effetti una pista ce l'avevamo, ma poi abbiamo scoperto che il movente potrebbe essere tutt'altro.»

Mi irrigidii di colpo. «Mi sta dicendo che non si è trattato di una rapina?»

«Be', vede» spiegò il detective «quella è stata la nostra prima ipotesi. D'altronde le mancavano il portafoglio, il cellulare e le chiavi dell'auto, tutti indizi piuttosto chiari. E invece, dopo aver battuto la zona palmo a palmo, abbiamo rinvenuto questi oggetti in un cassonetto a pochi isolati di distanza. E nel portafoglio c'erano ancora i soldi.»

Okay, questa sì che era una notizia. Tutt'altro che buona, a giudicare dalla sorda pulsazione che avvertivo dentro di me. Ero convinto che qualcuno avesse voluto derubarmi e che ormai tutto fosse stato chiarito. Adesso invece cominciai a preoccuparmi. Soprattutto perché non riuscivo a ricordare nulla.

«E questo cosa significa?» chiesi. «Avrebbero *inscenato* una rapina?»

Il detective scrollò le spalle. «Può darsi. Stiamo esaminando gli oggetti alla ricerca di impronte digitali e DNA, forse troveremo qualcosa. Che lei sappia, c'è qualcuno che potrebbe avercela con lei? Mi risulta che lavori nel settore della ristorazione. C'è molta concorrenza a New York, è possibile che volessero farla fuori?»

Che domanda assurda. Non ero mica un boss mafioso che sfruttava i locali per riciclare denaro sporco; i miei erano ristoranti che andavano a gonfie vele da decenni e coesistevano pacificamente con la concorrenza. Certo, di tanto in tanto qualche nuovo arrivato lanciava una campagna promozionale un po' aggressiva nel tentativo di rubare la scena a quelli già affermati, ma poi spariva con la stessa rapidità con cui era comparso. Mi sembrava incredibile che qualcuno in quell'ambiente mi volesse morto.

«No, non mi viene in mente nessuno. A volte il campo della ristorazione può essere spietato, ma non certo fino a questo punto.»

O'Reilly ne prese prontamente nota. «E che dire della sua vita privata? Lei appartiene a una delle famiglie più influenti della città, ci sarà senz'altro qualcuno che ha dei conti in sospeso con i Coldwell.»

«Capisco dove vuole arrivare, detective.» Stava mettendo a dura prova la mia pazienza e la mia cortesia, ma riuscii a controllarmi. «Però si sbaglia. Il fatto che mi chiami Coldwell non significa che la gente mi odi. Non sono come mia madre, lo sanno tutti.»

«Ne è proprio sicuro?»

«Sicurissimo.»

«Molto bene.» O'Reilly sbuffò, ma parve prendere per buona la risposta. «Allora veniamo al suo patrimonio. Come abbiamo scoperto, è considerevole: possiede vari ristoranti in città, oltre all'eredità di suo padre, un appartamento nel Village e i risparmi personali. Chi erediterà tutto questo alla sua morte? Sua madre?»

Scossi la testa. «Quando morirò, alcuni ristoranti passeranno ai miei soci.» Mi era sembrato assurdo fare testamento a diciott'anni, ma non volevo che Trish si prendesse tutto nel caso in cui, disgraziatamente, fossi morto prima di lei. «Il resto andrà a mio fratello minore.»

«Suo fratello, eh?» C'era qualcosa nel tono di O'Reilly che mi indisponeva. La sua insolenza mi fece dimenticare per qualche minuto il pressante interrogativo sull'identità dei miei aggressori.

«Elijah ha solo *quindici* anni, detective. E ha già più soldi di quanti ne potrà mai spendere in vita sua, perché mia madre non ha voluto aprirgli un fondo fiduciario, secondo lei è una tradizione superata.» Mi risparmiai ulteriori spiegazioni sul perché Eli fosse l'ultima persona al mondo che avrebbe mai potuto tendermi un agguato. Ero sempre più stanco e non sarei riuscito a parlare ancora a lungo.

Dal canto suo O'Reilly, benché fino a quel momento non avesse dimostrato molto tatto, sembrò accorgersene e si alzò. «Bene, per adesso è tutto. Proseguiremo le indagini nel Village, ma purtroppo le deposizioni dei testimoni oculari sono contraddittorie. È sempre così: in cambio di un po' d'attenzione, la gente racconta di aver visto di tutto e di più.» Abbassò lo sguardo su di me e mi porse un biglietto da visita piuttosto scarno. «Semmai dovesse tornarle in mente qualcosa, mi chiami. Se riuscisse a ricordare qualche dettaglio su chi l'ha aggredita, sarebbe un grande passo avanti.»

«D'accordo.» Presi il biglietto e lo posai sul tavolino. Il busto mi pulsava con dolorosa insistenza: evidentemente quel colloquio mi aveva messo in fibrillazione.

Il detective si diresse verso la porta. «Tornerò da lei se avrò altre domande. Immagino che qui sarà al sicuro con tutti quei gorilla a guardarle le spalle.» Annuì inarcando i baffi in un sorriso beffardo, poi se ne andò.

Mi lasciai andare di nuovo sul cuscino e, mentre i passi del poliziotto svanivano nel corridoio, smisi subito di pensare a lui. In testa mi si affollavano interrogativi sempre più pressanti e senza risposta: chi mai aveva tentato di uccidermi? E perché, cazzo?

Mi sentivo davvero esausto, avevo un disperato bisogno di una dose supplementare di antidolorifici. E invece presi il cellulare di Eli, che avevo infilato sotto il cuscino, e composi un numero. Nell'attesa che rispondessero mi chiesi se fossi diventato paranoico o se la mia preoccupazione fosse fondata. Non riponevo grande fiducia in O'Reilly, quindi avevo bisogno di qualcun altro per fare chiarezza su tutta quella faccenda.

«Pronto?» rispose finalmente una voce.

«Salve, sono Jess Coldwell. Ho di nuovo bisogno del suo aiuto.»

# 8

# Helena

Tornai da Lincoln in taxi, credendo di non trovare nessuno in casa. Non era una prospettiva tanto sgradevole, a dire il vero, perché ero stanca morta e volevo solo andare a letto. Poter stare accanto a Jess con la consapevolezza che era vivo e vegeto mi aveva profondamente rilassata come nient'altro nelle ultime settimane. E tuttavia non era stata una nottata così riposante: la luce, i bip dei macchinari, il timore di fargli male se mi fossi mossa anche solo di un centimetro… Non vedevo l'ora che lo dimettessero per potermi finalmente accoccolare tra le sue braccia nel letto sul soppalco, senza quell'odore di ospedale nelle narici e tutti quei tubicini infilati nel suo braccio.

Non appena aprii la porta dell'appartamento, con mia sorpresa, udii delle voci: quella di mio fratello e un'altra che mi lasciò impietrita. Che ci faceva lì?

«Helena, sei tu?» Lincoln si affacciò nell'ingresso, mentre mi toglievo la sciarpa. La sera prima gli avevo scritto che sarei rimasta con Jess, quindi non si stupì di vedermi rientrare soltanto adesso. «Come sta?»

«Meglio. Certo, ci vorrà ancora un po' prima che si riprenda del tutto, ma è sulla buona strada.»

«Bene, mi fa piacere.» Lincoln indicò dietro di sé. «Ascolta, prima di entrare…»

«Sì, ho sentito, c'è papà. Cosa vuole?»

«Parlare con te. Gli ho detto che secondo me spettava a *te* scegliere il momento giusto per farlo, ma temo sia piuttosto urgente.»

Assentii. Malgrado la stanchezza, ero stranamente pronta ad affrontare la situazione, forse perché stare con Jess aveva rafforzato la mia determinazione. Al suo fianco mi sentivo davvero me stessa, così felice che non avrei rinunciato a lui per nulla al mondo. Né per i soldi, né per la posizione sociale o l'influenza derivanti dal mio cognome. Per niente di tutto ciò. Ed era esattamente quello che intendevo comunicare a mio padre.

«Vuoi che ci sia anch'io?» mi chiese Lincoln.

Scossi la testa. «No, grazie.» Gli rivolsi un sorriso, poi mi avviai lungo il corridoio verso la sala da pranzo.

Non appena misi piede nella stanza, mio padre si alzò. Era lo stesso di sempre: abito scuro, cravatta, pettinatura impeccabile. Con una fitta al cuore, notai che sembrava contento del mio arrivo.

«Len» disse sollevato. «Che bello rivederti.»

«Ciao, papà.» Gli feci un cenno di saluto ma non mi avvicinai per abbracciarlo, limitandomi invece a sedermi dall'altra parte del tavolo. «Cosa posso fare per te?»

Non parve sorpreso dal mio tono distaccato. «Ecco, ho pensato che fosse giunto il momento di parlare un po'. Te ne sei andata in modo talmente precipitoso che mi dispiacerebbe lasciare le cose come stanno.»

«Okay.» Mi ci volle un attimo per riflettere sul significato di quelle parole. Voleva davvero capire cosa mi avesse portato a compiere quel passo? O forse lui e mia madre, consapevoli delle minacce di Trish riguardo all'area Winchester, temevano che adesso potesse metterle in atto e danneggiarli?

Nel dubbio rimasi in silenzio, e mio padre continuò. «Sono qui perché vorremmo che tu tornassi a casa. Se accetti di prendere le tue cose e venire via con me, siamo disposti a dimenticare la tua disdicevole scenata della Vigilia e a non parlarne mai più.»

Scossi la testa. «Non posso, papà.»

Corrugò la fronte. «Vuoi davvero continuare a ribellarti così? Magari con l'appoggio di tuo fratello?»

«Non è un atto di ribellione.» Mi trattenni dall'alzare gli occhi al cielo. «Se siete preoccupati che Trish Coldwell vi porti via di nuovo l'area Winchester, o che vi renda la vita difficile in altro modo, Jess proverà a impedirlo.»

Mio padre mi fissò con arroganza. «Non abbiamo certo bisogno di Jessiah per difenderci da quella donna.»

«Allora cosa volete?» Cominciavo a intuire dove intendesse andare a parare: bisognava impedire che scoppiasse uno scandalo. Era chiaro che la mia fuga non sarebbe passata inosservata, l'Upper East Side era un covo di serpi, pronte a scatenarsi con più ferocia di un tabloid. «Dimmi la verità: si tratta davvero di me o piuttosto di evitare che la gente mormori quando si scoprirà che non vivo più con voi, ma con Lincoln e Paige?»

Mio padre non replicò, gli sfuggì solo una smorfia che non fece che confermare i miei sospetti. I Weston si erano appena riabilitati e avevano riscattato la propria reputazione; il fatto che la loro figlia si fosse trasferita dal fratello rischiava di metterla nuovamente a repentaglio.

«Ho sentito quello che hai detto a tua madre durante la nostra discussione» riprese lui. «Pensi che con noi non hai alcuna possibilità di vivere come vorresti. Ti renderai conto che è un'assurdità.»

Cercai di mantenere la calma, anche se non era per niente

facile. «No, nient'affatto. Da quando sono tornata a New York, non mi avete più permesso di fare nulla che non fosse di vostro gradimento. Non voglio passare una vita intera così.»

Mio padre serrò le labbra. «Io e tua madre abbiamo sempre avuto a cuore i tuoi interessi. Abbiamo fatto tutto il possibile per te e i tuoi fratelli. Hai ricevuto un'istruzione eccellente, ti abbiamo pagato corsi estivi, attività extrascolastiche, viaggi. Non ti è mai mancato nulla.»

«Sì, invece» obiettai. «Mi è mancata la libertà. So che non esistono privilegi senza obblighi e non voglio sembrarti ingrata, papà. Mi rendo conto che molti sognerebbero di far parte di una famiglia come la nostra. Ma in realtà è anche una gabbia. E alla fine non si può essere liberi se ci si sente soffocare.»

«È questo che pensi?» Mi fissò accigliato. «Ti senti soffocare solo perché non puoi stare con quel Coldwell?»

Mi sfuggì uno sbuffo. «Non si tratta di Jess. Non me ne sono andata per lui, ma per *me stessa*. Lui mi ha solo dato il coraggio di trovare finalmente la mia strada.»

«Forse perché è uno a cui non frega niente della sua famiglia?» Scosse la testa senza capire. «Ti sei scelta proprio la persona giusta, Helena, complimenti.»

«Tu non sai niente di lui» ribattei con più calma del previsto, malgrado la rabbia mi ribollisse nel petto. «Jess è una persona calorosa, leale, piena di attenzioni, pronta a farsi in quattro per chi gli sta a cuore. Proprio come lo era Adam. E, se tu non ti facessi condizionare dal fatto che Trish Coldwell è una stronza calcolatrice, te ne saresti già reso conto.»

«Stento a crederlo.» Mio padre abbassò lo sguardo sul tavolo, e io mi chiesi se non volesse capirmi o proprio non ci riuscisse. Rialzò gli occhi. «Noi vogliamo solo il meglio per te, Helena.»

Sorrisi. «È *Jess* il meglio per me, papà.» Certo, non sapevo ancora come sarebbe stata la convivenza quotidiana con lui. Senza dubbio, prima o poi, sarebbero emersi alcuni aspetti dell'una o dell'altro che non avremmo apprezzato o addirittura tollerato, e che forse ci avrebbero spinti al limite della sopportazione, se non oltre. Ma è così che funziona nei rapporti di coppia, no? Bisogna crescere insieme. Ed era proprio quello che volevo.

«Lo conosci appena» puntualizzò mio padre, come se mi avesse letto nel pensiero. «Come fai a sapere che tra di voi durerà? Lui lavora nella ristorazione, non ha mai studiato, detesta i nostri ambienti e in gioventù ha superato ogni limite. Intendi davvero passare la tua vita con un personaggio del genere?»

Mi venne da ridere al pensiero che, solo qualche mese prima, era quella la mia opinione di Jess. Viziata dall'arroganza caratteristica dell'alta società, in cui non conta altro che l'apparenza e il prestigio. «Se pensi che la mia sia soltanto la tipica fase in cui la ragazza di buona famiglia in cerca di trasgressione si mette a frequentare un motociclista tatuato… be', ti garantisco che ti sbagli di grosso. Non mi sto ribellando, papà. Sono solo stanca di non poter essere me stessa.»

«E chi vorresti essere, se non facessi più parte della nostra famiglia?»

«A dire il vero, di preciso ancora non lo so, ma intendo scoprirlo. E, se foste disposti a sostenermi, non con il denaro, ma con la vostra fiducia, ne sarei felice. Se invece non poteste farlo, per qualsiasi motivo, sarebbe un gran peccato. In ogni caso non tornerò a casa e, giuro su Dio, non rimetterò piede neanche in Inghilterra. Sono una donna adulta, ormai, e ho il diritto di essere trattata come tale.»

Una volta terminato il mio monologo, che mi aveva lasciata senza fiato, mio padre rimase in silenzio. Tacque a lungo, poi si alzò, sempre senza proferire parola. Solo quando fu sulla soglia si voltò verso di me e mi disse: «Mi dispiace molto se pensi che finora la tua vita sia stata una farsa e che tu non ti sia mai sentita libera di fare le tue scelte. Ti assicuro che non abbiamo mai avuto nessuna intenzione di ostacolarti o costringerti a seguire certi schemi. Ma nella nostra famiglia, Helena, funziona così: o dentro o fuori. Sta a te decidere».

Dopodiché se ne andò senza attendere una risposta. Io rimasi seduta al tavolo mentre salutava mio fratello e usciva di casa. Pochi istanti dopo Lincoln mi raggiunse in sala da pranzo.

«Allora, cos'avete concluso?» chiese. Non voleva sapere di cosa avessimo parlato, bensì quale risultato avessimo raggiunto: in quanto a efficienza, Lincoln era un vero Weston.

«Non credo che mi abbia capita, ma gli ho detto tutto quello che volevo dirgli.» E avevo tenuto il punto, anche se una parte di me avrebbe tanto voluto ricucire i rapporti con mio padre. Tuttavia il prezzo era troppo alto. Di conseguenza avrei presto scoperto cosa significava stare "fuori" dalla famiglia, per usare le sue parole.

«E sei contenta così?»

«No.» Per niente. Anzi, mi veniva un groppo in gola all'idea di tagliare i ponti con i miei genitori. «Ma me la caverò, vedrai.»

Lincoln si sedette. «Dunque cosa pensi di fare?»

Scrollai le spalle. «I corsi alla NYU cominciano a settembre, quindi ho ancora qualche mese a disposizione. L'ideale sarebbe trovare un lavoro. E la prossima settimana ho un appuntamento in banca.» Sarebbe stata dura mantenersi a New York senza i soldi della mia famiglia, ma non impossibile. Visto il reddito dei miei genitori, nessuna università al mondo mi avrebbe mai concesso una borsa di studio, però potevo sempre sperare di ottenere un prestito per pagare la retta.

«Sai che da un anno ho accesso al mio fondo fiduciario» spiegò Lincoln. «Posso prestarti volentieri qualcosa finché non avrai venticinque anni.»

«Grazie, sei gentile.» Sorrisi. «Ma solo se non dovessi avere altra scelta. Prima voglio vedere se riesco a rendermi indipendente.» Del resto, il fondo fiduciario era pur sempre finanziato dai miei genitori. Secondo la tradizione, infatti, i discendenti dei Weston ricevevano una cospicua somma – più che sufficiente per pagarsi un corso di laurea – appena compiuti i venticinque anni. Eppure ricordavo molto bene quello che aveva detto Valerie in proposito: *Sai cosa farò con tutti quei soldi, Lenny? Li investirò nella nostra azienda. Perché a quel punto saremo già una grande realtà a New York e potremo espanderci a San Francisco, Chicago o, chissà, magari perfino all'estero.*

Al pensiero che la nostra agenzia turistica specializzata in tour delle città non avrebbe mai visto la luce, provai un tuffo al cuore. Anni prima avevamo anche pensato alla zona più indicata per la sede: niente Financial District né Upper East Side, ovviamente; Valerie propendeva per SoHo, io invece per il Greenwich Village. In ogni caso avremmo optato per un edificio in mattoni, dal fascino industriale, un po' come la casa di Jess.

Notando lo sguardo di mio fratello, perso nel vuoto proprio come il mio, tornai alla realtà. Dopo tutte le incertezze e i timori dell'ultima settimana, avevo dimenticato che non ero certo l'unica ad avere dei pensieri.

«Per caso Trish è già tornata all'attacco come temevamo?» Sebbene mio padre avesse liquidato l'argomento, conoscevo la madre di Jess abbastanza bene da sapere che non avrebbe certo mollato la presa.

«Per ora non c'è nulla di concreto.» Lincoln scosse la testa. «Ricomincerà a sputare veleno contro di noi, ma per il momento, finché Jess è in ospedale, credo che abbia altro per la testa. Cosa succederà dopo lo vedremo. In ogni caso smettila di tormentarti, non è certo colpa tua se decide di prenderci ancora di mira.»

Eppure mi sentivo responsabile. Certo, i miei genitori sostenevano di non aver bisogno del mio aiuto contro Trish, ma io sapevo che, senza l'area Winchester, erano rovinati; non a caso, era proprio per questo che avevo rinunciato a Jess. Sulle prime mi era sembrato facile rompere l'accordo con sua madre, ma ogni giorno che passava sentivo sempre più il peso della responsabilità.

«Jess ha detto che le parlerà.» Potevo solo sperare che riuscisse a impedirle di distruggere il Weston Group.

«È gentile da parte sua. Ma in qualche modo ce la caveremo, vedrai. Promettimi che non ti sentirai in colpa.» Non potendo assicurarglielo, mi limitai a scrollare le spalle e cambiai argomento. «Dimmi un po', come vanno le cose con… tu sai chi?» In quel momento eravamo soli, Paige non era in casa. E tuttavia mi sembrava sbagliato pronunciare il nome di Penelope ad alta voce tra quelle quattro mura.

«In tutta sincerità, dopo che te ne sei andata la sera della Vigilia, anch'io ero sul punto di mollare tutto e correre da lei. È stato un comportamento molto coraggioso, ti sei fatta valere, hai lottato per i tuoi desideri.»

Io non l'avrei definito proprio in quei termini, semmai abbastanza impulsivo, ma non obiettai. «E quindi?» Evidentemente, nel frattempo, qualcosa in lui era cambiato.

«Quella sera, quando siamo rientrati a casa, ero pronto a raccontare tutto a Paige. Tra me e Pen non era ancora successo nulla, però volevo comunque dirle la verità perché mi sembrava scorretto tenerle nascosto che sono innamorato di un'altra.

Ma proprio nel momento in cui stavo per parlarle, ha squillato il telefono ed eri tu.»

«Oh.» Abbassai lo sguardo. «Mi dispiace.»

«Figurati.» Lincoln scosse la testa. «Gli ultimi giorni mi hanno di nuovo aperto gli occhi: non sarebbe giusto far soffrire Paige in quel modo. Non sarà la donna dei miei sogni, ma è una brava persona e so che non mi abbandonerebbe mai, qualunque cosa accadesse. Non si merita niente del genere.»

«Quindi vuoi continuare a stare con lei senza dirle nulla di Penelope?»

«No, lo farò quando si saranno calmate un po' le acque. Ma intendo dirglielo nel modo giusto, per farle capire che tengo a lei e, magari, trovare una soluzione insieme.»

Per Paige sarebbe stato un duro colpo, lo sapevo. Amava mio fratello, e avrebbe senz'altro avuto bisogno di tempo per superare il fatto che lui non ricambiava il suo amore. Lincoln non avrebbe mai mancato di rispetto a una donna, ma non poteva certo cambiare i propri sentimenti. E meritava di decidere liberamente, come me.

«Cazzo, quanto sei diventato adulto!» scherzai, e scoppiammo a ridere. Un attimo dopo, però, tornai seria. «Comunque hai ragione, è la scelta più sensata. Spero che sarete entrambi felici.»

«Mah, vedremo» replicò lui poco convinto. Come dargli torto, non avrei mai voluto essere nei suoi panni.

«Che programmi hai per oggi?» mi chiese.

«Niente di speciale. Ho finalmente inviato la domanda di immatricolazione e aspetto che Jess mi dia il via libera per tornare a trovarlo.» Mi mancava da morire e, anche se una stanza d'ospedale non era proprio il luogo più romantico del mondo, l'impossibilità di stare con lui mi pesava ogni ora di più.

«Trish gli sta appiccicata giorno e notte?»

«Più o meno. Per non parlare degli addetti alla sicurezza, che comunque mi hanno lasciata entrare senza problemi.» Chissà come ci era riuscito Jess, li aveva pagati sul serio o aveva solo fatto una battuta? Del resto non erano affari miei. «E tu che programmi hai? Devi lavorare ancora?» Era mercoledì, quindi era piuttosto insolito che Lincoln fosse a casa, oltretutto in jeans e maglione invece di giacca e cravatta.

«No, mi sono preso un giorno libero, papà era d'accordo. Forse crede che riuscirò a farti ragionare.»

«Se la prenderanno con te se continuerai a ospitarmi?» Mi sfuggì un mezzo sorriso: non volevo trascinarlo in quella storia, anche se ormai era troppo tardi.

Alzò le spalle. «Se la prenderanno molto di più se mollo Paige. Ma adesso non pensiamoci, anzi, possiamo fare quello che ci pare.»

Non aveva tutti i torti, e mi venne subito un'idea. Indicai il soggiorno. «Sai cosa? Guardiamoci un po' di tv.»

«Tv?» Lincoln sgranò gli occhi. «Così, in pieno giorno? Durante la settimana?»

Scoppiai ridere, quella prospettiva sembrava proprio sconvolgerlo. Ma lo capivo benissimo, perché a casa nostra non era mai successo niente del genere: se ti sdraiavi sul divano durante il giorno, significava che eri malato; altrimenti avevi l'obbligo di essere sempre produttivo da mattina a sera. Conoscendo mio fratello, doveva essersi attenuto a questa regola anche durante l'università, mentre io a Cambridge, più di una volta, avevo passato la giornata a guardare le serie su Netflix invece di andare a lezione.

«Certo. Ordiniamo qualcosa da mangiare, ci prepariamo i popcorn e poi ci spariamo almeno due stagioni di *Modern Fa-*

*mily* fino a sera.» Distrarci un po' non ci avrebbe certo fatto male, dopo tutta l'agitazione dell'ultima settimana. E poi, in quel modo, avrei sentito un po' meno la mancanza di Jess.

Lincoln sorrise. «Mi sa che mamma e papà non approverebbero mai un programma del genere.»

«Motivo in più per metterlo in pratica.» Gli diedi di gomito. «Allora, tu pensi ai popcorn e io ordino qualcosa da Mr Taka.» Era quasi mezzogiorno, tanto valeva pranzare.

«Okay, ci sto.»

Un'ora dopo, mentre eravamo seduti sul divano, ognuno con la sua ciotola di ramen oltre a quella di popcorn piazzata in mezzo, ebbi la certezza che, prima o poi, tutto si sarebbe aggiustato. Ovviamente non sapevo se sarei mai riuscita a ricucire i rapporti con i miei genitori, o quali altre insidie Trish avesse in serbo per me e Jess. Eppure, in quel momento, mi sentivo in grado di affrontare tutto, ed era una bella sensazione.

No, mi correggo: era una sensazione fantastica.

# 9

# Jessiah

Stavo leggendo un libro quando a un certo punto iniziai a vedere sfocato, così lo posai sul petto e mi misi a fissare il soffitto. Eli mi aveva portato una pila di romanzi che aveva finito di recente, ma nessuno era riuscito a catturare la mia attenzione. Non tanto per via delle trame, bensì per il fatto che, se fossi rimasto inattivo ancora a lungo, sarei impazzito. Negli ultimi giorni avevo ricevuto alcune visite, non solo di Eli: Thaz, eludendo la sorveglianza, era sgattaiolato in camera con una confezione da sei birre, mentre Simon del Tough Rock era venuto a controllare che mi stessi rimettendo in forma. Mio fratello mi aveva portato il cellulare prepagato perché potessi inviare un messaggio a Thea e Lilly, che avevano saputo dell'agguato solo dai giornali. Tutte queste, però, si erano rivelate soltanto brevi distrazioni nell'arco di giornate alquanto lunghe e noiose. Avevo bisogno di qualcosa da fare, un progetto, un lavoro, un'attività. O perlomeno di aggrapparmi alla certezza che, prima o poi, i miei aggressori sarebbero stati catturati.

Ormai erano passate due settimane dall'agguato e la polizia non aveva fatto passi avanti. Ecco perché gli addetti alla sicurezza erano ancora al loro posto e mia madre, per quanto cercassi di farla ragionare, non voleva congedarli. Inoltre mi preoccupava l'idea di essere stato volutamente preso di mira. Come avremmo fatto se la polizia non avesse trovato il colpevole? Avrei sempre avuto la scorta? Che prospettiva entusiasmante!

Fisicamente, almeno, mi sentivo meglio: la ferita si stava rimarginando, i medici mi avevano ridotto gli antidolorifici e presto sarei stato dimesso per iniziare la riabilitazione altrove. Eppure non ero felice. Nell'ultima settimana io e Helena ci eravamo visti molto meno di quanto avrei voluto, perché non era facile trovare momenti in cui Trish fosse assente o io non dovessi sottopormi a qualche esame. Oltretutto Adele era andata in ferie per qualche giorno, e i suoi colleghi erano molto più rigidi sugli orari di visita. Così Helena era venuta qualche volta, ma solo per mezz'ora, non certo abbastanza per goderci un po' di tempo insieme.

Dopo le dimissioni dall'ospedale avrei tanto voluto tornare a casa con lei per iniziare finalmente la nostra vita insieme. La dottoressa Wang, tuttavia, mi aveva consigliato di partire per qualche settimana per riprendermi al meglio. Qualche mese addietro me ne sarei andato molto volentieri da New York, invece adesso, per la prima volta, non volevo lasciare la città. Desideravo solo rintanarmi a letto con Helena e godermi per qualche giorno la meravigliosa sensazione che niente o nessuno potesse più separarci. Ero convinto che mi avrebbe fatto guarire più in fretta di qualsiasi riabilitazione.

Bussarono alla porta e mi misi a sedere. Di solito, quando entrava qualcuno, fingevo di dormire, nell'eventualità che si trattasse di Trish. Stavolta però avrei preferito parlare con lei piuttosto che continuare a fissare il soffitto. Invece di mia madre, tuttavia, vidi arrivare Louisa, una giovane infermiera.

«Signor Coldwell, c'è una persona che la aspetta in sala d'attesa.» Sembrava incerta, perplessa.

«Ah, sì? E chi è?» Fino a quel momento tutte le persone

venute a trovarmi erano state annunciate dagli addetti alla sicurezza, che adesso per fortuna mi davano retta.

«È il sindaco» sussurrò timidamente Louisa. «Non ci aveva comunicato nulla, per questo siamo rimasti molto sorpresi vedendolo arrivare così all'improvviso. Gli ho detto che lei aveva bisogno di riposo, ma lui ha voluto a tutti i costi che entrassi ad avvisarla.»

Il sindaco? Quella sì che era una sorpresa. Ci eravamo incontrati solo qualche volta, e lui teneva molto a mantenere i buoni rapporti con mia madre, ma non mi sembravano motivi sufficienti per venire a farmi visita in ospedale.

«Le ha detto cosa vuole?»

«Vorrebbe farle gli auguri di buona guarigione. È rimasto molto colpito da quello che le è successo.»

Per un attimo pensai di mandargli a dire che non ero in condizioni di incontrarlo, ma poi cambiai idea. Dopotutto, se ero così annoiato da non fingere di dormire quando arrivava Trish, il sindaco poteva rappresentare una piacevole distrazione. Mi era sempre stato simpatico, e forse avrebbe potuto usare il suo potere per accelerare la caccia ai colpevoli.

«Be', allora credo proprio che dovrei incontrarlo» dissi.

«Certo, la porto subito da lui.» Louisa andò a prendere una sedia a rotelle.

«Posso camminare, grazie.» Con molta cautela, per me insolita, mi girai di lato e raccolsi la felpa col cappuccio in fondo al letto. Non dover più indossare il camice, in favore di magliette e pantaloni della tuta, era stata una delle conquiste degli ultimi giorni.

«È sicuro? In realtà non dovrebbe...»

«Sicurissimo» la interruppi gentilmente.

Louisa mi accompagnò con grande circospezione, temendo

che potessi cadere da un momento all'altro, ma, nonostante un leggero capogiro, riuscii a raggiungere senza intoppi la sala in fondo al corridoio. Come ogni altro ambiente del reparto, era arredata con gusto, con pareti color verde menta e mobili chiari. Il sindaco era in piedi alla finestra e, udendo i miei passi, si voltò verso di me.

«Jessiah, che piacere vederla.» Walter Roscott si affrettò a raggiungermi e mi strinse subito la mano. «È terribile quello che le è successo, per giunta nella mia città. Sono desolato e, a nome della mia famiglia e di tutti i miei collaboratori, le auguro una pronta guarigione.»

«La ringrazio, signor sindaco, è molto gentile da parte sua.» Sorrisi.

«Ho sentito che si è salvato per un pelo» riprese con espressione sgomenta. «È inconcepibile che abbia rischiato di morire in quel vile agguato. Dopo tutto quello che è successo alla sua famiglia, sarebbe stato davvero troppo.»

«Già... proprio così.» Se voleva mostrare empatia non ci stava riuscendo molto bene, poiché le sue parole non facevano che ricordarmi come le circostanze della mia aggressione fossero ancora avvolte nel mistero. Sentii che le forze mi stavano a poco a poco abbandonando, così mi sedetti su una poltrona. Roscott prese posto accanto a me. «Mi scusi, mi riferivo alla morte di suo padre e di suo fratello, ma ho mancato di tatto, lo ammetto.» Sfoggiò un sorriso professionale, perfezionato nel corso degli anni. «Posso comunque assicurarle che faremo tutto il possibile per chiarire questa brutta faccenda. Sa, il suo caso mi ha fatto ripensare alle leggi sul porto d'armi qui a New York. Siamo determinati a inasprirle.»

Mi sarebbe sembrata un'ottima notizia, se solo dal suo tono non avessi intuito che c'era sotto qualcos'altro. Ero abbastanza bravo a leggere tra le righe: la visita di Roscott doveva nascondere un secondo fine.

«Signor sindaco, come può vedere, non mi sono ancora ripreso completamente, quindi preferirei che mi dicesse cosa vuole da me.»

«Lei è tutto sua madre.» Sorrise quasi con orgoglio, come fosse un complimento, anche se per me era l'esatto opposto. «Ma non voglio trattenerla a lungo, ci mancherebbe. Dunque vado subito al punto: intendo avviare una campagna contro l'impennata di reati nel Village e vorrei che il testimonial fosse lei.»

Lo fissai per qualche secondo, sbalordito. Poi scoppiai a ridere, cosa che per fortuna mi fece molto meno male rispetto a una settimana prima. «Sta scherzando» dissi alla fine.

«Certo che no» ribatté Roscott quasi offeso. «Ci pensi, grazie alla sua storia potremmo convincere anche i più scettici ad aprire finalmente gli occhi sull'ondata di criminalità in quartieri un tempo ritenuti sicuri. Il mio ufficio stampa ne è entusiasta: un giovane ristoratore, di bell'aspetto e di ottima famiglia, amato e stimato da tutti, rimane coinvolto suo malgrado in una sparatoria la vigilia di Natale e si salva per un soffio.»

Trattenni a stento un'altra risata. «A parte il fatto che il mio aspetto non c'entra nulla con tutto questo, non sono rimasto *coinvolto in una sparatoria*» lo corressi. «Mi hanno sparato addosso. E, a detta della polizia, è stato un attacco mirato.»

«Sì, sì, come vuole.» Il sindaco fece un vago gesto con la mano. «L'importante è che la gente capisca quanto sia preoccupante il problema. E, mi perdoni la franchezza, non importa a nessuno se sparano a un tizio qualunque. Nel suo caso, invece, considerando i lutti che ha già avuto…»

Wow. Se avessi saputo cosa mi attendeva, sarei rimasto volentieri a letto ad annoiarmi. In fondo Roscott mi stava simpatico, e questo fu l'unico motivo per cui mi astenni dal dirgli chiaro e tondo di smetterla di usare la storia della mia famiglia a scopi di marketing. Per tutta risposta mi alzai.

«Le sarei molto grato se si adoperasse per rendere più sicura questa mer...» Mi interruppi appena in tempo per non insultare la sua amata New York. «... questa città, signor sindaco. Ma non ho nessuna intenzione di fare il testimonial dal passato tragico. Spiacente, dovrà cercarsi qualcun altro.»

Roscott si alzò a sua volta. «Jessiah, aspetti un attimo, per favore. Non era certo mia intenzione offenderla.»

«Ah, no? Dovrei sentirmi lusingato quando lei mi fa notare che ho perso mio padre e mio fratello? Dovrei essere onorato di recitare la parte dell'eroe sfortunato solo perché fa comodo alla politica? La prego.»

«Mi dispiace.» Sembrava sinceramente pentito, ma io conoscevo i politici, e di certo lui non faceva eccezione. «A volte, per eccesso di zelo, dimentico che dietro le mie iniziative ci sono storie vere.»

Annuii e accettai le sue scuse.

«Per fortuna è sopravvissuto» aggiunse sorridendo. «Grazie a coraggiosi cittadini che hanno avuto la prontezza di chiamare l'ambulanza, a quanto mi è stato riferito. Anche questa è New York, non lo dimentichi.»

«Già, sono stato proprio fortunato.»

In quell'istante si aprì la porta. «Signor Coldwell?» Era Adele che, entrando, mi rivolse uno sguardo indagatore. «La dottoressa la aspetta per la rimozione dei punti. Mi dispiace, signor sindaco, ma non si può rimandare.»

«Arrivo.» Tesi la mano a Roscott. «La ringrazio per essere venuto, signor sindaco.»

«Buona guarigione, Jessiah. Si riguardi.»

«Certo, lo farò.» Annuii di nuovo, poi seguii l'infermiera lasciandolo solo.

Nel giro di un'ora tornai nella mia stanza senza i punti di sutura, dopo aver promesso a Adele che sarei riuscito a mettermi a letto da solo. Quando varcai la soglia, però, notai che la camera non era vuota. Alla finestra c'era un ospite inatteso, il secondo quel giorno.

«Miranda?» Richiusi la porta e mi sedetti sul letto. Nonostante ormai mi recassi agli esami sulle mie gambe – o, per meglio dire, rifiutassi di farmi accompagnare –, stare in piedi a lungo mi risultava piuttosto faticoso.

«Ciao, Jess.» Mi scrutò. «Niente male quel piccolo esercito là fuori. Opera di tua madre, immagino.»

Assentii. «Chi altro, sennò? Come ha fatto a superarlo?» Non ne ero sorpreso, soltanto curioso.

«Oh, non è stato un gran problema.»

Non aggiunse altro. Avrei voluto chiederle di più, ma sapevo che era impossibile estorcere segreti a Miranda, quindi non ci provai nemmeno. «A cosa devo l'onore?»

Fece un vago gesto con la mano. «Be', potrei dirti che sono venuta a vedere come stai. Ma per quanto sia felice che tu stia guarendo, sono qui soprattutto per motivi di lavoro.»

All'udire il suo tono così serio, provai un tuffo al cuore. Aveva notizie su Adam e Valerie o sulla mia aggressione? Oppure aveva trovato qualcosa di incriminante da usare contro Trish per proteggere i Weston? Sembravano passati secoli da quando le avevo fatto quella richiesta.

Notando il mio sconcerto, Miranda si affrettò a precisare. «Si tratta di tuo fratello e di Valerie Weston e, in particolare, delle circostanze della loro morte. Te la senti di affrontare l'argomento? Ho preferito non aspettare, ma se non è un buon momento...» Si avvicinò per sedersi sulla sedia accanto al letto.

«No, si figuri» dissi con voce tremula. Cosa dovevo aspettarmi? Qualche notizia rassicurante, ammesso fosse possibile nel caso di due persone che avevano perso la vita? Oppure la conferma delle mie peggiori paure?

«Sia chiaro: sto ancora indagando, e ci sono molti punti oscuri su cui voglio fare chiarezza. Intanto però posso dirti che, molto probabilmente, la loro morte non è stata un incidente.»

Mi portai una mano alla bocca, non mi sarei mai aspettato di udire parole simili in quel momento. Certo, fin dalla bufera di neve prima di Natale ero consapevole di quell'eventualità, ma adesso stentavo a credere che qualcuno avesse davvero ucciso mio fratello e la sua ragazza.

Alzai lo sguardo. «Chi è stato?» chiesi con un filo di voce.

«Questo non lo so.» Miranda giunse le mani. «E non conosco nemmeno il movente, per adesso. Tutto ciò che ho scoperto è un referto autoptico manomesso, di cui, grazie a un colpo di fortuna e alle mie conoscenze, ho ripescato l'originale dalla scrivania di un medico legale. Altrimenti ci sarebbero volute settimane per trovare anche solo una traccia.»

«Hanno manomesso il referto dell'autopsia?» le feci eco perplesso.

«Esatto. A quanto pare qualcuno ha sborsato una bella cifra per far sì che venissero omessi alcuni dettagli prima che fosse consegnato alla polizia e alle famiglie.»

«Quali dettagli?»

Miranda esitò. «Forse è meglio parlarne quando ti sentirai meglio, temo che adesso non sia il momento giusto.»

Sbuffai. «Avrebbe dovuto pensarci prima di presentarsi nella mia stanza d'ospedale per dirmi che mio fratello e la sua ragazza sono stati assassinati. Allora, sentiamo: quali dettagli?»

L'investigatrice si arrese. «Si tratta di alcuni segni di forma circolare. Ne sono stati rinvenuti diversi sulla nuca di Valerie e uno su quella di Adam.»

«Questo significa...» Stavolta trassi al volo la conclusione. «... che qualcuno gli aveva puntato una pistola alla testa?»

Miranda annuì. «Al momento dei rilievi i poliziotti non li hanno notati perché si trovavano appena sotto l'attaccatura dei capelli, ma poi la scientifica li ha scoperti. Suppongo che siano stati costretti ad assumere cocaina pur sapendo che era letale.»

Buttai fuori l'aria prima ancora di riprendere fiato, e i miei polmoni ne risentirono. *Merda, merda, merda*: fu l'unica parola che mi passò per la mente. Ma era del tutto inadeguata per ciò che stavo provando, e ancora di più per quanto era accaduto. *Merda*. Come dirlo a Helena? Come spiegarle che sua sorella era stata ammazzata?

Mi ci vollero alcuni istanti per ricompormi e riprendere la parola. «Ha qualche idea... qualche ipotesi sul perché i due...?»

La detective scosse la testa. «Niente che si possa seriamente definire una teoria.»

«Andiamo, Miranda, lei è del mestiere da molti anni, deve per forza essersi fatta un'opinione. Avrà pure un presentimento!» Doveva dirmi qualcos'altro, darmi almeno un indizio per aiutarmi a comprendere un fatto tanto orribile. Altrimenti non avrei saputo dove sbattere la testa.

«La mia sensazione è che la faccenda sia più complicata del previsto. Se ci si dà tanto da fare per nascondere certi dettagli sotto il tappeto, significa che dietro c'è qualcos'altro.»

«Tipo una specie di complotto?» Benché mi sentissi ancora intorpidito, il mio cervello sembrava funzionare a meraviglia.

«Direi piuttosto un conflitto di interessi» rispose in tono così distaccato che avrei quasi potuto prenderlo per un affronto, se in realtà non mi avesse aiutato a mantenere la calma. Del resto il suo lavoro consisteva proprio nell'analizzare i fatti con la massima obiettività. «Chiunque abbia commesso l'omicidio, facendolo passare per un tragico incidente, deve averne tratto vantaggio in qualche modo. Al momento è questa la mia ipotesi. Non posso prometterti che troverò il colpevole, ma farò tutto quanto è in mio potere per riuscirci.»

Mi limitai ad annuire senza nemmeno ringraziare, incurante di apparire scortese. I miei pensieri erano tutti rivolti a Adam e Valerie, alla notte della loro morte e allo scenario evocato da Miranda: loro due, con la pistola puntata alla nuca, costretti a sniffare la cocaina letale. Dovevano essere terrorizzati, spaventati a morte. E, da due settimane a quella parte, sapevo anch'io come ci si sentiva in una situazione simile.

Il panico, la compassione, la rabbia e la disperazione minacciarono di sopraffarmi, ma serrai i pugni e riuscii a tenerli a bada. La tentazione di cedere allo sconforto era molto forte, ma non sarebbe servito a niente e a nessuno. Né a me, né a loro. Quindi feci un bel respiro e mi controllai, evitando di crollare, almeno per il momento. Prima o poi sarebbe successo, ne ero certo, ma almeno non subito e non davanti a Miranda.

«Capisco che per te sia uno shock.» Mi rivolse un'occhiata compassionevole. «Ma se posso darti un consiglio, cerca di non fare troppe congetture su quello che può essere successo.»

«Ormai è tardi» mormorai.

«Forse è meglio cambiare argomento.» La detective rialzò lo sguardo. «Ti ricordi che mi avevi chiesto di scovare qualche informazione da usare contro tua madre, vero?»

Annuii, senza smettere di pensare a Adam e Valerie.

«Non so quanto possa esserti utile, ma ho trovato qualcosa» riprese Miranda. «Si tratta di un incidente nel cantiere di Coldwell House. Un operaio, Terry Bonet, è morto cadendo dall'ottavo piano a causa di negligenze nelle misure di sicurezza. E gli uomini di tua madre hanno insabbiato tutto a suon di milioni.»

Non c'era da stupirsi, sapevo benissimo che Trish era solita forzare, se non oltrepassare, i limiti del lecito. Tuttavia rimasi sconvolto e, allo stesso tempo, mi sentivo in colpa. La morte di un operaio in uno dei suoi cantieri non era solo una tragedia, ma rischiava di danneggiarla in modo irreparabile. Dubitavo di fare mai ricorso a un'informazione del genere: sarebbe stata una mossa azzardata, senza ritorno.

«Vuoi che ti mandi i documenti sull'incidente?» domandò Miranda.

Ci riflettei un attimo, poi scossi la testa. «Per adesso no. Spero che, quando sarò guarito, Trish si ravveda.»

«Okay. Sappi comunque che, nel caso, ho tutto quel che serve.» Prima che potesse aggiungere altro, le squillò il telefono. Si alzò per rispondere. «Sì? Oh, bene. Dimmi tutto.» Annuì, si accigliò, annuì di nuovo e mi guardò turbata per un istante. Poi ringraziò e riattaccò.

«Che tu sappia, la polizia ha scoperto qualcosa sul tuo agguato?» mi chiese, facendomi sospettare che quella domanda avesse a che fare con la telefonata. «Brancola ancora nel buio, vero?»

«Hanno escluso l'ipotesi della rapina dopo aver ritrovato i miei effetti personali. Per adesso c'è poco altro. È per questo che l'hanno chiamata, Miranda?» In tal caso non c'era da aspettarsi nulla di buono, e dubitavo di riuscire a sopportare un'altra brutta notizia.

Annuì. «Secondo uno dei miei informatori, qualcuno a Washington Heights si è vantato di conoscere l'identità dei tuoi aggressori. Ma immagino siano soltanto chiacchiere: tu fai parte dell'élite newyorchese, e a volte gli aspiranti gangster la sparano grossa per far parlare di sé.»

«E quindi?» la incalzai, per nulla interessato ai giochetti di quei piccoli delinquenti. «Chi sarebbero?»

«I fratelli Wilson, a quanto pare. Si tratta di quattro ragazzi che, pur non essendo parenti, provengono tutti dalla stessa famiglia adottiva. Devi sapere che...» Miranda esitò, come a valutare se, nelle mie condizioni, fossi in grado di affrontare il seguito.

«Andiamo, non mi tenga sulle spine.»

«Be', ecco, sono famosi per gli omicidi su commissione. Quando ci si vuole sbarazzare di qualcuno senza sporcarsi le mani, si va da loro.»

Scoppiai in una risata isterica, mi sembrava di impazzire. Prima le sciocccanti rivelazioni su Adam e Valerie, e adesso quella sui sicari assoldati per ammazzarmi. Era tutto talmente assurdo!

«Jess, devo ancora trovare conferme, al momento è soltanto una voce. Forse quel tizio voleva solo mettersi in mostra e loro non c'entrano nulla. Ha perfino tirato in ballo tuo padre, a suo dire l'intera faccenda avrebbe a che fare con lui. A me sembra un po' inverosimile.»

«Anche ammesso che siano tutte sbruffonate, le sembra probabile che io sia stato vittima di un'aggressione accidentale?» La scrutai in viso e indovinai la risposta ancora prima che la pronunciasse.

«Ne dubito» ammise. «C'è qualcuno che puoi aver fatto arrabbiare a tal punto? Tuo padre aveva dei nemici?»

L'investigatrice me lo aveva già chiesto e io negai di nuovo. Non mi veniva in mente nessuno che potesse volere la mia morte, a parte Trish e forse i Weston, ma non erano così spietati da arrivare a tanto. Inoltre mio padre, pur avendo avuto qualche screzio in passato con alcuni newyorchesi, era scomparso da dieci anni. Chi avrebbe aspettato così a lungo per vendicarsi?

Tuttavia gli interrogativi non finivano lì.

«L'agguato non ha nulla a che fare con la morte di Adam e Valerie, vero?» Avevo una paura tremenda della risposta, perché, in caso affermativo, sapevo benissimo cosa significava e quali sarebbero state le conseguenze.

«Non posso dirlo con certezza.» Scrollò le spalle. «Non so ancora se il loro assassino volesse davvero uccidere entrambi o soltanto uno dei due: forse il vero obiettivo era Valerie, e Adam si è trovato nel posto sbagliato al momento sbagliato. Oppure viceversa.»

«Capisco. Quindi anche Helena è in pericolo?»

«Solo nel caso in cui la faccenda riguardasse entrambi e le vostre famiglie. Prima che ti aggredissero, chi era a conoscenza della vostra relazione?» Miranda mi rivolse il suo tipico sguardo, che dimostrava una ferrea determinazione a risolvere le vicende più intricate.

«Quasi nessuno. Anzi, a dire il vero c'era ben poco da sapere. Abbiamo interrotto i contatti per un po', comunicando tramite telefoni prepagati per qualche settimana e incontrandoci solo un paio di volte. Siamo stati estremamente attenti.» Il che però non escludeva la possibilità che qualcuno ci avesse tradito, mi dissi. In particolare la notte trascorsa in albergo durante la bufera di neve era stata una mossa piuttosto avventata. Ma all'epoca credevamo di doverci nascondere da Trish, non certo da qualcuno che voleva ucciderci.

«Bene, allora dobbiamo supporre che l'agguato non c'entri nulla con voi due. Cercherò di fare luce il prima possibile sulla morte dei vostri fratelli, ma dovete mettere in conto che potrebbe volerci un po' di tempo.»

«E intanto io cosa faccio?» chiesi più a me stesso che a Miranda. Lei rispose comunque.

«Non ho ancora abbastanza elementi per proporti una vera strategia, Jess. Ma credo sia molto importante che tu ti protegga. Devi comunque fare la riabilitazione, giusto? Allora ti suggerisco di lasciare la città per qualche settimana, così avrò il tempo di indagare. Inoltre, se vuoi ridurre al minimo i rischi per Helena, faresti bene a mantenere le distanze da lei e fingere che non ti interessi più. Perché, anche qualora la faccenda non avesse nulla a che vedere con le vostre famiglie, c'è il pericolo che lei rimanga coinvolta finché ti resta vicino.»

Chiusi gli occhi e mi appoggiai allo schienale della sedia. La testa mi ronzava, i pensieri non mi davano tregua. *Mantenere le distanze, fingere che lei non ti interessi più.* Proprio come nei mesi precedenti: separazione, desiderio, impotenza e adesso anche paura. Com'era possibile che tutto ciò si ripetesse ancora una volta? Sembrava che, per quanto fossimo disposti a sacrificarci, non avessimo il diritto di essere felici. Non volevo perderla di nuovo. Non *potevo* perderla di nuovo.

Cosa fare allora? Che altra possibilità avevo di proteggere Helena?

Conoscevo già la risposta: nessuna.

# 10

## Helena

Mi incamminai a passo svelto lungo il corridoio dell'ospedale. Jess mi aveva chiamata mezz'ora prima per chiedermi di raggiungerlo. Ignoravo il motivo di tanta urgenza, ma al telefono aveva un tono strano: neutro e distaccato, molto diverso dal solito. Aveva eluso le mie domande, insistendo che doveva parlarmi di persona e che avrei dovuto fare attenzione durante il tragitto verso l'ospedale. Così avevo preso in prestito l'autista di Paige e mi ero precipitata lì.

L'addetto alla sicurezza davanti alla porta mi lasciò passare senza problemi. Ignara di ciò che mi attendeva, varcai la soglia con il cuore in gola.

«Ehi, che succede? Stai male?» Sapevo che gli avevano appena tolto i punti, forse la ferita si era infettata o riaperta. Non lo vedevo da due giorni e l'ultima volta mi ero fermata poco, quindi poteva essermi sfuggito qualcosa. Eppure Jess non dava l'impressione di stare male fisicamente. Piuttosto sembrava in pensiero.

«No, no» rispose scuotendo la testa. Mi sedetti sul bordo del letto e gli presi la mano. Non me la sentivo di dargli un bacio, aveva un'aria così distante.

Fece un respiro profondo e mi guardò. «È venuta a trovarmi Miranda. Aveva novità su Valerie e Adam.»

«Quali novità?» chiesi con voce malferma.

Esitò, come se stesse cercando le parole giuste, e io deglutii a fatica, paralizzata dall'ansia. Se l'investigatrice gli avesse portato qualche buona notizia, me ne avrebbe parlato senza remore, no? Del resto, però, quali buone notizie potevano mai esserci riguardo a due persone che avevano perso la vita così giovani e in quel modo?

«A quanto pare sono emerse nuove prove che confermano l'omicidio. Erano state insabbiate a regola d'arte» disse infine Jess.

Quelle parole mi colpirono come una mazzata, strappandomi un gemito di terrore. Sin dalle rivelazioni di Carter sui filmati delle telecamere di sorveglianza, avevamo contemplato la possibilità dell'assassinio, perciò avrei dovuto essere più preparata ad affrontarla. Eppure non lo ero affatto.

Ormai Jess non aveva più bisogno della flebo e poteva abbracciarmi senza intralci. Tuttavia non mi abbandonai tra le sue braccia e mi scostai subito. Mi ronzavano in testa troppi interrogativi, troppi pensieri. Adoravo stargli vicino, ma in quel momento non era quello che volevo.

«Lei sa chi è stato? O perché?» Fu un miracolo che riuscissi a formulare quelle domande.

«No, né l'uno né l'altro. È già tanto che abbia scoperto che il referto dell'autopsia era stato manomesso, per tutto il resto ci vorrà ancora tempo.»

«In che senso manomesso? Non sono morti a causa della cocaina?»

Jess abbassò gli occhi. «Sì, ma sembra che siano stati costretti a prenderla.»

«E come?» Dubitavo di riuscire a sopportare i dettagli, eppure dovevo conoscerli.

«A quanto pare…» Si interruppe e riprese. «Li hanno minacciati con una pistola. Avevano dei segni circolari sulla nuca, che erano stati riportati nel referto originale e poi rimossi.»

Boccheggiai, mentre gli occhi mi si velavano di lacrime. Dunque Valerie era stata costretta a prendere la cocaina sotto minaccia di morte. E lo stesso valeva per Adam. Era troppo spaventoso anche solo da concepire. E, nonostante in quel momento avessi ricevuto la conferma dei miei sospetti, ovvero che mia sorella non era responsabile dell'accaduto, non avevo nessuna voglia di esultare. Anzi, quasi quasi avrei preferito che fosse stata colpa sua, anziché sapere che le avevano tolto la vita.

Non potei fare a meno di scoppiare a piangere, mentre Jess mi stringeva di nuovo tra le braccia. Stavolta non mi opposi e mi lasciai avvolgere dal suo calore per qualche istante, badando sempre a non fargli male.

«Miranda continuerà a indagare» mormorò. Le sue parole vibrarono dentro di me. «Sono sicuro che prima o poi riuscirà a trovare l'assassino. O almeno il mandante.»

Mi tirai su e mi asciugai gli occhi. Poi annuii, ricordando però che la detective non aveva mai individuato i rapitori di Eli. Visto che le circostanze della morte di Valerie e Adam erano state insabbiate con tanta cura, era presumibile che i responsabili avessero avuto tutto il tempo di far perdere le proprie tracce, no?

«Cosa possiamo fare?» domandai. D'ora in poi la caccia ai colpevoli sarebbe diventata ancora più pericolosa, eppure dovevamo aiutare Miranda Davis in qualche modo.

Jess fece un profondo respiro, accompagnato da una smorfia di dolore; per un attimo temetti che l'abbraccio potesse avergli danneggiato le cicatrici.

«Devo chiamare la dottoressa?» gli domandai inquieta.

«No, tranquilla, è tutto a posto.» Allungò la mano per accarezzarmi la guancia. «È solo che… Miranda non mi ha detto solo questo.»

«In che senso? Che altro c'è?»

«Be', si è informata anche su quello che mi è successo» spiegò Jess indicando la ferita. «Ha ricevuto una soffiata: a quanto pare non ero un obiettivo casuale, ma qualcuno ha assoldato dei tizi per uccidermi.»

Credevo che le notizie su Valerie e Adam fossero le peggiori che potessi sentire quel giorno, ma evidentemente mi sbagliavo. Un omicidio su commissione? Ogni fibra del mio corpo si ribellava al pensiero che qualcuno avesse pagato per farlo fuori. Avevo messo in conto di poterlo perdere, era il mio incubo più ricorrente, ma l'idea che qualcuno volesse ammazzarlo era molto peggio.

Provai il desiderio di toccarlo, come per assicurarmi che fosse effettivamente vivo e vegeto accanto a me, poi mi balenò in mente un pensiero: i due fatti di cui mi aveva appena parlato erano forse collegati?

«Sono stati gli stessi che hanno ucciso Adam e Valerie ad aggredirti?» Non riuscivo a immaginare un possibile collegamento, ma del resto mi sfuggivano anche gli eventuali moventi. E se fossero stati legati a Trish? Quella donna collezionava nemici e aveva rovinato parecchie persone: forse qualcuno meditava vendetta. E quale modo migliore di colpirla al cuore, se non strapparle coloro che più amava, ovvero i suoi figli?

«Non è da escludere.» Jess prese a lisciare il copriletto con le mani, come se non sapesse cosa fare di queste ultime. «In ogni caso, non credo che l'agguato abbia a che fare con noi.»

«Con noi? Vuoi forse dire che…?» Quella possibilità non era nuova, ma l'avevo sempre scartata come poco plausibile. Perché mai qualche sconosciuto avrebbe voluto impedire a Valerie e Adam di stare insieme, o a me e Jess di innamorarci? Gli unici intenzionati a farlo erano i nostri familiari, i quali, per ovvi motivi, non avrebbero mai neanche lontanamente contemplato la possibilità di un omicidio. Anche qualora Trish avesse avuto Valerie sulla coscienza, non avrebbe mai assoldato qualcuno per uccidere suo figlio.

«No, come ho detto, mi pare improbabile. Ma questo non significa che tu non corra rischi a starmi vicino.» Mi accarezzò il braccio. «Se ti succedesse qualcosa non me lo perdonerei mai. Perché potrebbero riprovarci.»

Il suo tono mi commosse, ma il calore di quel gesto fu presto dissipato dal gelo della paura.

«In che senso?»

Incrociai il suo sguardo, disperato e impotente come il mio. Eravamo avvezzi a quei sentimenti, benché mi fossi illusa che ci fossimo lasciati il peggio alle spalle. Quando Jess riprese la parola, infatti, quella speranza andò in frantumi.

«Dobbiamo lasciarci.»

Due parole, nessun significato. Almeno non per me.

«Lasciarci?» gli feci eco.

«Solo per un po'. Non dobbiamo stare insieme finché c'è il rischio che mi aggrediscano di nuovo, perché potresti andarci di mezzo anche tu. Quindi dobbiamo stare lontani, e soprattutto assicurarci che chi mi sta dando la caccia se ne accorga.» Fece un respiro profondo. «Quando torni a casa, ti chiamo sul tuo numero normale e mettiamo fine alla nostra relazione. Inoltre d'ora in poi sarebbe meglio che tu ti facessi vedere in giro con qualcuno, magari Lowell o un altro ragazzo dell'Upper East Side. Più sembra credibile, meglio è.»

Doveva averci riflettuto a lungo, eppure le sue parole mi

sfiorarono come un treno lanciato a tutta velocità, del quale non si riesce a distinguere nulla se non lo spostamento d'aria che ci toglie il fiato. Non poteva essere vero. Non dopo tutto quello che avevamo passato, cazzo!

«Helena, voglio solo proteggerti» mi disse, accarezzandomi la spalla fino a raggiungere il mento. Io mi feci coraggio e alzai lo sguardo. «E possiamo sempre sentirci con i cellulari prepagati. Resteremo in contatto. Anzi, se vuoi ti chiamo tutti i giorni. Solo che non possiamo vederci, almeno per un po', finché i responsabili non saranno catturati.» Sembrava una promessa, ma sapevo che non era sicuro di poterla mantenere.

«Potrebbero volerci mesi o anni. E forse non li prenderanno mai.» Scossi la testa. «Sai quanti crimini rimangono irrisolti?»

«Farò tutto il possibile perché ciò non accada. Contatterò ogni singolo investigatore privato in città, se necessario. E alla fine troveremo quei bastardi, te lo prometto. Poi, quando tutto sarà finito, torneremo a stare insieme. Per sempre.»

Ricambiai il suo mezzo sorriso, benché fossi sul punto di crollare singhiozzando tra le sue braccia.

«Ma non possiamo incontrarci di nascosto? Quando avrai finito la riabilitazione? Non lo saprà nessuno.» Mi sentivo un po' patetica, perché lo stavo praticamente supplicando di accantonare il suo piano. E se gli fosse successo qualcosa mentre era lontano da me? Non me lo sarei mai perdonata.

«È troppo pericoloso, Splendore.» Di nuovo quel tono dolce e quel sorriso triste. «E chissà, magari al mio ritorno avranno già arrestato i colpevoli e potremo lasciarci alle spalle questa brutta storia.»

«Già, forse.» Allungai la mano verso di lui. Restammo seduti sul letto ad accarezzarci, e in quel momento mi resi conto che sarebbe stata l'ultima volta prima di chissà quanto tempo. Ero pronta a correre qualsiasi rischio pur di stare con Jess, ma sapevo che lui non me l'avrebbe permesso. Così, nonostante le lacrime, mi feci forza, intenzionata a mostrarmi all'altezza della situazione. Poco dopo mi tornò in mente qualcosa e sbuffai.

«Che c'è?» chiese Jess asciugandomi il viso.

«Niente, è solo che... Mentre ti operavano, ho giurato a me stessa che, se ti fossi salvato, sarei stata disposta a restare lontana da te per sempre. Non credevo che mi sarebbe toccato mantenere quella promessa.»

Mi guardò serio. «Torneremo insieme. Probabilmente non domani né la prossima settimana, ma ti prometto che succederà.» Si chinò e mi baciò con tenerezza. Poi mi rivolse uno sguardo così dolce da togliermi il fiato. «Ti amo, Helena. Forse non dovrei dirlo, perché peggiora soltanto le cose, ma non posso farne a meno.»

All'udire quelle parole mi si sciolse il cuore, malgrado sapessi che mi rendevano solo più vulnerabile. «Ti amo anch'io» sussurrai. Non ero mai stata più sincera in vita mia. «E non so come farò a superare un altro giorno senza di te.»

«Forse, con un po' di fortuna, dovremo resistere solo fino al mio ritorno.»

Assentii, sperando di trasmettergli abbastanza coraggio. «Quando parti?»

«Tra qualche giorno. C'è una clinica a Newport, non lontano da Providence, specializzata in lesioni come le mie. Ed è un posto abbastanza sicuro. Tornerò in forma alla svelta, vedrai.»

Mi sembrava una buona idea, Jess aveva bisogno di riposo per riprendersi appieno. Inoltre sarebbe stato certamente più al sicuro lì che in città, dove forse i killer gli stavano ancora dando la caccia. Tuttavia, al pensiero che non l'avrei più rivisto per un po', avvertii un nodo alla gola.

«Per quanto starai via?»

«Tre o quattro settimane» rispose, continuando ad accarezzarmi il viso e i capelli. «Ce la faremo, okay? Supereremo anche questa.»

Annuii di nuovo, consapevole che dovevo andarmene al più presto; se fossi rimasta ancora un po', infatti, sarei probabilmente crollata. A differenza dell'ultima volta che ci eravamo trovati in una situazione simile, adesso nutrivamo più speranza nel futuro. Allo stesso tempo, però, dovevamo fare i conti con la paura per le minacce che incombevano su di noi, ancora più temibili di Trish Coldwell e dei suoi diabolici intrighi.

«È meglio che vada.» Gli cinsi le spalle con cautela per stringerlo in un ultimo abbraccio.

«Ci vediamo presto, Splendore» mi sussurrò all'orecchio. «E allora niente e nessuno potrà separarci.»

Avrei tanto voluto nutrire la sua stessa fiducia, e invece sentivo di nuovo le lacrime inumidirmi gli occhi. Così mi staccai, lo baciai un'ultima volta e me ne andai senza dire una parola, proprio come avevo fatto a casa sua mesi prima. Se avessi aggiunto qualcos'altro, non sarei più riuscita ad allontanarmi da lui. Così aprii la porta, la varcai e, con grande sforzo, evitai di voltarmi indietro.

In corridoio provai a calmarmi con un bel respiro, ma non ci riuscii. E dunque eccomi costretta a lasciare Jess, di nuovo, per quella che mi sembrava la millesima volta. Non smettevo di chiedermi se sarebbe mai arrivato il giorno in cui, invece di andarmene, avrei potuto finalmente… restare accanto a lui.

# 11
## Jessiah

Tre giorni dopo l'ultima visita di Helena ero stato dimesso e, per la prima volta in due settimane, mi ero avventurato fuori – "fuori" si fa per dire, essendomi limitato a guidare da un parcheggio sotterraneo a un altro.

Del resto non potevo pretendere di più, dato che il semplice tragitto dall'ascensore alla macchina si era già rivelato di per sé abbastanza faticoso. All'inizio avevo pensato che la riabilitazione non fosse necessaria, e invece quei pochi passi mi erano costati uno sforzo incredibile. Nemmeno dopo la brutta influenza di due anni prima mi ero sentito così debole, eppure ero rimasto a letto per una settimana con quaranta di febbre.

Trish aveva insistito perché passassi la notte nella Fortezza della Solitudine e non nel mio appartamento, per poi partire in auto per Newport – dovevo aspettare ancora sei settimane per poter prendere un aereo. Normalmente avrei protestato, ma in quel caso accettai di buon grado. Tanto per cominciare, perché davanti a casa mia nel Village non c'erano addetti alla sicurezza, la cui presenza avrebbe rischiato di spaventare i vicini. E poi perché avevo qualcosa da discutere con lei e non volevo farlo in ospedale.

«Ti ho preparato la stanza degli ospiti» annunciò, mentre la portiera posava il mio borsone all'ingresso dell'attico prima di congedarsi. «Ha una splendida vista su Central Park, anche se so che non ti interessa.»

*Ma pensa un po', allora sotto sotto mi conosce!*

«Grazie. Anche per avermi invitato a stare da te fino a domani» replicai.

«L'auto sarà qui alle dieci e ti porterà direttamente a Newport.»

Annuii, avvertendo una fitta in prossimità del foro del proiettile, malgrado la ferita si stesse a poco a poco rimarginando. Con ogni probabilità era dovuta a tutti quei movimenti. Mi sfuggì una smorfia.

«Ti fa male?» si affrettò a chiedere mia madre, quasi premurosa.

«Un po', ma niente di tremendo. Tra poco prendo la compressa.» Mi chinai verso il borsone, ma Trish mi anticipò per sollevarlo lei stessa.

«Non puoi portare pesi per due settimane.»

«Quello non lo definirei un peso» puntualizzai.

Lei però non mi diede ascolto, si caricò in spalla la mia roba e si diresse verso la stanza degli ospiti.

Io la seguii avanzando con cautela. Speravo di potermi presto muovere più agevolmente, non ero tagliato per stare fermo. Le oltre due settimane trascorse in ospedale avevano già messo a dura prova la mia pazienza.

La camera, come gran parte dell'appartamento, era fredda e asettica, e per un attimo mi fece ripensare con nostalgia al legno caldo e ai colori scuri del loft. L'indomani avrei fatto un salto a casa, ma solo per recuperare poche cose.

«Ceniamo alle sette, Eli torna dalla terapia a quell'ora.» Stava per andarsene quando la fermai.

«Aspetta un attimo. Voglio chiederti una cosa.»

«Ovvero?» Si voltò.

«Ho da poco ricevuto nuove informazioni sulla morte di Adam e Valerie.»

«In che senso?» Trish appariva indispettita come le accadeva di rado.

«Forse non è stato un incidente.» Dopo la visita di Miranda avevo riflettuto a lungo se parlarne o meno con mia madre, conscio che sarebbe stato penoso riferirle dell'uccisione di Adam. D'altra parte, però, era inevitabile. Se il movente riguardava lei o i suoi affari, Trish era l'unica che potesse darmi qualche indizio sui possibili colpevoli.

La sua reazione fu ambigua: non strabuzzò gli occhi per la sorpresa ma non rimase nemmeno impassibile, come se la notizia l'avesse in parte spiazzata. Si limitò a serrare le labbra, segno che era abbastanza turbata.

«Non capisco cosa intendi» si schermì. «Sappiamo tutti cos'è successo: è stata colpa di Valerie se Adam ha preso la droga.»

«Eppure non ne sembri più tanto sicura come tre anni e mezzo fa, o sbaglio?» All'epoca aveva partecipato a tutti i talk show possibili per denunciare a gran voce le malefatte di Valerie. Adesso invece sembrava più che altro esausta. «Lo sospettavi?» chiesi di fronte al suo silenzio.

«Non proprio, piuttosto l'ho temuto per un po'. Non per molto, in realtà.» Si sedette sul bordo del letto; all'improvviso sembrava molto più vecchia dei suoi quarantotto anni. «Era solo un presentimento, non un vero e proprio sospetto, e non sapevo in che modo verificarlo. Così l'ho liquidato come un frutto della mia immaginazione, preferendo la soluzione più logica.» Alzò lo sguardo. «Ma dove hai trovato queste nuove informazioni? E come fai a esserne tanto sicuro?»

«Ho contattato una detective dopo essere venuto a conoscenza di alcuni indizi raccolti da una persona che stava indagando sulla morte di Adam e Valerie.» Evitai di menzionare Helena, nel timore che Trish si sarebbe rivalsa contro di lei. «L'investigatrice ha scoperto che il referto dell'autopsia era stato manomesso. Avevano dei segni circolari sulla nuca, provocati dalla canna di una pistola.»

«Oddio!» Mia madre si portò una mano alla bocca come se stesse immaginando la scena che da giorni mi perseguitava: Adam costretto con la forza a sniffare cocaina avvelenata. Un istante dopo, tuttavia, recuperò prontamente il controllo, come suo solito. Si ricompose e raddrizzò le spalle. «Qualche indizio su chi potrebbe essere stato?»

«È proprio quello che volevo chiederti.» Avevo bisogno di sedermi e optai per il divanetto di fronte alla finestra. «Il rapimento di Eli, l'omicidio di Adam, la mia aggressione… non è difficile ipotizzare che abbiano tutti a che fare in qualche modo con te, magari sono opera di qualche nemico in cerca di vendetta.»

«È un mondo spietato quello in cui lavoro, lo ammetto, Jess» si affrettò a spiegare. «Eppure, anche se a volte succedono cose un po' losche, i miei concorrenti, per quanto avidi di successo, non userebbero mai metodi del genere. D'altronde perché dovrebbero? Nessuno degli eventi tragici di cui parli mi ha mai indebolita. Neppure la morte di Adam.»

Era vero, da quel giorno aveva lavorato ancora più duramente e con maggiore determinazione. Chi la conosceva sapeva che era una vera *workaholic*, capace di trasformare il lutto in una fonte di nuove energie.

«La vendetta non è necessariamente razionale.» Una donna come lei, così calcolatrice, avrebbe dovuto saperlo.

«È vero, ma non è che qualcuno vuole ammazzarmi i figli

solo perché ho vinto un paio di gare d'appalto. Insomma, non è mica la mafia.»

Non ne ero molto convinto, così insistei. «Non ti viene in mente proprio nessuno? Devi pur aver pensato a un nome quando te l'ho chiesto.»

«No, nessuno. Mi dispiace.»

Tacqui, deluso da quella risposta. Avevo sperato che potesse darmi qualche indizio, magari il nome di qualcuno che aveva mandato in rovina o compromesso. I Weston, ad esempio, per quanto lei li odiasse, si erano quasi rovinati da soli. Con tutti gli altri, invece, mia madre faceva affari dimostrando la consueta grande oculatezza. Eppure avevo come la sensazione che mi stesse nascondendo qualcosa. Nonostante asserisse che nessuno si sarebbe mai vendicato di lei in quel modo, non era da Trish scartare a priori una simile eventualità.

«E quindi pensi che la morte di Adam e Valerie non abbia nulla a che vedere con te.» Non era una domanda. La guardai dritta negli occhi in cerca del minimo segno rivelatore.

Da come si rabbuiò, intuii di aver toccato il tasto giusto. Tuttavia rimase in silenzio, così continuai a parlare. «Secondo te sono morti perché stavano insieme?»

«Certo che sì!» sbottò. «Quella ragazza è stata la ragione per cui tuo fratello si è allontanato dalla nostra famiglia e alla fine è morto in quella camera d'albergo. Anche ammesso che li abbiano uccisi, sono sicura che non sarebbe mai successo, se Adam le fosse stato lontano!»

«Già» sbuffai. «Ma perché io e Helena dovremmo fare la stessa fine? È assurdo che io mi trovi in pericolo solo perché la amo.»

All'udire quelle ultime parole Trish sussultò, ma non mi importava. Non solo perché ero determinato a scoprire cosa fosse accaduto a mio fratello, ma anche perché desideravo che io e Helena avessimo la possibilità di vivere insieme senza temere la collera di mia madre o le sue macchinazioni. Io ero in grado di sopportare tutto ciò, lei invece no.

«Assurdo? Credo proprio che Adam non sarebbe d'accordo con te.» Serrò le labbra, contraendo i muscoli del viso sotto la pelle pallida. «Perché sono morti proprio mentre stavano festeggiando il loro fidanzamento? Adam era sempre in giro per la città, frequentava quel club di arti marziali, andava a feste e ricevimenti. E, tra tutti i posti possibili, i suoi assassini hanno scelto proprio la camera d'albergo dove soggiornava con Valerie?»

Non aveva tutti i torti, ma non riuscivo comunque a immaginare un plausibile movente per cui qualcuno avesse voluto porre fine alla loro relazione in modo tanto brutale. Valerie era estranea alle attività della sua famiglia, e inoltre il Weston Group e la CW Buildings non avrebbero mai collaborato a un progetto comune.

«Chi altro, tranne te o i Weston, si sarebbe potuto opporre al loro fidanzamento?» domandai.

«Non ne ho idea. Se lo sapessi mi sentirei meglio, credimi. Ma purtroppo il rischio esiste anche per te e, finché le cose restano così, farò tutto il possibile per proteggerti.»

«Quindi non lascerai mai in pace me e Helena, è questo che stai dicendo? Se scopro chi mi ha sparato e ti dimostro che non ha nulla a che fare con la morte di Adam, ci permetterai di stare insieme senza tramare contro di noi? So del tuo accordo riguardo all'area Winchester e di quello che le hai offerto per rompere con me. Non c'è motivo di mentirmi.»

Non sembrava sorpresa che Helena me lo avesse rivelato. «Hai detto bene, era un accordo» ribatté bruscamente. «Non stavo tramando contro di voi, le stavo solo dando la possibilità di salvare la sua famiglia, e lei ha accettato. Forse dovresti chiederti quanto sei importante per lei, visto che ha deciso di sacrificarti.»

La fissai per un istante, poi scoppiai a ridere. «Dici sul serio? Vuoi seminare zizzania tra noi, dicendomi che non le importa di me solo perché ha colto l'unica occasione che aveva per aiutare i genitori? Dopo che suo padre era finito in ospedale, cazzo!» Avevo alzato la voce già da un po'. «Con me non attacca, lascia perdere.»

«Come mai ti sei infatuato di lei? Perché è molto carina o è l'unica che ti capisce davvero? Se non riesci a renderti conto che quella ragazza ti sta facendo perdere la ragione, come Valerie con Adam, sei davvero irrecuperabile.»

Scattai in piedi. «Non hai risposto alla mia domanda: ci lascerai finalmente in pace? Sì o no?»

Trish non rispose, ma avvertii tutta la sua riluttanza. Era ancora così convinta della colpevolezza di Valerie che nemmeno le scoperte di Miranda sarebbero riuscite a farle cambiare opinione.

«E i Weston?» insistetti. «Devono aspettarsi che metterai in pratica le tue minacce?» Per il momento avevano ancora in mano l'area Winchester, ma nulla garantiva che le cose sarebbero rimaste così.

Mia madre alzò lo sguardo. «Io mantengo sempre la parola. Helena avrebbe dovuto pensarci due volte prima di violare il nostro accordo.»

Quella spada di Damocle ci aveva fatto passare sei mesi d'inferno, e non c'era da stupirsi che adesso Trish intendesse passare dalle parole ai fatti, com'era sua abitudine. Per questo mi risolsi a pescare l'ultima carta che avevo a disposizione. O meglio la penultima, dato che ancora non me la sentivo di tirare in ballo la morte di quell'operaio. Stuzzicare Trish era sempre molto pericoloso, perciò dovevo prepararmi al meglio prima di sferrare il contrattacco.

«Hai intenzione di andare comunque fino in fondo, anche a rischio di perdermi per sempre?» la provocai.

«Sì, anche in quel caso» rispose testarda.

Scossi la testa e sbuffai, più triste che infastidito. Poi mi accinsi a prendere il borsone accanto al letto.

«Allora sarà meglio che me ne vada in albergo.»

Mia madre si alzò per fermarmi, sfiorandomi le dita. «Jess, per favore...»

«No, cazzo!» ribattei furioso, scostandomi da lei. «In tutti questi anni non hai mai rispettato una sola delle mie scelte, che si trattasse del lavoro o della partenza per l'Australia o che so io. E adesso non accetti la mia relazione con Helena. Se hai paura lo capisco, e sono pronto a trovare una soluzione insieme a te. Ma se intendi farmi di nuovo la guerra, sappi che stavolta non mi tirerò indietro. La posta in gioco è troppo alta per me.» Naturalmente non avevo dimenticato Eli, che era un motivo più che valido per non inimicarmi Trish. In quel momento, però, speravo proprio che non chiamasse in causa mio fratello.

«Ti prego, non voglio litigare» sussurrò, ma dai suoi occhi capii che non saremmo mai stati d'accordo su quel punto. «Desidero solo che tu sia al sicuro.»

«Se davvero ci tieni così tanto, avresti potuto consultarmi prima di mettere Helena alle strette.»

Un ultimo sguardo, nessuna replica. Così me ne andai, accompagnato non solo dal rammarico, ma anche dal timore. Non tanto per la mia incolumità, no; piuttosto per aver forzato un po' troppo la mano.

# 12

# Helena

«Ha ancora bisogno di me, signorina Weston?»

«No, grazie, Bethany. Per oggi basta così, vai pure.»

L'autista mi accompagnò fino all'ingresso del palazzo di Lincoln e Paige, aspettò che entrassi con le borse dello shopping e solo allora tornò all'auto. Non mi ero ancora abituata a essere sorvegliata in quel modo.

Al ritorno dall'ospedale avevo raccontato a mio fratello delle scoperte di Miranda Davis, e lui, per precauzione, aveva assunto quell'autista, addestrata anche come guardia del corpo. In realtà Bethany non aveva molto da fare, perché rimanevo quasi sempre a casa e solo di rado uscivo per qualche impegno. Tuttavia le ero grata di guardarmi le spalle quando mi trovavo fuori. Benché io e Jess dovessimo fingere di aver interrotto i rapporti, mi sentivo comunque osservata; oltretutto era orribile non sapere chi avesse ucciso Adam e Valerie, o se il loro omicidio fosse in qualche modo collegato alla sua aggressione. Il timore che potesse succedergli qualcosa non mi dava tregua, mi rodeva fino a sottrarmi tutte le energie. Ogniqualvolta lo sentivo per telefono, speravo che potesse finalmente darmi il via libera, ma purtroppo Miranda aveva ancora bisogno di tempo.

Il portiere mi salutò e io ricambiai con un gesto automatico.

Quando entrai in ascensore, trattenni un sospiro. Jess era in riabilitazione da appena due settimane e, nonostante ci sentissimo quasi ogni giorno, mi mancava da morire. Certo, ero contenta che fosse al sicuro fuori città e che i criminali sulle sue tracce non potessero riprovarci tanto facilmente. Eppure quella situazione mi stava logorando e, se solo avessi potuto convincermi che stava bene, stretta tra le sue braccia, sarei riuscita a tenere a bada l'ansia.

Avevo acconsentito a malincuore alla sua richiesta di uscire con un altro per dimostrare pubblicamente che tra me e lui era finita. Non avevo chiamato Ian, perché, pur essendo la soluzione migliore, non volevo alimentare di nuovo false speranze. In compenso qualche giorno prima ero andata fuori a cena con Paige, Lincoln e il suo amico Ben, anche solo per ringraziarlo di averci tenuti aggiornati sulle condizioni di Jess. Così facendo, mi ero risparmiata compagnie sgradite, trascorrendo invece una bella serata – se si esclude il mio costante timore di essere osservata. Del resto come non diventare paranoici in una situazione simile?

Aprii la porta e, invece di entrare, esitai un attimo sulla soglia, udendo le voci di due persone impegnate in una discussione. Erano Lincoln e Paige. Per un attimo fui indecisa se andarmene o farmi vedere.

«Sai che non ho mai voluto ferirti» dichiarò mio fratello. «Ma devo essere onesto con te.»

«E questa la chiami onestà?» Lei aveva la voce rotta dal pianto. «Ho sempre saputo che non mi amavi come ti amo io, ma speravo comunque che avessi un po' rispetto per me.»

«Certo che ce l'ho!» esclamò lui. «Non è mai successo nulla con Penelope!»

«Forse non sarai andato a letto con lei, ma di certo ci avrai pensato spesso. Altrimenti perché hai chiesto a tuo padre di rompere il fidanzamento con me?»

«Come fai a saperlo?» Lincoln pareva scioccato.

«Questo non ha importanza» rispose Paige, più avvilita che arrabbiata. «È molto più grave il fatto che non hai nemmeno avuto il coraggio di dirmelo.»

*Vattene, Helena, sono questioni che non ti riguardano.*

Dando retta alla mia voce interiore, richiusi la porta senza fare rumore e mi fermai sul pianerottolo, incerta sul da farsi. Bethany se n'era andata da tempo, quindi non potevo chiederle di accompagnarmi da qualche parte finché loro due non avessero finito di discutere. Ma non potevo nemmeno indugiare in corridoio, perché a quel piano abitavano altre persone e, restando lì seduta, avrei senz'altro dato adito ai pettegolezzi. Mi pareva di ricordare, però, che il palazzo avesse un giardino pensile; senza dubbio in quel periodo dell'anno era deserto.

Salii altri due piani, spinsi una porta di ferro e misi piede sul pavimento di legno. Le piante erano state avvolte in teli di juta per proteggerle dai rigori dell'inverno, i mobili accatastati in un angolo. In ogni caso non avevo voglia di sedermi, così mi avvicinai al parapetto che dava su Manhattan. Osservai i grattacieli di Midtown, compresa Coldwell House, e in quell'istante provai una fitta allo stomaco, come sempre quando ripensavo a Trish. Lincoln mi aveva raccontato dei suoi tentativi di screditare la nostra famiglia presso i soci d'affari, al fine di distoglierli dal progetto dell'area Winchester. Con alcuni ci era anche riuscita. Non volevo immaginare cos'altro avrebbe escogitato quella donna per rovinare i miei genitori, ma non potevo fare nulla per impedirglielo. Il nodo allo stomaco e la mia voce interiore mi dicevano che tutti quei problemi non sarebbero mai esistiti se solo avessi rispettato l'accordo, ma ormai ero consapevole di non poter più nascondere i miei sentimenti per Jess. Non sarei riuscita a stare lontana da lui per sempre. E quindi potevo solo sperare che la mia famiglia superasse la tempesta, o che alla fine Trish si arrendesse. Forse, se avessimo risolto il caso di Valerie e Adam e dimostrato che non aveva nulla a che vedere con la loro relazione, lo avrebbe fatto.

Continuai a contemplare le luci della città. In molti casi ero in grado di riconoscere a quale edificio appartenessero, in alcuni sapevo persino chi ci abitava. Tuttavia, la sensazione di felicità che avevo provato i primi tempi si era attenuata. In parte a causa di Valerie: senza di lei nulla era più come prima. New York restava la mia casa, naturalmente, lo era sempre stata; per me era difficile immaginare di trasferirmi altrove. Eppure ormai non mi sembrava più così impossibile voltare le spalle alla mia città natale, soprattutto perché sapevo che, con ogni probabilità, Jess non sarebbe mai stato felice lì.

Rimasi sulla terrazza una ventina di minuti, poi cominciò a fare troppo freddo e tornai giù. Stavo ancora scendendo le scale quando, ancora prima di intravedere la porta dell'appartamento, sentii qualcuno uscire e sbatterla con forza. Udii anche dei lievi singhiozzi e il rumore di un trolley: doveva essere Paige. Mi nascosi all'istante. Non ero certo la persona che avrebbe voluto incontrare in quel momento, sebbene di recente fossimo diventate amiche. L'ascensore si aprì e si richiuse, dopodiché mi precipitai a casa di Lincoln. Mio fratello era in piedi sulla soglia, smarrito, con le mani in tasca come se non sapesse cosa fare.

«Ehi» sussurrai posando le chiavi. «Vi ho sentiti discutere prima. Tutto bene?»

«Si fa per dire.» Scrollò le spalle e notai che era abbastanza provato. «Io e Paige ci siamo lasciati. Per adesso andrà a stare dai suoi, poi nei prossimi giorni romperemo ufficialmente il fidanzamento.»

«Mi dispiace tanto» replicai avvicinandomi per abbracciarlo. Avevo sperato che riuscissero a trovare una soluzione per evitare un matrimonio infelice, ma non mi aspettavo che Paige tagliasse la corda così in fretta. «Come ti senti?»

«Io… sono un po' sollevato, credo.» Si passò una mano tra i capelli scuri. «E mi vergogno. Non solo perché mi sento così, ma soprattutto perché l'ho ferita. Non avremmo mai dovuto fidanzarci, è stato un mio errore.»

«L'hai fatto per la famiglia, credendo che fosse inevitabile. E non è mai troppo tardi per fare la scelta giusta. Sono certa che Paige si riprenderà, anche se ci metterà un po'. E alla fine capirà che è stata una buona decisione anche per lei.»

«Sì, lo spero. Merita di essere felice.» Lincoln sbuffò con amarezza. «E spero di rivederla in futuro, perché dovrò dirlo a mamma e papà e, come tu ben sai, c'è il rischio che mi spediscano da qualche parte all'estero.»

Sorrisi. «Non credo proprio. Come puoi vedere, con me non ha funzionato: appena tornata mi sono innamorata di un Coldwell! Chissà cosa combineresti tu al tuo ritorno!»

«Che ne dici di una delle sorelle Kardashian?»

«Ce n'è una libera al momento?» chiesi dubbiosa.

«Sì, sì, Kendall. Ed è parecchio sexy.» Lincoln parve rallegrarsi per un attimo, poi il buonumore svanì e tornammo a essere i fratelli Weston, che avevano ben poco da ridere. «E tu, Len? Come te la passi?»

Annuii. «Non male, sono contenta che Jess sia al sicuro.» Ero sincera, ma non potevo zittire quella voce dentro di me che desiderava ardentemente essere salvata da quella situazione: un comunicato della polizia, un aggiornamento da parte di Miranda, qualcosa. L'angoscia per la sorte di Jess mi paralizzava. L'arresto dei suoi aggressori sarebbe stato un sollievo incredibile. Per non parlare degli assassini di Adam e Valerie. A quel punto niente e nessuno ci avrebbe impedito di stare insieme, eccetto sua madre. Ma Jess non aveva mai avuto paura di lei. E chissà, forse anch'io, prima o poi, sarei riuscita a superare il timore nei confronti di quella donna.

«Vedrai che presto sarà tutto finito» disse Lincoln sfiorandomi il braccio prima di andare in cucina. Io lo seguii, ripetendo tra me e me quella frase come un mantra, che magari, a forza di insistere, sarebbe finalmente diventato realtà.

«Cosa farete tu e Penelope?» domandai a mio fratello, chinatosi per cercare qualcosa da mangiare in frigo.

«Non lo so.» Chiuse la porta e ci si appoggiò contro. «Quando ho chiesto a papà di poter rompere il fidanzamento, ero pronto a chiamare Pen. Ma adesso che è finita, non so se farlo subito. Forse sarebbe meglio non dare nell'occhio per un po', per evitare che Paige venga umiliata pubblicamente.»

Non ebbi modo di replicare perché in quell'istante gli squillò il telefono. Vidi che sul display c'era scritto "Mamma". Evidentemente la voce della loro rottura si era sparsa in fretta.

«Eccola qui, fammi gli auguri» mormorò lui con aria lugubre.

«Non rispondere» gli consigliai.

«Per rischiare che si presenti qui tra mezz'ora? No, grazie.» Fece due respiri profondi e la salutò.

Il volume del telefono era abbastanza alto da permettermi di udire il tono furente di mia madre. *Sei fuori di testa* fu la frase più gentile. Le sue invettive mi strapparono una smorfia: mi dispiaceva davvero vedere Lincoln preso di mira in quel modo. Tentò più volte di ribattere, ma invano, perché la mamma era un fiume in piena. Lo accusò persino di aver voluto emulare la mia piccola ribellione. Lei non ci aveva cresciuti così. Stranamente, mi sentivo al contempo orgogliosa e offesa, due sensazioni a cui avrei dovuto abituarmi.

«Posso parlare adesso?» chiese mio fratello, quando lei sembrò aver terminato la propria tirata. Lo ammirai per la sua calma. D'altronde al lavoro passava molto tempo con lei, quindi doveva essere temprato. «Mi dispiace molto di averti messo in una situazione imbarazzante, mamma. Non è mai stata mia intenzione, lo sai. Ma non intendo sposare una donna che non amo. Ti prego di accettarlo.»

Lei replicò a voce più bassa e non riuscii a cogliere le sue parole. Poi gli riattaccò in faccia, e Lincoln lanciò il telefono sul piano della cucina, sbuffando.

«È andata male, eh?» gli chiesi in tono compassionevole.

«Mettiamola così: adesso ho più probabilità di conquistare una Kardashian.»

Mi sforzai di sorridere, pur prevedendo le difficoltà che avrebbe incontrato con i nostri genitori. «Sai una cosa? Penso che Valerie sarebbe orgogliosa di noi. Sul serio.»

Lui scoppiò a ridere. «Già, poco ma sicuro. Direbbe che è stata la sua influenza positiva a renderci finalmente più indipendenti.»

«Ti ricordo che questo appartamento è di proprietà dei nostri genitori» ribattei. «Quindi credo che la vera indipendenza sia ancora lontana.» A quel proposito mi ricordai dell'appuntamento in banca, dove mi avevano precisato che, senza le garanzie della mia famiglia, non avrei potuto ottenere un prestito conveniente. Se non fossi riuscita a trovare un'altra soluzione, avrei dovuto accettare l'offerta di aiuto da parte di Lincoln.

«Oh, dettagli. A proposito, che ne dici di trasferirti qui in pianta stabile?»

Alzai lo sguardo stupita. «Vuoi dire... come coinquilini?»

Scrollò le spalle. «Questo appartamento è troppo grande per me e tu hai bisogno di una casa, no? In attesa di capire cosa farai in futuro.»

Aveva ragione: ignoravo quando io e Jess avremmo avuto il via libera. E, pur potendo stare insieme, non era una cattiva idea contare anche su una stanza a casa di Lincoln. In fin dei conti il loft era un *open space* e, senza dubbio, a volte avremmo finito per darci sui nervi. In quel frangente, però, non riuscivo neanche a immaginare una simile eventualità, perché tutto ciò che volevo era stare con Jess. Il prima possibile. Se solo quel momento fosse arrivato presto! E invece, giorno dopo giorno, sembrava allontanarsi sempre di più.

«Già, sarebbe bello.» Sorrisi, e Lincoln parve sollevato. Con ogni probabilità non aveva tanta voglia di stare da solo in quell'appartamento, dopo oltre un anno trascorso insieme alla sua ex.

«Ottimo! Allora benvenuta, coinquilina. Se vuoi cambiare divano, fammi sapere.» Evidentemente si ricordava che quella mostruosità color crema era stata argomento di discussione quando avevo conosciuto Paige.

«Credo che per adesso ce lo faremo andare bene.»

«Bene, allora rimane lì dov'è. Caspita, ho una fame da lupi!» Rimasi a guardarlo mentre prendeva dal cassetto i volantini dei take-away. Che strano, a Natale volevo a tutti i costi lasciare la mia famiglia, e adesso invece eccomi lì, in una casa di loro proprietà.

«Linc?» Lo chiamai e lui alzò lo sguardo. «Sono proprio contenta di avere te, sai?»

Mi rivolse un sorriso un po' imbarazzato. «Anch'io, Len. Molto.» Poi mi mostrò i volantini. «Sushi o tacos?»

«Sushi.» Se non altro perché Valerie lo adorava e avrebbe senz'altro voluto essere lì con noi quella sera. Come sempre, ogni volta che pensavo a lei, sentivo una pugnalata al cuore. E, da quando avevo saputo che era stata uccisa, il colpo era ancora più profondo, in qualche modo più straziante. Ma saremmo riusciti a smascherare i responsabili, poco ma sicuro. E allora, forse, avremmo trovato la pace.

Dopo mangiato, come ogni sera, Lincoln si addormentò sul divano. Gli misi addosso una coperta, spensi la tv e andai nella camera degli ospiti. Di solito io e Jess ci sentivamo solo a tarda sera per poter parlare in tranquillità. A Newport aveva una stanza tutta per sé e la privacy non gli mancava, del resto si trattava di una clinica esclusiva. Poiché durante il giorno era molto impegnato, quelle telefonate serali ci aiutavano a sentirci più vicini.

Estrassi dal cassetto il cellulare prepagato e composi il numero. Ci mise pochi secondi a rispondere.

«Ehi» lo salutai, notando come dentro di me la costante preoccupazione si stesse man mano attenuando, sostituita dal piacere di risentire la sua voce.

«Ehi, Splendore.» Dal tono profondo di Jess intuii che provava le mie stesse emozioni: desiderio e apprensione, apprensione e desiderio, che si alternavano di continuo. Avrei tanto voluto essere lì con lui, guardarlo, toccarlo, accoccolarmi tra le sue braccia, chiudere gli occhi e dimenticare tutto quello che ci separava. Ma per il momento dovevo accontentarmi della sua voce.

«Allora, che mi racconti?» esordii con la domanda di rito, come in una normale chiacchierata tra due innamorati, pur essendo consapevole di quanto la nostra situazione fosse ben lontana dalla normalità.

Jess stette al gioco.

«A pranzo ci hanno dato le lasagne, ma erano immangiabili. Per il resto mi hanno finalmente fatto entrare in piscina, e forse domani riuscirò a evitare l'imperdibile ritrovo serale, dato che non riesco proprio a sopportare tanti ricconi ammassati in così poco spazio.»

Mi strappò una risatina che mi fece bene. Poco dopo, però, riecco il nodo allo stomaco che mi accompagnava da settimane. Sì, Jess era lontano e la struttura ben protetta; eppure non riuscivo a scacciare il ricordo della sua voce in quella terribile notte della viglia di Natale. Ogni volta che mi chiamava, temevo per un attimo di rivivere quell'incubo, angosciata all'idea che i sicari ci avessero riprovato e stavolta fossero riusciti nel loro intento.

«Helena?» Come se mi avesse letto nel pensiero, Jess mi riportò alla realtà. Per adesso evitavo di confidargli i miei timori, non volevo ridestargli ricordi dolorosi che non era ancora pronto ad affrontare.

«Eccomi, scusa.» Mi ricomposi. Avevamo poco tempo per parlare, non andava sprecato rimuginando.

«Non è successo niente, vero?» mi chiese allarmato.

«No, no» mi affrettai a rassicurarlo. «È solo che mi manchi. Ci sono serate in cui non vorrei soltanto parlare con te, ma *stare* con te.»

«Presto ci rivedremo.» Sembrava sicuro di sé, anche se sapevo che in realtà cercava soprattutto di rincuorarmi. D'altronde ne avevamo parlato così spesso che mi sembrava di risentire frasi già ripetute mille volte.

«E tu che mi racconti?» mi domandò in tono così dolce da provocarmi un tuffo al cuore. Ero sull'orlo delle lacrime, ma mi trattenni: in quel frangente non ero certo l'unica a soffrire.

«Lincoln e Paige si sono lasciati.» Quel pensiero continuava a perseguitarmi. Mio fratello e la sua ex avrebbero impiegato parecchio tempo a ricomporre i cocci della loro storia fallita, sia in pubblico che in privato.

Jess rimase sgomento. «Oh, mi dispiace tantissimo. Cioè, so che lui è innamorato di un'altra, ma non dev'essere stato per niente facile lasciarla, sapendo di farla soffrire.»

Sorrisi perché aveva intuito esattamente come si sentiva mio fratello, benché si conoscessero appena. «Già, si sentirà in colpa per un bel po', ma credo che alla fine sia stata la decisione migliore per entrambi. E almeno adesso ho un posto dove stare, dato che mi ha proposto di trasferirmi da lui.»

Silenzio.

Aggrottai la fronte.

«Jess? Ci sei?»

# 13

## Jessiah

«Sì, ci sono.» Mi sfuggì una risatina che non passò inavvertita. «Sai, stavo pensando che all'inizio i nostri piani erano molto diversi.»

«Lo so.» Helena sospirò, tanto che mi rammaricai di poterla rincuorare solo a parole: cos'avrei dato per stringerla tra le mie braccia! «Ma credo che per il momento non sia una cattiva idea» riprese. «E poi, se in futuro ci daremo sui nervi e finiremo per sbatterci la porta in faccia, potrò sempre andare da Lincoln.»

Non avevamo mai affrontato l'argomento della convivenza. Io stesso non mi ero mai chiesto se volessi davvero andare a vivere con lei. Helena aveva ragione, poter contare su un rifugio in più era un bel vantaggio. Adesso però desideravo così tanto riavvicinarmi a lei che mi pareva assurdo parlare di un futuro distanziamento.

«Sappi che da me non ci sono molte porte da sbattere» replicai infine. «Se proprio vuoi, c'è quella del bagno.»

Helena ridacchiò. «Grazie, come sei generoso.»

«Lo so, sono fatto così. Le mie porte sono le tue porte.» Seguì qualche istante di silenzio, nel quale il mio desiderio di rivederla crebbe in modo irrefrenabile, ravvivato dalla prospettiva di vivere finalmente con lei. Non desideravo altro; anzi, non avevo mai desiderato tanto intensamente qualcosa in vita mia.

«Hai ragione, ci sono momenti in cui sentirci al telefono non basta» ripresi, dando voce ai miei pensieri. «Vorrei tanto stare con te adesso.»

«E io vorrei fare molto di più» replicò lei, scatenandomi in testa fuochi d'artificio in cui le fantasie si mescolavano ai ricordi dei nostri momenti di intimità.

Avvertii all'istante una contrazione nel basso ventre, che mi fece maledire il mio corpo per essersi eccitato mentre Helena si trovava a New York, a centinaia di chilometri di distanza. Allo stesso tempo, però, cominciavo finalmente a sentirmi di nuovo me stesso, pronto a soddisfare pressoché ogni suo desiderio. Solo che non potevamo vederci senza la certezza di essere entrambi fuori pericolo.

«Non dovresti dire così.» In realtà avrei voluto che si lasciasse andare ancora di più, ma in quel caso sarei probabilmente salito sulla prima auto disponibile per correre da lei. In generale ero sempre tentato di farlo, ma quando la sentivo parlare così faticavo ancora di più a mantenere la lucidità.

«Mi dispiace, scusa.» Sospirò, facendomi capire che avrebbe cambiato argomento. «A che punto sei con la tua lista?» mi chiese in tono più distaccato. Avevamo deciso di stilare entrambi un elenco di persone che nutrivano risentimento nei confronti della mia o della sua famiglia. Secondo Trish nessuno aveva un movente credibile per attaccarla prendendosela con i suoi figli, ma ormai ero certo che mi avesse mentito, arroccata com'era sulla sua teoria: per lei era sempre colpa di Valerie, benché adesso per ragioni diverse rispetto a prima.

«Si sta allungando, ma purtroppo non conosco abbastanza bene gli affari di mia madre per sapere con chi abbia avuto degli screzi.» Dalla nostra ultima discussione non avevamo più parlato, ma avevo comunque raccontato a Helena la sua reazione. Pur non riuscendo a trovare nessuna giustificazione per la paranoia di Trish, ero sempre stato onesto con lei e non volevo tenerla all'oscuro. Le avevo taciuto soltanto il fatto che mia madre era sempre determinata a ostacolare la nostra relazione. Non intendevo angosciarla ancora di più, nella speranza che, una volta chiarite le circostanze del mio agguato, ci avrebbe lasciati in pace.

Continuavo a sospettare che Trish avesse in qualche modo a che vedere con la morte di Adam, e che Valerie si fosse semplicemente trovata nel posto sbagliato al momento sbagliato. Quanto ai Weston, anche loro giocavano duro – era l'unico modo per sopravvivere nel settore immobiliare newyorchese –, ma li ritenevo un po' più rispettosi delle regole rispetto a mia madre. In fin dei conti non poteva essere una coincidenza se tutti e tre i suoi figli erano stati aggrediti. Il caso del rapimento di Eli restava tuttora irrisolto, e la mancata richiesta di riscatto lo rendeva ancora più anomalo: forse era stato opera di qualcuno che voleva vendicarsi.

Helena mi distolse dai miei pensieri. «Per quanto riguarda tua madre, è più facile fare una lista di quelli con cui *non ha* avuto degli screzi.»

Ridacchiai. «Giusto. Forse dovrei ricominciare da capo.»

«Oppure magari Miranda troverà un modo per far arrestare i fratelli Wilson.» Al momento la nostra speranza era che l'investigatrice raccogliesse prove sufficienti per ottenere un mandato di arresto. Non confidavo più di tanto nella polizia, perlomeno non nel detective O'Reilly, il quale sembrava poco interessato a risolvere il caso.

«Non si è ancora fatta sentire» precisai in un tono che rivelava tutta la mia impotenza.

Ovviamente sapevo che ci sarebbe voluto del tempo per

trovare prove incriminanti, sia sulla morte di Adam che riguardo alla mia aggressione. Eppure mi sarebbe piaciuto contribuire alle indagini, invece di starmene lì in quella clinica a farmi massaggiare e a parlare con uno psicologo della paura di morire.

«Vedrai che presto lo farà» cercò di rinfrancarmi lei. Ecco cosa mi piaceva di me e Helena: quando uno dei due si perdeva d'animo, l'altro si affrettava a sostenerlo. Tenemmo comunque per noi lo scetticismo circa un'imminente risoluzione del caso, per evitare di rendere quelle telefonate ancora più deprimenti.

«Ho paura per te» sussurrò lei dopo una breve pausa.

«Non ce n'è motivo. Qui la cosa peggiore che può succedermi è mangiare frutti di mare avariati.» La riabilitazione era una noia mortale, e avrei tanto voluto svignarmela al più presto. Ma l'unico modo di proteggere Helena era starle lontano.

«Già, forse hai ragione» replicò con qualche esitazione, facendomi dubitare di essere riuscito a tranquillizzarla. «Eppure non riesco a smettere di pensarci...» Non terminò la frase.

«A cosa?»

«Niente, scusa. Non voglio parlare dell'aggressione.»

«Vorrei che lo facessi, invece. Raccontami.» La mia memoria brancolava ancora nel buio. Nelle quattro settimane trascorse dall'agguato, non era affiorato nemmeno un barlume di ricordo. A volte mi svegliavo di notte, terrorizzato e madido di sudore, incapace di trattenere quello che avevo sognato. Le immagini si dissolvevano nell'istante stesso in cui riaprivo gli occhi.

«Lo sai, è un...» accennò Helena.

«Un meccanismo di autodifesa, sì, certo.» La frase mi uscì più brusca del previsto. «Scusami, non volevo risponderti male. Ma per quanto mi sprema le meningi, non riesco a ricordare nulla che possa portare alla cattura di quei bastardi. E questo mi fa diventare matto.» Se solo fossi riuscito a rammentare anche solo qualche dettaglio, sarebbe stato un bel passo avanti. Ero sicuro di aver notato qualcosa, nonostante i miei aggressori fossero mascherati: le voci, la statura, un qualsiasi elemento che contribuisse a identificarli.

«Tranquillo» disse Helena con dolcezza. «Chiunque al posto tuo vorrebbe sapere che diavolo è successo.»

«Se solo ci fosse un trucco per recuperare quelle informazioni.» Sarei stato disposto anche a correre qualche rischio pur di riuscirci, almeno non mi sarei sentito così maledettamente impotente. Lo psicologo, tuttavia, mi aveva consigliato di essere paziente, perché, prima o poi, i ricordi sarebbero tornati. O forse no.

«So che detesti sentirtelo dire, ma è solo questione di tempo. Adesso la tua priorità è guarire, non serve a nulla prendertela con te stesso.»

«Ah, cazzo, quanto sei saggia!» brontolai strappandole una risata, un suono meraviglioso che mi risollevò subito il morale. «Sei proprio sicura di voler cambiare studi? Secondo me saresti un'ottima psicologa.»

«Dici? Chissà! Ma non mi hai ancora visto fare la guida turistica.» Immaginai il suo sorriso. «Anzi, se tutto va per il meglio, quando questa storia sarà finita e avrò messo su la mia agenzia, tu mi farai da cavia.»

«Io? Ma conosco già New York.»

«Certo, però non ti piace. Quindi, se riesco a farti innamorare anche solo un pochino della città, avrò gioco facile con qualsiasi altro cliente.»

Stavolta toccò a me ridere, perché forse aveva ragione. «Okay, ci sto. Tu mi mostrerai gli angoli più fighi di New York e io ti darò un'opinione sincera.»

«Riuscirò a convincerti» ribatté con un tono che mi provocò un'ondata di calore dalla testa ai piedi.

«Ehi, niente colpi bassi, però! Sappi che ci tengo molto al mio odio per questa città.»

«Lo so benissimo, infatti ce la metterò tutta.»

Continuammo a punzecchiarci ancora un po' sull'argomento, consci che non ci saremmo mai trovati d'accordo. Dopodiché calò il silenzio. Helena aveva ragione: a volte parlare non era quello di cui avevamo bisogno. Eppure la nostra unica possibilità di restare in contatto era tramite quei telefoni prepagati. Mi ci aggrappai con tutto me stesso, nell'attesa che qualcuno ci liberasse da quell'incubo.

E chissà, sarebbe potuto accadere in qualsiasi momento.

# 14

## Jessiah

La settimana successiva si trascinò con lentezza esasperante, e persino la telefonata di Miranda si rivelò una delusione, perché mi fece solo domande senza darmi nessun aggiornamento significativo. Il primo colpo di fortuna, come definiva la scoperta del referto autoptico manomesso, era stato evidentemente tale, poiché appariva sempre più complicato sbrogliare la matassa riguardo alla morte di Adam e Valerie. Cercai comunque di non perdermi d'animo, eseguii tutti gli esercizi con diligenza e constatai con piacere che il mio corpo sembrava riprendersi al meglio. Ero quasi tornato come prima, tranne per le cicatrici dovute al colpo di pistola.

Approfittai di un momento di solitudine per sollevare la maglietta e dare un'occhiata: all'altezza delle costole inferiori, dal fianco fin quasi allo sterno, si estendeva un'ampia striscia rossastra, piuttosto antiestetica. I medici mi avevano detto che il colore sarebbe sbiadito man mano che il tessuto cicatriziale si fosse consolidato. A dirla tutta, non mi preoccupava tanto l'eventualità che Helena la trovasse ripugnante; piuttosto era un difetto che, ogniqualvolta mi spogliavo, mi ricordava l'accaduto. Certo, avevo una grossa cicatrice anche sulla schiena, anzi, ne avevo diverse, soprattutto a causa del surf, ma in quella posizione era abbastanza facile ignorarle. Quella sul busto, invece, l'avrei sempre avuta sotto gli occhi fino alla fine dei miei giorni.

Mi tirai giù la maglietta e presi lo smartphone, com'ero solito fare a quell'ora, per mandare un messaggio a Eli. Ci sentivamo spesso al telefono, ma quel giorno era a cena dai nonni, quindi sarebbe bastato un messaggio. Mi sentivo in colpa per aver lasciato il mio fratellino tutto solo a New York, ma, da un lato, poteva sempre contare su Thaz, Simon e Helena in caso di bisogno, e, dall'altro, standogli lontano proteggevo anche lui. Gli scrissi un breve riassunto della mia noiosissima giornata, aggiungendo un meme con un golden retriever che lo stesso Thaz mi aveva inviato poco prima.

Eli non rispose subito, così mi alzai perché presto sarebbe arrivata l'ora di cena e, per quanto cercassi di evitare i contatti con gli altri pazienti, era la mia unica possibilità di mangiare qualcosa. Mi stavo quindi preparando ad affrontare per l'ennesima volta dei potenziali soci in affari di Trish, quando mi squillò il cellulare, che avevo messo via perché durante i pasti era tassativamente vietato usarlo.

Era un telefono nuovo, dal momento che quello vecchio, ritrovato dalla polizia, era fuori uso. Per fortuna avevo fatto un back-up dei contatti e dei messaggi nel cloud, quindi la mia rubrica era quasi completa. Non appena vidi il nome sullo schermo, sgranai gli occhi.

Mi bloccai di colpo, incapace di reagire. Poi mi riscossi e risposi, con il cuore in gola.

«Ciao, Paul» cercai di salutarlo con il tono più neutro possibile, ma senza riuscirci. Non solo perché la situazione attuale stava mettendo a dura prova i miei nervi, ma anche perché risentire il mio ex migliore amico dopo quasi tre anni mi avrebbe comunque turbato, anche se fossi stato in vacanza ai Caraibi.

«Ciao, Jess» ricambiò la voce familiare. «Lo so, è passato un bel po', ma… ho saputo quello che ti è successo e volevo sapere come stavi.»

All'inizio fui sorpreso che ne fosse al corrente, ma poi ricordai che a New York vivevano ancora alcuni suoi parenti, tra cui la sorella, che doveva averlo avvertito. L'aggressione ai miei danni aveva avuto una tale risonanza mediatica che era quasi impossibile non averne sentito parlare. Mi aveva contattato persino Thea per chiedermi notizie, benché fossimo sempre molto attenti alle nostre comunicazioni. In ogni caso era già trascorsa qualche settimana, quindi Paul doveva aver esitato a lungo prima di chiamarmi.

«Per adesso sto bene, grazie. Anzi, mi sono quasi rimesso in forma.» Come suonava stentata e distante la mia voce! Eppure anni prima io e Paul sapevamo tutto l'uno dell'altro: ci bastava uno sguardo per intuire cosa ci passava per la testa; non a caso avevamo deciso di partire insieme per l'Australia. Ormai però era trascorso parecchio tempo, e avevo come l'impressione di parlare con un estraneo.

Calò il silenzio e io ripresi fiato, ma Paul mi precedette. «Bene, sono sollevato. Lizzy mi ha mandato il link a un articolo in cui si diceva che te la sei vista brutta. Lì per lì ho pensato che forse era un po' esagerato, sai, per via del clickbaiting e cose del genere, ma poi lei mi ha spiegato che anche altri gliel'avevano confermato.»

«Sì, me la sono cavata per un pelo.» La mia riabilitazione non comprendeva solo trattamenti fisici ma anche sedute con un terapeuta e, malgrado lo scetticismo iniziale, avevo tratto beneficio dal parlare dell'agguato con qualcuno che non fosse emotivamente coinvolto. Il mio psicologo mi aveva consigliato a più riprese di non reprimere quello che era successo, bensì di ammettere, tanto a me stesso quanto agli altri, che avevo rischiato di morire.

«Merda.» Per la prima volta Paul mi sembrò quello di sempre. «Mi dispiace un sacco, vecchio mio. O qualsiasi altra cosa si dica in una situazione del genere.»

Mi sfuggì una breve risata, che allentò in parte la tensione. «Non esistono biglietti di auguri con la frase *Mi fa piacere che tu non sia morto*. Mi sono informato.»

Sbuffò. «Potrei realizzarne uno con le mie mani, se ci tieni. Comunque, scherzi a parte, è stato un vero shock. In questi giorni ho pensato a quanto sia stato stupido non esserci più sentiti per quasi tre anni, ho temuto che non avremmo avuto altre occasioni.»

«Sono stato *io* a interrompere i contatti, non tu» gli ricordai. All'epoca mi faceva troppo male sentire parlare del *surf lodge* e, dopo la rottura con Mia, mi era sembrato impossibile restare legato a loro. Ma sebbene non avessi mai rimpianto la mia decisione, mi dispiaceva comunque, perché non erano molte le persone con cui avevo stretto una vera amicizia, e Paul era una di queste.

«È vero, ma io non ho mai fatto granché per impedirlo. Sono stato un amico di merda, JC. Dopo la morte di Adam, avrei potuto almeno venire da te a New York per starti vicino. Invece sono rimasto qui a fare la vita che avresti voluto vivere tu.»

Mi resi conto di quanti sensi di colpa doveva aver accumulato nel corso degli anni; non potevo biasimarlo, dato che probabilmente al suo posto mi sarei sentito anch'io così. Non provavo alcun rancore nei suoi confronti, tanto non sarebbe cambiato nulla anche se Paul avesse rinunciato al nostro sogno.

«Sono contento che tu sia ancora lì. Almeno uno di noi potrà andare a fare surf domattina senza rischiare di congelarsi le chiappe.» La frase successiva mi uscì di getto. «Come vanno le cose al *lodge*? Avete rimesso a posto i bungalow?»

«Sì, grazie a te. So che Mia ti ha chiamato per il prestito, anche se io non volevo. In fondo tu non c'entravi nulla, e mi sembrava sbagliato contattarti solo perché avevamo bisogno di soldi. Mi dispiace se hai avuto l'impressione che non mi fidassi di te.»

«Non ti preoccupare, del resto sono affari tuoi, non miei.» Non lo dissi con fastidio, bensì con cautela. La relazione tra Mia e Paul non mi riguardava, eppure ero contento che lei non gli avesse tenuta nascosta la nostra telefonata.

Lo sentii sospirare e intuii cosa stava per dirmi. «A proposito di Mia, Jess…»

«Non c'è bisogno di parlarne» lo interruppi subito, consapevole di quanto si sentisse a disagio. D'altronde era comprensibile, visto che stava con la mia ex. E naturalmente non potevo escludere che Paul provasse già qualcosa per lei quando eravamo fidanzati, sebbene non l'avesse mai dato a vedere. In ogni caso erano passati anni, quindi ormai non aveva più importanza.

«Sicuro? Se sei incazzato lo capisco benissimo.»

«Non lo sono affatto. All'epoca ero già tornato a New York, io e Mia ci eravamo appena lasciati e, chissà, probabilmente era destino. Mi fa piacere che lei sia felice con te. Dico sul serio.» Avrei voluto aggiungere che nel frattempo avevo trovato l'amore della mia vita, ma era troppo rischioso.

«La nostra vecchia casetta è ancora in piedi?» chiesi, per evitare di lasciarmi sfuggire qualcosa su Helena.

Al momento di acquistare il *lodge*, io e Paul ci eravamo trasferiti in un bungalow a poche centinaia di metri dalla struttura principale. Avevamo deciso subito di andare a viverci, sia per la mancanza di strade d'accesso che per l'allettante prospettiva di abitare in un piccolo cantiere. Con il tempo lo avevamo ristrutturato ed era diventato molto accogliente. Certo, Trish avrebbe storto il naso per l'assenza di comfort, ma io adoravo alzarmi all'alba, andare a fare surf ed essere circondato solo da persone alla mano e senza tante pretese.

«Adesso è la nostra guest house» spiegò Paul. «Lo affittiamo solo ad amici e conoscenti che non si fanno problemi a camminare per un po' fino al *lodge*.» Tacque per un istante. «Se mai ti andasse di tornare qui, anche solo per una vacanza, sarà tutto tuo, lo sai.»

«Già.» Sorrisi, anche se ovviamente non poteva vedermi. «Chissà, magari un giorno... Grazie, vecchio mio.»

«E che mi dici di New York? Ti sei già riabituato?»

«Secondo te?» Accennai un sorriso, consapevole di quanto mi fosse mancato confidarmi con Paul: lui capiva benissimo i motivi per cui quella città mi faceva ammattire.

In sottofondo udii qualcuno che lo chiamava, e un attimo dopo mi disse, un po' trafelato: «Cazzo, devo andare, stasera c'è una festicciola in spiaggia e mi tocca fare la spesa. E sai bene qual è l'offerta giù al supermercato di Frank».

«Certo, ci mancherebbe, non voglio trattenerti.» Lo immaginai che usciva di casa alla volta del parcheggio, dove sicuramente era ancora parcheggiata la vecchia Jeep Wrangler arrugginita che aveva comprato subito dopo il nostro arrivo. Laggiù in Australia dovevano esserci trenta gradi e un sole splendente, era piena estate. Quanto lo invidiavo, cazzo!

«È stato un piacere risentirti, fratello» mi disse. «Che ne dici se lo rifacciamo? Quasi tre anni di silenzio stampa sono stati un po' troppi, non trovi?»

«Sì, decisamente» risposi.

«Allora a presto. E riguardati, Jess.»

«Anche tu. E saluta Mia.»

Dopo aver riattaccato provai una gioia profonda, come se avessi recuperato qualcosa che avevo perduto da molto tempo. Contemporaneamente, però, avvertii anche dolore, altrettanto profondo e lacerante. Quella telefonata mi aveva confermato ancora una volta quanto mi mancasse la mia vecchia vita laggiù. Non mi ero mai sentito più libero, più rilassato, più in pace con me stesso come in Australia. Helena avrebbe mai accettato di lasciare New York per partire con me il prima possibile? Chi poteva dirlo, amava alla follia quella stramaledetta città!

«Oh, cazzo!» Da un'occhiata all'orologio mi accorsi che dovevo sbrigarmi se volevo mangiare qualcosa.

Ero quasi uscito dalla camera quando il telefono squillò di nuovo. Stavolta era un numero sconosciuto, con prefisso di New York. Forse si trattava di uno dei miei clienti che stentava a cavarsela senza di me.

«Jess Coldwell» annunciai.

«Signor Coldwell, sono il detective O'Reilly.»

Provai un tuffo al cuore. *Ti prego, niente cattive notizie. Ti scongiuro!*

«Detective» riuscii a dire. «Cosa posso fare per lei?»

## 15

## Helena

Stavo scorrendo un infinito elenco di divani allo schermo del pc, e mi veniva da piangere nel constatare che il giallo senape non accennava a passare di moda. Piuttosto che perdere tempo in quel modo, avrei preferito cercare di risolvere il caso di Adam e Valerie, come lo chiamavo ancora, perché ogniqualvolta sentivo la parola "omicidio" provavo un senso di impotente disperazione. Eppure, per quanto mi scervellassi, scandagliassi le informazioni o stilassi liste di sospetti, finivo sempre per pensare, proprio come Jess, che la causa della loro morte fosse Trish Coldwell, non la mia famiglia. E, poiché avevo già inviato da giorni la domanda di ammissione alla NYU, al momento mi stavo dedicando allo shopping online. In realtà ero sempre sull'orlo di una crisi di nervi, a forza di sbirciare il telefono in attesa di un messaggio liberatorio che non arrivava mai.

Avevo portato con me il borsone da viaggio, dopo averlo recuperato dai cespugli davanti a casa di Jess la sera della sua aggressione, ma il resto delle mie cose era ancora nell'appartamento dei miei genitori. Lincoln si era offerto di andarmele a prendere, ma per il momento avevo declinato. Uno dei motivi era che non intendevo più usare quegli arredi o quei vestiti. La maggior parte risaliva agli anni prima della morte di Valerie e ormai non faceva più per me, visto che da allora ero cambiata moltissimo. Perciò avevo bisogno non solo di abiti nuovi ma anche di qualche suppellettile, perché Paige aveva arredato l'appartamento con gusti molto diversi dai miei – e da quelli di mio fratello, come lui stesso aveva ammesso. Inoltre avrebbe presto mandato qualcuno a ritirare alcuni mobili che aveva comprato.

Mentre cliccavo sull'immagine di un divano di velluto verde scuro che mi ricordava quello di Jess, mi sfuggì un profondo sospiro. Un attimo dopo sentii qualcuno aprire la porta. Irritata, alzai lo sguardo. Lincoln era partito per una trasferta di due giorni a Los Angeles, quindi non poteva che essere…

«Helena, ciao.» Al vedermi, Paige parve sorpresa e anche un po' a disagio. «Non sapevo che fossi qui, forse è meglio che torni un'altra volta.»

«No, perché? Insomma, questa è ancora casa tua. Io sono un'ospite.»

«Ormai non più.» Fece un gesto nervoso con la mano. Mi colpì il pallore del suo volto. «Lincoln mi ha detto che sarebbe andato via, quindi ho pensato di cogliere l'occasione per prendere alcune delle mie cose.»

«È a Los Angeles per una conferenza. E, quanto a me, la situazione è abbastanza incerta, per questo sono ancora qui.» Mi alzai e mi diressi al bancone della cucina.

«Ti andrebbe un tè?» Solo dopo averlo detto mi resi conto che, in realtà, si trattava della *sua* cucina e anche del *suo* tè. Tuttavia non ritirai la proposta, perché mi sembrava che avesse bisogno di qualcosa di caldo.

«No, io… non mi fermo a lungo.» Abbassò lo sguardo sullo schermo del mio portatile. «Stai scegliendo dei mobili nuovi?» Sembrava un po' indispettita, ma come darle torto, con tutto quello che stava passando in quel momento. Impietosita, feci un respiro profondo.

«Non proprio» precisai. «Stavo solo spulciando un po' quelli disponibili.»

Paige lanciò un'occhiata alla portafinestra aperta verso il soggiorno, dove si trovava il mostruoso divano beige che aveva scelto. «Ho sempre saputo che lo detestava» mormorò.

«Non è vero.» Ero sincera, Lincoln non mi aveva mai detto di odiare quel divano. Inoltre non volevo infierire sulla sua ex fidanzata. «È comodissimo.»

Si lasciò sfuggire una risata tristissima. «Già, non è vero?»

Presi il bollitore. «Qui ci vuole un bel tè. Subito.» Mi sembrava un errore lasciarla andare via così. Non perché mi ritenessi una grande esperta di pene d'amore - anche se ne sapevo qualcosa anch'io –, ma immaginavo che gli Irvine non fossero i più indicati per dare ascolto alla figlia.

Tirò fuori dalla credenza la sua enorme scatola da tè e si mise a cercare una varietà particolare tra le bustine.

«Come va a casa?» mi informai con cautela. Era passata poco più di una settimana da quando lei e Lincoln si erano lasciati, e per Paige doveva essere stato un inferno tornare a vivere con quella madre odiosa che si ritrovava.

«Come vuoi che vada.» Sbuffò. «Mia mamma non fa che piangere perché secondo lei non ho più un futuro, mio papà ce l'ha a morte con Lincoln e mi chiama "la sua povera ragazza". Non so cosa sia peggio.»

Accennai un sorriso. «Be', io un'idea ce l'avrei.» Il padre di Paige, Clive, mi era sempre stato simpatico. Ma forse ero un po' prevenuta perché una volta, tanti anni prima, mi aveva portato una Barbie speciale dall'Asia, all'epoca introvabile negli Stati Uniti, e inoltre aveva sempre apprezzato la mia idea di organizzare visite guidate della città. Eleanor, invece, era una vera e propria strega dell'Upper East Side. Non c'era da stupirsi che fosse totalmente incapace di sostenere la figlia in quella situazione.

«Papà lo fa in buona fede, lo so.» Paige versò un aromatico Earl Grey in due colini da tè. «Anche la mamma, ma non pensa al mio bene.»

Era il commento più negativo che avesse mai fatto su di lei. Annuii con aria di approvazione. «Guardati, P. Te la stai cavando alla grande. Sono orgogliosa di te.»

«Be', credo che mi ci vorrà un po' prima di andarmene di casa sbattendo la porta la vigilia di Natale, come hai fatto tu.» Mi guardò incerta, quasi temesse di aver esagerato con quella battuta.

Ridacchiai per rassicurarla. «Dai, Natale è tra undici mesi, hai tutto il tempo per prepararti.»

Sorrise timidamente. «Mi è sembrato un atto molto coraggioso da parte tua.»

«Be', guarda un po' dove sono finita. Temo che il mio piano tanto coraggioso sia giunto a un punto morto.» Presi dalla credenza le tazze preferite di Paige, le riempii d'acqua e impugnai i colini.

«Dunque non ci sono ancora novità sugli aggressori di Jess?»

Scossi la testa, dopodiché ci accomodammo al tavolo della cucina. «C'è qualche indizio, ma ci vorrà molto più tempo del previsto. Comunque adesso lui è in riabilitazione, quindi spero che sia al sicuro.» In ogni caso sarebbe rimasto a Newport per un'altra settimana al massimo, per poi rientrare a New York. Era orribile stare lontano da lui, ma sarebbe stato molto peggio saperlo in città e non poterlo incontrare. Per giunta, a differenza dell'anno prima, stavolta ero in ansia perché non gli facessero del male. A ogni modo non era questo l'argomento da affrontare adesso con Paige.

«È bello poter parlare un po'» le dissi. «Dopo che te ne sei andata, pensavo che non ci saremmo più rivolte la parola.»

Mi guardò stupita. «Non credevo di starti molto simpatica.»

«All'inizio era così» ammisi. «Ma era tutta colpa dei miei pregiudizi, non tua. Dopo quello che è successo a Jess mi sei stata vicino… e l'ho apprezzato molto, Paige. Mi dispiace che non abbia funzionato tra te e Linc.»

Lei alzò le spalle impotente. «Avevo sempre sperato che un giorno potesse riuscire ad amarmi, ma quando è entrata in scena Penelope ho capito che non sarebbe mai successo. Lincoln aveva accettato di fidanzarsi con me per il bene della sua famiglia, per aiutare i suoi genitori. Ma tra noi non sarebbe mai nato niente di più.»

Non volendo insistere sulla questione, preferii chiederle dei suoi progetti futuri. «Sai già cosa farai?»

«No, non ne ho idea.» Paige si incupì. «Secondo i miei sarebbe meglio che mi trasferissi in un'altra città, magari a Boston, dato che lì non mi conosce nessuno.»

Mi sentii invadere da un'improvvisa ondata di rabbia: com'era possibile che, in una società che si definiva emancipata e progressista, una ragazza dovesse cambiare città dopo essere stata lasciata dal fidanzato? Era inconcepibile, inaccettabile.

«C'è qualcosa che posso fare per aiutarti?» domandai. «Forse potremmo andare insieme a qualche evento, così tutti vedranno che i Weston e gli Irvine sono ancora in buoni rapporti.» Non era proprio così, dato che al momento non facevo più parte della mia famiglia. Ma potevo comunque partecipare agli eventi mondani. E, se uno di noi si fosse mostrato in pubblico in compagnia di Paige, avrebbe messo a tacere i pettegolezzi.

«Sarebbe molto carino da parte tua. Ma cosa dovrei rispondere a chi mi chiede cos'è successo?» Mi guardò incerta.

«Di' che sei stata tu a rompere con mio fratello. Sono sicura che per lui non sarebbe un problema. Di' che ti sentivi troppo giovane per sposarti e che volevi fare le tue esperienze. Vai in giro per la città a testa alta, fregatene degli scandali. Tu e Lincoln non state più insieme, e allora? Non è che senza di lui non esisti. Tu sei Paige Irvine, gentile, intelligente, rispettabile. Se la gente non lo capisce, che se ne vada al diavolo!» Mi ero lasciata trasportare dalla collera, ma le ingiustizie mi mandavano sempre su tutte le furie, proprio come accadeva a Valerie. Al mio posto, lei le avrebbe detto esattamente le stesse cose, ne ero certa.

Paige si alzò per abbracciarmi, aveva gli occhi lucidi. «Sono le parole più belle che mi abbiano detto da molto tempo a questa parte.»

«Allora era proprio il momento giusto.» Dopo essermi staccata da lei, realizzai quanto fossi stata ingenerosa nei suoi confronti. Eppure era sempre stata gentile con me, e lo era ancora. Non sono in molti a esserlo. «Chi ti sposerà sarà un uomo fortunato...» feci una pausa «... perché si beccherà un divano comodissimo.»

Lei scoppiò a ridere e si asciugò gli occhi. «Grazie, Helena. Davvero, era proprio quello che mi serviva.»

«No, sono io che ti ringrazio.» Sorrisi. «Tu ci sei stata per me quando avevo bisogno d'aiuto. Sto solo cercando di ricambiare.»

Dopo aver bevuto il tè e sistemato alcune cose, Paige se ne andò e io rimasi sola. Ormai la mia rabbia era sbollita e mi sentivo un po' malinconica. Perché la vita era così ingiusta, a volte? Nessuno aveva nulla in contrario a che lei e Lincoln stessero insieme, anzi, entrambe le famiglie avevano sempre visto di buon occhio quel matrimonio. Eppure mio fratello non la amava. Adesso si erano lasciati, lei era infelice e lui si sentiva in colpa. La loro relazione aveva scontentato tutti.

E poi c'eravamo io e Jess, che non avevamo dubbi sui nostri sentimenti reciproci. Sapevamo di avere un grande futuro davanti a noi, ci saremmo sempre sostenuti a vicenda senza cambiarci. Eravamo molto diversi sotto tanti aspetti, eppure così imperfettamente perfetti l'uno per l'altra. Io volevo lui, lui voleva me, e al mondo non c'è niente di meglio della sensazione di aver conquistato il cuore di qualcuno. Eppure tutti ci ostacolavano. Solo per paura. Era davvero ingiusto.

Mi vennero le lacrime agli occhi e le lasciai scorrere. Se fino ad allora mi ero dimostrata forte, era giunto il momento di essere debole. Di maledire tutto e tutti e di sentirmi triste, perché l'unica cosa che desideravo era stare con lui. Non mi importava dove né come. Ero disposta ad andare in capo al mondo, purché avessimo la possibilità di stare insieme, purché lui potesse stringermi tra le braccia e dirmi che sarebbe andato tutto bene. E tuttavia per noi non esisteva un rifugio simile. Così scoppiai a piangere, in preda allo sconforto per l'impossibilità di trovare una soluzione.

Mentre i singhiozzi man mano si attenuavano, udii suonare il campanello. Mi alzai e mi asciugai il viso. Doveva essere Paige, che evidentemente aveva dimenticato qualcosa ed era troppo educata per rientrare con la sua chiave. Non mi importava che mi vedesse così. A maggior ragione dopo la conversazione di prima.

«Hai scordato qualcos...» dissi senza terminare la frase.

Davanti a me non c'era Paige.

Bensì Jess.

Non proferì parola, si avvicinò, mi prese e mi baciò con tale passione da mozzarmi il fiato e farmi cedere le ginocchia. Mi aggrappai alle sue spalle, incapace di realizzare che era davvero lì, nonostante le sue labbra sulle mie, la sua pelle contro la mia.

Una sensazione più bella di qualsiasi sogno che avessi mai fatto nelle ultime settimane. Potevo sentirlo, annusarlo, assaggiarlo. Era lì.

Jess era lì davanti a me, in carne e ossa.

Quando finalmente me ne resi conto, mi staccai di colpo e mi affrettai a richiudere la porta. Speravo solo che sotto casa fosse appostato uno dei gorilla di Trish.

«Che diavolo ci fai qui?» esclamai. «È pericoloso, Jess!»

«No, invece» replicò lui, con un sorriso così sereno e allo stesso tempo irresistibile che sentii di nuovo cedermi le gambe. «La polizia ha trovato il colpevole, il figlio di puttana che mi ha messo quei sicari alle costole. Sono stati arrestati tutti e cinque. È finita, Splendore. È finita, cazzo!» Lo fissai mentre le sue parole mi scivolavano una dopo l'altra nelle orecchie come monete in un salvadanaio. *È finita.*

«Dici davvero?» sussurrai.

Lui annuì senza aggiungere altro, perché gli avevo già gettato le braccia al collo per stringerlo più forte che potevo, finché non mi ricordai che era appena uscito dalla riabilitazione e borbottai delle scuse. Jess però non mi lasciò indietreggiare.

«Sto bene. Anzi, benissimo.» E mi abbracciò di nuovo, prima che scoppiassimo entrambi in lacrime.

Tutta la tensione delle ultime settimane, tutta l'angoscia e le preoccupazioni svanirono in quell'abbraccio. C'era solo sollievo, un meraviglioso sollievo. Aspirai l'odore di Jess, lo baciai e abbracciai di nuovo, non ne avevo mai abbastanza di lui, non ne avevo mai abbastanza di noi. Mi ci volle un'eternità prima di riuscire a staccarmi. Ma ne valse la pena, perché così potei vedere il suo sorriso, certa che non avrei mai visto nulla di più bello.

E tuttavia c'era altro che volevo sapere.

«Chi è stato?» chiesi sottovoce. «Chi ti ha fatto del male?»

Jess esitò per un attimo. «Si chiama Zachary Markham, un ex socio di mio padre che aveva combinato affari loschi ed è finito in galera più di dieci anni fa. Papà era il testimone principale del processo e Markham deve avergli giurato vendetta. Quando è stato scarcerato, prima di Natale, ha deciso di passare all'azione. E con papà e Adam già morti, ero rimasto solo io.»

«Wow.» Scossi la testa. Che follia aspettare così a lungo per vendicarsi, oltretutto tentando di uccidere qualcuno che non c'entrava nulla! «Sei sicuro di essere fuori pericolo adesso? E se volesse riprovarci?»

«Ormai ha confessato» rispose Jess con calma. «Il suo compagno di cella ha vuotato il sacco e Markham ha ceduto. Evidentemente ha capito che non sarebbe riuscito a farla franca. Magari si è perfino pentito, non lo so. Ma non mi interessa, ormai non ho più nulla da temere.»

«E Adam e Valerie...» ripresi.

«Miranda sta continuando a indagare, ma è abbastanza improbabile che sia sempre lui il responsabile.»

Rimasi in silenzio, assaporando quel meraviglioso sollievo. Jess era lì con me, fuori pericolo. Probabilmente mi ci sarebbe voluto un po' per rendermene conto appieno. Sui nostri fratelli restavano ancora tanti interrogativi senza risposta, ma, per la prima volta dal mio ritorno a New York, ero pronta a metterli da parte per un attimo e a godermi il momento.

«Mentre venivo qui in macchina ho pensato a una cosa» disse lui dolcemente, accarezzandomi la guancia. «Che ne dici se ce ne andiamo via per un po'? Almeno per una settimana o due.»

«Andare via?» gli feci eco, meravigliata.

«Sì.» Mi guardò. «Dopo tutto questo schifo ho proprio bisogno di una vacanza. Non avresti voglia di un po' di mare e sole?»

Lo guardai raggiante. «Sarebbe meraviglioso!» La semplice idea di un posto in cui le temperature non fossero sottozero era già piuttosto allettante. Ma andarci con Jess e starcene insieme in spiaggia, io e lui, soli… era una prospettiva incantevole.

«Allora vai subito a preparare i bagagli» disse distogliendomi dai miei pensieri e guardando l'orologio. «L'aereo parte tra due ore.»

«Due ore?» Okay, non c'era tempo da perdere. Gli diedi un altro rapido bacio, poi corsi in camera mia. Più mi sbrigavo, prima sarebbe iniziato il mio futuro con Jess.

Un futuro in cui saremmo stati finalmente insieme.

# 16
## Jessiah

Per quasi tutta la durata del volo da New York a Los Angeles, e poi di quello per Sydney, io e Helena ci tenemmo per mano, con le dita intrecciate strette. Non parlammo molto, limitandoci ad assaporare il piacere di stare insieme senza preoccuparci di essere visti: era la prima volta da quando ci conoscevamo. Inoltre la prospettiva di godermi il mare e il sole con lei rendeva il tutto troppo bello per essere vero.

Sin dall'istante in cui il detective O'Reilly mi aveva comunicato che il mandante della mia aggressione non solo era stato catturato, ma aveva anche confessato, questa era l'unica immagine che avevo in mente: io e lei insieme, lontani da New York. Stentavo ancora a credere che fosse diventata realtà.

«Okay, mi sbagliavo, in fondo sei proprio un riccone.» Helena mi sorrise mentre scendevamo dall'aereo alla volta di una jeep parcheggiata nell'hangar privato. A bordo mi ero già tolto il maglione e in quel momento mi accorsi che faceva piuttosto caldo. Era piena estate. Fantastico!

«Solo perché non abbiamo preso un volo di linea?» Per una volta avevo sfruttato i miei contatti e prenotato due posti su un charter da Los Angeles a Sydney. I miei scrupoli ecologisti mi avevano impedito di riservare un volo privato, così ci eravamo ritrovati in compagnia di un gruppo di uomini d'affari australiani che adesso, dopo dodici ore di viaggio, ci stavano salutando per salire su un'auto. «Se fossi davvero un riccone, avrei prenotato un jet solo per noi due e ti avrei raccontato le mie avventure del Mile High Club.»

«E io ti avrei dato del presuntuoso per aver creduto che la sottoscritta non ne facesse parte» ribatté Helena con aria innocente, prima di scoppiare a ridere. Ero contento di vederla così felice da quando avevamo lasciato New York. Era di buon auspicio per il futuro.

«Davvero?» la stuzzicai.

«No» ammise. «E tu?»

«Nemmeno.» Le cinsi le spalle e la tirai verso di me per poterla baciare. «Però nelle ultime ore ci ho fatto un pensierino» le sussurrai all'orecchio, suscitandole un brivido che percepii anche sul mio corpo. Dovevo ammettere che, da quel punto di vista, l'idea di andare subito in vacanza era stata un po' affrettata. Forse saremmo dovuti partire solo il giorno dopo, per passare la notte rintanati nel mio letto. Ma ero così desideroso di fuggire dal gelo newyorchese insieme a Helena che avevo messo a tacere ogni altro desiderio.

«Ah, davvero?» Ormai eravamo alla jeep e lei si appoggiò all'auto, con le braccia intorno al mio collo. Mi sporsi verso di lei.

«Sì, davvero.» Le mie labbra incontrarono le sue, con molta meno timidezza rispetto a prima, di fronte ai nostri compagni di viaggio, e Helena reagì stringendosi ancora di più a me, scatenandomi un'improvvisa ondata di calore. Dio, perché non eravamo appartati in qualche posto lontano da occhi indiscreti? Mi era mancata in tutti i sensi, ma in quel momento nella mia testa c'era un solo pensiero.

«Ehm, chiedo scusa.» Qualcuno si schiarì la gola alle nostre spalle e ci staccammo all'istante. Un uomo con l'uniforme della compagnia di charter era comparso accanto all'auto. «Ecco a lei, signore» disse porgendomi le chiavi della jeep. Poi annuì cortesemente e se ne andò, ma a me e Helena bastò uno sguardo per capire che avremmo rinunciato a continuare quello che avevamo iniziato. Così feci un respiro profondo, gettai le valigie nel baule e mi misi al volante.

«Pronta?» le chiesi dopo che si fu seduta accanto a me.

«Prontissima.»

Una volta partiti, mi ricordai subito che in Australia si guidava a sinistra e che molte auto hanno le marce. Tuttavia non ci misi molto ad abituarmi. Cercai di assorbire il calore del sole con ogni fibra del mio corpo: a bordo di quella jeep cabrio, in maglietta e occhiali da sole, mi sentivo ancora più felice, consapevole di quanto tempo fosse passato dall'ultima volta.

Anche Helena sembrava apprezzare il clima, a giudicare da come si godeva il sole del tramonto a occhi chiusi. Avevamo già lasciato Greater Sydney quando riaprì bocca.

«È un vero paradiso. Non posso credere di non essere mai stata in Australia prima d'ora.»

«Ti piacerà, ne sono certo. Vedrai, è il posto più rilassante del mondo.»

«Proprio quello che fa per noi.» Sospirò soddisfatta.

Era meraviglioso vederla così. Conoscevo bene quella sensazione, che provavo a ogni ritorno dai miei brevi soggiorni a New York. Ed era bello che anche Helena, da autentica ragazza di città qual era, la apprezzasse.

«Sei sicuro che stare al *lodge* sia una buona idea?» domandò con una cautela che mi sorprese. Sul volo per Los Angeles le avevo parlato della nostra destinazione e lei si era mostrata entusiasta di conoscere il luogo che era stato la mia casa per due anni. Adesso però sembrava dubbiosa.

«Al *lodge* andremo solo domani. Per noi ho preso in affitto la guest house privata dove abitavo tempo fa. È più appartata, così avremo tutta la privacy che vogliamo.» Mentre lo dicevo, tuttavia, ebbi il presentimento che non fosse questo il motivo della sua domanda. Forse alludeva a qualcun altro? Ma certo, ero proprio un'idiota. «Scusa, non ci ho pensato. Ti mette a disagio?»

«No, per niente. Perché?» Scosse la testa, poi ebbe un'illuminazione. «Oh, intendi per via di Mia?»

Mi limitai a scrollare le spalle. Per me non era stato molto piacevole incontrare Ian Lowell, l'ex di Helena. Anzi, a essere sincero, mi aveva fatto imbestialire. Quindi perché per lei avrebbe dovuto essere diverso?

«Per me non è un problema Jess, davvero.» Accennò un sorriso. «Ma forse per te può rivelarsi doloroso.»

«Io e Mia ci siamo lasciati secoli fa, ormai è acqua passata.»

«Non sto parlando di Mia, ma del *lodge*. Era il tuo piccolo angolo di paradiso. Se ci torni, poi potrebbe essere dura rientrare a New York.»

Ci fermammo a un semaforo e la guardai, scorgendo un velo di preoccupazione nei suoi occhi azzurri. Mi si sciolse il cuore pensando all'enorme fortuna di aver trovato una ragazza come lei. Helena mi capiva, sapeva quanto fossi complicato sotto certi aspetti e mi amava comunque. Era davvero un dono inestimabile.

Mi chinai in avanti e le accarezzai delicatamente la guancia. «Come potrebbe essere dura tornare, se tu sei con me?» le sussurrai prima di darle un bacio. Non ne avrei mai avuto abbastanza, lo sapevo. Per tutta la vita.

Quando ci staccammo il semaforo era già verde, eppure il conducente dietro di noi non aveva suonato il clacson: ecco perché l'Australia e la sua gente mi piacevano così tanto. Lì erano tutti più rilassati, nessuno correva affannosamente da un posto all'altro, ansioso di arrivare più in alto, di andare più veloce o più lontano: avevano capito che si vive molto meglio senza mettere pressione a sé stessi o agli altri.

Naturalmente, prima di prendere la decisione di partire con Helena, ci avevo riflettuto a lungo. Sulle prime avevo scartato l'Australia – troppo lontana, troppi ricordi –, ma poi, a poco a poco, avevo sciolto le riserve, convincendomi che in realtà fosse il luogo perfetto. Non mi ero mai sentito così a casa come lì e, dopo aver parlato al telefono con Paul, non vedevo l'ora di mostrare il *lodge* a Helena. Dovevamo ancora conoscerci a fondo, e volevo che lei scoprisse il vero me. Non solo quello che odiava New York ed era sempre in procinto di tagliare la corda, o che si preoccupava per il fratello ed era in conflitto con la madre. Helena meritava di conoscere la migliore versione di me, ovvero il connubio tra il ragazzo emigrato in Australia a diciott'anni e quello che, al ritorno, aveva imparato ad assumersi le proprie responsabilità. Sarebbe stato doloroso rivedere il luogo che mi aveva spezzato il cuore? Certo, eppure era anche un'occasione per guarire, soprattutto perché stavolta non ero da solo, ma con lei.

Come se mi avesse letto nel pensiero, Helena prese ad accarezzarmi la mano posata sul cambio.

Sorrisi. Sì, senza alcun dubbio era stata la decisione migliore.

«Eli come l'ha presa?» mi chiese. «Gli scoccia che resti via per due settimane?»

«Per niente, anzi, mi ha detto che si sarebbe incazzato se non fossimo partiti. Già mi è dispiaciuto lasciarlo da solo durante la riabilitazione, ma in questo periodo i suoi nonni sono in città e mi ha assicurato che se la sarebbe cavata senza problemi. Ha detto che nessuno si meritava una bella vacanza più di noi.»

Scorsi il suo sorriso con la coda dell'occhio. «Eli è davvero un ragazzo sveglio e incredibilmente empatico per essere un adolescente. Se riuscirà a superare le sue paure, sarà invincibile.»

«Già» assentii. «Spero proprio che un giorno ce la farà.»

Era l'imbrunire quando ci inoltrammo lungo strade sempre più strette, per poi imboccarne una sterrata che attraversava un boschetto e terminava in uno spiazzo. Parcheggiai e osservai l'edificio a un centinaio di metri di distanza. Era un bungalow situato proprio sulla spiaggia, a un solo piano, con una grande terrazza sul tetto. Io e Paul avevamo vissuto lì durante la mia permanenza in Australia, ma adesso lui e Mia abitavano nella struttura principale per essere più vicini ai loro ospiti. Nonostante il *lodge* fosse stato il mio piccolo angolo di paradiso, quel bungalow aveva sempre rappresentato la mia idea di libertà. Ero approdato lì dopo aver voltato le spalle alla mia famiglia per vivere la vita che volevo. Finalmente niente più costrizioni, niente più aspettative, niente più diverbi. Lì avevo potuto essere me stesso. Non Jessiah Christopher Coldwell, ma solo e soltanto Jess.

«Tutto bene?» Helena mi toccò il braccio, perché non ero ancora sceso dalla jeep.

«Sì.» Mi diedi una mossa. «Dai, andiamo.»

Aprii il baule per prendere i bagagli. Il sentiero dal parcheggio all'ingresso era di sabbia battuta che, avvicinandosi alla spiaggia, diventava sempre più soffice. Guardai le onde che si infrangevano alla luce del crepuscolo, una vista sufficiente a procurarmi una serenità tale che mi soffermai per un attimo ad ascoltare il rumore della risacca. Poi sorrisi, posai le valigie, tastai il telaio della porta in cerca della chiave e infine aprii.

Trovai ad accogliermi un odore familiare: un misto di legno, salmastro e crema solare. Era sempre lo stesso, e mi ridestò all'istante un'ondata di ricordi: io e Paul che cercavamo di coordinare i lavori di ristrutturazione con il pavimento mezzo ricoperto di planimetrie e attrezzi, le sbronze a base di gin tonic seguite dai terribili hangover, nonché la sabbia che si spargeva ovunque quando rientravamo dopo aver surfato.

«Che bello.» Helena si guardò intorno con ammirazione e, pur essendo abituata ad alloggi ben più lussuosi, sembrava sincera.

Le cinsi le spalle e la baciai amorevolmente sui capelli. Era davvero surreale essere di nuovo lì. Quel posto mi appariva da un lato del tutto familiare, dato che lo conoscevo benissimo, ma dall'altro anche un po' estraneo, dal momento che non ero più la stessa persona che lo aveva lasciato. A questo si aggiungeva il fatto di essere lì insieme. Quante volte, nei mesi precedenti, avevo dubitato che potesse mai accadere.

«Quindi pensi che potrai stare qui per un po'?» chiesi a Helena.

Annuì. «Ah, sì. Anzi, fosse per me, non me ne andrei più.»

# 17
## Helena

*Che paradiso!* Ecco il mio primo pensiero appena scesa dalla jeep. Ero stata in tanti posti splendidi, dalle Hawaii a Santa Lucia, ma quella casetta affacciata su una spiaggia solitaria era davvero speciale. Forse perché sapevo quanto significasse l'Australia per Jess, ma anche perché non ero mai stata in un luogo in cui sentirmi completamente sola al mondo. Dopo tutto quello che era successo negli ultimi mesi, mi sembrava un miracolo che fossimo entrambi lì, in quel meraviglioso angolo di paradiso che pareva fatto apposta per dimenticare tutte le angosce del passato – almeno per un po'.

Il bungalow non era molto grande: constava solo di due stanze arredate in modo semplice e grazioso. Nella prima a sinistra c'erano un piccolo divano e due poltrone dai colori chiari, mentre a destra un letto rivolto verso la finestra. Jess aveva portato le valigie nell'altra stanza, dove si trovava un altro letto, ma io avevo già deciso di dormire nella prima: non avrei mai rinunciato alla possibilità di svegliarmi al mattino ammirando l'oceano.

Anche il bagno era piccolo ma carino, con piastrelle bianche e asciugamani azzurri. Ne approfittai per rinfrescarmi dopo aver trascorso le ultime ventiquattr'ore tra aerei e aeroporti. Poi fu il turno di Jess.

Mentre si lavava, uscii in terrazza e mi tolsi le scarpe da ginnastica e le calze. Sentii il legno ruvido sotto i piedi nudi, impaziente di affondarli nella sabbia. Quest'ultima era incredibilmente fine e calda e, mentre avanzavo verso il mare, mi sfuggì un sospiro di soddisfazione.

Non era ancora calato il buio e l'ultima luce del giorno tingeva il paesaggio di un grigio-blu intenso. Al ritmo delle onde che lambivano la spiaggia, inspirai profondamente ed espirai di nuovo, sentendomi sempre più calma e serena.

«Eccoti qui.» Jess sorrise avvicinandosi. «Allora, che te ne pare?»

«È perfetta.»

Tese la mano. «Ma non hai ancora visto la parte migliore, vieni.»

Tornammo verso il bungalow senza passare dal davanti, bensì salendo una stretta scala di legno sulla destra. Dal basso si intravedeva già una ringhiera, che lasciava intuire la presenza di una terrazza sul tetto; quando feci l'ultimo passo e vi posai il piede, rimasi a bocca aperta: c'era un ampio lettino prendisole in legno, sormontato da un baldacchino con tendaggi e circondato da alcune sedie intorno a un tavolino, diverse piante e lanterne le cui candele erano già in parte consumate. Mi avvicinai alla ringhiera, ci appoggiai le mani e osservai l'oceano, le onde che si infrangevano alla luce della luna crescente. Mi sembrava un sogno.

«Capisco perché volevi tanto startene qui» dissi, mentre Jess accendeva alcune candele che diffondevano intorno a noi un chiarore tremolante.

«Eh già, è un bel posticino, vero?» Si mise dietro di me e mi cinse la vita, tirandomi dolcemente verso di sé. Io mi appoggiai a lui, feci un altro respiro profondo e sentii di poter buttare fuori tutta l'angoscia, le preoccupazioni e lo stress degli ultimi tempi.

«Proprio così.» Mi strinsi tra le sue braccia, come per accertarmi che lui fosse proprio lì dietro di me.

«Ma adesso è ancora più speciale» mormorò vicino al mio orecchio, tanto che il suo respiro mi sfiorò il collo.

Avvertii un brivido caldo e mi addossai ancora di più a lui, sentendo il suo corpo contro la mia schiena. Jess mi infilò le dita sotto l'orlo del top e mi sfiorò il collo con le labbra. Chiusi gli occhi per percepire il suo tocco ancora più intensamente, ma non riuscii a resistere a lungo e mi voltai per abbracciarlo a mia volta.

Avevo una gran voglia di baciarlo, ma mi trattenni. In compenso lo guardai negli occhi, di un verde intenso, notando i riccioli biondi che nel frattempo gli si erano sfilati dallo chignon e ondeggiavano lievemente nella brezza della sera.

Mi godetti il contatto del suo corpo, la tensione crescente man mano che resistevamo all'impulso di baciarci.

«Hai fame, per caso?» mi chiese sottovoce, rivolgendomi uno sguardo che mi fece ardere dal desiderio.

«Neanche un po'» risposi. Dopodiché mi avvicinai per baciarlo. Non dolcemente o con tenerezza, bensì con furore, perché in quel momento non desideravo altro.

Jess ricambiò con la stessa passione, e mi chiesi come avessi fatto a resistere per più di ventiquattr'ore accanto a lui senza lasciarmi andare, senza infilargli le mani sotto la camicia per accarezzargli i muscoli e avvicinarmi il più possibile a lui. Per fortuna ormai non avevo più motivo di trattenermi, perché eravamo soli. Per la prima volta in assoluto non soltanto eravamo indisturbati, ma non dovevamo nemmeno temere di essere scoperti. Eravamo liberi. Finalmente liberi.

Jess mi afferrò e mi sollevò. Non ricordavo se gli avessi mai detto quanto mi eccitasse sentire che mi desiderava a tal punto. Gli strinsi le gambe intorno alla vita, muovendo i fianchi e percependo con piacere il suo ansimare sulle mie labbra. Era passato un sacco di tempo dall'ultima volta. Troppo, cazzo!

Mi portò sull'enorme lettino e io gli sfilai la camicia dalla testa ancora prima di adagiarmi sui cuscini. C'era abbastanza luce per scorgere la cicatrice sul suo busto, ma cercai di non farci caso. In compenso lo tirai verso di me, sopra di me, lo baciai e gli accarezzai il petto, il collo, la nuca. Quando mi infilò una mano dietro la schiena e la lingua ancora più a fondo in bocca, mi strappò un gemito. Provavo vampate di calore in tutto il corpo, le sentivo pulsare tra le gambe. Non sarei riuscita a resistere ancora a lungo.

Jess parve pensare la stessa cosa, perché mi afferrò l'orlo del top e io mi scostai da lui per facilitargli il compito. Mentre cercava di togliermelo, gli sfuggì un'imprecazione. Capii subito il perché: era uno di quelli incrociati sulla schiena, non esattamente il più comodo in quella situazione.

«Solo uno che non scopa mai può aver inventato una stronzata del genere!» ringhiò mentre armeggiava con le spalline. Scoppiai a ridere, poi lo aiutai a sfilarmelo dalla testa, seguito a ruota dal reggiseno e dai jeans. A quel punto si fermò, mi accarezzò il corpo con lo sguardo e per poco non svenni perché esitava a toccarmi.

«Jess» lo implorai, e lui mi rivolse un sorrisino complice prima di chinarsi su di me e baciarmi con un trasporto che mi lasciò senza fiato.

Avevamo tutto il tempo del mondo, eppure non potevamo resistere ancora a lungo, come se tutta l'attrazione fisica repressa nelle ultime settimane richiedesse di essere soddisfatta al più presto. Ed eravamo entrambi ben disposti a cederle. Il luogo, il momento, era tutto perfetto. Per questo non volevo aspettare; desideravo soltanto unirmi a Jess.

«Dio, quanto mi sei mancato» dissi tra i gemiti, mentre gli facevo scivolare le mani lungo il corpo per slacciargli il bottone dei jeans. Poi mi tirai su, lasciando vagare la lingua e le labbra sul suo petto. Un attimo dopo Jess mi fermò, afferrandomi per le braccia.

Alzai lo sguardo.

«Non farlo» sussurrò, e io lo assecondai, intuendo il motivo della sua richiesta. Avremmo parlato di quello che era accaduto, ma non adesso. Non era certo il momento più indicato.

«Okay» sorrisi e lasciai che mi abbracciasse di nuovo, per poi togliermi il resto della biancheria intima. Finalmente eravamo pelle contro pelle, proprio come doveva essere. Non ero mai stata così impaziente, mai così desiderosa di unirmi a lui. Soprattutto perché sapevo che da quel momento in poi lo avrei sempre avuto per me. *Intimità, Jess, sesso*. Ogni volta che volevo. Senza alcuna data di scadenza, non più per una sola notte o un breve momento. Avevamo tutta la vita davanti. Eppure ero incapace di aspettare. Mi adagiai sui cuscini e, quando lui staccò le labbra per baciarmi il collo e accarezzarmi il seno, gli impedii di scendere più giù: non che non mi piacesse, ma volevo sentirlo al più presto dentro di me. Attendere ancora mi avrebbe fatto impazzire.

Lui parve capire, mi diede un altro bacio intenso e si rialzò. «Aspetta» disse, accingendosi a cercare un preservativo nelle tasche dei jeans. Forse aveva immaginato che ci saremmo dati subito da fare appena arrivati; in quel caso ci aveva visto giusto. Sentii l'involucro di plastica scricchiolare e una leggera brezza insinuarsi nello spazio rimasto libero tra i nostri corpi, che mi fece rabbrividire.

Jess se ne accorse e tornò prontamente sopra di me. Mi accarezzò lungo il fianco con una leggera pressione, poi raggiunse l'inguine e io gemetti appena mentre mi toccava con la giusta intensità. Gli posai le mani sul viso e lo baciai, le nostre lingue si intrecciarono finché non sentii il suo bacino muoversi e toccare il mio.

«Come vuoi farlo?» mi sussurrò all'orecchio, la domanda più seducente che mi avessero mai fatto. La risposta mi affiorò alle labbra tra gli ansiti: «Come vuoi tu, non mi interessa». Jess sorrise, poi mi sollevò per posarmi sulle sue ginocchia. Evidentemente a entrambi piaceva stare il più vicino possibile all'altro.

«Così, allora» mormorò e mi strinse i fianchi, posizionandosi in modo da lasciare a me il controllo.

Sollevai appena il bacino e gettai la testa all'indietro mentre lo sentivo dentro di me, prima solo un po', poi fino in fondo. Il gemito virile di Jess mi risuonò dentro e assaporammo per un istante quell'intima unione, la sua fronte contro la mia, il respiro caldo tra noi. Poi iniziammo a muoverci e, nel giro di pochi secondi, trovammo il ritmo fino a entrare in perfetta sintonia. Lui entrava e usciva da me, mentre io cercavo la sua bocca per avvolgerla con la mia.

Forse era per via dell'oscurità, o del fatto che ci trovavamo all'aperto, o magari era solo passato troppo tempo dall'ultima volta; in ogni caso sentivo tutto con straordinaria intensità, come se la tanto sospirata serenità appena raggiunta accentuasse ogni mia sensazione.

Mi sporsi all'indietro, cercando un appoggio sul cuscino alle mie spalle, ma senza trovarlo. In realtà non mi serviva, volevo solo abbandonarmi a quel momento, perdermi in Jess, nel sentimento che c'era tra noi. Così, poco dopo gli cinsi di nuovo il collo, lo baciai e chiusi gli occhi.

Lui mi strinse forte e si girò insieme a me finché non mi salì sopra. Percepivo soltanto i cuscini sotto la schiena e il peso di Jess sopra di me, avvinghiata a lui. Incrociammo lo sguardo, restando immobili per la durata di un respiro, poi un altro. La mia impazienza combatteva con il desiderio di lasciare che quell'istante si dilatasse all'infinito. Non mi ero mai sentita tanto me stessa in vita mia.

Poi ripresi fiato e l'impazienza ebbe la meglio. Piegai le gambe intorno ai fianchi di Jess, che capì l'antifona e accelerò i movimenti, come se anche lui fosse incapace di attendere oltre. E, quando allungai la bocca verso il suo orecchio per dirgli quanto lo desideravo, anzi che volevo *di più*, fu scosso da un brivido intenso che avvertii anche dentro di me. Le sue spinte si fecero sempre più rapide e decise; io mi aggrappavo a lui, lo stringevo forte, mentre stavamo per raggiungere il culmine. Il mio orgasmo anticipò il suo e mi travolse, un'ondata impetuosa seguita da molte altre più piccole, che andavano via via spegnendosi. Jess mi imitò, non aveva altra scelta, e gemette contro la mia spalla, teso in tutto il corpo, prima di venire finalmente.

Gli avvinghiai la schiena, percependo il suo orgasmo come se fosse il mio. E, nell'istante in cui il mondo intorno a noi si dissolse, ero certa che non ne avrei mai sentito la mancanza finché Jess fosse stato con me.

# 18

## Jessiah

Mi risvegliai felice. Era una sensazione talmente insolita che mi ci volle un attimo per rendermene conto.

L'ultima volta che mi ero sentito così, la mattina precedente all'intrigo ordito da mia madre, Helena era sempre accanto a me. Adesso però non c'era nulla a minacciarci, perché Trish, sebbene ci fosse ancora ostile, era lontana, molto lontana, tanto che non volevo nemmeno prenderla in considerazione.

Durante la notte ci eravamo spostati nel letto all'interno del bungalow, ma ciononostante, quando mi scostai da lei con cautela per mettermi a sedere, potevo comunque vedere l'oceano. Era lì, di un blu scintillante, a soli cento metri dalla terrazza, e mi invogliava a prendere una tavola nel capanno sul retro per fare un po' di surf. A essere sincero, però, stavolta mi attirava meno del solito. Tornai a coricarmi e baciai Helena sul collo.

Lei emise un gemito sommesso e deliziato, si voltò verso di me e infine aprì gli occhi.

«Ehi» mi salutò con un sorriso ben più radioso di quanto potesse mai essere il mio al risveglio. Poi alzò leggermente la testa e guardò fuori, prima di riabbassarla sul cuscino con un sospiro di soddisfazione. «Allora non era soltanto un sogno, siamo qui davvero.»

«Certo.» Sorrisi e mi chinai per baciarla di nuovo. Voleva

essere solo un innocuo bacio del buongiorno, ma Helena mi strinse e lo ricambiò con passione.

Nonostante durante la notte avesse indossato la mia maglietta e le sue mutande, era praticamente mezza nuda, e il mio corpo reagì prontamente a quel contatto. Logico, eravamo stati lontano così a lungo che, pur avendo passato metà della nottata a recuperare il tempo perduto, non ne avevamo ancora abbastanza.

«Ti dispiace se restiamo a letto un altro po'?» chiese Helena con un tono che non richiedeva una risposta.

Gliela diedi lo stesso: «Nessuna obiezione, Vostro Onore».

«Tanto l'avrei comunque respinta.» Si chinò in avanti per baciarmi, muovendo la mano sotto la coperta sottile per accarezzarmi il basso ventre. Nel farlo evitò di toccare la cicatrice, memore del mio imbarazzo la sera precedente.

«Senti, se ti dà fastidio...» accennai, ma lei scosse la testa.

«Figurati, mi dispiace solo di non averci pensato prima.»

«No, non scusarti. Non hai fatto nulla di male.» Mi scostai appena, perché, a rischio di rovinare l'atmosfera, ci tenevo a darle una spiegazione. «Non è che non mi devi toccare lì, ci mancherebbe. La questione riguarda piuttosto quello che stavi per fare: se ti avessi guardata, avrei notato la cicatrice. E avevo paura di... di rovinare tutto, ecco.»

Helena mi rivolse uno di quei lunghi sguardi penetranti che sembravano scandagliarmi nel profondo. «Hai tutto il diritto di provare a dimenticare quello che è successo. Ma anche se ci avessi pensato, non avresti *rovinato* nulla. Questa è la nostra vacanza, ce la siamo meritata. Eppure non voglio che mettiamo da parte i problemi solo per paura di non godercela.» Fece un respiro e mi toccò la guancia. «Ti desidero, Jess. Così come sei.»

Le sue parole mi provocarono un nodo alla gola, che tuttavia non mi impedì di esprimere i miei sentimenti. «Ti amo» mormorai sfiorandole il naso con il mio.

Lei sorrise. «Anch'io» rispose in un sussurro.

Al che mi cinse il collo, e io scacciai dalla mente i cattivi pensieri per godermi un'altra ora insieme a lei.

Ci eravamo riaddormentati, quando un messaggio sul telefono mi svegliò di colpo. Mi affrettai a controllare. Al momento Eli stava dai nonni nell'Upper West Side perché Trish era a Dubai, e, sebbene non avessi particolari motivi di preoccupazione, non riuscivo a reprimere più di tanto l'impulso di guardare il cellulare. Per fortuna non erano cattive notizie.

Helena sgranò gli occhi. «Qualcosa non va?»

«È Paul. Ci invita al *lodge* per pranzo.» Sorrisi. «Andiamo o preferisci rimandare a domani? Per me è uguale.»

Soffocò uno sbadiglio. «No, andiamo. Sono curiosa di vedere il *lodge*. E poi per smaltire il jet lag non c'è niente di meglio che attivarsi un po'. Secondo mia mamma bisogna uscire presto al mattino per adattarsi subito ai nuovi ritmi.»

Per un attimo la sua espressione si intristì al pensiero della madre. Sapevo che i suoi rapporti con i genitori erano ancora tesi, ne avevamo parlato al telefono mentre ero in riabilitazione.

«Ehi.» Le accarezzai il braccio. «Non ce l'avranno con te per sempre.»

«Tu non li conosci» sbuffò. «Sono maestri nel portare rancore. Ma pazienza, non posso piegarmi solo per compiacerli, è l'ultima cosa che voglio.» Fece un respiro profondo, poi scacciò la tristezza e allungò le gambe fuori dal letto.

«Vuoi farti una doccia?» chiesi.

«È proprio quello che avevo in mente. E, prima che tu me lo chieda, ci vado da sola. Altrimenti non usciamo più.» Si chinò per darmi un altro bacio sulla bocca, poi si alzò, rovistò un attimo nella borsa e sparì in bagno.

Mi alzai anch'io, mi vestii e poi salii in terrazza per raccogliere gli indumenti rimasti lì dalla sera prima. Alla vista dell'oceano che si estendeva di fronte a me, mi avvicinai alla ringhiera e mi presi un momento per godermi il panorama e prendere una bella boccata d'aria, che mi fluì nei polmoni come un autentico toccasana. Emisi un gemito soddisfatto. Finalmente potevo tornare a respirare senza preoccupazioni.

Ed era una sensazione bellissima.

Poco dopo salimmo a bordo della jeep. In realtà si poteva raggiungere il *lodge* anche a piedi, percorrendo un bel sentiero lungo la spiaggia, ma così facendo saremmo arrivati in ritardo.

Prima mi ero preso qualche minuto per parlare con Thea, utilizzando come sempre il cellulare prepagato – la prudenza non era mai troppa. Per fortuna era tutto a posto, mi aveva raccontato della prima lezione di equitazione di Lilly, che se l'era cavata alla grande dopo un iniziale timore nei confronti del pony. Mi sarebbe piaciuto vedere le foto, ma per colpa di Trish dovevo rinunciare ad ammirare la mia nipotina a cavallo. Chissà, magari un giorno avrei potuto farlo.

Ci avviammo verso sud lungo la strada principale, scorgendo poco dopo l'insegna del *lodge*. Con un leggero nodo allo stomaco, constatai che era rimasta la stessa, anche se avrebbe dovuto essere sostituita: pendeva da un lato, con la vernice blu scrostata e la scritta dorata ormai sbiadita. Eppure nessuno aveva pensato di rimpiazzarla, perché a me e a Paul era sempre piaciuta così. E tale era rimasta.

La carrozzabile sabbiosa conduceva direttamente al parcheggio, che dalla mia partenza era stato ampliato e asfaltato. Posteggiai la jeep accanto ad altre due auto e respirai a fondo. Non avevo idea dell'effetto che mi avrebbe fatto rivedere tutto ciò, ma ero pronto a scoprirlo.

Helena cercò il mio sguardo e io accennai un sorriso prima di scendere. Lei mi seguì e mi raggiunse per darmi la mano.

«Da questa parte» dissi, avviandomi lungo la passerella di assi di legno che si snodava tra gli alberi fino all'edificio principale, dove si trovavano il ristorante e le sale comuni. Era stato ridipinto, adesso era azzurro anziché verde, e anche le persiane sembravano nuove; forse Paul e Mia avevano dovuto sostituirle a causa della tempesta. Ciononostante mi appariva tutto molto familiare, sebbene legato a un'altra vita. Mi accorsi di aver rallentato il passo: avevo bisogno di tempo per rielaborare i ricordi.

«Paul, sono arrivati!» gridò qualcuno all'improvviso, e un istante dopo una porta si spalancò. Ne uscì una ragazza che era rimasta esattamente come la ricordavo: capelli biondi raccolti in una treccia disordinata, shorts e top, entrambi stinti, infradito ai piedi. Mentre si dirigeva verso di noi, mi preparai ad affrontare le sensazioni suscitate da quell'incontro a distanza di tanti anni. E tuttavia non fui travolto da nessuna ondata di nostalgia. Avvertii solo un lieve nodo allo stomaco, memore dei miei sentimenti nei confronti di Mia, che però svanì con la stessa rapidità con cui era arrivato. Ero solo felice di rivedere una vecchia amica.

Rivolse un gran sorriso a Helena e mi abbracciò forte. «Ciao, JC. Che bello vederti!»

«Già» replicai. «A chi lo dici, Mia.»

Notai con sollievo che non sembrava a disagio. L'ultima volta l'avevo vista su Skype, quando ci eravamo lasciati: un ricordo che sarebbe rimasto per sempre tra i più spiacevoli della mia vita. Sembravano passati secoli, e in un certo senso era così, ormai eravamo due persone completamente diverse.

«Tu devi essere Helena.» Mia la salutò abbracciandola. «Che piacere averti qui.»

«Piacere mio.» La mia ragazza sorrise, nemmeno lei pareva a disagio. Forse era più rilassata di me riguardo agli ex. A mia discolpa c'era da dire che, quando l'avevo vista con Lowell, avevo davvero creduto che fossero tornati insieme. La storia tra me e Mia, invece, era acqua passata.

«Ma guarda un po' chi si rivede!» Neanche Paul sembrava molto cambiato, almeno esteriormente: non aveva mai avuto l'aria da surfista, con quei capelli scuri ben pettinati e mai più lunghi di due centimetri. Il suo abbigliamento, comunque, era quello tipico del luogo. E in generale sembrava più adulto.

«Ehi, Paul» lo salutai un po' imbarazzato, ma il mio amico non ci fece caso, mi abbracciò con calore e mi diede una pacca sulla spalla. In quel momento mi resi conto di quanto mi fosse mancato.

«È bello rivederti, vecchio mio.» Mi lasciò andare, salutò Helena e poi indicò alle sue spalle. «Il pannello solare del bungalow otto fa di nuovo le bizze.»

«Ma come, ancora?» Quell'aggeggio era un vero tormento, e già ai miei tempi ci aveva dato del filo da torcere. «Credevo che ormai lo avessi sistemato.»

«Ma chi, io? Eri tu l'unico a metterci le mani!»

Non gli chiesi perché non lo avessero sostituito, ben sapendo che le riparazioni dell'anno prima avevano prosciugato i loro risparmi. «Se preferisci ci do un'occhiata.»

«È proprio quello che volevo sentire.» Paul sogghignò, ma Mia gli diede un colpetto con il gomito.

«Lascia in pace Jess, è qui in vacanza e non è mica il tuo aiutante personale. Lui e Helena hanno di meglio da fare che stare qui a darci una mano.»

«Sì e no» replicai, perché se da un lato non volevo lasciare la mia ragazza nemmeno per un secondo, dall'altro ero desideroso di rendermi utile. Non solo in quanto ex proprietario del *lodge*, ma anche perché ero curioso di vedere come fosse cambiato da allora. Inoltre non era da me starmene con le mani in mano.

«Okay, ma prima mangiamo e poi darete un'occhiata al pannello» decretò Mia alzando l'indice.

Paul si mise sull'attenti esclamando: «Signor sì, signora!». Per tutta risposta lei gli rifilò un'altra gomitata, che lui schivò abilmente.

Mentre i due ci facevano strada, rivolsi un sorriso a Helena. «Se ti stai chiedendo se era così anche prima, la risposta è sì.» Mi ero domandato spesso se, durante la relazione con Mia, ci fossero stati dei segnali di qualcosa di tenero tra loro; io però non me n'ero mai accorto. Forse erano passati dall'amicizia all'amore con grande naturalezza.

Helena sorrise a sua volta e mi cinse le spalle. «Dovevate essere un trio interessante.»

«Direi piuttosto incasinato.» Scossi la testa. «In fondo, quando abbiamo comprato questo posto, io e Paul non avevamo uno straccio di programma. Ci siamo buttati e basta, sperando di riuscire a sfangarla.»

«Davvero?» Parve stupita. «Conoscendoti, stento a crederlo.»

Del resto sapeva che, nella mia professione, mi occupavo perlopiù degli aspetti organizzativi o logistici, assistendo i clienti nei loro processi produttivi. Peccato che non mi avesse conosciuto prima.

«Ho imparato tutto qui» ammisi. «Come organizzarmi per bene, e, soprattutto, come elaborare un piano ragionevole. Mio padre mi aveva insegnato alcune cose, ma non le avevo mai messe in pratica prima di allora. E, a dire il vero, sulle prime ero piuttosto spaesato.» Ricordavo perfettamente quanto mi avessero fatto crescere le sfide affrontate in Australia, al punto che, con l'aiuto di Paul e poi quello di Mia, ero riuscito a trasformare il caos iniziale in un'attività ben avviata.

Entrammo nella struttura principale attraversando la grande terrazza di legno del ristorante. La padrona di casa prese Helena sottobraccio e la portò con sé, mentre io mi fermai al centro del locale.

Avevo l'impressione di fare un salto nel tempo. Malgrado la lunga assenza, riconoscevo ogni centimetro di quel posto. Il segno sul pavimento accanto alla cucina, dove Paul aveva fatto cadere la cassetta degli attrezzi subito dopo la posa del parquet. La crepa nel lavello in ceramica, già presente al momento della consegna, motivo per cui il rivenditore ce l'aveva quasi regalato. O, ancora, gli arredi colorati che avevamo scelto alla conclusione dei lavori. Ma c'erano anche elementi nuovi, come i quadri alle pareti, evidentemente opera di Mitch, un artista locale, e le spesse passatoie che conducevano fuori. Oppure le innumerevoli foto presenti nella grande bacheca fatta di turaccioli tagliati che avevamo appeso per i nostri ospiti. Mi venne da sorridere quando mi accorsi che quella vista non era poi così dolorosa per me. Il *lodge* non era più casa mia, ormai gli avevo detto addio da tempo. Eppure avrebbe sempre occupato un posto speciale nel mio cuore.

«Jess? Vieni?» Mia fece capolino nel locale e io mi affrettai a uscire.

Sulla terrazza accanto all'edificio, riservata ai proprietari, lei e Paul – o forse i loro collaboratori – avevano preparato un lauto brunch a base di toast, pane fresco, macedonia, uova strapazzate e qualche altro stuzzichino.

«Quale onore, ragazzi!» esclamai mentre mi sedevo.

Nei primi tempi al *lodge* ci accontentavamo di fare colazione con una tazza di caffè e di pranzare con pane raffermo e tutto quello che riuscivamo a raccattare dal frigo. Semplicemente non avevamo tempo per altro. Una volta conclusa la ristrutturazione, invece, mi ero messo a cucinare più spesso, almeno per noi. Per il ristorante avevamo assunto una cuoca. Ma anche lì, per quanto ne sapevo, il personale era ridotto all'osso.

«In che senso?» chiese Mia con aria innocente. «Per noi questo è il menu di tutti i giorni.»

«Se è così, non me ne vado più» commentò Helena, servendosi una bella porzione di uova strapazzate.

«Quindi Jess non ti ha mai preparato la sua famosa colazione?» Paul mi squadrò con aria fintamente accigliata. «Ma insomma, che ti è successo?»

«Non è stata colpa sua» si affrettò a precisare Helena. «È che... finora non ne abbiamo avuto l'opportunità.»

Né Mia né Paul chiesero perché, anche se li vidi scambiarsi un'occhiata sorpresa. In ogni caso non volevo rovinare l'atmosfera spiegando loro che purtroppo alcune persone non erano libere di decidere con chi stare – proprio come me e Helena fino a poco tempo prima. Sapevano entrambi che avevo un rapporto difficile con mia madre, ma vivevano troppo lontano per conoscere gli avvenimenti successivi alla morte di Adam e Valerie.

«Sei già stato in acqua?» Paul prese una fetta di pane tostato e si incupì di colpo. «Oh, scusa, forse non puoi a causa di...» Si indicò il busto, alludendo alla mia ferita.

«No, no, per quello non c'è problema. I medici mi hanno solo detto di stare attento. Ma non ho ancora provato.» Incrociai lo sguardo di Helena e sorrisi. «Non so perché, ma stamattina non ne avevo molta voglia.»

Paul annuì. «Comunque qui non abbiamo tavole decenti, purtroppo. Solo alcune da allenamento di seconda mano. Dopo te ne do una.»

«Sarebbe fantastico.» Non vedevo l'ora di tornare a fare surf da quelle parti. Rockaway Beach, nei dintorni di New York, non era niente male d'estate, ma non poteva certo competere con la costa australiana.

«Per caso organizzate dei corsi per principianti?» si informò Helena. «Mi piacerebbe provare.»

A tavola piombò il silenzio.

«Vuoi iscriverti al nostro corso quando stai con uno dei migliori surfisti che si siano mai visti su questa spiaggia?» Paul aggrottò la fronte, e io evitai di commentare la sua sparata. «O non è degna di te, JC?»

«Certo che sì» risposi guardando Helena. «Non sapevo che volessi imparare a fare surf». Non me ne aveva mai parlato, e comunque a New York non ne avevamo avuto l'opportunità.

Lei alzò le spalle, quasi con aria di sfida. «Neanch'io lo sapevo. Ma per te significa molto e mi piacerebbe capire perché.»

«Be', in questo caso...» Non lasciai trasparire la mia emozione per quello che aveva detto, limitandomi a guardare Paul. «Credo che mi serviranno due tavole.»

«Prendine pure quante ne vuoi.»

Durante il resto del brunch i miei amici mi raccontarono le ultime notizie sul *lodge*, quali dipendenti erano ancora lì e quali no. Considerato l'elevato ricambio del personale tipico dei settori turistico e gastronomico, non c'era da stupirsi che, a parte la cuoca Mindy, non ci fosse più nessuno di mia conoscenza.

«Oggi ha il giorno libero, torna domani. E mi ha detto che, se non vai a trovarla, ti inseguirà fino a New York con un coltello da cucina.»

Scoppiai a ridere. «Non ce n'è bisogno, in fondo sono venuto solo per lei.»

Helena ascoltava la nostra chiacchierata, ogni tanto faceva qualche domanda e poi si metteva a guardare il mare come se non riuscisse a capacitarsi di essere lì. La capivo benissimo: io stesso ero continuamente tentato di darmi un pizzicotto per accertarmi che non fosse un sogno. Ma poi mi bastava posarle la mano sul ginocchio, o che lei mi toccasse il braccio, per rendermi conto che era tutto vero.

«Che c'è?» mi chiese a un certo punto, notando il mio sguardo.

«Niente.» Mascherando l'imbarazzo, le indicai il pezzo di pancetta nel piatto. «Non pensavo che a qualcuno della famiglia Weston potesse piacere il bacon. O che lo mangiaste con le mani.»

«Weston?» intervenne Paul. «Ma quindi...»

«Sì, Valerie Weston.» Helena annuì con quella piccola smorfia dolente che faceva sempre quando ne parlava. «Sono sua sorella.»

Paul guardò prima lei e poi me, dopodiché buttò fuori l'aria. «Cazzo, sembra la trama di un film!»

«Di una tragedia, semmai» replicai seccamente. «E anche piuttosto vecchia, scritta da un certo inglese.» Ripensai per un attimo a New York. Era prevedibile che i social si sarebbero scagliati contro di noi non appena avessimo reso pubblica la nostra relazione. L'avrebbero soprannominata "Romeo e Giulietta 2.0", un dramma in due atti che rappresentava la continuazione della più tragica storia d'amore dell'Upper East Side. Ma non me ne fregava niente. L'importante era non lasciarsi condizionare. Inoltre adesso eravamo dall'altra parte del mondo, dove a nessuno interessavano i nostri cognomi o la storia dei nostri fratelli.

Fu Helena a rompere il breve e imbarazzante silenzio calato a tavola.

«Sentite, ma qui intorno c'è qualche negozio dove comprare un po' di abiti estivi e bikini?» Ovviamente anche lei non aveva nessuna voglia di spiattellare la nostra storia a Mia e Paul. «Quando Jess mi ha fatto la sorpresa di portarmi qui, a casa avevo solo roba invernale, e credo che finirò per sciogliermi se le temperature salgono ancora.» Si indicò i jeans lunghi e le scarpe.

«Certo.» Mia annuì allegra. «Qui vicino ci sono dei negozi fighissimi dove troverai senz'altro qualcosa di adatto. Io devo fare un salto in città per delle commissioni, quindi se vuoi posso darti un passaggio. A meno che tu non preferisca andarci con Jess.»

«Sì, come no» mi punzecchiò Paul. «JC va matto per lo shopping.»

Per tutta risposta mi limitai ad aggrottare la fronte, dato che odiavo girare per negozi. Ma Helena non lo sapeva, e non volevo certo costringerla ad andare con Mia se non se la sentiva.

«Con te andrei perfino a fare shopping» le dissi. Era una dichiarazione d'amore assai più significativa di quanto potesse immaginare.

«È molto carino da parte tua, ma non ce n'è bisogno.» Helena mi rivolse un sorriso sincero, dopodiché guardò Mia. «Vengo volentieri con te. E poi Jess deve riparare il pannello solare, giusto?»

Paul la guardò raggiante. «Adoro questa ragazza!» esclamò strappandomi una risata.

«Sì, anch'io.»

# 19

# Helena

Poteva sembrare una strana idea quella di andare a fare shopping proprio con l'ex ragazza di Jess. E invece io e Mia chiacchierammo amabilmente durante il tragitto verso la città, come se ci conoscessimo da molto tempo. Inoltre la loro storia era finita da anni, quindi tra noi non c'erano più motivi di imbarazzo. Le chiesi del *lodge* e lei mi raccontò di tutte le difficoltà che avevano dovuto affrontare e che, per fortuna, avevano superato.

«Jess ci ha aiutato molto, senza di lui sarebbe stata dura» ammise mentre svoltava a un incrocio. «Sono davvero contenta che sia tornato e che stiate insieme. Sembra così felice con te.»

Sorrisi ripensando agli ostacoli che ci eravamo lasciati alle spalle e a tutto ciò che ci attendeva al ritorno a casa. Non avevo ancora chiesto a Jess di sua madre, ma era facile prevedere che non si fosse ammorbidita nei nostri confronti. Trish Coldwell era un avversario tosto, lo sapevo benissimo. In quel momento, però, non volevo pensare né a lei, né alla mia famiglia e nemmeno a New York. Essere in Australia e vedere Jess rinascere in quel luogo aveva un effetto talmente benefico su di me da spingermi ad accantonare tutto il resto.

«Sì» replicai con un po' di ritardo. «Anch'io sono felice con lui.» Finalmente.

Il viaggio per Yellow Hills non durò a lungo. La cittadina

contava pochi ristoranti, bar e negozi, ma era piuttosto vivace. Mia mi portò nel suo negozio preferito, che vendeva abbigliamento e articoli da surf, e, a dispetto del mio scetticismo iniziale, vi trovai tutto quello che cercavo: bikini, shorts e top a bizzeffe, in una grande varietà di tinte e fantasie, dalle più tenui alle più colorate.

«A New York il tempo è sempre così brutto che non metti mai vestiti corti?» mi chiese Mia osservando un bikini.

«No, d'estate fa abbastanza caldo. Ma, ecco, qualche settimana fa ho avuto una brutta discussione con i miei genitori e mi sono trasferita in fretta e furia, quindi non ho portato con me i costumi da bagno.»

Mi lanciò un'occhiata da dietro l'appendiabiti. «Oh, mi dispiace.» Forse si ricordava di quando, durante il brunch, avevo lasciato in sospeso la questione della mia famiglia.

«Figurati. Abbiamo idee piuttosto diverse su come dovrei condurre la mia vita. Ormai non ne potevo più, quindi era giunto il momento di tagliare il cordone ombelicale.»

Mia annuì. «So bene di cosa parli. Anche i miei non hanno mai approvato la scelta di andare a lavorare in un *surf lodge* sulla costa.»

«Allora non sei di qui?» Avevo dato per scontato che fosse nata e cresciuta da quelle parti: pareva così a suo agio in quell'ambiente.

«No. Sono di Brisbane, dove i miei genitori hanno un'azienda di cosmetici. Volevano che ci entrassi dopo la laurea, solo che io non avevo nessuna voglia di iscrivermi all'università.» Alzò le spalle. «Ho iniziato a studiare, ma ho capito subito che non faceva per me. Così me ne sono andata. In realtà volevo solo prendermi qualche settimana di pausa per capire cosa fare della mia vita. Ma poi, non ricordo neanche più come, sono finita al *lodge* e ho conosciuto i ragazzi. E all'improvviso mi è parso tutto chiaro.»

Constatai con sorpresa che doveva aver fronteggiato aspettative e pressioni simili alle mie. «Li senti ancora i tuoi?»

«Solo mia nonna. Mi racconta quello che succede a casa, e probabilmente fa lo stesso con loro. Sono quasi tre anni che non scambio una parola con i miei genitori.»

All'udire quelle parole deglutii a fatica, pensando che anch'io correvo quel rischio se i miei avessero mantenuto il loro atteggiamento intransigente. D'altronde era difficile immaginare il contrario, ovvero che accettassero le mie scelte, compresa quella di stare con Jess. Mi venne quasi da ridere all'idea che potessero cenare con lui chiedendogli cortesemente come andavano gli affari. Con ogni probabilità non saremmo mai arrivati a tanto, ma in ogni caso quella prospettiva mi spaventava meno del previsto. Se non riuscivano ad accettarmi per quella che ero, non potevano più far parte della mia vita.

«Mi dispiace» reagii come Mia poco prima.

«A me no.» Scosse la testa. «Qui ho trovato la felicità. Certo, è un gran peccato che loro diano più importanza ad altre cose, ma cerco di farmene una ragione.»

«Già, capisco cosa intendi» replicai, apprezzando la spontaneità con cui stavamo parlando di questioni così personali. A New York, come prima in Inghilterra, la gente sapeva benissimo chi ero, quindi dovevo essere molto prudente nel confidarmi con qualcuno. Lì in Australia, invece, mi sembrava di essere semplicemente Helena, senza il Weston che mi accompagnava da sempre. Ed era una sensazione incredibile.

«Ti sembrerà strano, ma è un vero sollievo sapere che Jess ha trovato te.» Mia sorrise. «Quando… ci siamo lasciati, ero molto preoccupata. Non tanto perché tra noi era finita, ma perché, dopo il ritorno a New York, lui era cambiato tantissimo. Era diventato troppo serio, disilluso, un po' cupo. Grazie a te, però, sembra rinato.»

Scrollai le spalle, non era del tutto vero. «Credo piuttosto che sia merito dell'Australia.» Aveva appena lasciato una città che io amavo e che lui detestava. Se volevamo continuare a stare insieme in futuro, prima o poi avremmo dovuto affrontare la questione.

«Bah, ne dubito. Sul serio, a me non ha mai rivolto certi sguardi» ribatté Mia con apparente serenità.

Sorrisi. «Be', per quelli c'è Paul, no?»

«Già, Paul.» Sospirò soddisfatta. «Posso immaginare cosa stai pensando di me: che sono passata da un ragazzo all'altro.»

«Non mi è neanche venuto in mente» replicai sincera. Da quanto mi aveva raccontato Jess, la loro rottura era stata consensuale e, a quel punto, Mia era libera di scegliere con chi stare. Inoltre lei e Paul sembravano fatti l'uno per l'altra.

«Allora sei l'unica a non averci pensato. Paul ci ha messo più di un anno ad accettare la nostra relazione. Non voleva essere un ripiego. E infatti non lo è mai stato, anche se tra noi non è scoccato l'amore a prima vista.» Fece un mezzo sorriso. «Io e Jess siamo incredibilmente simili, e questo, all'inizio, era molto allettante. Poi però, quando se n'è andato, ho capito che avevamo bisogno di altro.»

«Quindi credi alla famosa teoria che gli opposti si attraggono?» chiesi corrugando la fronte.

«Tu no?»

«Sì, anzi, sono abbastanza sicura che sia vera. Quando si è troppo simili, si ha la sensazione di capirsi al volo. Ma poi ci si accorge che non ci possono essere ulteriori sviluppi, dato che mancano i punti di attrito.»

«Si vede che studi psicologia» commentò Mia con un sorriso.

«Non più» la corressi. «In autunno inizierò turismo alla NYU. Ho sempre voluto farlo, ma i miei genitori erano contrari.» Evitai di menzionare Valerie. Non perché non volessi raccontarle che quell'idea era strettamente legata a mia sorella, piuttosto perché tutto ciò che riguardava New York mi sembrava molto lontano in quel momento, e volevo che restasse così.

Mia annuì. «Be', allora sei nel posto giusto: l'Australia è il paese più bello del mondo.»

Scoppiai a ridere. «Già, me l'hanno detto in tanti.»

«Allora sarà vero, no?» Scrollò le spalle con nonchalance.

Alla fine optai per un bikini blu, tre vestiti e due paia di shorts di jeans, oltre a un canguro di peluche carinissimo per Lilly preso all'angolo dei souvenir. Dopodiché ci dirigemmo in un negozio che vendeva infradito realizzate senza plastica.

Attraversata la strada, avvertii una specie di formicolio alla nuca, una sensazione abbastanza spiacevole. Mi voltai di scatto per scrutare i dintorni. E fu allora che lo vidi. Un uomo sulla quarantina, allampanato e poco appariscente, con una camicia a fantasia e i bermuda. Eppure c'era qualcosa nel suo comportamento che non mi convinceva. Ostentava un po' troppa disinvoltura mentre osservava modelli di occhiali in un espositore.

«Helena, tutto bene?» mi domandò Mia.

«Non saprei» borbottai e poi la seguii all'interno del negozio, da dove l'uomo era visibile attraverso la vetrina. «Senti, per caso lo conosci quel tipo laggiù?»

Lei seguii il mio sguardo e scrollò le spalle.

«No. E tu?»

Scossi la testa. «C'è qualcosa di strano in lui.»

«Sarà un turista, qui hanno sempre l'aria di essere appena

atterrati su un altro pianeta.» Mia fece un gesto con la mano per liquidare la questione, ma non le sfuggì la mia inquietudine. «Pensi che qualcuno ti stia… pedinando?» La parola le uscì di bocca come se fosse la prima volta che la pronunciava in vita sua, e per un attimo la invidiai per l'esistenza spensierata che doveva condurre, malgrado i contrasti con i genitori.

«Può darsi. La madre di Jess non stravede per me.»

«Sai che notizia!» Mia sgranò gli occhi. «Da quello che so di lei, sono contenta che non gli sia mai venuto in mente di presentarmela. Dev'essere una persona terribile.»

Sbuffai. «Sì, abbastanza. Solo che, da quando sono morti i nostri fratelli, lei e i miei genitori si odiano a morte e non vogliono che stiamo insieme. Per questo non sarebbe poi così strano se ci stesse tenendo d'occhio.»

«Okay.» Mia raddrizzò le spalle dopo un attimo di riflessione. «Allora vediamo di scoprirlo.»

«Cosa? No! Quel tizio potrebbe essere pericoloso…»

«Pericoloso? Lo vedi il negozio alle sue spalle? È di Winston Napier, un omone di quasi due metri, tutto muscoli e molto protettivo. Siamo ottimi amici, quindi non può succedermi nulla. Aspettami qui.»

Un attimo dopo si precipitò dal tizio. La seguii con lo sguardo, torcendomi le mani mentre gli parlava. Stavo diventando paranoica? Perché mai Trish avrebbe dovuto mettere un detective privato sulle nostre tracce? In fondo sapeva dei nostri sentimenti e poteva facilmente immaginare cosa stessimo facendo lì in Australia. E se fosse stato mandato da qualcun altro? Se Markham avesse assoldato un altro killer dal carcere?

*Adesso sei davvero paranoica.*

Terminata la sua missione, Mia tornò da me sorridendo.

«Tutto chiarito» disse rientrando nel negozio. «È solo un

turista che ha un appuntamento su Tinder e sta vagando da un'ora per cercare di capire se la prescelta è abbastanza carina.» Mia alzò gli occhi al cielo. «Ovviamente non gli è venuto in mente che anche lei potesse fare la stessa cosa, dato che non è proprio un adone. Ma almeno adesso puoi rilassarti, pericolo scampato.»

«Sì.» Sorrisi sollevata. «Grazie, sei davvero coraggiosa.»

«No, direi solo abbastanza diretta. E non è sempre un bene, credimi.» Fece un gran sorriso. «Allora, andiamo a sceglierti delle scarpe, che ne dici?»

«Volentieri.» Lanciai un'ultima occhiata al tizio dall'altra parte della strada, poi distolsi lo sguardo e tornai a concentrarmi sullo shopping, sforzandomi di scacciare la sensazione di disagio. Allo stesso tempo, però, mi domandavo se sarei mai riuscita a smettere di preoccuparmi per la nostra sorte.

Quella sera sulla spiaggia del *lodge* si teneva una festicciola per il compleanno di uno dei clienti più fedeli. I proprietari erano così accoglienti che non solo offrivano lezioni di surf e pensione completa, ma organizzavano anche party improvvisati. Il festeggiato aveva invitato gli altri ospiti, e Paul aveva chiamato anche me e Jess. Tuttavia, per quanto il barbecue fosse squisito e mi stessi godendo la serata con uno dei miei nuovi abiti estivi, speravo che non ci saremmo fermati troppo a lungo. Gli amici di Jess mi stavano molto simpatici e, al ritorno dallo shopping con Mia, avevamo passato il pomeriggio in compagnia. Eppure, dopo aver trascorso gli ultimi mesi separati, non vedevo l'ora di stare da sola con lui. *Davvero* sola.

A un certo punto Mia si assentò per preparare i fuochi d'artificio e io mi guardai intorno. Dov'era finito Jess? Venti minuti prima era andato ad aiutare Paul con le casse di bevande, ma da allora non l'avevo più visto. Evitai comunque di preoccuparmi, contenta che si stesse godendo la vacanza. Avevo già avuto modo di notare come, a poco a poco, si stesse lasciando New York alle spalle, e dovevo ammettere che questa sua nuova versione mi piaceva un sacco.

«Ehi.» Non feci in tempo a terminare il pensiero che Jess riapparve al mio fianco, mi abbracciò e mi diede un bacio sui capelli. «Hai un buon profumo» mormorò. «Sai di spiaggia, di libertà e di te.»

«In quest'ordine?» chiesi voltandomi verso di lui e gettandogli le braccia al collo. Non era ancora buio, ma le fiamme del falò si riflettevano già nel verde dei suoi occhi. Mi ricordai della bufera di neve e del blackout al Randy East Hotel poco prima di Natale. E sentii dentro di me un'inarrestabile ondata di calore.

Anche Jess parve accorgersene, perché mi tirò più vicino a sé per sussurrarmi all'orecchio: «Ce la svigniamo?».

Provai un brivido. «Speravo che me l'avresti chiesto.»

Si staccò e mi prese per mano, diretto verso il nostro bungalow – almeno così mi sembrava, dato che il mio senso dell'orientamento non era dei migliori. Ma non mi importava dove stessimo andando, purché fossimo insieme.

«Mi dispiace di averti lasciata sola» disse in tono di scusa, sorridendo.

Scossi la testa. «Figurati, è bello vedere quanto ti fa bene questo posto.»

«Ma stare con te mi fa sentire ancora meglio.» Jess si fermò e mi scostò una ciocca di capelli dal viso. «Sai, a volte mi viene la tentazione di darmi un pizzicotto perché ho paura che sia soltanto un sogno.»

Eppure era tutto vero. E, benché sapessi che non sarebbe

stato facile tornare a New York, riuscivo sorprendentemente a godermi il presente. Per questo non gli avevo raccontato del tizio sospetto avvistato in città con Mia; gli avrebbe solo ricordato cosa ci aspettava al ritorno. Dopo tutto quello che aveva passato, non volevo certo angosciarlo.

Con un gesto automatico, gli posai le mani sulle braccia per sentire la sua pelle calda e accertarmi della sua presenza. Incrociammo lo sguardo, poi finalmente mi baciò, strappandomi un lieve sospiro. Non c'era modo migliore per assicurarmi della sua vicinanza, poco ma sicuro.

Tutt'a un tratto un boato ci interruppe. Anzi, diversi. Poco lontano, al *lodge*, erano iniziati i fuochi d'artificio, più rumorosi del previsto. Jess si staccò da me ed entrambi alzammo lo sguardo verso i bagliori che illuminavano la notte. Stavo per fare una battuta dicendo che mi sembrava un modo un po' eccessivo per celebrare il suo ritorno in Australia, quando mi resi conto che qualcosa non andava. Jess si era irrigidito di colpo e mi fissava come se fosse appena entrato in un altro mondo. Un mondo avvolto nell'oscurità.

«Jess?» Gli posai di nuovo le mani sulle braccia, percependo i suoi muscoli contratti. Non rispose. «Jess, che succede?»

Cominciò a tremare, trasalendo a ogni boato, come se fosse stato colpito. All'improvviso intuii ciò che stava accadendo.

*Gli stanno tornando i ricordi.*

«Siediti» dissi con un tono più simile a un comando che a un invito, consapevole che in quel frangente la dolcezza non sarebbe servita a nulla.

Funzionò: Jess si accovacciò e si sedette sulla sabbia soffice. Mi inginocchiai davanti a lui, mantenendo il contatto fisico, anche se dubito che se ne fosse accorto. «Tra poco sarà tutto finito, lascia che riaffiorino e vedrai che passeranno in fretta.»

Mi sforzai di apparire rassicurante, ma mi tremava la voce. Una volta, a lezione, avevamo analizzato il fenomeno dei flashback, ma il suo caso era un po' diverso, quindi non sapevo bene come comportarmi. Tutto quello che potevo fare era stargli vicino.

E non mi sembrava sufficiente.

# 20
# Jessiah

Era come se, d'un tratto, qualcuno avesse cambiato canale. Un istante prima ero in spiaggia a baciare Helena, chiedendomi se andare direttamente al bungalow oppure fermarci lì. Poi all'improvviso, udendo il primo boato, mi ero ritrovato a New York, in un vicolo immerso nell'oscurità. Ma non ero solo. Quattro tizi, due davanti a me e due alle mie spalle, si stavano avvicinando con fare minaccioso. Ero sopraffatto dalla paura, tramutatasi in panico alla vista di un coltello. E mi balenò in mente un solo pensiero, tanto chiaro quanto orribile: *Vogliono uccidermi.*

Domandai cosa volessero, ma non mi risposero. Cercai il telefono, ma non feci in tempo a prenderlo perché in un attimo mi furono addosso. Sentivo una voce gridarmi nella testa che non poteva essere vero, eppure mi sembrava tutto così reale che non le diedi ascolto. In compenso sentii l'adrenalina entrarmi in circolo e lottai per difendermi, riuscendo a divincolarmi e a scappare. Poi, d'un tratto, un colpo alla schiena. Stramazzai a terra, non riuscivo a respirare, mi portai la mano al petto e vidi del sangue. *Cazzo.* Sapevo che stavo per morire, ne ero assolutamente certo. Con le ultime forze presi il cellulare e cercai il numero della persona che volevo sentire un'ultima volta. Ma quando Helena rispose, riuscii a pronunciare una sola parola: *Splendore.* Volevo dirle che l'amavo, ma non mi fu possibile. Lei mi chiamava, disperata, e io avrei tanto voluto risponderle, ma ormai era troppo tardi. Stavo per precipitare in un abisso senza fondo, oscuro e silenzioso.

«Jess!» Di nuovo la voce di Helena che mi implorava. «Non sta succedendo davvero, capisci? Sono solo brutti ricordi, ormai non hai più nulla da temere.»

E, all'improvviso, l'asfalto sporco mi si dissolse davanti agli occhi e riemersi dall'oscurità. Ero seduto sulla sabbia, che stringevo tra le dita come se mi ci potessi aggrappare. Helena era inginocchiata davanti a me, con un'espressione sconvolta e le mani strette intorno alle mie braccia. Eppure non riuscivo ancora a scacciare la paura della morte, che cercava di trascinarmi nell'abisso.

«Sono qui.» Lo disse con tutta la dolcezza di cui era capace, toccandomi il viso, accarezzandomi i capelli. «Sono qui, okay? Sei al sicuro.» Poi si sedette accanto a me e mi abbracciò. Io la lasciai fare, pur avendo l'impressione di essere ancora in quel vicolo a lottare per sopravvivere. Il cuore mi batteva all'impazzata, lo sentivo fin nelle orecchie. Avevo rischiato di morire. Lo sapevo già, ma rivivere quell'esperienza era ben più traumatico.

«Adesso mi ricordo» dissi a un certo punto. «Ricordo tutto.»

«Lo so.» Helena mi accarezzò la schiena, la sua presenza mi calmò un po'. Nel vicolo non c'era, ma lì sì, e questa consapevolezza mi aiutò a tornare alla realtà, benché fossi ancora attanagliato dal terrore.

«Erano in quattro.» Mi sembrava giusto raccontarle ciò che avevo vissuto. «Erano mascherati, gli ho chiesto cosa volevano, ma non mi hanno risposto. C'è stata una colluttazione, sono riuscito a scappare e poi...» Mi mancò la voce quando mi resi conto che il colpo alla schiena doveva essere stato quello del proiettile. Penetrandomi nel corpo, mi aveva lacerato la pelle e lesionato gli organi.

Ebbi un improvviso conato e mi alzai di scatto, feci pochi metri verso gli alberi e vomitai. Ricoprii il tutto con la sabbia, poi mi accovacciai e mi ravviai i capelli per legarli di nuovo. Solo allora mi accorsi che Helena mi aveva seguito, restando a pochi passi di distanza. Al vederla mi tornarono in mente anche i momenti successivi all'agguato.

«Ti ho chiamata subito dopo che è successo.» Ero sempre prigioniero di quel groviglio di sensazioni relative ai minuti più crudeli della mia vita, ma a poco a poco cominciavo a districarlo. E all'improvviso avvertii il gusto amaro del tradimento.

«Sì, è così.» Helena annuì seria. Teneva le mani intrecciate, palesemente a disagio.

«Perché non me l'hai detto?» Non riuscii a trattenere un tono di rimprovero. Non mi aveva mai rivelato della nostra breve telefonata prima che perdessi conoscenza. Perché?

«Non volevo tenertelo nascosto, avevo solo paura di traumatizzarti. L'amnesia retrograda ha una funzione ben precisa: secondo alcuni studiosi, i ricordi restano sepolti finché il soggetto non è in grado di elaborarli. Se il tuo cervello non riusciva a ricordare, evidentemente non eri ancora pronto. Accade spesso in casi del genere.»

«Non trattarmi come un paziente!» sbottai scattando in piedi. In parte potevo capire i motivi di quella scelta, dal punto di vista medico erano abbastanza ovvi. Eppure non riuscivo ad accettare che avesse preso quella decisione alle mie spalle tenendomi all'oscuro della chiamata.

«Jess.» Pronunciò il mio nome in tono così implorante che non potei fare a meno di guardarla. Aveva le lacrime agli occhi.

«Non è stata un'esperienza orribile solo per te, okay? In quei momenti ero così spaventata che ho preferito evitare di dirtelo. Non parliamone più.» Abbassò lo sguardo con aria colpevole, ma non si scusò.

Avrei potuto continuare ad avercela con lei, forse a ragione. Invece cominciai a provare qualcos'altro: compassione. Helena era con me al telefono mentre stavo per morire. Aveva urlato il mio nome, disperata; adesso lo sapevo. E in seguito, credendo di proteggermi, aveva preferito tenerlo per sé. A prescindere che fosse stata la decisione giusta o meno, l'aveva fatto *per me*, non per se stessa.

Ecco perché non potevo serbarle rancore.

Mi avvicinai, la strinsi tra le braccia e sospirai. «Mi dispiace di essere sbottato in quel modo. Dev'essere stata molto dura per te.» Potevo immaginare come mi sarei sentito al suo posto: spaventato a morte. Forse neanch'io glielo avrei detto, sempre allo scopo di proteggerla.

Helena tirò su col naso e poi si staccò per asciugarsi gli occhi. «Ti garantisco che, se potessi tornare indietro, mi comporterei diversamente. Ma non so se ti direi comunque la verità.»

«Ti prego, però, non farlo mai più» precisai. «Non voglio che tu soffra a causa mia. O che anteponga il mio benessere al tuo.»

«Perché no?» Alzò gli occhi e mi guardò con aria caparbia. «Non è quello che si fa quando si ama qualcuno?»

Adesso ero io ad avere le lacrime agli occhi, e la strinsi a me senza dire una parola.

«Sì, hai ragione» sussurrai. «È così.»

E in quel momento, su quella spiaggia immersa nell'oscurità, appena dieci minuti dopo aver recuperato i ricordi dell'agguato, mi resi conto di cosa significasse davvero l'amore. Non era innanzitutto attrazione, passione o divertimento insieme.

Era principalmente cura e dedizione: significava pensare all'altro prima che a sé stessi in determinati momenti.

Restammo lì per qualche minuto in silenzio, senza bisogno di parlare. Ma quando mi staccai da Helena, avevo ancora qualcosa da aggiungere.

«Ho capito perché non me l'hai detto, ma sappi che per me è fondamentale essere sinceri l'uno con l'altra.» Le accarezzai la guancia. «Non voglio che pensi di non potermi parlare di certe cose.»

Lei annuì. «Lo so, ma credo che mi ci vorrà un po' prima di perdere l'abitudine di tenermi tutto dentro.»

Ne intuivo la ragione: doveva avere a che fare con la sua famiglia, ma soprattutto con la morte di Valerie. Sua sorella era stata la sua più cara amica, a cui confidava tutto. Quando perdi una persona del genere e vieni mandata all'estero dove non conosci nessuno, come puoi fidarti di nuovo degli altri?

«Ci riusciremo, vedrai.» Sorrisi. «Insieme.» In fin dei conti, neanch'io ero particolarmente bravo ad aprire il mio cuore. Con Helena, però, non avevo mai avuto difficoltà a farlo.

«Insieme» ripeté lei sottovoce, poi mi prese la mano. «Vieni. Andiamo a casa.»

La seguii volentieri, perché volevo al più presto mettermi a letto – e lavarmi i denti, perché avevo ancora quel sapore amaro in bocca. Con ogni probabilità non sarei riuscito a dormire, perché il mio cervello aveva bisogno di tempo per rielaborare quelle scene che mi avevano invaso così brutalmente la memoria. In ogni caso coricarmi accanto a Helena, cullato dal rumore della risacca, mi avrebbe aiutato, ne ero certo.

Mezz'ora dopo eravamo già a letto, rannicchiati l'uno accanto all'altra, e io stavo via via recuperando i ricordi, colmando le lacune – compreso il fatto che, da quel che ne sapevo, nessuno mi aveva rubato le chiavi della macchina o il portafoglio. Evidentemente, prima che arrivasse l'ambulanza, gli aggressori erano tornati a recuperare i miei oggetti personali per inscenare una rapina.

All'improvviso mi balenò in mente un pensiero. Secondo la dottoressa era stato un miracolo che un'ambulanza mi avesse raggiunto così rapidamente, soprattutto in mancanza di testimoni. Lì per lì non mi ero posto il problema, credendo che qualcuno mi avesse visto comunque e, per paura, non lo avesse riferito alla polizia. Ma adesso che sapevo di aver chiamato Helena, si apriva un altro scenario. Mi scostai un po' di lato e, al chiaro di luna, vidi che era ancora sveglia.

«Qualcosa non va?» mi chiese, guardandomi con ansia come se temesse un altro flashback.

«Sei stata tu a chiamare il 911?»

Annuì. «Subito dopo ho provato a raggiungerti, ma non c'erano taxi disponibili, così ho corso più veloce che potevo. Quando sono arrivata, però, l'ambulanza ti aveva già portato via.»

«Questo significa che tu… mi hai salvato la vita.» Io stesso non riuscii a udire distintamente le mie parole, tanto le avevo pronunciate a bassa voce.

Helena scosse la testa. «No, sono stati i medici.»

«Che non avrebbero potuto fare nulla se qualcuno non li avesse avvertiti subito.» Me l'avevano ripetuto più volte, quindi la prontezza di Helena era stata determinante.

Sembrava un po' imbarazzata. «Per favore, non guardarmi così. Chiunque l'avrebbe fatto.»

«Non è vero e lo sai.» Avrei preferito esserne informato prima, ma dovevo accettare l'eventualità che in futuro lei avrebbe potuto prendere altre decisioni che non condividevo – e viceversa. E poi, in quel momento le ero soltanto grato. «Sono così felice che ci siamo incontrati» sussurrai, baciandola dolcemente sulla bocca.

«Intendi nella Rainbow Room? Quando ci siamo vomitati addosso un sacco di accuse?» chiese divertita.

«Sì, esatto.» Mi sfuggì una risata sommessa. «Chi avrebbe mai immaginato che da lì sarebbe nato tutto? Che ci saremmo innamorati e che un giorno mi avresti persino salvato la vita?»

«Io non ho…»

«Sì, invece. E in molti modi.» Malgrado la serietà di quelle parole, avvertivo dentro di me una grande leggerezza. Avevo pensato che l'Australia fosse il posto giusto per allontanarmi da tutto ciò che mi opprimeva, adesso come in passato. Ma in realtà era grazie a Helena, al nostro legame, se mi sentivo vivo per la prima volta dopo tanto tempo. «Grazie. Grazie di tutto.»

«No, sono io che ti devo ringraziare» mormorò prima di gettarmi le braccia al collo, trovando le mie labbra.

Ci scambiammo un bacio tenero e affettuoso, che però non durò a lungo. Le feci scivolare le mani sui fianchi e la avvicinai a me, per non lasciare un solo centimetro di spazio tra noi. Sapevamo entrambi come sarebbe finita. Ma non si trattava essenzialmente di desiderio o di sesso. Si trattava di intimità. Quando facevamo l'amore, eravamo uniti il più possibile a tutti i livelli. Ed era proprio ciò di cui avevamo bisogno in quel momento: la certezza che fino ad allora niente ci aveva separati, nemmeno la mia aggressione quasi mortale, e che anche in futuro sarebbe stato così.

Mi ero coricato senza maglietta a causa del caldo, quindi Helena non dovette nemmeno togliermela. Le sue dita mi accarezzarono il petto, poi si fermarono nei pressi della cicatrice. Esitai solo un attimo, dopodiché le presi la mano e la posai direttamente sulla ferita. Mi sembrava giusto, dopo tutto quello che era successo quella sera. Non volevo più nasconderle nulla, né le paure né le ombre che incombevano sul mio animo.

All'inizio Helena non si mosse, poi mi accarezzò e io trattenni il fiato. Non perché lì la mia pelle fosse più sensibile, ma perché per me non c'era niente di più eccitante del suo tocco. Quando le restituii il favore, sfilandole la canotta e accompagnando le dita con la bocca, sentii un brivido di piacere attraversarle il corpo.

«Jess» gemette. Udirla pronunciare il mio nome con quel tono affannato e implorante, come se fossi l'unico che poteva darle ciò di cui aveva bisogno, era una delle mie sensazioni preferite. Dio, quanto la amavo, più di ogni altra cosa al mondo!

Mi tirai su per guardarla negli occhi. «Splendore» le dissi con lo stesso tono. E poi non servirono altre parole.

Per un bel po' di tempo.

# 21
# Helena

Eravamo in Australia ormai da una settimana quando una mattina mi svegliai e, per la prima volta, non vidi Jess accanto a me. Mi preoccupai all'istante. In realtà non ce n'era motivo, sapevo che lì eravamo al sicuro. Eppure mi misi a sedere con il cuore che mi martellava nel petto. Solo dopo un'occhiata all'orologio sul comodino accanto al peluche di Lilly mi rilassai di nuovo. Erano già le nove passate e, da qualche giorno, Jess andava a fare surf ogni mattina. Fino ad allora mi ero sempre svegliata anch'io quando si alzava; del resto dormivamo così vicini che era quasi impossibile evitarlo. Quel giorno, però, era evidentemente riuscito a dileguarsi senza fare rumore. E, quando mi affacciai in terrazza per guardare l'oceano, notai un solo surfista e sorrisi: lo avevo riconosciuto anche a distanza. Poi indossai shorts e top e andai nella piccola cucina del bungalow, dove preparai due tazze di caffè prima di uscire.

L'aria era piacevolmente fresca ma cominciava già a scaldarsi, e mi ritrovai a pensare, come spesso mi capitava, che avrei potuto continuare con quella vita per sempre. Lì nessuno si aspettava nulla da me: New York e la mia famiglia, con tutto ciò che comportavano, erano così meravigliosamente lontani. Ero rimasta comunque in contatto con Malia e Lincoln, il quale mi chiedeva consigli su Penelope senza peraltro parlarmi dei nostri genitori – anche perché non gli avevo mai chiesto notizie a riguardo.

Inspirai ed espirai profondamente, poi presi l'asciugamano dalla sedia a sdraio e avanzai per qualche metro lungo la spiaggia prima di sedermi sulla sabbia e guardare Jess, intento ad affrontare l'onda successiva. Una pace profonda si diffuse dentro di me. Ero consapevole che quella non era la vita vera e che, prima o poi, saremmo dovuti tornare, ma in quel momento non volevo pensarci.

Due giorni prima Jess mi aveva insegnato i rudimenti del surf – come remare con le braccia e salire in piedi sulla tavola – e, a suo dire, non me l'ero cavata poi così male. Ma quando lo vidi là fuori, mentre scivolava senza sforzo sull'acqua come se avesse il potere di controllare le onde, mi venne da ridere. Una cosa era certa: io non ci sarei mai riuscita. D'altronde lui surfava sin da bambino ed era bravissimo. In ogni caso mi era piaciuto imparare qualcosa che per lui era così importante, nonostante fossi lenta come una tartaruga e al primo tentativo fossi finita in acqua dopo soli due minuti.

Non sapevo se Jess mi avesse notata o se volesse comunque fermarsi, fatto sta che dopo l'onda successiva si diresse verso la spiaggia, scese dalla tavola e si incamminò sulla battigia. Non potei evitare di fissarlo mentre usciva dall'acqua, come se fosse il dio del mare in persona. Non era certo la prima volta che lo vedevo mezzo – o completamente – nudo, eppure restavo sempre senza fiato quando realizzavo che quel ragazzo mozzafiato era mio e soltanto mio.

Mi guardò con quel suo sorriso inconfondibile, invariabilmente destinato a provocarmi un brivido caldo nello stomaco. Poi si affrettò a posare la tavola e ad avvicinarsi, dandomi un bacio che sapeva di sale. L'acqua gli colava dai capelli sul viso, strappandomi un gridolino perché era più fredda di quanto mi aspettassi.

«Sei bagnato» osservai banalmente.

«Ma non mi dire.» Mi scrutò con uno scintillio divertito negli occhi, poi mi baciò di nuovo prima di prendere l'asciugamano. Quando ebbe finito di asciugarsi, gli porsi una tazza di caffè.

«Ecco la tua amata colazione» gli dissi con un gran sorriso, prendendomi gioco della sua passione per il pasto più importante della giornata. Alla maniglia della porta del bungalow era appeso un sacchetto di panini appena sfornati e appositamente consegnati dal *lodge*, con i quali accompagnare il caffè. «Allora, com'erano le onde?»

«Perfette.» Jess sospirò soddisfatto e ne bevve un sorso senza lasciarsi sfuggire nessuna smorfia. Benché per tutto il resto fosse un ragazzo semplice, quando si trattava di cibo e caffè il suo animo da ristoratore prendeva il sopravvento. E poiché al bungalow c'era solo una normalissima macchinetta con le capsule e, a differenza di quella che aveva a casa, senza portafiltro, sosteneva che definire quella brodaglia un "caffè" fosse una parola grossa – o almeno aveva borbottato qualcosa del genere la seconda o terza mattina dal nostro arrivo. Io ero meno schizzinosa: per me il caffè andava sempre bene, anche se, com'è ovvio, non mi dispiaceva affatto berlo buono.

Restammo un attimo in silenzio, godendoci la tranquillità del momento, la vista delle onde che si infrangevano sulla spiaggia. Poi lo guardai.

«Torneresti a vivere qui, se potessi?» Mi ero posta quella domanda molte volte negli ultimi giorni, ma non gliel'avevo ancora rivolta. Forse perché avevo paura della risposta. Sapevo che era infelice a New York, ma sentirmi dire che desiderava trasferirsi dall'altra parte del mondo mi avrebbe aperto gli occhi sulla portata del suo sconforto. Avevo bisogno di saperlo, anche perché intendevo passare la mia vita con lui e quindi dovevamo scegliere un posto che piacesse a entrambi.

Jess non rispose subito, ma si limitò a guardare l'oceano, con la tazza in mano e le braccia strette intorno alle ginocchia. «Bella domanda» disse poi. «Da quando sono rientrato a New York ho sempre voluto tornare qui. Amavo la mia vita in Australia. Ma adesso che ci sono, credo che in realtà fosse qualcos'altro a mancarmi.»

«Tipo cosa?» Lo fissai.

Scrollò le spalle. «Libertà, spensieratezza, tutto quello che provavo prima della morte di Adam. All'epoca non dovevo preoccuparmi di nulla se non del progetto che sognavo di realizzare. Non c'era nessuna costrizione, nessun obbligo verso la mia famiglia, solo io.» Sembrava sentirsi in colpa.

«Ne avevi bisogno» gli ricordai. «E te lo meritavi.» A prescindere dal fatto che allora fosse una persona meno responsabile, dopo la morte del padre e anni di lotta contro la madre, quell'esperienza all'estero era stata vitale per lui. Lo avevo capito da tempo.

«Sì, forse. Ma sono stato anche egoista. Ormai non sono più il ragazzo che ha fatto i bagagli e se l'è svignata da New York subito dopo il diploma.» Posò la tazza vuota sulla sabbia accanto a sé e mi sfiorò il braccio con il dorso della mano. «Forse è per questo che non me la sentirei di ritrasferirmi qui. All'epoca mi sembrava giusto, ma adesso sarebbe un ritorno a una vecchia vita, a una vecchia fuga. Questo non significa però che non voglia tornare al *lodge* almeno una volta all'anno. Anche solo per aggiustare il pannello solare del bungalow.»

Scoppiai a ridere, anche le sue parole mi avevano toccato nel profondo. A volte, come in un flash, mi appariva il Jess di allora. Pochi giorni prima, quando si era messo a raccontare vecchi aneddoti insieme a Paul, gli avevo visto negli occhi una luce speciale, del tutto nuova per me. E speravo che potesse conservarne un po', anche se col passare degli anni aveva perduto la leggerezza di un tempo.

«So cosa intendi quando parli di tornare a una vecchia vita. A volte a New York mi sento proprio così.» Non ne avevo mai parlato con nessuno, ma adesso mi sembrava il momento adatto.

Jess mi prese la mano e intrecciò le dita con le mie. «Perché Valerie non c'è più?»

Provai il consueto groppo in gola, stavolta non solo al pensiero di mia sorella, ma anche di fronte all'empatia di Jess, che come sempre sembrava sapere esattamente quello che mi passava per la testa.

Annuii. «Con lei la città era diversa. Forse anch'io lo ero, e magari pure la mia famiglia, non lo so. Amo ancora New York, ma ormai in questo amore si è aperta una crepa che probabilmente non potrà più essere sanata.»

Jess sgranò gli occhi. «Allora magari...» Si interruppe.

«Cosa?» chiesi, anche se intuivo dove volesse andare a parare. «Vuoi sapere se potrei mai prendere in considerazione l'idea di trasferirmi altrove?»

Jess fissò la sabbia davanti a sé. «Non ti chiederei mai di farlo, so bene quanto tu sia affezionata a quella città.»

«È così.» Non avevo mai pensato di andarmene da lì. Io e New York eravamo una cosa sola, anche se a volte questo legame era doloroso. Eppure... «Non voglio vivere in un posto dove tu sei infelice.» Al momento la questione non si poneva, e forse era comunque prematuro parlarne, visto che stavamo insieme solo da poche settimane. Tuttavia la nostra non era una storia d'amore come le altre; se non fossimo stati sicuri dei nostri sentimenti, non avremmo mai corso tutti quei rischi. Perciò era giusto parlare del futuro.

«Non c'è un altro posto in cui stai bene e che non sia a venti ore di volo?» Sorrisi, malgrado fossi in trepidante attesa della risposta. E se non avessimo trovato un luogo adatto per entrambi? Quale destino poteva avere una relazione in cui uno dei due partner era infelice?

«Forse alle Hawaii, sono solo dieci ore» scherzò Jess, prima di sospirare. «Per adesso, comunque, è fuori discussione. Eli ha bisogno di me a casa, tu vuoi studiare alla NYU... e poi, grazie al tuo aiuto, riuscirò a resistere per un po'. Tra qualche anno ne riparleremo e troveremo senz'altro una soluzione.» Sorrise.

«Okay.» Mi avvicinai per baciarlo, nella speranza che avesse ragione. Sapevo che avrei sacrificato molto per stare con lui. Forse perfino New York? Chissà, in ogni caso non era più una prospettiva così terribile.

Mi staccai per indicare il bungalow. «Che ne dici di una colazione come si deve?»

«Ottima idea.» Si alzò, prese la tazza e mi tese la mano. «E più tardi ti andrebbe un'altra lezione di surf? Ho proprio intenzione di riportarti in acqua oggi.»

Risi, intrecciando le dita alle sue, mentre ci avviavamo verso il nostro alloggio. «Auguri. Temo che tu stia sopravvalutando le mie capacità.»

«E tu stai *sottovalutando* la mia severità. Quando tenevo i corsi al *lodge* ero molto temuto, sai? Gli allievi salivano di corsa sulla tavola senza tante storie.» Finse di accigliarsi e io gli accarezzai amorevolmente la guancia.

«Oh, sto tremando di paura» lo schernii.

«Ah sì? Aspetta e vedrai.» Mi afferrò, strappandomi uno

strillo mentre mi caricava sulle spalle senza tanti complimenti per portarmi al bungalow. Non tentai di divincolarmi, amavo quei momenti scanzonati tra di noi tanto quanto quelli intimi, seri o passionali. Per questo ero sempre più convinta che avremmo trovato una soluzione per tutto.

Senza alcun dubbio.

# 22

# Jessiah

Il tempo trascorso in Australia era letteralmente volato e, nonostante non avessimo stabilito in anticipo quanto trattenerci, io e Helena sapevamo benissimo che la nostra vacanza non sarebbe potuta durare in eterno. Non solo perché i sensi di colpa nei confronti di Eli si stavano facendo sentire ogni giorno di più – malgrado lui mi avesse sempre assicurato che se la stava cavando bene –, ma anche perché sapevamo di non poter sfuggire ancora a lungo a ciò che ci attendeva a New York. Là c'erano la famiglia di Helena, mia madre, e ovviamente l'omicidio di Valerie e Adam ancora irrisolto. Miranda stava proseguendo la sua indagine, ma l'istinto mi diceva che non avremmo dovuto affidarci soltanto a lei per scoprire gli assassini. Tuttavia non ero ancora riuscito a parlarne con Helena: si stava godendo la vacanza e sembrava così rilassata che avevo preferito soprassedere, rimandando il discorso sulla nostra partenza.

La sera del dodicesimo giorno eravamo seduti nella terrazza sul tetto del bungalow, circondati dalla luce tremolante delle candele e dal rumore della risacca. Con noi c'erano anche Paul e Mia: ci avevano invitati a cena così spesso al *lodge* che stavolta avevo deciso di ricambiare il favore. Fu una serata meravigliosa, con tante risate condite da aneddoti e tuffi nel passato.

Inoltre la mia ratatouille era venuta piuttosto bene – evidentemente in cucina me la cavavo ancora più che discretamente.

Nelle ultime due settimane avevo preparato spesso qualcosa per me e Helena, soprattutto piatti veloci, niente di elaborato. In molte occasioni avevamo mangiato fuori, dato che a New York non ci era permesso e, anche nell'immediato futuro, avremmo dovuto fare molta attenzione. Fino ad allora non era trapelato nulla riguardo alla nostra relazione ma, se qualcuno ci avesse visti insieme in un ristorante o in un locale, i social sarebbero impazziti; e si sarebbero accaniti su di noi, come avvoltoi, non soltanto i membri dell'alta società. Ecco perché era così bello essere lì: in Australia nessuno era interessato ai Weston o ai Coldwell.

Paul si portò una mano alla pancia. «Caspita, JC, non ti montare la testa, ma devo ammettere che sei migliorato un sacco come cuoco.»

Sorrisi. «Be', diciamo che ho avuto il tempo di esercitarmi.»

Helena raccolse i piatti per portarli di sotto e Mia si offrì di darle una mano, così rimasi solo con il mio amico.

«Vedo che alla fine New York ti ha regalato anche qualcosa di bello, o sbaglio?» Sorrise a sua volta, strappandomi uno sbuffo.

«Solo perché amo una newyorchese non significa che gli altri mi piacciano.» Anzi, per quanto fossi impaziente di rivedere Eli e di andare a trovare Thea e Lilly, il pensiero di tornare a casa mi provocava uno spiacevole nodo allo stomaco. Ero stato sincero con Helena nel dirle che sarei rimasto a New York ancora per un po' in futuro, eppure, probabilmente, non sarei mai riuscito ad apprezzare quella città.

«Non c'è qualcosa che possa appassionarti un po', lì?» Paul mi guardò. «So che ti occupi di vari progetti e ricordo che non avevi alcuna intenzione di avviare un'attività, ma ho notato la tua espressione quando sei entrato al *lodge*: di' la verità, ti manca avere qualcosa di tuo.»

Mi conosceva molto bene. E all'udire le sue parole mi tornò in mente l'Harper's. Trattenni a stento un'imprecazione: per quanto mi sforzassi di dimenticarlo, quel maledetto ristorante non mi lasciava in pace.

«Bah, può darsi» replicai restando sul vago. Tuttavia stavolta, a differenza del solito, quel pensiero non mi suscitava soltanto repulsione. Forse era l'ambiente in cui mi trovavo, oppure era merito del *lodge* o del fatto che, per la prima volta dal mio ritorno negli Stati Uniti, non ero determinato a fuggire da New York il prima possibile. O magari, chissà, avevo capito che vedere il mio progetto in mani altrui non mi avrebbe spezzato il cuore. In ogni caso dovevo ammettere che qualcosa era cambiato.

Era giunto il momento di aprirsi al futuro.

Un'ora dopo Mia e Paul se n'erano andati e io ero sdraiato sul lettino in terrazza accanto a Helena, con le tende che ondeggiavano leggermente nella brezza. Avevamo parlato un po', poi era calato il silenzio.

Lei sembrò percepire che ero assorto nei miei pensieri, infatti si tirò su e mi toccò il braccio. «So che non dovrei chiedertelo, ma cosa ti passa per la testa?»

Feci un mezzo sorriso. «Prima ho parlato un po' con Paul. Mi ha detto che secondo lui mi manca avere qualcosa di mio. E mi è tornato in mente l'Harper's.» Che a quel punto, con ogni probabilità, era già stato venduto: d'altronde la vigilia di Natale avevo visto che era stato sgomberato.

«Quindi stai pensando di aprire un locale tutto tuo?» Percepii la malcelata euforia nella sua voce: il desiderio di Helena che fossi felice a New York – o almeno non del tutto infelice – era così forte che mi commosse. Anche se, in realtà, adesso che potevamo finalmente stare insieme, la seconda eventualità si era già avverata.

«Diciamo che non lo esclu...» mi interruppi dopo aver udito un rumore, un lieve scricchiolio nei pressi del bungalow. Forse era un animale, a volte capitava che un canguro si smarrisse nei dintorni. Qualche giorno prima Helena ne aveva perfino accarezzato uno. Eppure ebbi un brutto presentimento, così mi staccai da lei e mi alzai.

«Jess, che succede?» chiese, ma io mi limitai a portarmi un dito alle labbra dirigendomi verso la ringhiera.

Di nuovo uno scricchiolio, chiaramente non provocato da un animale. Se Paul o Mia si fossero accorti di aver dimenticato qualcosa, ci avrebbero senz'altro chiamato.

La terrazza era illuminata dalle candele, mentre il resto del bungalow si trovava immerso nella più fitta oscurità. Non si riusciva a vedere nulla. Poi però qualcosa balenò in mezzo alle tenebre: era una lente che rifletteva le luci delle candele. In quell'istante capii: laggiù da qualche parte era appostato qualcuno con una fotocamera. Qualcuno che evidentemente ci stava spiando.

Non esitai un secondo. Le scale erano dall'altra parte della terrazza, così scavalcai la ringhiera e saltai per due metri e mezzo atterrando sulla sabbia. Il mio corpo protestò, ma non mi importava. Mentre rotolavo a terra, lo sconosciuto si mosse. Ormai incurante di fare rumore, sfrecciò via come se avesse il diavolo alle calcagna. Mi rialzai e lo inseguii in mezzo agli alberi lì vicino. Era buio pesto, ma mi lasciavo guidare dallo scalpiccio. Spinto dalla rabbia, corsi a perdifiato. Ero certo che lo avesse mandato Trish. Ebbene, presto se ne sarebbero pentiti entrambi, poco ma sicuro.

«Ehi!» gridai. Di solito in quei casi nessuno si ferma dopo essere stato chiamato; invece il tizio si voltò, permettendomi di intravedergli il volto per un attimo. Poi accelerò di nuovo il passo e io feci lo stesso.

A poco a poco i miei occhi si stavano abituando all'oscurità, ma la vegetazione era sempre più fitta e il malintenzionato correva in mezzo alla boscaglia. Mi feci strada tra i rami a forza di braccia. Purtroppo era veloce, non quanto me, ma abbastanza da tenermi a distanza. Di certo voleva raggiungere la strada, dove probabilmente aveva parcheggiato la macchina. E ormai non era molto lontana.

Mezzo minuto dopo, infatti, la boscaglia si diradò e udii un rumore inconfondibile. Sul ciglio c'era un'auto con il motore acceso e qualcuno seduto al posto di guida. *Cazzo!* Se lo sconosciuto fosse stato da solo, avrei avuto una possibilità di acciuffarlo. Invece dovetti assistere impotente mentre il suo complice gli apriva la portiera e lui saltava a bordo prima che ripartissero a tutta velocità. Quando raggiunsi la carreggiata riuscii a scorgere soltanto le luci posteriori, senza vedere il numero di targa.

«Merda!» Calciai via un ramo, poi mi appoggiai le mani sulle cosce per riprendere fiato.

Poco dopo notai qualcosa a pochi metri dall'asfalto e andai a dare un'occhiata: era uno smartphone, semicoperto dalle foglie secche. Lo raccolsi e provai ad accenderlo, ma era protetto da un pin. L'uomo doveva averlo perso poco prima di salire in macchina.

Certo che fosse stata Trish a mettere l'informatore sulle nostre tracce, mi infilai in tasca il telefono e tornai indietro. Forse avremmo potuto sbloccarlo e trovare conferme a questa ipotesi. Eppure mi chiedevo per quale motivo lo avesse ingaggiato. Sapeva che io e Helena ci amavamo ed eravamo partiti insieme: perché mai avrebbe avuto bisogno di prove?

Tornai indietro camminando non più nella boscaglia, ma lungo la strada che conduceva al bungalow. Nel frattempo provai a sbloccare il telefono con alcuni semplici codici, ma invano. Non c'era da stupirsi: Trish non avrebbe mai assoldato un investigatore privato che usasse un pin tipo 0000 o 1234.

A un tratto notai qualcosa che si muoveva davanti a me e vidi una luce.

«Jess!» Helena mi corse incontro, usando la torcia del cellulare. «Che succede? Mi hai spaventata a morte!»

«Mi dispiace.» Le diedi un rapido bacio sulla fronte. «C'era qualcuno che ci stava spiando e scattava delle foto. Ho provato a beccarlo, ma è scappato.»

Lei si staccò da me, con gli occhi spalancati. «Allora è vero» sussurrò, facendomi trasalire.

«È vero cosa?» ripetei. «Che vuoi dire?»

Si guardò intorno nell'oscurità, in preda all'inquietudine. «Credo sia meglio parlarne a casa.»

«Okay.» Le presi la mano e proseguimmo in un silenzio carico di tensione. Non appena la porta della terrazza si richiuse alle nostre spalle, guardai Helena. «Allora? Sputa il rospo.»

Lei si ravviò i capelli, anche se erano legati. Era palesemente a disagio. «Quando sono andata a fare shopping con Mia, il primo giorno di vacanza, ho notato un tizio sospetto. Si aggirava per la piazza come fosse un turista, eppure ho avuto una brutta sensazione.»

«Perché non me l'hai detto prima?» chiesi.

«Perché ne ho parlato subito con Mia e lei è andata a indagare.» Scosse la testa. «A quanto le ha raccontato, era lì per un appuntamento galante e voleva spiare la donna prima di presentarsi, per questo si comportava in modo tanto strano. Io ci ho creduto e ho lasciato perdere, ma forse era lo stesso che hai inseguito poco fa.»

«Descrivimelo.» Lo avevo solo intravisto, ma avrei comunque potuto riconoscerlo. Helena rifletté per un momento. «Era abbastanza alto, poco meno di te, e aveva i capelli radi e rossicci.»

«Allora era lo stesso.» Quando era salito a bordo, le luci interne dell'auto avevano rivelato la sua incipiente calvizie. «Questo significa che ci sta pedinando da quando siamo arrivati qui.»

«Intendi… proprio tutto il tempo?» Helena pensò a cosa poteva averci visto fare in quelle due settimane scarse: non solo il sesso sulla spiaggia e in terrazza, ma anche le sessioni di surf e le passeggiate, le gite insieme… una miriade di momenti intimi in cui forse non eravamo così indisturbati come pensavamo.

La tirai verso di me e le accarezzai i capelli. «Mi dispiace tantissimo. Avrei dovuto sapere che non ci avrebbe lasciati soli neanche qui.»

«Allora pensi che sia stata tua madre a mandarlo?»

«Chi altro, sennò?» Sbuffai. «È ossessionata dalla sua stupida idea che…»

«Che cosa?» Helena si staccò e mi guardò.

Non le avevo raccontato quella parte della discussione con Trish, perché non volevo rovinarci la vacanza. Del resto ero consapevole che presto avremmo dovuto affrontarla, nonostante il nostro disperato bisogno di allontanarci da tutto ciò che riguardava New York. Ormai però non potevo più eludere la questione.

«Prima della riabilitazione io e lei abbiamo parlato dell'uccisione di Adam e Valerie. Crede che siano morti perché stavano insieme e non per una vendetta nei suoi confronti. Ed è convinta che io e te rischiamo di fare la stessa fine. Non ha nessuna prova, se non il fatto che loro due sono stati ammazzati insieme. Purtroppo però non si lascerà dissuadere tanto facilmente.»

Helena tacque e si allontanò da me, serrando le labbra. «Questo significa che continuerà a fare di tutto per separarci.» Vidi la paura nei suoi occhi. «E alla fine, si sa, tua madre ottiene sempre quello che vuole.»

«No, stavolta non ci riuscirà. Ascoltami.» La afferrai per le spalle e la fissai negli occhi. «Non le permetterò più di metterci di fronte a una scelta così crudele. E neanche di fare del male a te o alla tua famiglia. Finora ho evitato di affrontarla a causa di Eli, ma se sarò costretto non mi tirerò indietro.» La mia priorità era sempre stata proteggere mio fratello; tuttavia, grazie alle rivelazioni di Miranda, avevo in mano una carta con cui farle pressione senza coinvolgerlo.

«Non voglio che tu ti metta contro di lei.» Helena prese a torcersi le mani, segno che era piuttosto inquieta.

«Ti ho detto che non ho paura di Trish. I mesi scorsi, in cui ci ha costretti a stare separati, sono stati tra i peggiori della mia vita. E sono pronto a tutto pur di stare con te, anche a fare la guerra a mia madre.» La accarezzai sulla guancia. «Ti fidi di me?»

Lei annuì in silenzio.

«Bene, allora lascia che me ne occupi io.» In un modo o nell'altro ci sarei riuscito, avrei impedito a Trish di rovinarmi l'esistenza e, soprattutto, di continuare a intimorire Helena.

«E come pensi di fare?» Nei suoi occhi non lessi sospetto, ma solo apprensione nei miei confronti.

«Battendola al suo stesso gioco» risposi. Era arrivato il momento di affrontarla con tutti i mezzi a mia disposizione. Con quel pedinamento aveva superato ogni limite, non potevo più tollerarlo. «A dicembre ho incaricato Miranda di trovare qualcosa da usare contro Trish, come ultima risorsa nel peggiore dei casi. Quando ero ancora in ospedale, mi ha detto di aver scovato l'informazione giusta. Non l'ho ancora utilizzata perché speravo che, una volta dimostrato che l'agguato contro di me non c'entrava nulla con la morte di Adam, mia madre avrebbe accettato la nostra relazione. Ovviamente sono stato un ingenuo.» Avrei dovuto saperlo fin dall'inizio, visto che la conoscevo bene. Ma, com'è noto, la speranza è sempre l'ultima a morire.

«Arriveresti a tanto?» domandò Helena a mezza voce.

«Andrei pure oltre» risposi torvo. «Non ci separeremo più, te lo prometto.» L'ultima volta che le avevo fatto quella promessa, Trish era intervenuta per distruggere tutto. Ma adesso le circostanze erano cambiate.

Helena mi gettò le braccia al collo e mi strinse forte. «Ti amo» mi sussurrò all'orecchio e, mai come allora, capii che era la verità. Ero pronto a lottare per questo amore con tutto me stesso.

«Anch'io.» La baciai dolcemente sui capelli, poi le presi il viso tra le mani e la guardai. Sì, cazzo, per quella ragazza avrei sfidato persone anche peggiori di mia madre. Il mondo intero, se necessario. Per il momento, comunque, lei era più che sufficiente.

«Sai cosa significa questo, vero?» mi chiese Helena con un profondo sospiro, guardandosi intorno con rammarico.

Capii subito cosa intendeva. «Dobbiamo partire» dissi, dando voce ai nostri pensieri.

Lei annuì. «Sì, è ora.»

Se volevamo difendere il nostro futuro e assicurarci una volta per tutte che nessuno ci separasse più, l'unico modo per riuscirci – per quanto quella prospettiva non mi entusiasmasse affatto – era *tornare a casa*.

# 23

## Helena

Rientrare a New York fu uno shock. Non soltanto perché, come sempre, a febbraio le temperature erano scese sotto zero. Dopo due settimane di sole, natura e tranquillità, tornare in città era stato davvero estenuante. Per la prima volta in vita mia riuscivo a capire come doveva sentirsi Jess, perché, anche se il mio amore per New York si era al momento un po' affievolito, sebbene non del tutto scomparso, lui non lo aveva mai provato. Aveva sempre considerato la metropoli come la percepivo io quel giorno, rumorosa, affollata e snervante. Forse dovevo seriamente prendere in considerazione l'idea di andarmene il prima possibile. Anche Boston era bella. O Chicago. Ma sarebbe stato meglio per lui? Non ne ero del tutto sicura e quel pensiero mi procurò un nodo allo stomaco. Poi però mi tornò in mente ciò che avevamo dovuto affrontare: Trish, i miei genitori, la morte di Adam e Valerie. Se fossimo riusciti a superare tutto questo, probabilmente scegliere dove vivere sarebbe stata una passeggiata.

Bethany venne a prendermi all'aeroporto, poi raggiunsi Manhattan, senza Jess. Mi era costata una fatica immensa separarmi da lui, dopo due settimane vissute in simbiosi, ma sapevo che era meglio non attirare l'attenzione su di noi per il momento. Così mi recai a casa di Lincoln, salutai il portiere e presi l'ascensore.

Mentre aprivo la porta dell'appartamento, sentii dei rumori, ma senza riuscire a capire da dove provenissero. Poi entrai in soggiorno e trovai mio fratello sul divano. Con Penelope. Mezzo nudo. In una posizione inequivocabile.

Mi bloccai all'istante.

«Helena!» Lincoln mi notò un attimo dopo e Penny lanciò un gridolino che mi fece voltare immediatamente.

«Oddio, scusate, io… mi dispiace tanto!» Chiusi gli occhi, cosa del tutto insensata. Probabilmente sarebbe stato meglio chiamare prima, ma mi venne in mente solo in quel momento. Non mi aspettavo certo di sorprendere Lincoln e Penny a fare sesso sul divano. O in qualsiasi altro posto, se è per questo. Mio fratello non aveva detto di volerci andare piano?

Corsi subito in corridoio, dove mi domandai cosa avrei dovuto fare a quel punto. Uscire e aspettare fuori? Era una buona idea, ma sapevo già che difficilmente avrebbero continuato dopo la mia interruzione. La sorellina che spunta in camera è la guastafeste numero uno in questo genere di situazioni.

«Ci siamo rivestiti» mi riferì mio fratello un minuto dopo, quasi divertito. Quando rientrai in salotto, vidi che si stava abbottonando la camicia, mentre Penny indossava già un maglione e un paio di jeans, facendo finta di niente.

«Non ho visto nulla» mentii. «Davvero.»

Penelope sorrise un po' a disagio. «Non sapevamo che saresti tornata a casa oggi, altrimenti non avremmo mai…»

«No, è colpa mia. Avrei dovuto chiamare.»

L'unico ad apparire piuttosto rilassato era mio fratello. «E non è niente in confronto alla sera in cui ho sorpreso Valerie e Carter Fields sul nostro balcone, credimi» dichiarò con una smorfia, quasi volesse cancellarne il ricordo dalla mente. Esattamente come me dopo la scena di poco prima. Perché parliamoci chiaro, chi vorrebbe mai vedere il proprio fratello o la propria sorella fare sesso?

«Devo andare, ho un'altra riunione per la mostra della prossima settimana. Ci sentiamo.» Penelope diede un pudico bacio sulla guancia a Lincoln. «È... stato... un piacere vederti, Helena.» Sorrise educatamente e io mi imbarazzai di nuovo.

«Scusa ancora.» Poi uscì dalla porta e io e Lincoln rimanemmo soli.

«È stato davvero imbarazzante» dissi lanciando un'occhiata al divano, il mostro beige scelto da Paige. Dopo quello che ci avevano fatto sopra, non ero sicura che avrebbe mai voluto riprenderselo. «Non sapevo che le cose tra voi fossero già a questo punto. Mi avevi detto di volerci andare coi piedi di piombo.»

Lincoln alzò le spalle. «L'idea era quella, ma poi l'altro giorno è passata di qui per parlare e... insomma, una cosa tira l'altra.»

Non potei fare a meno di ridere. «Un classico.»

«Oh, non fare quella faccia, sorellina.» Mio fratello andò in cucina e mise una tazza sotto il beccuccio della macchina del caffè.

«Come se tu e Jess non aveste fatto lo stesso su quell'isola sperduta.»

«Era un'isola molto grande, non proprio un'isoletta sperduta, e comunque abbiamo fatto anche altre cose.» Era vero, sebbene ci fossero state un paio di notti in cui non avevamo dormito molto. Ma cos'altro avrei potuto fare, svegliandomi accanto a Jess? Non avevo scelta. «Comunque, sono contenta per voi. Sembrate felici.»

«Lo siamo. Ma non lo sa ancora nessuno che stiamo insieme, vogliamo tenerlo segreto per un po', soprattutto per Paige.»

«Capisco benissimo. Lo stesso vale per noi.» Presi anch'io

una tazza dalla credenza e aspettai che Lincoln avesse riempito la sua. Qualcosa di caldo era proprio quello che mi ci voleva. Scrollai le spalle intirizzita. «A New York c'è sempre questo freddo? Non ci avevo mai fatto caso prima di andarmene in Australia.»

«Allora, era bello laggiù?» chiese lui sorridente.

«Bellissimo.» Sospirai soddisfatta ricordando il sole e il mare. «Era esattamente quello di cui avevamo bisogno. Dovresti andarci anche tu una volta, il *lodge* che Jess ha messo su con il suo amico è un vero paradiso.»

Mio fratello annuì. «Magari un giorno lo farò, ma a breve sarà difficile.» All'improvviso si rabbuiò e sospettai che in quel periodo Penelope fosse l'unica nota piacevole nella sua vita.

«Hai ancora problemi con mamma e papà per la storia di Paige?» chiesi in tono comprensivo. I nostri genitori potevano restare offesi per un periodo incredibilmente lungo, nessuno lo sapeva meglio di me. Mentre ero via con Jess, non avevo ricevuto né messaggi né chiamate da parte loro. Mi avrebbero ignorata fino a quando non fossi tornata a comportarmi come volevano. Ma per quanto mi riguardava, avrebbero potuto aspettare all'infinito.

«Ci sono rimasti male» spiegò Lincoln soffiando sul suo caffè. «E in un certo senso lo capisco.»

«Lo *capisci*? Sei matto? Ti hanno spinto a fidanzarti con una ragazza che non ami, solo per potersi salvare la reputazione! Come possono essere arrabbiati con te, per esserti rifiutato di andare fino in fondo, soprattutto adesso che non ce n'è più alcun motivo?»

Lo sguardo di Lincoln si addolcì. «Sai che per loro l'apparenza conta tantissimo. Il fatto che io abbia rotto il fidanzamento contro la loro volontà è un grave motivo di vergogna.»

«Forse dovrebbero smetterla di pensare sempre a loro stessi» brontolai «e prendere in considerazione anche noi ogni tanto.»

«La cosa assurda è che sono convinti di farlo. Perché anche noi godiamo dei privilegi della famiglia Weston. Non sai quante volte ultimamente ho desiderato chiamarmi Smith o Jacobs.»

*Non solo tu*, pensai. Quanto sarebbe stata più facile la mia vita se non mi fossi chiamata Helena Weston? Se fossi stata una ragazza normale che proviene da una famiglia come tante? Neanche in questo caso Trish mi avrebbe ritenuta una buona compagna per suo figlio, ma sono sicura che avrebbe preferito chiunque alla sorella di Valerie.

«Ma non staranno mica pensando di farti lasciare l'azienda, vero?» Sapevo che ormai Lincoln vi ricopriva un ruolo importante e non potevo escludere che i miei genitori gli facessero pressione.

Scosse la testa. «No. Ma hanno un sacco di problemi con gli Irvine per questa storia, perché, non so come, Clive ha scoperto che non ho mai ricambiato i sentimenti di Paige. Ora vogliono che strisci ai loro piedi e mi scusi di persona.»

«Wow. Ma tu non hai intenzione di farlo, vero?»

«Non ho ancora deciso» ribatté Lincoln fissando la sua tazza.

«Se ti interessa la mia opinione, non farlo.» Non riuscivo a immaginare una situazione più umiliante. Tranne forse un altro incontro con Trish Coldwell, in cui avrebbe tentato di separarmi da suo figlio.

Diedi una rapida occhiata al mio telefono. Al nostro ritorno Jess si era precipitato subito dalla madre per affrontare la questione del pedinamento in Australia, ma per adesso non avevo saputo nulla.

«Aspetti una telefonata?», chiese Lincoln.

«Solo notizie da Jess. È andato a trovare sua madre.»

«Qualcosa mi dice che non si tratta di una visita di piacere.»

«Infatti.» Scossi la testa. «Mamma e papà ti hanno detto qualcosa su di me?»

«Non molto. Sono ancora convinti che si tratti solo di una fase. Che prima o poi ti renderai conto che Jess – il *giovane Coldwell* – non è l'uomo giusto per te. Stanno solo aspettando che tu lo capisca.»

Mi sfuggì uno sbuffo. «Allora buona fortuna.» Se c'era una cosa di cui ero certa, era che non avrei mai più lasciato Jess. «Ma quindi non sono stati loro ad assoldare qualcuno per sorvegliarci in Australia, vero?»

«Cosa?» chiese Lincoln aggrottando le sopracciglia. «Qualcuno vi ha pedinato?»

Annuii. «Crediamo sia stata Trish, e non mamma e papà. Ecco perché Jess è andato da lei.»

«Non parliamo molto ultimamente, ma sono abbastanza sicuro che non siano stati loro. Finché non gliel'ho detto io, non sapevano neanche che eri fuori città.»

Non mi stupiva, perché la loro tattica di muta disapprovazione funzionava solo se mi ignoravano. «Quindi non lo sa nessuno di me e Jess?»

Lincoln posò la tazza vuota nell'acquaio. «Non mi risulta. La notizia che è stato aggredito da una vecchia conoscenza di suo padre è naturalmente sulla bocca di tutti, ma nessuno si è accorto che siete spariti contemporaneamente.»

Tirai un sospiro di sollievo. Quella era un'ottima notizia.

«Len?» Mio fratello mi guardò con attenzione. «Non vi siete fidanzati… in Australia, vero?»

Mi sfuggì una risata incredula. «Fidanzati? Cosa te lo fa pensare?» La storia tra me e Jess era iniziata quasi un anno prima, ma stavamo insieme a tutti gli effetti solo da due settimane.

«Be', con Valerie e Adam è successo tutto così in fretta. Ho pensato che magari in vacanza, presi dal romanticismo della situazione...»

Scossi la testa. «Di sicuro è stato romantico e sono davvero felice di poter finalmente stare con lui, ma non si prende una decisione del genere dopo sole due settimane.» O almeno noi non l'avevamo fatto. Avevo sempre trovato molto romantica la scelta di Valerie e Adam di fidanzarsi dopo sei mesi ma, anche solo per le circostanze della loro morte, non avrei mai fatto lo stesso.

Mio fratello sembrava sollevato. Forse perché anche lui aveva avuto brutte esperienze al riguardo. «Ci sono novità sul caso?»

«Solo qualche indizio, ma finora l'investigatrice ha mantenuto un profilo basso. Spero ci fornisca presto qualcosa di concreto. Tuttavia, dal momento che è passato tanto tempo e i sospettati sono stati molto scrupolosi nell'insabbiare le prove, sarà una cosa lunga.» Realizzai che in Australia avevo staccato da tutto quello che c'entrava con New York, la mia famiglia e anche la morte di Adam e Valerie. Provai una dolorosa fitta allo stomaco, avvertita di rado nelle ultime due settimane. Per un attimo mi sentii in colpa per non averci pensato, ma poi mi venne in mente che mia sorella si sarebbe goduta quella vacanza più di chiunque altro. *Staccare la spina è importante, Lenny. Anche se ti sembra da egoisti.*

Lincoln annuì, poi si avvicinò alla credenza nel corridoio che conduceva in salotto. «A proposito di Valerie, ho qualcosa per te.» Frugò nel primo cassetto, tirò fuori un piccolo oggetto e me lo porse. Era una chiave con un ciondolo tondo.

«Che cosa apre?»

Per un attimo mio fratello sembrò soppesare le parole. Poi si decise e parlò. «È la chiave di uno scomparto in un magazzino nel Queens.»

«Okay…» ribattei cauta, esaminando la targhetta che riportava semplicemente un numero: 176. Doveva essere quello dello scomparto. A New York c'era una infinità di magazzini.

«E cosa contiene?»

«Come tu ben sai, mamma e papà hanno ripulito la stanza di Valerie poco prima del tuo rientro. In realtà non hanno dato via la sua roba, come ti hanno fatto credere, ma l'hanno trasferita in un magazzino.»

Lo fissai col fiato sospeso. «Mi stai dicendo che…»

«Sì.» Sorrise. «In quello scomparto ci sono tutte le cose di Valerie.»

«Come… come hai fatto a scoprirlo?» Strinsi la chiave così forte da imprimerne la sagoma sul palmo della mano.

Per tutto quel tempo avevo rimpianto di non aver potuto conservare nulla di mia sorella per ricordarmi di lei, a parte il carillon che Lincoln mi aveva regalato per il mio compleanno. Credevo fosse tutto sparito, regalato o venduto. Adesso scoprire che le sue cose erano ancora lì mi sembrava un miracolo.

«Per caso. La settimana scorsa ho ricevuto un sollecito dal magazzino perché il reparto contabilità si era dimenticato di pagare l'affitto.» Lincoln indicò la chiave. «Abbiamo alcuni depositi, per l'antiquariato e i mobili, ma nessuno nel Queens. Così ho fatto qualche ricerca su quando è stato affittato lo spazio: circa quattro settimane prima che tu tornassi. E, dal momento che so dove papà tiene le chiavi, l'ho rubata.» Sembrava un po' a disagio, ma anche contento, e non potei fare a meno di abbracciarlo.

«Grazie, Linc» sussurrai quando mi staccai.

«Figurati.» Sorrise. «Ho pensato che potremmo andarci insieme se vuoi, così guardi se c'è qualcosa di lei che ti piacerebbe avere.»

«Sarebbe fantastico.» Mi venne in mente Jess e pensai che avrei voluto che ci fosse anche lui. Non soltanto perché tra gli effetti personali di Valerie avremmo sicuramente trovato qualcosa di Adam, ma anche perché sapevo che non sarebbe stata un'esperienza facile.

Controllai di nuovo il cellulare. Ancora nessun messaggio o nessuna chiamata.

«Hai fame?» mi chiese Lincoln strappandomi ai miei pensieri. «Ieri io e Penny abbiamo ordinato qualcosa da THEP, ma era davvero troppo.»

«Era troppo o vi siete distratti?» sorrisi, felice di concentrarmi su qualcos'altro che non fosse la discussione tra Jess e Trish. «In preda all'impellente desiderio di profanare il divano?»

«Smettila!» ribatté Lincoln un po' arrossito. «È già stato abbastanza imbarazzante, soprattutto per Penny.»

«Non solo per lei» risposi divertita, cambiando poi argomento e indicando il frigorifero. «Hai detto THEP? Ci sono anche le costolette di maiale? Come potrei dire di no!»

E chissà, magari nel frattempo Jess si sarebbe fatto sentire.

# 24
# Jessiah

Sollevai la testa e osservai il grattacielo che ospitava gli uffici della CW Buildings. L'edificio mi sembrava ancora più grande dell'ultima volta che ero stato lì, e lo stesso valeva per l'intera città. New York non mi era mai apparsa tanto fredda e inospitale come dopo due settimane trascorse in Australia. Anche se… quando ero rientrato in seguito alla morte di Adam mi ero sentito ancora peggio. Adesso almeno avevo qualcosa per cui valeva la pena lottare. Anzi qualcuno.

Helena mi era mancata dall'attimo stesso in cui, in aeroporto, eravamo saliti su auto diverse per raggiungere Manhattan. Avevamo deciso per il momento di non dare nell'occhio. La situazione con le nostre famiglie era già abbastanza stressante, non era il caso di far sapere a tutta la città che la sorella di Valerie e il fratello di Adam si erano innamorati. Prima o poi si sarebbe sparsa la voce, inevitabilmente, ma era meglio per entrambi che non accadesse subito.

«Signor Coldwell» mi salutò una delle dipendenti più anziane di Trish, responsabile dell'accoglienza. «Che piacere rivederla.» Dopotutto non capitava spesso, dal momento che evitavo quel posto come la peste. Ma era solo mezzogiorno e non potevo aspettare che mia madre rientrasse a casa a tarda sera. Inoltre non volevo che Eli assistesse alla nostra discussione.

«Grazie, Sandra» risposi con un sorriso, anche se ero tutt'altro che allegro. «Come va?»

«Molto bene, grazie.» Annuì cortesemente, e mi chiesi come facesse una donna gentile come lei a lavorare per Trish da oltre dieci anni senza perdere la testa. Forse c'era un trucco che avrebbe potuto svelarmi, ma mi trattenni dal chiederglielo.

«Mia madre è nel suo ufficio?» Speravo che non fosse fuori a un appuntamento o in riunione, perché, furioso com'ero, avrei fatto irruzione e l'avrei affrontata davanti a tutto lo staff.

«Sì, sì, è impegnata in una telefonata con Dubai. Le dico che è qui?»

«No, grazie. Conosco la strada.» Poi sorrisi di nuovo e mi incamminai per i corridoi luminosi dell'azienda.

Ancora una volta mi ripetei che avrei accettato qualsiasi altro impiego pur di non lavorare lì. I locali della CW erano proprio come Trish: asettici, freddi e senz'anima. Era tutto improntato sul successo e privo di senso dell'umorismo. Gli uffici erano separati dal corridoio e gli uni dagli altri da pareti di vetro, così che nessuno potesse neanche scaccolarsi in santa pace senza che tutti lo vedessero. La fiducia era un concetto che mia madre non riusciva a contemplare e il continuo ricambio ai piani inferiori dell'azienda dimostrava che in pochi erano in grado di reggere la pressione. Non riuscivo a trovare una valida motivazione per cui qualcuno dovesse infliggersi un tale supplizio. Eppure in tanti lo facevano. Forse perché in qualsiasi altra società immobiliare del mondo faceva curriculum essere sopravvissuti a Trish Coldwell per qualche anno.

Mi diressi verso la grande doppia porta che conduceva al suo ufficio, quando mi cascò l'occhio sulla stanza accanto. Mi soffermai brevemente sulla scritta sopra la porta chiusa: *Adam Coldwell, direttore operativo*. Attraverso la parete di vetro intravidi un blocco sulla scrivania, con accanto una tazza e alcuni vecchi resoconti di quattro anni prima sulla lavagna bianca. Avvertii una fitta allo stomaco nel vedere l'ufficio di mio fratello. Sembrava che fosse appena uscito per andarsi a prendere un caffè.

In realtà non sapevo che fosse rimasto tutto com'era, perché non andavo lì da anni. Non conoscevo nessuno meno sentimentale di Trish, ma sebbene si trattasse di un bell'ufficio con una vista spettacolare, che chiunque avrebbe adorato – di sicuro Tom, il suo attuale direttore operativo –, lei lo aveva lasciato intatto. Un ulteriore segno di quanto fosse fuori di sé dopo la morte di Adam.

Con grande sforzo distolsi lo sguardo da quella vista, niente affatto rassicurante. Anzi, fu l'ennesima conferma di quanto Trish agisse in modo irrazionale quando si trattava di me e Helena.

Il suo ufficio era ormai solo a pochi passi ed era l'unico a non essere delimitato dal vetro, ma da massicce pareti bianche. Bussai alla porta e non attesi il «Sì?» dall'altra parte. Il ricordo di Adam aveva un po' smorzato la mia rabbia, ma non appena mi trovai faccia a faccia con Trish questa ritornò con tutta la sua forza.

«Jessiah, che sorpresa.» Sollevò un sopracciglio. «Devi avere un motivo importante per essere venuto fin qui. Spero non abbia nulla a che fare con le tue vacanze. Suppongo siano andate bene, no?»

«Come se non lo sapessi» sbuffai. «Ti sono piaciute le foto? Sono sicuro che il tuo informatore si è premurato di immortalare ogni momento.»

«Non so di cosa tu stia parlando.» Scosse la testa come se avessi di nuovo quindici anni e avessi appena rovinato uno dei suoi pranzi di lavoro con le mie bravate. *Non so proprio che fare con te, Jessiah. Davvero.*

Ma questo accadeva molto tempo prima.

«Neghi di aver assunto qualcuno per spiare me e Helena? Stai scherzando?» Mi aspettavo che se ne sarebbe vantata, non che lo negasse. Di solito non approvava le bugie, a meno che non le fossero utili. E dubitavo che si sarebbe sentita a disagio ad ammettere di averci tenuti d'occhio. Per motivi di sicurezza o roba simile.

«Ti prego. Come se fossi interessata a vedere le foto della vostra... vacanza romantica.» Fece una faccia disgustata e sembrava sincera.

Mi stavo lasciando abbindolare? O era qualcun altro il responsabile del pedinamento?

«Davvero non sei stata tu?» domandai di nuovo.

«E perché mai avrei dovuto? Ma se non fossero stati neanche i Weston, per proteggere la loro principessina, allora dovresti preoccuparti.» Adesso sembrava molto interessata e io cercai di non far trapelare la mia angoscia. Perché, se nessuna delle due famiglie era coinvolta – e Helena mi aveva già assicurato che non era nello stile dei suoi genitori farla pedinare –, allora doveva trattarsi di qualcun altro. Qualcuno a cui non avevamo pensato prima.

Prima di tutto, però, era importante che Trish non intuisse i miei pensieri.

«Ora, se vuoi ricominciare con questa storia che Adam e Valerie sono morti perché stavano insieme, allora...»

«Allora cosa?» mi interruppe mia madre. «Mi stai dando della paranoica? Svegliati, Jess. Non puoi escludere che non siate in pericolo quando siete insieme. E, se fai la stessa fine di Adam, sarà troppo tardi per cambiare idea!»

C'era qualcosa che non quadrava e piano piano iniziai a capire cosa. Nella mia testa alcune tessere del puzzle tornarono al loro posto e a un tratto pensai che Trish fosse abbastanza perfida da metterci qualcuno alle calcagna solo per avvalorare la propria tesi. In effetti non aveva negato di aver mandato qualcuno, ma solo di essere interessata alle foto che il tizio aveva scattato.

«Hai assunto tu quel tipo per farci paura?»

Era stata Helena a notarlo in città, lei che non era certo abituata a essere pedinata. Di solito Trish assumeva professionisti che non davano nell'occhio. Mi ci erano volute settimane per capire che mi stava facendo sorvegliare.

«Dimmelo» le intimai. «Dimmi solo se lo hai assunto tu.»

Lei serrò le labbra e io non ebbi bisogno di una risposta per sapere che avevo ragione.

«Ve ne siete accorti solo due settimane dopo, tanto eravate presi l'uno dall'altra. Due settimane! Cosa succederebbe se un assassino vi desse la caccia?»

«E perché diavolo dovrebbe succedere?!» le urlai contro. Non me ne fregava un cazzo se tutto il piano ci sentiva litigare. «Sei ossessionata dall'idea di aver perso Adam perché amava Valerie! Non vuoi accettare che è morto!»

Mi guardò con rabbia. «Non è vero!»

«No? E allora perché il suo ufficio è rimasto esattamente com'era? Perché non lo fai sgomberare e lo dai a qualcun altro? Perché non sei in grado di accettarlo! Perché sono quasi quattro maledetti anni che non riesci ad ammettere che probabilmente sei *tu* il motivo per cui il tuo figlio prediletto è morto!»

Lo schiaffo di Trish mi colse di sorpresa, ma lo sentii a malapena, perché sapevo di avere ragione. Non era mai riuscita ad accettare quello che era successo: l'aver perso il figlio nonché suo successore nel modo più crudele e improvviso possibile.

Invece si era trincerata nell'odio per Valerie, alla ricerca di un colpevole, facendo degenerare le cose fino a quel punto. In realtà sapeva benissimo che il problema era un altro. Ovvero *lei*.

«Non hai idea di quello che dici» ribatté freddamente, ma la sua voce fremeva di rabbia.

«Perché, io non ho forse perso un fratello?»

«Lui non significava niente per te! Non avevate nulla in comune, tu e Adam!»

Rimasi in silenzio, scioccato da quell'accusa in parte vera, in parte completamente falsa. In effetti non avevamo molto in comune, avevamo interessi e progetti di vita diversi, idee e passioni differenti. Eppure tenevo moltissimo a lui. Solo che non lo dissi, non dovevo giustificarmi con lei, e invece la guardai con espressione seria.

«Da ora in poi tieniti alla larga da me e Helena. Smettila di interferire nelle nostre vite o te ne pentirai.»

Mi fissò, per un attimo scioccata.

Per quanto non fosse corso buon sangue tra noi in passato, non l'avevo mai minacciata prima.

«Attento, Jessiah» sussurrò. «O farai una brutta fine.»

«Intendi come Terry Bonet?» Non avevo pianificato di chiederle conto quel giorno delle informazioni ricevute da Miranda. Ma a essere onesti, era del tutto impossibile far ragionare mia madre. Non avrebbe mai accettato che io e Helena stessimo insieme. Avrebbe sempre cercato un modo di tenerci separati. Ed è per questo che dovevo chiudere quella storia una volta per tutte.

«Tu come fai a saperlo?» chiese Trish con voce inespressiva. A quanto pareva era convinta che nessuno fosse a conoscenza delle circostanze della morte di Terry Bonet.

«Ha importanza? Il fatto è che so tutto e userò queste informazioni se non ci lasci in pace.» La fissai con insistenza. «Non ci farai più pedinare, né complotterai contro Helena o la sua famiglia, né farai qualsiasi altra cosa che possa spaventarla. Altrimenti andrò a spifferare tutto alla stampa. E non osare tirare in ballo Eli. Non sto bluffando, Trish.»

Mia madre non disse nulla e nei suoi occhi vidi due cose che non avevo mai visto prima: paura e rispetto. Ci mancò poco che mi mettessi a ridere, perché era veramente assurdo che mi rispettasse solo quando le facevo paura.

«Va bene, ho capito» disse dopo una breve pausa, con una voce diversa dal solito. «Ora dovresti scusarmi, ma ho un altro appuntamento tra pochi minuti.»

Annuii. «Ci siamo già detti tutto.»

Quando uscii mi pulsavano le orecchie, mi sentivo le mani sudate e la nausea. Avevo appena oltrepassato un limite etico che non avevo mai voluto superare: avevo sconfitto mia madre con le sue stesse armi, ricattandola con le terribili informazioni ricevute sulla morte di un uomo innocente. Forse avevo ottenuto quello che volevo, ma al tempo stesso avevo spalancato le porte dell'inferno.

Non appena uscii dall'edificio, tirai fuori il cellulare e composi il numero di Helena. Rispose dopo il primo squillo e non mi presi neanche la briga di salutarla.

«Possiamo vederci?» Avevo bisogno di stare con lei, per assicurarmi che andasse tutto bene e di aver fatto la cosa giusta. Altrimenti la sfibrante sensazione di aver commesso un grave errore non mi avrebbe mai abbandonato.

«Certo» rispose subito. «Sono da Lincoln, dove possiamo...»

«Da me, se per te va bene. E fai in modo che nessuno ti veda quando entri.»

«Okay. Arrivo tra venti minuti.»

# 25

## Helena

Quando scesi dall'auto davanti a casa di Jess e chiesi a Bethany di non aspettarmi, ebbi come un brutto presentimento. Jess aveva una voce inquietante al telefono: un po' concitata, come se la conversazione con sua madre lo avesse molto turbato. Non ero sorpresa, sapevo quanto Trish Coldwell potesse essere pesante, ma credevo che lui fosse l'unica persona al mondo in grado di tenerle testa. Per questo mi ero affrettata a raggiungere il Village.

«Ehi, cos'è successo?» chiesi appena aprì la porta, ritrovandomi un istante dopo tra le sue braccia. Non esitai un attimo a ricambiare l'abbraccio, fino a quando non ci separammo di nuovo. Solo allora mi tolsi la sciarpa e il berretto che avevo indossato per camuffarmi.

«L'ho minacciata» disse passandosi la mano tra i capelli, ancora più scompigliati del solito. «Con le informazioni scovate da Miranda su quella morte sospetta nel cantiere di Coldwell House.»

Annuii. «Okay. E come ha reagito?» Quelle informazioni erano tutto ciò che avevamo contro Trish. Se era rimasta indifferente, potevamo solo sperare che lasciasse in pace noi e la mia famiglia, e sapevo benissimo che le probabilità che ciò accadesse erano scarse.

«Era scioccata che lo sapessi. O forse solo che volessi usare queste prove contro di lei, non lo so. Ma credo che mi abbia preso sul serio.»

«Questo… questo è un bene, no?» chiesi titubante, perché sapevo quanto la situazione fosse difficile per lui. Con sua madre erano sempre stati ai ferri corti, fin da quando era adolescente, ma non l'aveva mai minacciata. Per un tipo onesto come lui doveva essere terribile.

Fece spallucce. «Immagino di sì, ma mi sento comunque una merda.»

Gli accarezzai le braccia verso l'alto, fino a raggiungere la nuca. «Non avevi altra scelta. Non ci avrebbe mai lasciati in pace se non l'avessi fatto.»

«Sì, lo so. In realtà non sono andato da lei per ricattarla, ma non appena sono entrato nel suo ufficio è ripartita con questa storia di quanto fosse *pericoloso* per noi due stare insieme.» Jess mi lanciò uno sguardo stanco. «Inoltre ho scoperto che non ci ha fatto pedinare perché voleva spiarci in Australia, ma solo per spaventarci. Deve aver pensato: se Jess crede di essere stato preso di mira da qualche sconosciuto, vorrà proteggere Helena e prenderà di nuovo le distanze da lei.»

Scossi la testa di fronte a quel ragionamento contorto, ma in effetti eravamo ai livelli della campagna di Trish contro Valerie, dopo la morte dei due giovani. Quanto sarebbe stato meglio per tutti noi se avesse provato ad ammettere il proprio dolore. E tutto sommato ero contenta che mi avesse costretta a farlo, per cercare di riscattare la reputazione di Valerie. Altrimenti non avremmo mai scoperto che i nostri fratelli erano stati uccisi.

Jess stava ancora pensando alla conversazione con sua madre. «Non ha neanche sgomberato l'ufficio di Adam. È proprio accanto al suo, come un monumento commemorativo, con vecchi bilanci alle pareti e una tazza usata sulla scrivania. Non ha neppure iniziato a elaborare il lutto. Probabilmente non ci ha ancora provato.»

Questo non mi stupiva. «Per una persona come lei, perdere Adam dev'essere stato un duro colpo. Non soltanto perché gli voleva bene, ma perché le piace avere il controllo su tutto. Non se lo aspettava, per questo ha dato la colpa a Valerie.»

Jess annuì. «Le ho detto chiaro e tondo che la ritengo responsabile della loro morte. Perché, parliamoci chiaro, quanto è probabile che non abbia nulla a che fare con Trish?»

«Poco» ammisi. Mi ero scervellata tanto sulla questione nelle ultime settimane, ma non vedevo altre possibilità. Naturalmente c'era ancora il rischio che c'entrasse una rivale di Valerie, ma spesso il mondo degli influencer era così inconsistente che nessuno di loro mi sembrava capace di arrivare a tanto.

«Spero che Miranda trovi presto qualche pista valida» sospirò Jess, passandosi una mano sul viso. «Forse, se troviamo i colpevoli, tutta la faccenda di Trish si risolverà» concluse voltandosi.

«Ehi» lo fermai. «Hai fatto la cosa giusta. Questo lo sai, vero?»

«Sì, ma mi sento uno schifo» sbuffò. Poi andò in cucina e aprì diversi armadietti, tirò fuori un tagliere e un coltello. Sul ripiano c'erano due sacchetti di carta, che doveva aver comprato sulla strada di casa. «Hai fame? Volevo fare i cannelloni.»

Lo seguii riluttante. «Sei sicuro di voler cucinare adesso? Possiamo ordinare qualcosa.»

Scosse la testa. «No, cucinare mi tira su. E non voglio passare la nostra prima notte insieme a New York con questo macigno sullo stomaco.»

«Allora vada per i cannelloni.» Sorrisi, perché mi resi conto che era la prima volta che ci trovavamo nel suo appartamento da quando ci eravamo messi insieme. Le circostanze non erano esattamente quelle che avrei sperato, ma almeno eravamo uniti. E quella era l'unica cosa che contava.

«C'è qualcosa che posso fare per aiutarti?» Le mie doti culinarie erano piuttosto scarse – per non dire inesistenti –, ma in Australia avevamo constatato che ero abbastanza brava a sminuzzare gli ingredienti.

Jess sorrise e mi porse un tagliere e un coltello, insieme a un grande mazzo di verdure. «Visto che me lo chiedi... potresti tagliare gli spinaci.»

Più tardi ci sdraiammo sul suo ampio divano, che era ancora più comodo di quanto sembrasse. In televisione scorrevano i titoli di coda di un film che avevamo guardato solo in parte, perché intenti a limonare come due adolescenti allo spettacolo serale. Non ci eravamo, tuttavia, ancora spinti oltre. Come se ci divertissimo a fingere di essere al cinema, dove pomiciare era l'unica cosa consentita se non ti volevi beccare una denuncia. E l'attesa faceva comunque aumentare l'eccitazione.

Adesso che il film era finito, però, quel divieto sembrava essere sfumato. Le dita di Jess iniziarono a muoversi sotto il mio maglione e io sospirai lievemente quando le sue labbra scivolarono giù dal mio orecchio verso la pelle sensibile del collo. Mi domandai se sarebbe sempre riuscito a farmi dimenticare tutto così facilmente, augurandomelo con tutto il cuore.

«Andiamo a letto?» sussurrò dolcemente, procurandomi un'altra piacevole ondata di brividi lungo la schiena.

«Ma certo» risposi. Nonostante il divano fosse comodo, lo avevamo già sperimentato durante la tempesta di neve prima di Natale, adoravo il letto di Jess sul soppalco. Non soltanto perché era lì che avevamo dormito insieme la prima volta, ma anche perché era uno dei miei posti preferiti al mondo. Non sapevo bene perché, forse era l'atmosfera che regnava nel loft, forse la luce, forse solo io e lui. Non importava.

Jess si alzò e mi prese tra le braccia – un altro dei miei posti preferiti – e io lo baciai intensamente, poi ancora di più, finché non mi sollevò dal divano. Ma proprio mentre gli avvolgevo le gambe intorno ai fianchi, sentii un dolore alla coscia.

«Ahi, cazzo.» Capii subito cosa mi stava premendo contro la gamba. Era la chiave del magazzino dove erano custodite le cose di Valerie.

Jess mi posò a terra e io tirai fuori la guastafeste. Stavo per rimetterla via, ma lui la guardò con curiosità.

«Cos'è?» chiese, girando la targhetta su cui era riportato il numero del deposito. Con tutta la storia di Trish, avevo completamente dimenticato quello che mi aveva rivelato Lincoln. Non avevo ancora deciso se dirlo a Jess.

«La chiave di un deposito nel Queens» risposi. «I miei genitori hanno sgombrato la stanza di Valerie prima che tornassi a New York e mi hanno fatto credere di aver dato via o venduto le sue cose. Ma Lincoln ha scoperto che hanno semplicemente trasferito i mobili, i vestiti e tutto il resto in un magazzino.»

«E non te l'hanno mai detto?»

«No, devono aver pensato che per me fosse meglio credere che non ci fosse più nulla.»

Jess emise un ringhio che tradì ciò che pensava di quella decisione. Non ne fui sorpresa, dal momento che non c'era niente che odiasse di più al mondo dei misteri dell'upper class. «Ci sei già stata?»

Scossi la testa. «Non ne ho ancora avuto il tempo. Io e Lincoln stavamo pensando di andarci tra un paio di giorni, quando i nostri genitori saranno a Chicago. Non si sa mai.» Anche se non mi stavano facendo pedinare, non volevo rischiare che mi scoprissero e si sbarazzassero delle cose di Valerie.

«Se vuoi che ti accompagni, dimmelo, okay?» Mi scostò una ciocca di capelli dalla fronte e ancora una volta rimasi colpita dalla sua sensibilità per gli stati d'animo altrui, soprattutto i miei. Probabilmente aveva notato che mi ero irrigidita quando mi era tornato in mente il deposito.

«Sarebbe bello» sussurrai. «Potrebbe anche esserci qualcosa di Adam. Sono sicura che i miei genitori non abbiamo fatto una cernita prima di portare via tutto.»

Jess fece un respiro profondo e sospirò, come lo avevo visto fare centomila volte quando era triste. Lo abbracciai forte, lui ricambiò il gesto e per un attimo ci sentimmo una cosa sola, ma in un modo completamente diverso da cinque minuti prima. Uniti dalla perdita dei nostri fratelli, dallo stesso dolore, dallo stesso lutto. Per la maggior parte del tempo cercavo di rimuovere dalla mente che erano stati uccisi, perché altrimenti non sarei riuscita ad andare avanti. Ma in momenti come quelli venivo travolta dalla consapevolezza di aver perso mia sorella per sempre.

«Scommetto che a loro sarebbe piaciuto che io e te ci fossimo innamorati.» Sorrisi staccandomi di nuovo da Jess.

«Pensi che sarebbe successo lo stesso se non fossero...?» si interruppe.

«Be', suppongo che ci saremmo incontrati al più tardi al matrimonio. Io con uno splendido vestito da damigella d'onore, perché Valerie non me ne avrebbe mai fatto indossare uno brutto, e tu con l'abito da testimone.»

Per un attimo Jess si rabbuiò e io mi resi conto di quanto fosse inopportuno il mio commento. Era passato un anno da quando gli avevo spiattellato in faccia, per ferire i suoi sentimenti, che Adam lo avrebbe voluto come testimone di nozze, senza che lui l'avesse mai saputo. «Perdonami, scusa. Non volevo...»

«Non preoccuparti» mi rassicurò. «Sono sicuro che me lo avrebbe chiesto e io avrei detto di sì. Il che significa che avrei percorso la navata al tuo fianco, giusto?»

Un sorriso mi si stampò in faccia e sentii alleggerire il peso sullo stomaco. «Giusto» risposi con voce seducente. «Ma sai che cliché il testimone che ci prova con la prima damigella...»

«Che ci prova?» sbuffò. «Non ci avrei mai *provato* con te. Probabilmente non ti avrei staccato gli occhi di dosso per tutto il matrimonio, ma mi sarei trattenuto fino alla fine della festa. Poi ti avrei chiesto di ballare una canzone romantica, avremmo parlato, forse ci saremmo avvicinati...» Mi baciò, ma solo sfiorandomi le labbra. «Naturalmente sarei stato un gentiluomo e non ti avrei mai fatto pressioni, ma ti avrei chiesto di uscire, come è giusto che sia.»

Sorrisi. «Certo. Spero che mi avresti portata al Bella Ciao.»

«Assolutamente sì. Al massimo la scintilla sarebbe scoccata lì, tu saresti venuta da me e ci saremmo trovati nella stessa identica situazione di adesso.»

«E poi?» chiesi lanciandogli le braccia al collo e stringendomi a lui.

Jess si piegò sopra di me e mi sfiorò il naso col suo, prima di sollevarmi di nuovo e portarmi verso le scale.

«Adesso ti faccio vedere.»

## 26

## Helena

Quattro giorni dopo i miei genitori partirono per Chicago e Lincoln diede il via libera per la missione magazzino.

Ci recammo nel Queens, dove ci avrebbe raggiunto anche Jess dopo un appuntamento al club di Delilah Warren. All'inaugurazione del locale mancava una quindicina di giorni e i due avevano un mucchio di cose di cui parlare dopo la lunga assenza di Jess. Mi sarebbe piaciuto accompagnarlo, anche per rivedere Edina e Finlay, ma per il momento avevamo deciso di non rendere pubblica la nostra relazione.

Il deposito si trovava alla periferia del Queens, in fondo a una strada. Probabilmente nessuno si sarebbe mai aspettato di trovare lì gli averi di Valerie Weston. Motivo per cui, ne ero certa, i miei genitori lo avevano scelto.

«Allora te la senti di incontrarlo così, a tu per tu?» chiesi a Lincoln in tono semischerzoso, mentre aspettavamo il pickup di Jess davanti al deposito.

«Che c'è, hai paura che ci sfideremo a duello in cortile?» ribatté mio fratello alzando un sopracciglio. «Non avremmo dovuto guardare tutti quei film in costume.»

«Eppure ti piacevano così tanto» replicai con un sorriso. «Inoltre lì non c'erano i discendenti di due famiglie rivali come voi.» Non avevo mai visto Jess e Lincoln rivolgersi la parola, non avevo nemmeno idea se fosse mai successo. Anche se non mi aspettavo che si scannassero, desideravo che andassero d'accordo. Dopotutto erano entrambi incredibilmente importanti me.

«Non preoccuparti, Len» mi tranquillizzò lui con un sorriso. «Tu lo ami, quindi piacerà anche a me. Non commetterò lo stesso errore che ho fatto con Valerie, lasciandomi condizionare dai pregiudizi di mamma e papà.»

Gli posai una mano sul braccio e lo strinsi leggermente.

Un attimo dopo un pickup nero entrò nel cortile e Jess parcheggiò accanto a noi. Sapevo che qualcuno avrebbe potuto vederci insieme e diffondere la notizia sui social, ma il rischio era basso. Nessuno si aggirava in quell'angolo della città, soprattutto con il freddo.

Scendemmo dall'auto e io trattenni il respiro, mentre Lincoln e il mio ragazzo si avvicinavano l'uno all'altro. Le mie preoccupazioni tuttavia si rivelarono infondate, perché si salutarono con una pacca sulla spalla e stringendosi la mano, e nessuno dei due sembrò particolarmente a disagio. Anzi, Jess ringraziò persino mio fratello per aver aiutato Eli quando lui era in ospedale, gesto che Lincoln liquidò con un'imbarazzata scrollata di spalle. E con questo sembrò tutto risolto. Perché non poteva essere lo stesso con i miei genitori? O con Trish Coldwell?

Solo quando ci stavamo incamminando verso l'ingresso del magazzino, Jess mi cinse le spalle e mi salutò con un rapido bacio. Ma ero troppo tesa per godermelo, perché non avevo idea di che effetto mi avrebbe fatto ritrovarmi in una stanza con le cose di Valerie. Sentii come un macigno sullo stomaco mentre percorrevamo i lunghi corridoi, finché non ci fermammo davanti al numero riportato sulla targhetta.

Aspettai col fiato sospeso che Lincoln aprisse il lucchetto.

Poi lui e Jess alzarono la saracinesca rivelando il contenuto del deposito. Era grande circa venti metri quadrati e all'interno regnava il caos più totale. Il mio sguardo vagò sopra i mobili e gli oggetti a me familiari: il divano di Valerie, la sua bacheca, la sua toeletta. Da un lato avrei voluto toccare tutto, dall'altro non riuscivo a muovermi di un passo. Anche se quella non era la sua stanza, non mi ero mai sentita tanto vicina a mia sorella da quando era morta.

«Prenditi il tuo tempo» mi sussurrò Jess, con la mano delicatamente posata sulla mia schiena. Ero così felice che fosse venuto, che fossero entrambi qui.

Finalmente feci un passo, poi un altro ed entrai nella stanza. Non potevo credere che i miei genitori mi avessero tenuto nascosto quel posto. E avevo una gran voglia di affrontarli, anche se sapevo già cosa avrebbero risposto: *Volevamo solo proteggerti. I vestiti e i mobili di tua sorella non la riporteranno indietro.* Vero, ma mi sentivo comunque tradita. Sapevo già da tempo che i miei genitori non prendevano mai sul serio né me né i miei desideri, come se mi considerassero una ragazzina incapace di prendere decisioni. Ma vedermelo spiattellato così in faccia faceva comunque male.

Non era tuttavia il momento di farsi travolgere dai sentimenti. Anche se Lincoln non si aspettava che nostro padre si accorgesse a breve della chiave mancante, trovandosi tra l'altro fuori città, in quel posto c'erano decine di depositi e, più a lungo restavamo, più era probabile che qualcuno ci scoprisse.

«Forse dovremmo richiudere la serranda» suggerì mio fratello.

Jess annuì e la tirò giù.

Il neon al soffitto diffondeva una luce fredda sulle cose di Valerie. Allungai la mano e passai le dita sulla scrivania di legno, piano piano, poi sul tessuto blu del divano, che sembrava più sbiadito di quanto ricordassi. Quante volte mi ci ero seduta sopra con mia sorella, al solo pensiero mi si serrava la gola. Avrei tanto voluto caricare su un camion tutto quello che c'era in magazzino e portarlo via con me, solo per circondarmi di quelle cose e sentire Valerie più vicina. Ma sapevo che non era possibile, neanche se avessi avuto un appartamento tutto mio.

Per quanto avessi amato mia sorella, quel ritorno al passato non mi avrebbe certo aiutato a superare la sua morte. Questo non significava, tuttavia, che non potessi portarmi via alcuni oggetti per ricordo.

Mi presi il tempo di esaminare ogni cosa attentamente; trovai il vecchio ippopotamo di peluche e rimossi il pluriball dalla grande bacheca con la cornice a ghirigori che mia sorella riempiva sempre di foto ricordo. A quanto pareva, la ditta di traslochi che si era occupata del trasporto non aveva rimosso le immagini, anche se alcune erano cadute giù. Ne recuperai qualcuna e le guardai: ritraevano me e Valerie, mia sorella con le sue amiche o con Malia. E ce n'erano anche alcune con Adam.

«Sembravano così felici, cazzo» bisbigliò Jess.

Non mi ero accorta che era dietro di me e ora stava osservando la foto da sopra la mia spalla. Indossavano entrambi una felpa: Valerie quella blu della Columbia, che ora avevo io, e Adam quella rossa della Cornell. Ridevano. Mi era sempre piaciuta quella foto. Era bello riaverla.

«Lo erano.» Mi appoggiai a lui per un attimo, prima di raccogliere le foto e posarle sulla scrivania accanto all'ippopotamo. Quelle cose le avrei prese sicuramente.

Poi aprii alcuni scatoloni pieni di vestiti ripiegati e, alla vista dei ben noti abiti di Valerie, sentii di nuovo un nodo alla gola. Subito dopo, però, fui distratta da mio fratello.

«Non ci posso credere.» Da uno degli scatoloni Lincoln tirò fuori un raccoglitore nero, ricoperto di adesivi. Doveva risalire ai tempi delle medie, perché era molto vecchio.

«Cos'hai trovato?» Mi avvicinai a lui e vidi che in mezzo a vecchi esercizi e appunti di chimica aveva scovato una cartellina di plastica trasparente, il cui contenuto non sembrava essere dello stesso periodo. Mio fratello tirò fuori i documenti e li sistemò sulla scrivania, tranne uno che tenne in mano.

«Che cos'è?» chiesi. Sembrava una lettera scritta a mano ed ebbi subito paura di leggerla.

«Un testamento, direi.» Jess indicò l'inizio della lettera, dove c'era scritto: *Le mie ultime volontà*, sulla carta intestata che Valerie usava per lavoro.

«Aveva fatto testamento?» chiesi fissando incredula il foglio. Naturalmente sapevo che Valerie aveva guadagnato dei soldi sin da quando, a quindici anni, era stata scritturata per i suoi primi lavori da modella, ma non era da lei preoccuparsi di chi un giorno ne avrebbe ereditato il patrimonio. «Sei sicuro?»

Lincoln mi strappò di mano il foglio e lo esaminò. «Jess ha ragione. A quanto pare Valerie aveva le idee ben chiare su cosa fare dei suoi soldi e delle sue cose una volta morta.»

Sentii la pelle d'oca sulle braccia risalire fino alla nuca. «Pensi che sospettasse qualcosa?» chiesi con un filo di voce rivolgendomi a nessuno in particolare.

«No, non credo» rispose Jess indicando la data. «È stato scritto più di un anno prima che incontrasse Adam.»

«Credo risalga al periodo in cui stava passando un brutto momento con mamma e papà» azzardò Lincoln. «Ti ricordi quando aveva iniziato a fare delle collaborazioni e i nostri genitori non volevano perché, secondo loro, si sarebbe trasformata in una "testimonial da quattro soldi?"»

Annuii, me lo ricordavo fin troppo bene. Era stato il loro primo conflitto aperto dopo un bel pezzo, prima che Adam entrasse nella sua vita. «Perché non me l'aveva mai detto?» mormorai. «È stato solo un gesto d'impulso, come sempre? O faceva sul serio?»

«Forse perché ti ha lasciato tutto» ribatté Jess indicando un passaggio più avanti.

«Cos'ha fatto?!»

«Ti ha lasciato il suo patrimonio, i vestiti, tutto.» Lincoln lesse ad alta voce. «C'è scritto: "I miei soldi, a prescindere dalla somma accumulata, così come gli altri beni di valore, vanno a mia sorella Helena, che di sicuro saprà farne buon uso. Confido che si sbarazzerà con discrezione di ciò che è di cattivo gusto. Dopotutto è troppo stilosa per trasformarsi in una *testimonial da quattro soldi* come me".»

Lanciai un gridolino, un misto di pianto e risate. Ma che assurdità! Mia sorella mi aveva davvero lasciato tutto in un impeto di ribellione? E nessuno era a conoscenza di quel testamento?

«Ma questo non sarebbe dovuto venire fuori subito dopo che è morta?»

«L'aveva nascosto in un vecchio raccoglitore della scuola, probabilmente nessuno sapeva che esistesse.» Lincoln scosse la testa. «Abbiamo esaminato la documentazione aziendale dopo la sua morte, ma non c'era nessun testamento.»

«Allora ha qualche validità?» Non riuscivo ancora a credere che Valerie mi avesse lasciato tutto per un capriccio.

«È comunque valido» constatò mio fratello. «Una volta provata l'autenticità, tramite un campione di scrittura o roba simile, è in regola.»

Calò il silenzio, mentre riflettevo su cosa significasse tutto questo. Non mi ero mai chiesta quanti soldi potesse avere Valerie. Eravamo cresciuti tutti e tre con il privilegio di non doverci preoccupare di certe cose, con una famiglia benestante alle spalle e un consistente fondo fiduciario in banca. Ma ora che avevo litigato con i miei genitori, la cosa assumeva tutta un'altra importanza. Se volevo mettere su qualcosa di mio, sarebbe stato più facile con un cospicuo capitale iniziale.

«E che fine hanno fatto i suoi soldi?» chiesi a Lincoln. Non avevo mai pensato neanche a quello. Mia sorella era stata molto generosa in vita sua, sia con me che con i suoi amici. Inoltre aveva sostenuto molti progetti di beneficenza.

«Sinceramente non ne ho idea. Se una persona senza figli muore e i genitori sono ancora in vita, sono loro a ereditare tutto. Quindi...»

«... devo chiedere a mamma e papà» terminai io la frase.

«Puoi anche lasciarlo fare a un avvocato.» Jess mi guardò serio. Sapeva perfettamente quanto fossero tesi al momento i rapporti con i miei genitori. «Forse è meglio. Quando ci sono i soldi di mezzo, non è mai bello.»

Concordai con un lieve cenno del capo, ma non ero sicura di avere il coraggio di comunicare ai miei, tramite avvocato, che il patrimonio di Valerie mi spettava di diritto. Soprattutto perché avrebbe potuto essere spiacevole, se si fosse trattato di una bella somma e loro l'avessero spesa nel periodo di crisi per restare a galla. «Ci devo pensare. Perché non so se posso accettarli. I suoi soldi, intendo.» Forse era meglio donarli o qualcosa di simile.

Lincoln mi guardò stupito. «Non li vorresti? Credevo che dopo la laurea volessi aprire l'agenzia turistica di cui parlavate sempre tu e Val. Quale modo migliore di usare la sua eredità?»

Scambiai una rapida occhiata con Jess e lui accennò un sorriso. «Non ha tutti i torti. Anche se mi sarebbe piaciuto essere il tuo investitore, credo che Valerie sarebbe ancora meglio.»

Mi vennero le lacrime agli occhi quando capii che avevano entrambi ragione. Lei non aveva idea che sarebbe morta così giovane quando aveva scritto il testamento. Di sicuro aveva immaginato che saremmo state vecchie quando fosse arrivato quel momento, a meno che non avesse semplicemente voluto sfogare la propria frustrazione. Ma poi era morta, e con lei anche il nostro progetto *Friends and the City*, finché non mi era tornato in mente quella sera al Bella Ciao, quando Jess mi aveva detto che ci avrebbe investito volentieri. E adesso ero iscritta alla NYU, avevo gettato le basi e trovato quel testamento scritto da mia sorella. Non poteva essere una coincidenza!

«Lo prendo io e lo farò esaminare» decisi, riponendo la cartellina nel raccoglitore, insieme alle foto della bacheca. Poi mi guardai intorno, e per un attimo ebbi la folle idea che forse in quelle scatole si nascondesse qualcosa, un indizio sull'assassinio di Valerie e Adam. Ma era improbabile. Come aveva detto Lincoln, la sua documentazione aziendale era stata esaminata da tempo e nessuno meglio di me aveva setacciato i suoi profili social in cerca di indizi. Non credevo che avesse dei nemici capaci di ucciderla.

«Se vuoi recuperare qualcuno di questi mobili puoi portarli nel mio appartamento» suggerì Jess con un sorriso. «Scommetto che a Adam sarebbe piaciuto se ci fosse stato qualcosa di Valerie nel loft.»

Mi guardai intorno: «È molto gentile da parte tua, ma… non credo di poter decidere adesso». Era stata un'esperienza piuttosto impegnativa e in quel momento non ne potevo davvero più.

«Nessun problema. Quando sarai pronta.» Mi baciò dolcemente sui capelli e io mi aggrappai a lui per qualche secondo – forse non solo a lui, ma anche al presente, che in quel momento per me erano la stessa cosa.

Lincoln guardò l'orologio. «Allora possiamo andare?»

«Ancora due minuti.» Presi l'ippopotamo e il raccoglitore, più alcuni vestiti – non quelli eleganti, che Valerie indossava quando usciva, ma le felpe comode e i pantaloni della tuta che portava sempre quando passavamo le serate a poltrire sul divano e a guardare un episodio di *Una mamma per amica* dopo l'altro. Sapevo che non era una buona idea iniziare a mettere i vestiti di mia sorella, ma per qualche oscura ragione li volevo con me.

Quando uscimmo dal magazzino e abbassammo il bandone, rimasi lì a guardare il metallo grigio e faticai a decifrare i miei sentimenti. Se da un lato quella visita non era stata troppo dolorosa come sospettavo, dall'altro non mi aveva neanche fatto bene come speravo. E poi c'era la questione del testamento, di cui non sapevo niente. Perché non me ne aveva mai parlato?

*Altri misteri. Altre domande.*

Avrei mai avuto tutte le risposte?

# 27

## Jessiah

«Devi tagliare le cipolle più fini» dissi.

«Più fini? Ma così diventeranno una poltiglia.» Eli osservò i cubetti sul tagliere, come in cerca della loro approvazione, che ovviamente non arrivò. Così sospirò e riprese in mano il coltello.

«Da quando in qua ti interessi di cucina?» Alzai un sopracciglio in direzione di mio fratello che, contrariamente alle sue parole, continuò a tritare i cubetti troppo grossi. Mi aveva chiesto di preparare gli spaghetti all'amatriciana, ma il fatto che volesse imparare a cucinarli era una novità.

«Perché no? È bello saper cucinare!» Aveva un'espressione impenetrabile, ma conoscevo mio fratello da quando era nato, non poteva fingere con me. Doveva esserci un motivo se all'improvviso voleva imparare, e io lo avrei scoperto.

«Certo che è bello.» Anche se di sicuro lui non avrebbe mai avuto il bisogno di farlo: era abbastanza ricco da poter assumere qualcuno che cucinasse al posto suo o ordinare cibo da asporto. Presi il guanciale, una varietà speciale di pancetta, e lo tagliai a tocchetti. «Ma se non ti piace, non è un passatempo particolarmente divertente.»

«Per questo voglio provare, per capire se fa per me. Dopotutto a te piace un sacco, no? E può sempre essere d'aiuto quando… conosci qualcuno» disse, borbottando indistintamente l'ultima parte della frase.

«Ah, capisco» mi limitai a replicare, rivolgendogli un sorrisone.

Mio fratello alzò lo sguardo. «Che cos'hai capito?»

«Che evidentemente vuoi fare colpo su qualcuno.» Ma chi poteva mai essere? Tutte le ragazze che aveva conosciuto a scuola provenivano da famiglie altolocate, che avevano il cuoco privato o erano abituate a mangiare nei migliori ristoranti della città.

«Non dire cazzate» obiettò secco Eli. «Non sto cercando di fare colpo su nessuno. O almeno nessuno in particolare.»

Adesso ero confuso. «Allora ti stai preparando all'ipotetica possibilità di fare colpo su qualcuno?»

«Detto così sembra davvero stupido, Jess.» Sospirò e posò il coltello sul tagliere.

«Scusa, non volevo. Spiegami meglio.»

Eli fece un respiro profondo. «L'altro giorno ho sentito alcune compagne di scuola chiacchierare tra loro. Di ragazzi e roba del genere. Ed è venuto fuori il tuo nome.»

«Il mio nome?» Lo guardai incredulo.

«Sì» rispose lui annuendo. «Mi hanno detto che sei molto sexy perché fai surf, hai tanti ristoranti e conosci tutti i proprietari dei locali più in voga della città. Allora ho pensato… be', se somigliassi un po' di più a te, non sarebbe male.»

«Oddio, Eli» ribattei scuotendo la testa. «Prima di tutto quelle ragazze hanno sedici anni. Spesso non hanno idea di cosa cercare in un uomo, e si concentrano sugli aspetti superficiali. Inoltre tu vai bene così come sei, e arriverà un momento in cui avrai la fila. Se devi cambiare per compiacere una ragazza, allora di sicuro non è quella giusta.»

«Forse hai ragione. Ma trovare la ragazza giusta mi sembra un po' eccessivo alla mia età, no?»

Lo guardai. In effetti ricordavo bene quel periodo, in cui le uniche cose che contavano erano l'aspetto fisico e la fiducia in sé stessi. Figuriamoci se a quei tempi pensavo a una relazione seria. Ma Eli era diverso, o almeno così speravo. «Ti interessa solo portarti a letto qualcuna?» Cercai di dirlo nel modo più neutro possibile.

«No!» esclamò indignato, e questo mi sollevò. Avevo notato che ultimamente si allenava molto e aveva messo su un po' di muscoli. Speravo solo che non lo facesse per soddisfare determinati requisiti. «Non c'entra il sesso» aggiunse. «Be', non solo, io… mi piacerebbe farlo, ma non così.»

«Bene, perché, anche se come fratello maggiore dovrei dirti di fare le tue esperienze, ti consiglio di non andare a letto con nessuna che non ti piaccia almeno un po'.»

«Ah sì?» Adesso Eli sembrava divertito. «E tu hai seguito questo consiglio?»

«No, non l'ho fatto. Per questo ne so qualcosa.» Fossi tornato indietro, avrei compiuto scelte diverse. Naturalmente molte erano state belle esperienze, ma non avrei mai voluto ripeterle. E, se avessi potuto esortare Eli a rifletterci un po' di più, avrei sentito di aver fatto il mio dovere.

«Bene, ora hai Helena. Ma a proposito, dov'è? Sarebbe stato bello vederla.» Si guardò intorno come se fosse nascosta da qualche parte nel loft e potesse spuntare fuori da dietro il divano da un momento all'altro.

«È a un ricevimento con la sua ex cognata.» Helena mi aveva spiegato di voler aiutare Paige a riscattare la propria reputazione, ed era stata di parola. Di sicuro non doveva essere piacevole per lei partecipare a un evento dove erano presenti mia madre e i suoi genitori, ma ci era andata lo stesso. E, anche se mi mancava, come ogni minuto che stavamo distanti, ero orgoglioso di lei per aver perseverato anche senza il sostegno della sua famiglia. Dopo che una settimana prima eravamo andati nel magazzino dove erano conservate le cose di Valerie, aveva anche incontrato un avvocato per il testamento chiedendogli di indagare sul caso. Ero curioso di vedere cosa ne sarebbe venuto fuori.

Finimmo di preparare la cena parlando della scuola di Eli, finché il cibo non fu pronto. Controllai gli spaghetti e mi rivolsi a mio fratello. «A proposito, ho qualcosa per te.»

Eli aveva compiuto sedici anni quando ero in ospedale e, dato che da allora non ci eravamo più visti, dovevo ancora dargli il regalo. Corsi di sopra, in camera da letto, e presi una busta dal ripiano dove l'avevo lasciata, poi la consegnai a mio fratello.

«Buon compleanno in ritardo, fratellino.»

«Non devi farmi regali, lo sai» brontolò lui. Non gli piaceva essere al centro dell'attenzione – e i regali di compleanno generavano sempre una certa aspettativa. Ma ero così sicuro che quello gli sarebbe piaciuto che sorrisi, finché non aprì la busta e tirò fuori il biglietto.

Come previsto, strabuzzò gli occhi e mi guardò.

«Dici sul serio?» Adesso non brontolava più, ma sembrava incredulo ed eccitato. Perché sapeva che non stavo affatto scherzando.

«Certo» risposi annuendo. «E se ti stai domandando se Trish è d'accordo, lo è.» Avevo preso accordi con mia madre molto prima di iniziare quella guerra fredda che ora imperversava tra noi.

«Questo è un cane» disse Eli indicando la foto nel biglietto.

«Esattamente. O forse preferivi un gatto?» chiesi divertito alzando un sopracciglio.

«Macché. Davvero... avrò un cane?» All'improvviso Eli sembrò rendersi conto che non si trattava di uno scherzo o di un bel sogno. Gli si inumidirono gli occhi prima che riuscisse a dire di nuovo qualcosa. «Questo è il regalo più bello che io abbia mai ricevuto. Grazie, Jess!»

Quando mi saltò al collo, sentii una stretta che non aveva niente a che fare con l'emozione. Forse avrei comunque dovuto consigliargli di non esagerare con gli allenamenti.

«A proposito, Buddy non è un cane qualsiasi» spiegai dopo che mi ebbe lasciato andare, indicando la foto che mostrava un dolcissimo labrador nero. «È un cane d'assistenza addestrato per aiutarti con i disturbi d'ansia.»

«Esistono cani di questo tipo? Non lo sapevo.» Eli osservò la foto e nei suoi occhi riconobbi qualcosa che non vedevo da molto tempo: gioia e speranza. Il groppo in gola aumentò e mi sforzai di battere le palpebre per scacciare le lacrime che stavano affiorando.

«Me ne ha parlato Helena» spiegai schiarendomi la gola. «Quando ero in ospedale e lei era con te, avete parlato di quanto ti sarebbe piaciuto avere un cane. Così ha fatto delle ricerche e ha trovato l'allevatore di Buddy nel New Jersey.»

«È stata una sua idea?» Eli scosse la testa incredulo. «Non capisco perché alla mamma non piaccia Helena. È una persona così gentile.»

«Sì, lo so.» Sorrisi e, come sempre quando pensavo a lei, avvertii una meravigliosa sensazione di calore dentro di me. A volte negli ultimi giorni avevo temuto di aver superato il limite con mia madre, ma sapevo che era la cosa giusta da fare. Dovevo proteggere Helena, preservare quello che c'era tra noi. Non avrei mai più voluto vivere senza di lei.

«Che cosa significa un cane d'assistenza?» chiese Eli. «Conosce qualche trucchetto speciale? Come i cani guida per i non vedenti?»

«Più o meno, solo che è addestrato in modo diverso. Ti terrà compagnia e ti farà bene prenderti cura di lui. Ma sa anche accendere la luce di notte se hai un incubo, o starti vicino durante un attacco di panico.»

In Australia ero rimasto molto colpito quando Helena mi aveva spiegato che per ogni tipo di disturbo mentale esistono cani adeguatamente addestrati.

«Potrai portarlo a casa con te solo tra sei mesi, perché deve ancora imparare un po' di cose, ma intanto possiamo andare a trovarlo se ti va.»

«Sarebbe fantastico, è troppo carino.» Eli accarezzò la foto di Buddy, come se ancora non riuscisse a crederci. «E sei sicuro che la mamma sia d'accordo? Altrimenti non posso tenerlo.»

Il mio sorriso si assottigliò. «Ho già parlato con lei.»

«Prima o dopo averla ricattata?»

«Te l'ha detto lei?» All'improvviso avvertii un certo disagio.

«No, l'ha raccontato a qualcuno al telefono e io ho sentito.» Fece spallucce come se non gliene fregasse nulla.

«Eli...»

Scosse la testa. «Non devi darmi spiegazioni, Jess. Quando si tratta di te e Helena, la mamma non ragiona. Proprio come con Adam e Valerie. Sono sicuro che non l'avresti fatto se non fosse stato necessario, vero?»

Adesso fui io a scuotere la testa. «Certo che no. Era la mia ultima risorsa se non fosse tornata in sé. Cosa, me ne rendo conto, altamente improbabile.»

«Già, temo di sì.» Eli annuì, poi nei suoi occhi vidi riaccendersi una scintilla di speranza, un po' più tenue di quella comparsa prima, alla vista del suo futuro cane.

«Ma non vorrai usarlo per…» Poi si interruppe. Sapevo purtroppo dove volesse andare a parare.

«Portarti qui da me?» conclusi con un sospiro. «Non credo che sarebbe una buona idea per nessuno dei due, Eli.»

«Perché no?»

«Perché significherebbe entrare in guerra con Trish. E sai bene che non ha alcuna pietà con i nemici. Forse non sarà brava a dimostrarlo, ma tu sei molto importante per tua madre. Se ti portassi via da lei – perché è esattamente così che si sentirebbe – allora sarebbe capace di ferire non soltanto me, ma anche te.» Ed era esattamente il motivo per cui io e Thea facevamo di tutto per tenere Lilly lontana da lei. Forse da fuori poteva sembrare che a Trish non importasse molto della famiglia, ma non era vero. Non era affatto così.

«Capisco.» Eli fece una smorfia come se, in fondo, si fosse aspettato una risposta del genere.

«Va così male a casa?» Trish non era certo una madre modello, non a caso ero rimasto a New York per restare vicino a Eli. Eppure non avevo mai avuto l'impressione che non la sopportasse.

«La mamma non mi capisce.» Abbassò gli occhi sulla foto che aveva in mano. «Credo che si aspetti ancora da me che mi svegli una mattina senza più paure. Che la terapia finalmente funzioni e io mi trasformi nel figlio che tanto desidera. Che io diventi come *lui*.»

Stava ovviamente parlando di Adam, e né io né Eli, agli occhi di Trish, avremmo mai potuto reggere il confronto. Adam era il figlio perfetto, ma non si era mai accorta che in realtà era molto infelice. «Non capisce che io non sarò mai come vuole lei.»

«Non ce n'è bisogno. Prima di tutto devi essere te stesso.»

«Già» sbuffò lui. «Se solo sapessi come si fa.» Rimise la foto di Buddy nel biglietto e lo infilò nella busta.

«Un giorno lo scoprirai, credimi.» Sorrisi e gli diedi una pacca sulla spalla. «Probabilmente prima di quanto pensi.»

Non feci in tempo a finire la frase che qualcuno suonò al citofono. Aggrottai la fronte perché non aspettavo nessuno, soprattutto a quell'ora. Forse Helena aveva finito prima del previsto? Mi aveva detto che preferiva dormire a casa di Lincoln, perché probabilmente avrebbe fatto tardi e sapeva che Eli doveva alzarsi presto per andare a scuola. E in ogni caso avrebbe usato la chiave che le avevo lasciato qualche giorno prima.

*Non lo scoprirai mai se non vai ad aprire.*

Così premetti il pulsante del citofono e aprii la porta dell'appartamento.

Un corriere sbucò dal corridoio con in mano una spessa busta da pacchi marrone. «Jessiah Coldwell?»

«Sì, sono io» confermai, firmando la ricevuta che mi aveva porto. Poi presi l'involucro, salutai e tornai nell'appartamento.

«Di chi è il pacco?» chiese Eli avvicinandosi.

«Non ne ho idea, è senza mittente.» Sembrava contenere una spessa pila di fogli.

E fu esattamente quello che vi trovai dentro quando lo aprii. Ma non feci in tempo a tirarne fuori il contenuto che mi squillò il cellulare, posato sul ripiano della cucina. Era un numero che conoscevo, anche se non lo avevo salvato in rubrica.

Risposi. «Miranda?»

«Jess, hai ricevuto il mio pacco?» Sembrava seria.

Allora era da parte sua. «Proprio adesso.» Probabilmente si era accordata con il corriere perché la avvertisse quando me lo avrebbe consegnato. «Che cos'è?»

«Tutto quello che ho trovato sulla morte di tuo fratello e

della sua fidanzata. Più le informazioni sul caso di tua madre che mi hai chiesto.»

Per quale motivo mi aveva mandato tutta quella roba? «Ma perché...»

«Devo lasciare la città» continuò a spiegare. Sentii in sottofondo l'annuncio di un aereo in partenza. «Temo di essermi avvicinata troppo ad alcune persone. E per il momento non ho nessuna intenzione di finire all'obitorio. Quindi mi darò alla macchia. Da qualche parte, fuori dagli Stati Uniti.» Cercava di sdrammatizzare, ma intuivo che era una faccenda seria. In città Miranda Davis aveva a che fare da anni con personaggi spietati. Cosa poteva essere successo di così grave da indurla non soltanto a lasciare New York, ma addirittura il paese?

«Obitorio? Cos'è successo? Posso fare qualcosa per aiutarla?»

«Ti ringrazio davvero per avermelo chiesto, ma temo di no. Devo aspettare che si calmino le acque.»

«Ma non ha niente a che vedere con Trish, vero? È lei la responsabile di tutto questo?» Mia madre sapeva essere implacabile e, se avesse scoperto che Miranda mi stava passando informazioni per ricattarla, le avrebbe dato sicuramente la caccia. Ma non avrebbe mai minacciato qualcuno di morte, non sarebbe arrivata a tanto.

«Trish? No» rispose l'investigatrice con una risata secca. «Tua madre è un gattino addomesticato rispetto alle persone di cui stiamo parlando. Ma ho già parlato troppo, non voglio coinvolgerti in questa storia. Volevo solo assicurarmi che avessi ricevuto tutto ciò che avevo sul tuo caso. Magari vi aiuterà a vederci chiaro.»

Solo allora mi resi conto di cosa significasse: io e Helena non avremmo più potuto contare sul suo sostegno per trovare i colpevoli. L'unica cosa che ci restava erano uno spesso fascicolo e una chiavetta usb infilata nella busta. Non avevo idea se saremmo mai venuti a capo di quel mistero da soli.

«Okay» dissi comunque. «Mi mandi le sue coordinate bancarie in modo da poterla pagare.»

«Lo farò. Buona fortuna, Jess.»

«Anche a lei. Spero che andrà tutto bene.»

«Sì, lo spero anch'io.» Riattaccò e io posai il telefono. La mia mente correva all'impazzata. Miranda era la migliore investigatrice di New York: come avremmo potuto risolvere un omicidio insabbiato a regola d'arte senza di lei?

«Chi era?» domandò Eli strappandomi ai miei pensieri.

«Miranda Davis.» Mio fratello sapeva ormai da tempo che avevo ingaggiato la sua salvatrice per indagare sulla morte di Adam e Valerie. Non gli avevo mai detto, tuttavia, che la detective aveva trovato prove tangibili che si era trattato di un omicidio. Non volevo caricarlo anche di quel peso.

«E che voleva?» chiese indicando la cartellina con dentro il fascicolo. «L'ha mandato lei?»

«Sì, preferisco metterli in cassaforte.» Presi il fascicolo e la chiavetta e li portai sul soppalco. Meglio riporre i documenti al sicuro in modo che nessuno potesse leggerli. Dopo aver richiuso lo sportello della cassaforte, mi sedetti sui talloni e feci un respiro profondo.

«Jess? Qualche problema?» Eli sembrava allarmato.

*Oh, sì, cazzo. Un problema enorme, in realtà.*

E non avevo idea di come risolverlo.

# 28

## Helena

Mi avvicinai alla finestra per la quinta volta negli ultimi venti minuti e controllai la strada. Non c'era nessuno, niente taxi né auto scure. Erano solo le otto meno dieci, ma avrei preferito che fossero già arrivati.

«Sei sicuro che sia una buona idea?» Mi voltai a guardare Jess, che era in cucina a preparare qualche stuzzichino, come se quella sera ci fosse una festa e non una riunione clandestina. Ma poiché sapevo che cucinare lo calmava, non dissi niente.

«È l'unica che mi viene in mente. Abbiamo bisogno di aiuto, l'hai detto anche tu.»

«Sì, ma intendevo l'aiuto di un professionista. Archie, magari, o qualcuno che se ne intende. Non...» mi interruppi. Ormai era inutile. Avevamo già fatto il primo passo. La scelta delle quattro persone che stavano per varcare quella soglia era già stata compiuta.

Jess alzò lo sguardo. «Archie può esserci d'aiuto, ma ci servono persone che possano indagare in giro senza attirare l'attenzione.»

Sospirai. «Lo so. Ma non mi sembra giusto coinvolgere loro.»

«Be', in pratica l'hai già fatto. O almeno in parte.»

Jess sollevò un sopracciglio e portò in tavola i due vassoi di stuzzichini. «Ti ricordo che Malia mi ha attirato fuori di casa con la scusa di un vecchio graffio sulla mia macchina per permetterti di rubare il taccuino di Adam.»

Mi limitai a borbottare qualcosa, in effetti non aveva tutti i torti. Malia mi stava aiutando con il caso da molto prima che Jess venisse coinvolto. «Okay, ma questo non vale per mio fratello, Simon o Thaz.»

«Qualche settimana fa tuo fratello si è offerto di darci una mano se avesse potuto. Simon è stato il primo a suggerirti di cercare il taccuino ed era presente alla festa. E Thaz… non sa resistere alle sfide. Inoltre non stiamo costringendo nessuno: è sufficiente che ci passino delle informazioni a cui possono arrivare più facilmente di noi. Nessuno gli chiede di esporsi in prima persona.»

Annuii, ma non smettevo di pensare a Thaz. Coinvolgerlo era la cosa che mi preoccupava di più. Chiedere aiuto a Malia, Simon e Lincoln aveva un senso, ma avevo visto l'amico di Jess solo poche volte e non mi aveva dato l'impressione di prendere la vita molto sul serio. Jess però si fidava di lui, quindi dovevo farlo anch'io. Perché una cosa era certa, avevamo davvero bisogno d'aiuto.

Dopo che Miranda aveva lasciato il paese, Jess mi aveva chiamata e io ero andata subito da lui. Eli era appena uscito per andare a scuola. Insieme avevamo esaminato i documenti, per farci un'idea della situazione, ma ci eravamo subito resi conto che c'era una miriade di informazioni. Era difficile capire cosa fosse importante o meno. Molti, inoltre, riguardavano gli affari di Trish e dei miei genitori, ed erano scritti in un gergo economico che riuscivo a malapena a decifrare. Jess, grazie alla gestione dei suoi ristoranti, ci capiva di più, ma ci eravamo dovuti arrendere all'evidenza che il settore immobiliare newyorchese era un campo estremamente complesso. Per questo il primo nome che ci era venuto in mente era stato Lincoln, e poi avevamo deciso di coinvolgere anche altre persone di fiducia. Simon, perché era presente la sera dell'omicidio, Malia per ovvie ragioni e Thaz perché era molto ben inserito nella giovane élite newyorchese. Ed eccoci qui, all'inizio di una missione che non avevo di certo immaginato quando ero tornata a New York.

«Tutto bene?» chiese Jess avvicinandosi e accarezzandomi la schiena.

Per un attimo mi godetti la sua vicinanza. Non mi ero ancora abituata al fatto che potessimo stare insieme. Al mattino mi svegliavo sempre con la paura che qualcuno ci potesse separare di nuovo. Per questo apprezzavo ancora di più quei piccoli momenti in cui mi rendevo conto di quanto fossimo fortunati.

«Me la caverò» annuii, cercando di tenere a bada l'ansia. Per me quella era una faccenda seria. Coinvolgere Jess era stata una scelta ovvia – e lui non mi aveva lasciato altra possibilità. Ma adesso… era un'altra storia. E lo sapevamo entrambi. Nessuno poteva prevedere come sarebbe finita, o se saremmo riusciti a trovare gli assassini di Valerie. Perché, anche se anni prima avevo giurato a me stessa che avrei risolto la faccenda, non avrei mai messo a rischio la vita di nessuna delle persone che stavamo aspettando.

Suonò il campanello e andai ad aprire. Mio fratello fu il primo ad arrivare, seguito a ruota da Thaz, Simon e infine Malia. Si conoscevano a malapena, quindi procedemmo alle presentazioni prima di sederci.

«Allora, che succede?» Thaz afferrò un bastoncino di mozzarella e se lo infilò in bocca. «Avete deciso di sposarvi o cosa?» Evidentemente non aveva notato la tensione che aleggiava nella stanza.

«No» tagliai corto, dal momento che Malia e Lincoln mi guardarono subito stupiti. «Niente di tutto ciò.»

«Almeno per il momento» aggiunse Jess. Ci scambiammo uno sguardo e accennai un sorriso. Poi mi tornò in mente il motivo per cui eravamo lì riuniti.

«Prima di tutto dovete assicurarci che niente di quello che verrà detto oggi uscirà da questa stanza.»

«Dev'essere una cosa seria» commentò Simon, lanciando un'occhiata a Jess. «Ma nessun problema. Terrò la bocca chiusa.» Quando anche gli altri annuirono, decisi di andare dritta al punto.

«Si tratta della morte di Adam e Valerie. Alcuni di voi sanno già che le cose sono andate diversamente da quanto riportato.»

Thaz corrugò la fronte. «Che significa?»

Avrei voluto rispondere, ma non mi uscivano le parole di bocca.

Intervenne Jess. «Ci sono prove che... siano stati uccisi. Prove schiaccianti.» Toccò lo spesso fascicolo di Miranda posato sul tavolo di fronte a lui.

«Cosa?! Uccisi? Stai scherzando?» Thaz lo fissò sbalordito. Era bianco come un lenzuolo. Anche Simon sembrava sconvolto, ma in modo diverso – come se fosse un po' meno sorpreso di Balthazar.

«Chi è stato?» si limitò a chiedere.

«Non lo sappiamo» rispose Jess sollevando la mano dal fascicolo.

«Nessun indizio? Nessun sospettato?» Thaz era ancora fuori di sé. «Dove hai preso queste informazioni?»

Jess sospirò. «Helena si sta occupando del caso da quando è tornata a New York, insieme a Malia. Non appena abbiamo messo insieme le prove, abbiamo capito che qualcosa non quadrava. Allora ho ingaggiato un'investigatrice che seguisse il caso, ma da qualche giorno ha dovuto lasciare la città.» Parlava in tono neutro, ma si intuiva che era turbato. «Prima di andarsene, però, ha scoperto che il referto dell'autopsia di entrambi era stato falsificato. Nell'originale erano stati rinvenuti segni di arma da fuoco sulla nuca.»

Dal momento che Malia e Lincoln lo sapevano già, non impiegarono molto tempo a metabolizzare la notizia. Thaz e Simon, invece, sembravano piuttosto confusi. Non mi stupiva. Fino a quel giorno anch'io avevo fatto fatica ad accettare l'idea che mia sorella fosse stata costretta con una pistola ad assumere cocaina avvelenata. Perché se provavo a mettermi nei suoi panni… a immaginare come doveva essersi sentita e il terrore che aveva provato, sarei sicuramente crollata.

«Non riesco a crederci.» Thaz si alzò e andò in cucina, dove mirò dritto alla credenza e tirò fuori una bottiglia di vodka. Poi tornò al tavolo, se ne versò un bicchiere e lo ingurgitò in due sorsi. «Qualcun altro?»

Gli altri lo ignorarono, compresa me. Anche se la tentazione era forte, per allentare un po' la tensione, volevo mantenere la mente lucida.

Simon fissava cupo davanti a sé. «Ora che la vostra detective se n'è andata, come farete a trovare i colpevoli?»

«È per questo che vi abbiamo chiesto di venire qui» spiegai incrociando le mani sul tavolo. «All'inizio io e Jess avevamo pensato di affidare l'indagine a un altro professionista. Ma non conosciamo nessuno di cui fidarci ciecamente. Inoltre abbiamo paura che qualcuno si insospettisca, perdendo ogni possibilità di trovare i colpevoli.»

Malia, che era seduta di fronte a me, si incupì. «Sono sicura che abbiano fatto tutto il possibile per insabbiare la cosa. E ora probabilmente si sentono al sicuro.» Avevo già notato a gennaio, quando gliene avevo parlato, che prendeva quella faccenda molto sul personale. Era comprensibile, perché le possibilità erano due: o la polizia di New York non era a conoscenza del complotto, oppure qualcuno al suo interno era coinvolto e si era lasciato corrompere. In ogni caso, questo non gettava una bella luce sul dipartimento, di cui Malia si sentiva indirettamente responsabile.

«Questo significa che d'ora in poi indagherete da soli?» Lincoln, che era rimasto in silenzio tutto il tempo, adesso mi guardava con preoccupazione. In effetti non gliene avevo ancora parlato.

«Con il vostro aiuto» ribattei annuendo, rivolta a tutti i presenti. «Ognuno di voi potrebbe aiutarci a risolvere il caso. Mi rendo conto, tuttavia, che è una faccenda seria, e mi sento già abbastanza in ansia per avervi dovuto coinvolgere.»

«Non solo tu» aggiunse Jess, prendendomi la mano prima di guardare gli altri. «Non abbiamo idea di quanto possa essere pericoloso indagare su queste persone. Non sappiamo nemmeno chi siano o perché lo abbiano fatto. Ma dal momento che non si fanno scrupoli, non sarà certo una passeggiata.»

«Me ne fotto, io ci sto» disse Thaz senza esitazione. «Se Adam e Valerie sono stati davvero uccisi… allora dobbiamo scoprire chi è stato e dare la caccia a quei bastardi.»

«Anch'io ci sto» aggiunsero all'unisono Malia e Lincoln. Un sorriso commosso mi comparve sul viso nel notare che non avevano esitato un attimo.

«Io cosa posso fare?» chiese Simon con la solita calma, dando anche lui il suo consenso. «Ci sarà un motivo se siamo qui.»

«Innanzitutto perché ci fidiamo di voi.» Scambiai un'occhiata con Jess e continuai. «Ma anche perché ognuno ha accesso a persone e informazioni diverse. Lincoln, tu conosci bene il settore immobiliare. Malia, tu lavori per il Dipartimento di polizia, quindi sei la nostra fonte per quanto riguarda le forze dell'ordine.»

«Sì, se non mi avessero messa fuori gioco» ribatté lei con una smorfia. «Il mio comandante mi tiene d'occhio.»

Jess la guardò. «Su questo forse potremmo aiutarti. Conosco un comandante nel diciassettesimo distretto, era un amico di mio padre.» Omise di dirle che Garrick White lo aveva aiutato a svelare la nostra inchiesta. «Se vuoi, potresti farti trasferire lì, sono sempre a corto di personale. Non ho ancora confidato a Garry del caso, ma sono sicuro che chiuderebbe un occhio se ti mettessi a raccogliere qualche informazione.»

Malia non ebbe bisogno di pensarci due volte e annuì subito. «Sarebbe fantastico. Al mio distretto mi guardano tutti come se volessi accaparrarmi il prossimo posto libero da detective. Mi considerano troppo zelante da quando mi sono presa una bella lavata di capo dal mio superiore.»

«Bene, allora lo chiamo subito domattina» la informò Jess con un sorriso. «Ma solo se mi prometti di non attirare più ignari cittadini fuori di casa.»

Sorrisi, Malia arrossì e gli altri si guardarono perplessi. «Una piccola cosa tra noi» spiegai. «Ma è stata tutta colpa mia.»

«Be', ero d'accordo anch'io» ribatté Malia. «Perdonami, Jess.»

«È acqua passata.»

«Okay.» Thaz si guardò intorno. «Adesso sappiamo a cosa vi servono Lincoln e Malia. Ma che volete da me? Il mio fascino? La mia arguzia?»

«La tua modestia» suggerì Jess, e tutti scoppiarono a ridere. «No, dico sul serio, sei ben inserito in città, anche negli ambienti più esclusivi dell'alta società, dove nessuno di noi ha contatti. Se tu tenessi le orecchie aperte, sarebbe già un grande aiuto.»

Thaz annuì. «Nessun problema. Ma, solo per la cronaca, anche il mio fascino e la mia arguzia sono sempre a vostra disposizione.»

Sorrisi. «Li sfrutteremo se necessario.»

«A questo punto rimango solo io» disse Simon scrollando le ampie spalle. «A dire il vero non riesco proprio a capire cosa potrei fare. Di quello che ho sentito quella sera abbiamo già parlato a lungo tempo fa. E non ho contatti nell'alta società, in polizia o nel settore immobiliare.»

Jess si sporse leggermente in avanti. «Questo è vero. Ma, prima di tutto, con le tue rivelazioni sulla festa di fidanzamento hai già portato Helena una volta sulla pista giusta. Secondo, da te si allenano persone di ogni ceto sociale.»

«Inoltre» aggiunsi con cautela «mi è tornato in mente che qualcuno ti aveva offerto soldi perché parlassi male di Valerie.»

«Cosa che ho rifiutato, come sai bene.»

«Sì, certo. Ma dobbiamo capire chi c'era dietro.» Presi il fascicolo e cercai uno dei post-it che avevamo usato per contrassegnare alcune cose durante il nostro primo esame. Ne estrassi alcuni fogli. «Miranda Davis ha controllato i movimenti dei conti degli invitati alla festa, e nella maggior parte dei casi ha trovato versamenti effettuati subito dopo la serata, che spaziavano dai 5000 ai 15.000 dollari. Sono stati tutti ricondotti a un certo James Miller, noto *troubleshooter*.» Si trattava di gente ingaggiata da chi non voleva sporcarsi le mani. Tirai fuori una foto in bianco e nero di scarsa qualità che ci aveva dato Miranda e la feci scivolare verso Simon. «Lo riconosci?»

Simon esaminò la foto da vicino. «Sì, è lui. È venuto da me

al Tough Rock e mi ha posato una mazzetta di soldi sulla scrivania. Non so quanto fosse. Mi disse che, se avessi rilasciato un paio di interviste e avessi detto che Valerie era una drogata, sarebbero stati miei.»

All'udire quelle parole, serrai i pugni.

Jess si accigliò. «Ti ha detto chi lo mandava?»

«No, mi ha detto solo che era lì per conto di "un cliente", ma non ha fatto il nome. E, dal momento che non ero intenzionato a prendere i soldi, per me non faceva nessuna differenza. Ho semplicemente pensato che ci fosse dietro tua madre.»

E non solo lui. Ero fermamente convinta che Trish avesse fatto di tutto perché altri confermassero la sua versione dei fatti. Ma quando avevamo controllato i registri e scoperto di Miller, Jess aveva cambiato idea.

«No, non credo» ribatté scuotendo la testa. «Trish ha già il suo *troubleshooter*, Rodney McVeil. È lui che si occupa di queste cose. Non ho mai sentito nominare questo Miller.»

Feci spallucce e ripetei ciò che gli avevo già detto un paio d'ore prima. «Forse tua madre aveva bisogno di una persona che non fosse ricollegabile a lei. Se questo McVeil è alle sue dipendenze da tempo, ormai lo sapranno tutti.»

«Trish si fida di lui ed è un tizio molto discreto, niente potrebbe ricondurlo a lei. Non avrebbe avuto nessun motivo di coinvolgere un estraneo.»

«Quindi...» disse Lincoln rivolto a Jess «... pensi che qualcuno abbia approfittato dell'odio di Trish nei confronti di Valerie per insabbiare la cosa? E che dunque volesse assicurarsi che tutta la colpa ricadesse su mia sorella?»

Jess sospirò. «Questa è la mia teoria, sì. O forse ci voglio credere solo per avere una pista.»

«Be', ho la sensazione che questa Miranda ne abbia seguite

diverse di piste» osservò mio fratello indicando il fascicolo. «E che appartenga alla vecchia scuola.»

«Ciò che non è archiviabile digitalmente è impossibile da hackerare» commentò Thaz. «Vecchia saggezza da servizi segreti. Avete già esaminato tutto?»

Scossi la testa muta. Miranda aveva raccolto molto materiale e ancora non eravamo riusciti a esaminarlo tutto.

«Bene, allora cominciamo, che ne dite?» Lincoln afferrò gli stuzzichini e prese un tovagliolo, beneducato com'era sempre.

Sorrisi, poiché a tavola non c'erano dubbi che avremmo esaminato i documenti insieme, e ancora di più quando guardai Jess. *Ce la faremo*, gli comunicai con gli occhi, e lui ricambiò il mio sguardo. Poi mi alzai e iniziai a distribuire il materiale.

# 29
## Jessiah

Poche ore dopo si era fatta quasi mezzanotte e, con l'aiuto degli altri, eravamo riusciti a scorrere rapidamente e a smistare tutti i documenti reperiti da Miranda. Come previsto, gran parte del materiale riguardava gli affari di Trish e dei Weston ed era quindi destinato a Lincoln. Malia si sarebbe occupata di fare un controllo sulle persone che la detective aveva segnalato come coinvolte nell'insabbiamento. E Thaz e Simon avrebbero indagato un po' in giro. Tutto lasciava credere che dovessimo cercare quel Miller e scoprire per conto di chi avesse offerto soldi in cambio di false testimonianze. Non era molto, ma era pur sempre una pista. E fui molto contento di constatare che tutti avevano accettato di aiutarci, sebbene fossi altrettanto preoccupato per quello che avremmo potuto trovare.

Salii nella terrazza sul tetto a prendere un po' d'aria. Lincoln e Malia erano già andati via, poiché l'indomani avrebbero dovuto svegliarsi presto per recarsi al lavoro. Quando sentii dei passi salire le scale, le possibilità erano quindi piuttosto limitate. Mi stupii di vedere Simon.

«Questo posto è sempre stato speciale» disse, commentando la terrazza e la vista sul Village e il fiume.

«Sì, se guardi laggiù puoi quasi dimenticarti di essere a New York» ribattei con un sorriso.

«Vero, e pensare invece di essere da qualche parte nel New Jersey» aggiunse Simon, indicando i grattacieli sull'altra sponda dell'Hudson, e scoppiamo entrambi a ridere. Poi però tornò serio. «Volevo parlarti un attimo. Prima Helena, quando ha accennato alla droga avvelenata, ha menzionato la riabilitazione di Adam. Ha detto che non avevi idea che fosse un tossicodipendente.»

Lo guardai. «Deduco quindi che tu lo sapevi?»

Simon annuì. «Quando ha iniziato ad abusare di benzodiazepine è venuto a trovarmi, voleva un consiglio. Mi ha chiesto se secondo me era meglio cercare di smettere da solo o chiedere aiuto a un professionista. Probabilmente perché sapeva che da giovane avevo fatto uso di sostanze anch'io. Gli ho consigliato di andare a disintossicarsi in un centro specializzato, perché è fondamentale ricevere un sostegno.»

«Grazie di avergli consigliato di andare in clinica» dissi. «Sono sicuro che era la cosa più giusta da fare.»

«Sì, lo credo anch'io. È stato molto difficile per lui non dirlo a nessuno. Nemmeno tua madre sapeva perché se n'era andato. Pensava che fosse a un Art Retreat o una roba del genere.»

Mi ferì il fatto che mio fratello, evidentemente, non si fosse fidato di nessuno della famiglia e non ci avesse detto la verità. Certo, io ero lontano, ma ci sentivamo regolarmente su Skype. Eppure non mi aveva rivelato niente, né della disintossicazione né di Lilly. A volte mi domandavo se non gli avessi dato la sensazione di non potermi parlare di ciò che lo turbava. E, per quanto fosse doloroso, credo che la risposta a questa domanda fosse sì. Lui c'era sempre stato per me, ma io non altrettanto per lui.

«Non fartene una colpa» disse Simon con la sua voce grave, appoggiandosi alla ringhiera accanto a me. «Adam non amava far pesare i propri problemi sugli altri. Non era da lui.»

«Forse, ma io ero suo fratello. Avrei dovuto capire che non stava bene. Lo sai meglio di me, con Demi.»

«Sì, ma io e Demi abbiamo sempre fatto squadra fin da piccoli, perché non avevamo nessun altro. Il legame di sangue non è automaticamente garanzia di un buon rapporto tra due persone. Tu e Adam non siete neanche cresciuti insieme, la vostra famiglia è stata divisa per gran parte della vostra infanzia. Anzi, tutto sommato, eravate parecchio legati.»

Sospirai. «Forse hai ragione. Eppure avrei tanto voluto essere stato più attento, più consapevole.»

«Capisco, ma la sua morte non ha nulla a che fare con questo. Né la sua disintossicazione. Adam era Adam, con le sue stranezze e i suoi difetti. Non avrebbe mai voluto che ti sentissi in colpa per lui.»

«Niente da aggiungere» sbuffai con un mezzo sorriso.

«Non c'è di che» ribatté Simon divertito.

Rimanemmo un attimo in silenzio, poi mi venne in mente un'altra cosa. «Non sembravi molto sorpreso quando vi abbiamo detto che Adam e Valerie erano stati uccisi. Lo sospettavi già?»

Simon giunse le mani e continuò a guardare l'Hudson. «Non lo sospettavo, lo temevo. Da un po' non riesco a trovare una logica in tutta questa faccenda. Per molto tempo ho creduto che la colpa fosse di Valerie. Non la conoscevo, e poteva benissimo essere come tutti la descrivono: egocentrica e festaiola.»

Annuii, avendolo pensato anch'io.

«Ma poi un giorno» proseguì Simon «sua sorella si è presentata all'improvviso nel mio ufficio e mi ha chiesto se avessi notato qualcosa di strano quella sera. Helena era così convinta che non fosse colpa di Valerie che ho iniziato ad avere dubbi anch'io.»

Sorrisi, anche se l'argomento era tutt'altro che divertente. «Sì, è proprio una forza della natura.»

«Puoi ben dirlo» confermò lui. «E se uno esclude la colpevolezza di Valerie e il fatto che Adam si sia drogato volontariamente, allora rimane solo…»

«L'omicidio» terminai la frase. «Mi domando se riusciremo mai a trovare i colpevoli. E non intendo il tizio che ti ha offerto soldi, o chiunque fosse con loro in camera, ma chi sta dietro a tutto questo, chi ha deciso che Adam e Valerie dovevano morire per proteggere i propri interessi.»

Simon mi guardò. «Credi che ci sia dietro Trish? Che questa storia abbia a che fare con lei?»

«Tutto ha a che fare con lei» bofonchiai. Non avevamo più parlato da quando le avevo detto che sapevo della morte di quell'operaio. Provavo ancora vergogna per essere dovuto ricorrere a un mezzo simile per proteggere la mia relazione e la stessa Helena.

«Vi sta causando problemi?» chiese Simon cupo.

«Al momento no» risposi a tono. «Ho in mano qualcosa che mi permette di tenerla a bada. Finché non scopriamo chi ha ucciso Valerie e Adam, Trish avrà sempre paura che facciamo la stessa fine, per quanto sia improbabile. Fino ad allora non ci lascerà in pace.»

«Ma sei assolutamente convinto che ne valga la pena, vero?» Sembrava calmo, non era una provocazione.

«Sì» risposi senza esitazione. «Per Helena ne vale la pena.»

«Anche rimanere in città? Per sempre?» Adesso Simon aveva assunto un tono divertito. Mi ero lamentato più volte di New York con lui, scaricandogli addosso le mie frustrazioni, quindi me lo meritavo.

Feci spallucce. «Vedremo. Helena deve ancora finire gli studi e comunque per il momento non posso andarmene. Sai, per via di Eli.» Mi auguravo che il cane potesse aiutarlo a superare gli attacchi di panico, ma questo non significava che non avesse più bisogno di me.

«Stavo pensando di invitare Eli al club qualche volta» propose Simon guardandomi. «Ormai ha sedici anni, no? Può entrare. Grazie alle arti marziali, alcuni soci sono riusciti a gestire meglio l'ansia.»

«Mi sembra un'ottima idea» risposi annuendo. «Tentare non nuoce.» Trish sarebbe stata sicuramente contraria, si era indispettita anche quando, l'estate prima, avevo insegnato a Eli a surfare. Ma forse non era necessario che lo sapesse. Proprio come facevo io un tempo.

Simon si strofinò le mani fredde. «E tu?»

«E io cosa?» chiesi alzando lo sguardo stupito.

«Be', cosa ti trattiene così a lungo in città?»

Mi sfuggì un gemito indispettito. «È stato Thaz a parlarti del ristorante, vero?»

Simon si mise a ridere. «No, veramente no. Almeno non ultimamente. Mi è venuto in mente perché una volta ho parlato con Adam di obiettivi e desideri… di sogni futuri. Secondo lui tu eri molto più bravo a perseguire i tuoi sogni.»

«È un talento che devo aver perso.» Ripensai al periodo trascorso con Helena in Australia, alla mia chiacchierata con Paul e a come mi ero sentito nel *lodge*. A come avevo dichiarato che non ci sarei mai tornato, neanche se avessi potuto. Lo pensavo ancora, ma qual era adesso il mio obiettivo, a parte trovare gli assassini di Adam e Valerie e stare con Helena? Qual era il mio sogno? Una vita lontana da New York? Forse, ma se Helena fosse voluta restare lì, di certo non mi sarei trasferito a migliaia di chilometri di distanza. Non avevo ancora avuto l'opportunità di pensarci, a causa di Trish e dell'indagine sulla morte di Adam, ma tutto ciò che avevo sognato al mio ritorno, quattro anni prima, non mi sembrava più giusto. Quindi avevo bisogno di altro.

Un nuovo sogno.

O uno vecchio.

# 30

## Jessiah

Di rientro da uno dei miei appuntamenti, continuavo a ripensare alla mia chiacchierata con Simon. Mentre con Delilah rivedevamo per l'ennesima volta la proposta gastronomica del suo locale, ero riuscito a malapena a concentrarmi. Non soltanto perché ero molto preoccupato per la nostra missione, ma anche perché avevamo parlato di Adam – e del fatto che, secondo mio fratello, io ero più bravo di lui a perseguire i miei sogni. Da quando ero tornato dall'Australia continuava a frullarmi in testa l'idea che forse avrei dovuto buttarmi e che era giunto il momento di parlarne con Helena.

Lei era seduta al tavolo da pranzo, con davanti alcuni documenti di Miranda e il suo portatile, e mi si spalancò il cuore quando alzò lo sguardo e un sorriso radioso le illuminò il viso.

«Tesoro, sono tornato» scherzai, cercando di mascherare l'imbarazzo.

«Puntualissimo» replicò lei con lo stesso tono, alzandosi e venendomi incontro.

La abbracciai e la baciai dolcemente.

«Ciao» sussurrai.

«Ciao» ricambiò lei con un sorriso. «Com'è andato l'appuntamento con Delilah?»

«Molto bene. È tutto pronto per l'inaugurazione.»

Helena mi scrutò con attenzione. «E allora cos'è che ti preoccupa?» Mi passò le dita sulla fronte, dove probabilmente erano spuntate delle rughe. «Riguarda il caso?»

«Sì, anche, ma c'è qualcos'altro che mi ronza in testa.»

«Ti va di parlarmene?»

Quando annuii convinto, mi trascinò sul divano, piegò le gambe e mi guardò. «Spara.»

Mi sedetti di fronte a lei. «In realtà… sto pensando di chiamare Mick e chiedergli se l'Harper's è ancora disponibile» confessai. Non ero mai stato bravo a menare il can per l'aia.

Helena mi fissò stupita. «Dici sul serio? Hai sempre detto che non volevi aprire un locale tuo qui e…» Tenne il resto della frase per sé, ma avvertii una punta di speranza nella sua voce, e sapevo bene perché: nessuno più di lei desiderava che mi riconciliassi con New York.

«Lo so. E ci ho pensato molto da quando sono rientrato dall'Australia, trovando sempre un sacco di scuse. Che non voglio prendere una decisione prima di aver fatto chiarezza sulla morte di Adam e Valerie, che ho tutto il tempo di investire in un nuovo sogno, che non c'è nessuna fretta…»

Helena mi guardò seria. «Lo sai, vero, che mi trasferirei ovunque con te, se tu non riuscissi a stare bene qui. Dico in futuro, quando Eli si sarà ripreso.»

«Sì, lo so» replicai sorridente. «E proprio per questo ti devo almeno un altro tentativo serio di riappacificarmi con la città. O almeno una tregua.»

Lo sguardo di Helena si addolcì e serrò le labbra mentre annuiva. «Lo apprezzo davvero tanto, Jess. Ma non voglio che tu lo faccia per me.»

«Non lo faccio per te, o almeno non solo.» Sorrisi e le accarezzai la guancia. «Lo faccio soprattutto per me. E per noi.»

Avrei difeso il nostro futuro insieme fino all'ultimo respiro. Per questo dovevo combattere su tutti i fronti. Non solo contro mia madre o contro gli assassini dei nostri fratelli, ma anche contro la mia stessa riluttanza, che mi impediva di realizzare i miei sogni. Le cose erano cambiate ed era ora di accettarlo.

«Be', allora rimane solo una domanda» concluse Helena con tono allegro.

«E cioè?»

«Che ci fai ancora qui?»

Mentre mi dirigevo verso la porta, il cuore mi batteva all'impazzata e una parte di me desiderava tornare indietro. Non soltanto per l'appuntamento che mi attendeva, ma soprattutto perché l'ultima volta che avevo sbirciato da quella vetrina avevo rischiato di morire.

Ciononostante entrai, con il battito accelerato e il respiro affannoso. All'interno la sala, con il suo pavimento scuro, era vuota e piuttosto buia, mentre fuori imperversava il classico clima da inizio marzo: freddo e grigio. Almeno non pioveva, mi dissi in uno slancio di finto ottimismo. La tregua tra me e New York procedeva a piccoli passi, ma forse questo mi avrebbe aiutato.

«Jess.» Mick Harper uscì dalla cucina e le porte a battente si richiusero alle sue spalle emettendo il solito cigolio. «Sei l'ultima persona che mi sarei aspettato di vedere qui.»

Mi limitai a sorridere. «Immagino, Mick. Mi dispiace per tutto questo tira e molla.»

«Non importa. Certo, quando tua madre si è presentata alla porta, ho pensato di essere morto e finito all'inferno, ma ora è tutto a posto» ribatté sorridendo a sua volta. «Ti offrirei qualcosa, ma, a parte l'ufficio sul retro, abbiamo già sgomberato tutto a dicembre.»

«Sì, lo so. Sono passato di qui la vigilia di Natale e ho dato un'occhiata dalla vetrina.» Per un attimo mi tornò in mente l'aggressione, ma mi sforzai di scacciarla subito via. Ero sopravvissuto, i miei assalitori erano stati arrestati. Non avevo più niente di cui preoccuparmi.

«Mi dispiace molto per quello che è successo» disse Mick scuotendo la testa. «Che proprio Markham serbasse tutto questo rancore... È sempre stato uno stronzo, ma non me lo sarei mai aspettato.»

«Non si può mai sapere cosa passa per la testa delle persone, diceva sempre papà» dichiarai con un sorriso amaro.

«È proprio vero.» Mick si diede una leggera scossa, come se volesse scrollarsi di dosso il ricordo di Markham. «Be', ragazzo, alla fine ti sei deciso ad aprire un ristorante tutto tuo? Era ora. Se avessi rimandato un altro po', probabilmente Elaine se ne sarebbe andata per conto suo.»

«Rimandato?» chiesi aggrottando la fronte perplesso. «Quindi tu...?»

«Ho aspettato, sì. Ho sperato e forse anche un po' pregato. Sto diventando sentimentale con la vecchiaia. Sapevo che volevi questo posto, ma che avevi troppa paura. E a volte ci vuole tempo per superare le proprie paure.»

«Wow, sei ancora più saggio di papà» scherzai per nascondere la commozione.

«Non farti sentire dal tuo vecchio, sennò ti perseguita dall'aldilà.» Mick sembrava molto divertito, mentre estraeva una cartellina da una borsa a tracolla.

«Ecco i documenti, puoi portarteli a casa e leggerli con calma, oppure farli esaminare da un avvocato. Ma credo che tu sia in grado di capire da solo se qualcuno vuole fregarti.»

Presi la cartellina e la aprii. «Lo possiamo fare anche adesso.» In un certo senso, ora che avevo finalmente preso la mia decisione, non volevo più aspettare. «L'ho già tirata abbastanza per le lunghe e non voglio mettere a dura prova la pazienza di Elaine.»

«Alla fine, che cosa ti ha fatto cambiare idea?» chiese Mick incuriosito. «L'aggressione? Molte persone, quando si ritrovano in fin di vita, iniziano a rimuginare. Dopo il mio infarto, cinque anni fa, sono cambiate tante cose.»

«No, non è stato questo. O meglio non proprio. Credo di aver realizzato soprattutto che la vita è troppo breve per tenere a lungo i propri sogni in un cassetto. Soprattutto se si hanno buoni motivi per restare in città.»

«Adesso sei tu a sembrare più saggio di tuo padre.» Mick scoppiò a ridere e io mi unii a lui, ma non mi sfuggì lo sguardo attento che mi rivolse. «L'ultima volta che ci siamo visti non ti ho raccontato la storia di me e Elaine? E tu mi hai risposto che per te non c'era alcuna possibilità di un lieto fine. Non è che per caso è cambiato qualcosa su quel versante?»

Chinai leggermente il capo e sorrisi compiaciuto. «Forse...»

«Sono contento per te, ragazzo» ribatté dandomi una pacca sulla spalla. «L'amore è la cosa più importante della vita. Insieme al cibo, naturalmente. Quando invecchi, capisci quali sono le vere priorità.»

Afferrai sorridente la sua costosa penna a sfera e andai all'ultima pagina del contratto di vendita. Un post-it a forma di freccia indicava il punto in cui avrei dovuto firmare, e io lo feci senza esitazione. Poi mi fermai un attimo e mi resi conto che non provavo nessuna amarezza, nessuna paura, perché avevo avuto il coraggio di compiere quel passo. Forse, un giorno avrei lasciato New York e il mio ristorante, ma fino ad allora avrei cercato di sfruttare al meglio quell'opportunità.

# 31

# Helena

Non appena sentii dei passi in corridoio fuori dalla porta dell'appartamento, saltai giù dal letto e corsi di sotto. Non feci in tempo ad arrivare in fondo alle scale che Jess aprì. Dalla sua faccia non riuscii a capire come stesse, il che era strano dal momento che di solito per me era un libro aperto.

«Allora?» lo interrogai impaziente. «Com'è andata?»

Si tolse la giacca e scrollò le spalle. Non sembrava particolarmente soddisfatto, e mi passò subito il buonumore. Forse Mick aveva già venduto l'Harper's a qualcun altro e aveva accettato di incontrarlo, su richiesta di Jess, solo perché gli faceva piacere vederlo? Io l'avevo preso come un segnale che il ristorante era ancora disponibile, ma magari era troppo tardi.

Stavo per dire qualcosa tipo: *Mi dispiace tanto* o *Sono sicura che troveremo un altro posto per te*. Ma poi all'improvviso Jess cambiò espressione. Un sorriso gli illuminò il volto e tirò fuori il contratto dalla tasca posteriore dei pantaloni. «È mio!»

«Come ti permetti di tenermi così sulle spine?» mi lamentai indignata, ma lui mi stava già abbracciando e dimenticai che in realtà avrei voluto tirargli un pugno.

«Scusami» disse. «Non ho saputo resistere.»

Mi staccai, pensando per un attimo di fargliela pagare, ma Jess sembrava così felice che non ne ebbi il coraggio.

«Avete già sistemato tutto?» chiesi, indicando il contratto che aveva lanciato sul tavolino. «Così, in quattro e quattr'otto?»

«Stiamo parlando di Mick, è una persona semplice. E ho il sospetto che avesse già i documenti pronti nel cassetto sin dalla prima volta che ero andato a trovarlo l'anno scorso. Mi ha confidato di aver sempre saputo che prima o poi avrei ceduto.»

Mi misi a ridere. «O ti conosce molto bene o non ti conosce affatto.»

«In fondo sono figlio di mio padre, e sapeva che alla fine non avrei saputo resistere a un'occasione del genere.»

Jess continuava a sorridere e io ero felicissima che avesse preso quella decisione. Forse il ristorante non lo avrebbe completamente riconciliato con New York, ma gli avrebbe reso la vita in città molto più sopportabile. E dopo qualche anno avremmo valutato il da farsi.

«Sarà fantastico. Quando lo dirai a Balthazar?» Jess aveva deciso di non parlarne all'amico prima di assicurarsi che Mick avesse ancora intenzione di venderglielo.

«Ci vediamo domani sera al Bella Ciao, ormai aspetto a dargli la buona notizia. Ti giuro che pagherei qualcuno per filmarlo, chissà che faccia farà.»

Scossi la testa ridendo, e stavo quasi per dirgli che avrei potuto riprenderlo io, ma poi mi ricordai che non era possibile. Non ci facevamo ancora vedere insieme in pubblico, neanche a due settimane dal nostro rientro dall'Australia. Dopo tutto quello che avevamo passato, di sicuro era il male minore – ed ero infinitamente grata che almeno adesso potessimo vederci, toccarci, stare vicino ogni volta che volevamo –, ma una parte di me desiderava comunque uscire allo scoperto. Dirlo a tutti. Anche se al contempo mi faceva paura.

«Tutto bene?» Jess mi squadrò.

«Sì» risposi, ma senza nascondere quello che mi passava per la testa. «Stavo pensando che mi piacerebbe andare fuori a cena con te qualche volta, anche se so che non possiamo.»

«Certo che possiamo» ribatté lui accarezzandomi la guancia. «Perché non vieni con me domani sera? Sono sicuro che a Thaz farà piacere.»

Questo mi ricordò che ero soprattutto io quella che aveva timore di dirlo agli altri, di rendere ufficiale la nostra relazione e di esporci a tutti i pettegolezzi che inevitabilmente ne sarebbero seguiti. Le supposizioni, le dicerie sul perché stessimo seguendo le orme dei nostri fratelli. Me li vedevo già a spettegolare, come se la nostra storia fosse solo un modo morboso di elaborare il lutto e destinata a finire male. E poi, naturalmente, c'erano i miei genitori e Trish, i quali avrebbero dovuto ammettere che facevamo sul serio. Di tutto questo non avrebbe dovuto fregarmi nulla, del resto avevo deciso di smettere di compiacere l'alta società a ogni costo. Ma temevo che mostrarci in pubblico avrebbe cambiato le cose tra noi. Avevamo sempre tenuto segreti i nostri reciproci sentimenti, al sicuro e protetti. E, anche se credevo nella nostra relazione al cento per cento, portarla allo scoperto era un passo più impegnativo di quanto volessi ammettere.

«No» risposi sorridente, mettendo fine ai miei pensieri. «La faccenda del ristorante è una cosa vostra, non voglio intromettermi.»

«È l'unico motivo?» ribatté Jess.

«Certo che no» risposi con una smorfia. «Ma credo non sia ancora il caso di provocare tua madre inutilmente.» Al momento era difficile prevedere le mosse di Trish, dopo che Jess le aveva rivelato di essere al corrente della morte avvenuta nel cantiere. Da allora non aveva fatto nulla per danneggiare me o la mia famiglia, segno che forse quella mossa aveva funzionato. Tuttavia non era da lei rassegnarsi così facilmente. Era fermamente convinta che Adam e Valerie fossero morti perché si erano innamorati, e non si sarebbe mai fermata finché non le avessimo dimostrato il contrario.

«Sì, hai ragione» ribatté Jess baciandomi in bocca. «Mi piacerebbe comunque festeggiare con te l'acquisto dell'Harper's.»

Gli feci scivolare le mani sul petto fino al viso. «Possiamo fare anche questo, quando torni dalla cena con Thaz.»

«Volentieri. Solo che non sono sicuro di poterti lasciare qui da sola» disse inarcando un sopracciglio con finta severità. «Finirai per dare fuoco alla mia cucina se ti prepari qualcosa da mangiare.»

Si sarebbe meritato un'altra scarica di pugni.

«È stata solo una piccola fiammata, cavolo! Non avevo idea che bastasse premere quel pulsante per accendere il gas.»

Jess scoppiò affettuosamente a ridere. «Ed eccola qui, la principessina dell'upper class.»

«Non lo sono mai stata, lo sai bene» protestai, ma senza impedirgli di abbracciarmi e di sfiorarmi il naso col suo.

«Allora festeggiamo più tardi?» sussurrò, con un tono di voce che mi suscitò subito un'ondata di calore.

Chinai la testa. «Solo se ti rimangi la storia della principessina dell'upper class.»

«Ci sto» ribatté subito lui.

«Bravo. Ma, a parte gli scherzi, sono felice che sia andato tutto bene. Sono sicura che diventerà il ristorante più popolare della città. Quanto tempo ci vorrà prima che possiate aprire?» Non proprio una domanda disinteressata, dal momento che avevo già l'acquolina in bocca al pensiero dei piatti che avrebbero servito all'Adam & Eve.

Jess corrugò la fronte. «Dipende dalla disponibilità degli artigiani che ho in mente di contattare, e anche dai materiali. Inoltre non ho ancora idea di cosa ci sia da ristrutturare. Mick sostiene che il locale sia in ottime condizioni, ma devo ancora verificare di persona. Ci vorranno minimo tre mesi, credo. Forse quattro o cinque.»

Quindi avrebbe aperto in estate. Per allora, forse, avremmo trovato l'assassino di Adam e Valerie, e Trish non sarebbe più stata un pericolo per noi. Magari avremmo già reso pubblica da tempo la nostra relazione, la tempesta di voci si sarebbe placata e avremmo potuto stare insieme senza alcuna preoccupazione. Che sogno poter andare a trovare Jess nel suo ristorante, senza paure.

Lo squillo di un cellulare ruppe il silenzio, ma non era il mio. Jess si staccò e andò a prendere la giacca, appesa a uno degli sgabelli attorno al banco della cucina. Dopo una breve ricerca nelle tasche, rispose.

«Thaz, stavo giusto per… okay, prima tu.» Jess rimase in silenzio, emettendo solo qualche «uhm» e «ahah», posando gli occhi su di me e poi distogliendo lo sguardo. Lo costrinsi quasi a metterlo in vivavoce, perché quella chiamata aveva a che fare col nostro caso, ma poi si diedero appuntamento la sera dopo da Taddeo e riattaccò. «Thaz ha scoperto qualcosa sul tizio che ha offerto soldi a Simon e agli altri.»

«Cosa? Davvero? Così in fretta?»

«Te l'avevo detto che ha un sacco di contatti.» Posò il telefono. «James Miller è un assiduo frequentatore di una bisca clandestina per gente dell'alta società, gestita da un tizio dell'Upper West, Miles Holloway.»

Aggrottai la fronte. «Il nome mi dice qualcosa. Credo di averlo sentito nominare da Lincoln.» Presi subito il cellulare e mandai un messaggio a mio fratello, per capire se avevo ragione.

La risposta non tardò ad arrivare.

*Holloway lavora per i Lowell, è il loro pronipote, ma anche il loro avvocato. Uno stronzo. Perché me lo chiedi?*

«Cosa?» sbottai, anche se mio fratello non poteva sentirmi. Jess invece sì, e corse subito da me. Gli mostrai il messaggio.

«Interessante colpo di scena» commentò. Sapevo a cosa stava alludendo.

«No.» Scossi la testa. «È solo una coincidenza. I Lowell non hanno nulla a che fare con tutto questo, ne sono certa. Sono amici dei miei genitori da decenni e comunque si occupano di pietre preziose, non di immobili. Perché mai avrebbero dovuto uccidere Adam e Valerie?»

Jess annuì lentamente. «Sì, forse è un po' azzardato. Solo perché Miller frequenta la bisca di Holloway non significa che facciano affari insieme.» Sembrava che con quelle parole stesse più che altro cercando di convincere se stesso, ma io non avevo dubbi. Ian e io eravamo stati insieme, i miei genitori e i suoi erano amici da una vita, non potevano avere niente a che fare con quella storia. O forse era solo quello che volevo credere?

«Thaz ti ha per caso detto se può farci accedere a questa bisca?» Era meglio concentrarsi sulla nostra pista, anziché sui pensieri sinistri che mi affollavano la mente.

«Penso di sì, ma non credo che tu ci voglia andare con me, vero?» Era una domanda retorica.

«Be', almeno potremmo vedere come reagirebbe Miller a vederci tutti e due lì» risposi, ma senza pensarlo sul serio. Per quanto naturalmente regnasse il più assoluto riserbo su quei ritrovi clandestini, questo non significava che non si sarebbe sparsa la voce sulla nostra presenza. Oltre al fatto che Miller avrebbe potuto spaventarsi.

«Credo che uno di noi sia più che sufficiente» disse Jess. «Allora, vuoi andarci tu o ci penso io?»

Apprezzai che non avesse dato per scontato che sarebbe toccato a lui, anche se dai suoi occhi si capiva che sarebbe stato molto preoccupato per la mia incolumità.

«Come te la cavi a poker?» chiesi senza neanche rispondergli. Non si può dire che fosse particolarmente bravo a bluffare.

«Faccio schifo, sul serio» ribatté con un sorrisetto. «Ma non importa. Fingerò semplicemente di divertirmi un mondo a puntare migliaia di dollari. E, quando Miller sarà in vena di festeggiamenti, lo avvicinerò, gli chiederò dei suoi servizi, lo attirerò in un altro posto e lo metterò alle strette.»

Considerando che avevamo appena scoperto dove trovare quell'uomo, era un piano niente male. Ma non era l'unico che mi venisse in mente.

«E se ti dicessi che io invece sono piuttosto brava?» ribattei fiera.

Jess mi guardò incuriosito. «Okay, sentiamo: quale sarebbe il tuo piano?»

«Semplice: spennarlo e poi offrirgli la possibilità di continuare a giocare in cambio di un lavoretto per me. Quindi gli darei un indirizzo, lo potremmo aspettare lì e *a quel punto* metterlo alle strette.»

«Non male. Potrebbe funzionare» concordò Jess ammirato, ma un attimo dopo sbuffò. «Oddio, ma chi voglio prendere in giro? Per favore, lascia che me ne occupi io, okay? Lungi da me essere un tipo iperprotettivo, ma morirei all'idea di lasciarti andare da sola in una bisca clandestina, dove magari giocano le persone che hanno assassinato i nostri fratelli.»

Sorrisi amorevolmente nel vederlo così combattuto. «È stato molto carino da parte tua cercare di nasconderlo per almeno tre secondi.» Gli accarezzai la nuca. «E io non ci tengo affatto ad andarci da sola, quindi vacci con Thaz e portami Miller, okay?»

Jess si chinò su di me e mi diede un bacio rapido e appassionato che mi fece vibrare all'istante tutto il corpo.

«Grazie» farfugliò lui.

«Però devi promettermi che farai attenzione» aggiunsi seria. Era pur sempre un Coldwell, e probabilmente in un ambiente del genere lo avrebbero trattato con rispetto, ma ero ancora terrorizzata dopo quello che era successo a Natale. «Ti ho già quasi perso una volta. Non posso permettere che accada di nuovo.» La mia voce era ormai ridotta a un sussurro. Sapevo che le nostre indagini si sarebbero potute rivelare pericolose, ma non saremmo mai stati al sicuro se avessimo rinunciato a cercare la verità. Finché non avremmo scoperto chi aveva ucciso i nostri fratelli, non avremmo avuto pace.

«Starò attento, te lo prometto.» Jess mi strinse a sé e io gli posai la testa sulla spalla, godendo di quel senso di intimità che provavo sempre quando stavamo insieme.

*Ti prego, fa' che nessuno ci porti via di nuovo tutto questo*, implorai in silenzio, senza sapere a chi stessi rivolgendo quell'appello. Non mi interessava. L'unica cosa davvero importante era non perderci mai più. Era avere un futuro insieme.

Un futuro senza paure.

# 32

## Jessiah

«Jessiah Christopher Coldwell che partecipa a un torneo di poker in una bisca clandestina dell'alta società. Non posso assolutamente perdermelo. Questo è davvero il mio giorno fortunato!» Balthazar mi guardò raggiante e brindò a me con un drink che si era servito dal bar della limousine. L'auto era di sua madre, e avrei scommesso che di solito non c'era alcol a bordo. Thaz aveva affermato che ci serviva un'entrata in scena di tutto rispetto per il torneo di Holloway, e io non mi ero opposto, per quanto mi sembrasse un po' ridicolo. Nessuno avrebbe mai sbirciato fuori dalla finestra per controllare con quale macchina saremmo arrivati. Non c'era mica il red carpet.

«Tieni a freno l'entusiasmo; ricordi, vero, il motivo per cui stiamo andando a questo torneo di poker?» Allentai il nodo alla cravatta, che mi sembrava troppo stretto. Superammo Columbus Circle e passammo davanti a Central Park ormai buio.

«Certo» ribatté Thaz offeso. «Mi ci sono voluti giorni per ottenere l'accesso a questo evento esclusivo. Holloway è il più grande snob della storia. Solo quando ho fatto il tuo nome mi ha concesso due posti.»

Mi irrigidii di colpo. Naturalmente era stato necessario, perché le persone come Holloway e i suoi clienti tenevano all'esclusività, ma andava contro tutto ciò per cui mi ero sempre battuto. Inoltre avrei preferito che Miller non sapesse in anticipo della mia presenza. Potevo solo sperare che si presentasse lo stesso, una volta saputo che avrei partecipato anch'io.

«Allora non capisco perché sei così di buonumore» dissi guardando Thaz scettico.

«Ma sì che lo capisci: perché il mio caro amico Jess – forse avrai sentito parlare di lui – ha finalmente riacquistato la ragione e adesso vuole aprire un ristorante a New York.» Sfoggiò un sorriso ancora più smagliante. Erano passate due settimane da quando avevo firmato il contratto per l'Harper's, ma Thaz ancora non se ne capacitava.

«Be', vediamo se sarai ancora così raggiante quando ti illustrerò tutto il lavoro che c'è da fare.» Avevo già commissionato i primi progetti per l'arredamento degli interni e fatto un po' di conti su quanto ci sarebbe costato il tutto. Tuttavia, anche se avessimo delegato il lavoro artigianale a ditte esterne, sarebbe comunque rimasto molto lavoro da fare. Non vedevo l'ora di iniziare, ma la mia gioia era offuscata dal fatto che non sapevamo ancora chi avesse ucciso Adam e Valerie. Finché non avessimo risolto il caso non avremmo mai trovato pace, poco ma sicuro.

«Siamo certi che ci sarà anche Miller stasera?» gli chiesi per l'ennesima volta.

«Come ho già detto prima, non ne abbiamo la certezza al cento per cento, ma le probabilità sono molto alte. Di sicuro è in città, e il mio contatto mi ha assicurato che non si perde mai un torneo. Credo che abbia una sorta di dipendenza.»

Questo era un bene per noi, perché significava che, con un po' di fortuna, avremmo scoperto chi lo aveva ingaggiato per pagare gli ospiti della festa di Valerie e Adam in cambio di false testimonianze. Potevo solo augurarmi che non fosse Trish; se quella non era la pista giusta, non ne avevamo altre.

Ricevetti un messaggio da Helena, che mi rammentava di stare attento. Sorrisi mentre le rispondevo.

«Allora, come vanno le cose tra voi?» chiese Balthazar incuriosito, avendo intuito dalla mia faccia chi mi aveva scritto. «Siete ancora in quella fase in cui non vedete l'ora di scopare a fine giornata, o è già arrivato il momento di divano, patatine e tv?»

«Che c'è di male nel divano e nella tv?» ribattei con un sorrisino. «Anche con quella accesa puoi fare sesso, se vuoi.» Cosa che a volte succedeva, sebbene apprezzassi la passione di Helena per i risvegli notturni. Eravamo felici nella nostra piccola bolla, in cui riuscivamo a dimenticare il mondo esterno. In ogni caso non mi dispiaceva che per il momento tenessimo segreta la relazione, conservando i nostri sentimenti solo per noi, senza giudizi altrui.

Thaz rise. «Me lo immagino, diventerete una di quelle coppie felici da fare schifo, che tutti odiano ma in realtà invidiano a morte.»

«Be', lo spero.» Sorrisi, ma avevo ancora un nodo allo stomaco che mi perseguitava da settimane – e il giorno prima la situazione era addirittura peggiorata. Ero stato a Coldwell House, a prendere Eli, e Trish era stata fin troppo affettuosa per i miei gusti. Mi aveva chiesto come stessi, si era congratulata con me per l'acquisto dell'Harper's, e mi aveva persino detto che si augurava che fossi felice. Ma io avevo avvertito qualcosa che mi preoccupava, una sorta di tensione che avevo sempre percepito in lei quando era sul punto di trionfare. Forse si trattava solo di un nuovo progetto, eppure qualcosa mi diceva che aveva a che fare con me.

Mio fratello mi aveva informato di non aver notato nulla di insolito nelle ultime due settimane, ma io ero sicuro che ormai nostra madre avesse capito che Eli origliava, ed era per questo che non teneva più le conversazioni importanti a casa. Se stava cercando una via d'uscita per svincolarsi dal mio ricatto, avrebbe fatto di tutto pur di tenerlo nascosto. D'altronde sapeva già chi avrebbe scelto Eli, se avesse potuto. Altro punto che alimentava la mia paranoia. Stuzzicare Trish Coldwell non era una buona idea, lo sapevano tutti a New York. Io l'avevo fatto lo stesso, e adesso ogni giorno mi aspettavo che la cosa mi si ritorcesse contro.

«Siamo arrivati.» La voce dell'autista squillò dall'altoparlante e l'auto si fermò per farci scendere.

Lungo la strada mi abbottonai la giacca nera, che portavo sotto il cappotto aperto e che solitamente abbinavo a una camicia e a una cravatta scure. Di norma ai tornei di poker mi ero presentato in jeans e camicia, ma ovviamente quell'evento prevedeva un dress code. Come aveva detto Thaz, Holloway era la quintessenza dello snobismo.

Il torneo si teneva in un vecchio palazzo dell'Upper West Side, a due isolati dal museo di storia naturale. Uno dei tipici edifici a schiera della zona, in arenaria rossastra, con una testa di leone sopra la porta e pregiati ornamenti sulla facciata, parzialmente illuminati da un lampione. Guardai in alto mentre Balthazar bussava servendosi del massiccio batacchio.

Non passò molto prima che qualcuno spuntasse da dietro la vetrata, una giovane bionda con un vestito attillato. Aprì la porta.

«Signor Coldwell, signor Lestrange» disse con sorriso esperto, e mi venne il dubbio che Holloway impiegasse delle escort per i suoi tornei di poker. «Benvenuti, signori.»

«Grazie mille» rispose Thaz, mentre io rimasi in silenzio, e mi fece strada. «Non vediamo l'ora di giocare.»

«Vedo che avete pagato in anticipo i vostri *buy-in*» disse la ragazza, controllando sul tablet un foglio Excel. Cercai di sbirciare gli altri nomi, ma purtroppo si voltò subito verso di noi. «Le fiches vi verranno fornite al piano di sopra da Clara, le bevande servite ai vostri rispettivi tavoli. Buon divertimento.»

Lasciammo che ci prendesse i cappotti, poi imboccammo una scalinata in legno antico e seguimmo le voci sommesse.

Thaz mi guardò. «Hai intenzione di tenere il muso tutta la sera? Sembri sul punto di voler picchiare qualcuno. Così, solo per sapere.»

Sbuffai leggermente. «Ti aspettavi che sarei stato felice e contento come te?»

«No, tanto non ci riusciresti mai. Ma visto che siamo in missione, dovresti almeno far finta di averne voglia.»

Su questo aveva assolutamente ragione e cercai di rilassarmi un po' mentre ci dirigevamo verso la porta a battenti. Avevo pagato cinquantamila dollari di *buy-in* per partecipare a quel dannato torneo di poker. Ai presenti dovevo dare l'impressione di essere entusiasta della serata.

«Conosci il piano» ricordai a Thaz. «Quando avrò convinto Miller a lavorare per me, farò all in. Poi decideremo se interrogarlo qui o altrove.»

Thaz sospirò. «Lo so, vecchio mio, ne abbiamo già parlato cento volte. Inizio a pensare che sarebbe stato meglio portare Helena.»

«Così sarebbe stata l'unica donna a giocare?» Nel frattempo avevamo raggiunto la sala, allestita con sei tavoli scuri da poker, ai quali erano già seduti alcuni giocatori. Di donne nemmeno l'ombra. C'erano esclusivamente uomini sulle poltroncine di velluto nero, e le uniche ragazze presenti erano le cameriere – e un paio di escort, che se ne stavano in piedi con i loro abiti da sera, visibilmente annoiate. *Benvenuti all'età della pietra*. Lasciai vagare lo sguardo sui presenti per cercare di individuare Miller – e invece all'improvviso intravidi un altro volto familiare.

«Oh, cazzo» sbottai, dando subito le spalle al tavolo.

«Che c'è?» si affrettò a chiedere Thaz.

«C'è Tobias Weston.»

Non me l'aspettavo. L'immagine dei Weston era così immacolata che non mi sarei mai aspettato di incontrare il padre di Helena in un contesto simile. Certo, nell'ultimo anno erano circolate voci riguardo ai suoi problemi coniugali, giunte perfino a me, e c'era anche chi sosteneva che l'azienda di famiglia fosse quasi fallita per via della speculazione edilizia. Ma, a maggior ragione, mi sarei aspettato che i Weston si preoccupassero ancora di più di salvaguardare la propria reputazione.

«E, come se non bastasse, è seduto al tavolo con Miller» mi informò Thaz serio. «E adesso che facciamo? Vuoi che me ne occupi io?»

Riflettei un attimo. Non che temessi che Thaz potesse perdere contro Miller – a differenza di me, era un eccellente giocatore di poker. Ma era un Lestrange, non un Coldwell. Miller selezionava i suoi lavori con cura, questo lo sapevamo, e difficilmente si sarebbe interessato a un incarico proveniente da un cliente di cui non aveva mai sentito parlare. Quindi avevo solo due possibilità: ritirarmi o andare fino in fondo. E la seconda significava ingaggiare Miller allo stesso tavolo a cui sedeva il padre di Helena – l'uomo che pensava gli avessi sottratto la figlia e che mi considerava la persona sbagliata per lei. Peggio di così non poteva andare. Però quella era un'occasione unica, simili tornei si tenevano solo ogni due o tre mesi. E avevamo bisogno delle informazioni di Miller.

«No» risposi infine, deciso a prendere in mano la situazione. «Ci penso io.»

«Dici sul serio?»

Annuii. «Siamo venuti qui per Miller, giusto? Allora dobbiamo parlare con lui, a prescindere da Tobias Weston.»

«E se si mette in mezzo?»

«Non lo farà. È il padre di Helena, non un boss mafioso. Posso gestirlo.» Mi avvicinai al bancone dove distribuivano le fiches.

Thaz mi seguì e continuò a parlare sottovoce.

«Hai bisogno di me o vuoi che controlli se anche Holloway fa affari con Miller?» chiese, rivolgendo un sorriso pieno di charme alla ragazza che consegnava le fiches.

Io annuii e accettai le mie.

«Ottima idea. Ci vediamo dopo.» Non avevo bisogno di Thaz per ottenere da Miller quello che volevo, ma per il colpo finale era meglio essere in due.

Con espressione impassibile mi avvicinai al tavolo dove stavano giocando Miller, il padre di Helena e altri due uomini che non conoscevo.

«È libero?» chiesi, sedendomi senza attendere una risposta. L'arroganza era il linguaggio tipico di quegli ambienti e, inspiegabilmente, l'unico con cui incutere rispetto. Una cosa che detestavo, ma per quella sera sarei stato al gioco – per le informazioni che ci servivano e per trovare l'assassino di Valerie e Adam.

«Jessiah.» Tobias Weston si limitò ad annuire, ma il suo sguardo tradiva disapprovazione. Non avrei saputo dire se perché il fidanzato di sua figlia partecipava a tornei di poker come quello – l'upper class era famosa per avere due pesi e due misure – o se perché io e Helena stavamo insieme. Probabilmente entrambi i motivi.

«Tobias» ricambiai annuendo. Avevo venticinque anni, non quindici. Se mi chiamava per nome, potevo fare lo stesso.

Aggrottò leggermente la fronte davanti a quella che doveva aver considerato una mancanza di rispetto, ma non fece commenti. «Non mi aspettavo di vederti qui» disse invece.

«Lo stesso vale per me. Immagino che gli affari vadano di nuovo bene.» Il *buy-in* era alto, e solo un anno prima i Weston navigavano in acque agitate. Chissà se sua moglie sapeva che era lì quella sera, magari a giocarsi i rinnovati profitti?

Lui sbuffò piano, in modo che solo io potessi sentire.

«Direi proprio di sì. Soprattutto grazie al nostro rifiuto di farci intimidire da certe persone.»

«Oh, davvero? Da quanto ne so, è stato merito di qualcun altro.» Lasciai che venissero distribuite le carte ostentando calma, mentre il sangue mi ribolliva nelle vene. Helena aveva dovuto rinunciare alla nostra relazione per salvare la propria famiglia, e adesso il padre se ne attribuiva il merito?

«Come osi?» sibilò.

Avrei potuto controbattere in molti modi, ma preferii lasciar perdere. Sebbene avessimo parlato a bassa voce, mi accorsi che Miller era interessato alla nostra conversazione.

«Lei è Jessiah Coldwell, giusto?» si intromise. Non era un uomo particolarmente attraente: aveva il mento retratto e una calvizie incipiente, benché non avesse più di una trentina d'anni. Tuttavia sembrava piuttosto sicuro di sé e, se si sentiva a disagio a parlare con me, non lo dava per niente a vedere.

«Sì, sono io» risposi, prendendomi il tempo di guardare le mie carte prima di riportare l'attenzione su di lui. «E lei è…?» Normalmente non sarei stato così condiscendente. Ma prima di tutto mi aiutava a tenere sotto controllo la rabbia, perché Miller doveva essere coinvolto nella morte di mio fratello. E poi i tizi come lui bramavano l'approvazione delle persone più altolocate. E io ero una di loro.

«James Miller» rispose chinando leggermente il capo, e capii che la mia strategia stava funzionando.

«Che originalità» commentai secco, suscitando le risate dei due estranei al tavolo. «Ha mai pensato di cambiare nome?»

«Per adesso no. Aiuta negli affari» ribatté con un mezzo sorriso.

«E di quali affari si occupa?» Non gli feci capire che me l'aveva servita su un piatto d'argento, ma continuai a recitare la parte di quello indifferente e annoiato.

«Risolvo problemi alle persone che hanno il budget adeguato.» Miller spinse due fiches al centro del tavolo e bevve un sorso dal suo drink.

«Detta così sembra un killer professionista.» Gli rivolsi un sorrisetto indolente, come a lasciare intendere che non sarei rimasto scioccato se mi avesse detto che avevo ragione. Miller, tuttavia, quasi si strozzò con il suo vodka tonic, e in quel momento capii che probabilmente non era stato lui a costringere Adam e Valerie ad assumere la cocaina avvelenata.

«N… no, certo che no.» Rise nervosamente guardandosi intorno. «Si tratta per lo più di mantenere riservate alcune informazioni, o di farne uscire allo scoperto altre.»

«Sembra interessante.» Per il momento non aggiunsi altro, perché se gli avessi fatto troppe domande avrebbe potuto insospettirsi. Mi limitai quindi ad annuire e a concentrarmi sul gioco.

Già alla prima mano dovetti passare, perché le mie carte erano così brutte che nemmeno un professionista avrebbe potuto farci qualcosa. E, anche se stava andando meglio del previsto – forse perché non volevo fare brutta figura con Tobias Weston –, la mia pila di fiches continuava a ridursi. Era trascorsa circa un'ora e mezza quando riportai la conversazione sugli affari di Miller.

«Ora, se avessi un problema e volessi assumerla per risolverlo, come dovrei fare?» Misi altre due fiches al centro del tavolo, perché per una volta avevo una mano buona.

«Dipende dal problema» rispose Miller, e intuii dal suo sguardo che era più che interessato ad avermi come cliente. «A volte è sufficiente pagare, altre bisogna essere più chiari.»

«La chiarezza fa proprio al caso mio.» Annuii e incrociai lo sguardo del padre di Helena, che mi guardò in cagnesco.

«Tutto sua madre» mormorò il signor Weston con disprezzo, e lo vidi stringere a pugno la mano con cui non reggeva le carte.

Non era la prima osservazione di quel genere, ma era la più esplicita. Non mi piaceva per niente. Certo, la rivalità tra i Weston e i Coldwell era ben nota in città e nessuno si stupì che ci disprezzassimo apertamente. Ma se avessi continuato a recitare la mia parte, il padre di Helena si sarebbe precipitato quella sera stessa da me per portare via la figlia – e come biasimarlo! Solo che questo sarebbe stato fatale per la nostra missione. Stava per mandare all'aria i nostri piani, e dovevo impedire che accadesse. Così, quando poco dopo si alzò per andare in bagno, schizzai in piedi e lo seguii.

«Aspetti» lo chiamai quando era già a metà del corridoio. Si fermò, voltandosi solo dopo qualche istante, come se prima avesse avuto bisogno di tenere a bada le proprie emozioni.

«Che cosa vuoi?» Più che aggressivo sembrava triste: si intuiva che la storia di Helena lo stava tormentando. Provai subito compassione per lui. Aveva già perso una figlia e adesso sentiva che anche la seconda gli era diventata inaccessibile. Per causa mia.

«Una tregua» risposi. «Non riusciremo mai a giocare bene se siamo sempre sul punto di strangolarci.»

«*A giocare bene?* È questo che ti interessa?» chiese sbuffando. «Non riesco proprio a capire perché una ragazza intelligente come Helena si sia innamorata di uno come te.»

«E quello che proprio non riesco a capire io, in realtà, è come, dopo tutte le stronzate che ha sentito a Park Avenue, possa essere diventata così intelligente» replicai bruscamente, senza riuscire a trattenermi. Poi sospirai e scossi la testa. Mettersi a litigare non avrebbe certo migliorato le cose. «Ascolti, so che non le piaccio, ma…»

«Questo non c'entra nulla col fatto che non mi *piaci*» disse avvicinandosi di un passo. «Frequenti mia figlia e hai appena accennato a uno dei tipi più loschi della città di essere interessato ai suoi servizi. Ti giuro che, se la coinvolgi in qualcosa, io ti…»

«Non lo farei mai!» lo interruppi subito. Mi guardai intorno, ma non c'era nessuno a parte noi. «Non sono affatto interessato ai servizi di Miller. O perlomeno non nel senso in cui crede lei.»

«E questo cosa vorrebbe dire?» Sembrava poco convinto.

«Fa tutto parte di un piano, che lei sta mandando all'aria.»

«E che razza di piano sarebbe?»

Non ero sicuro se fosse il caso di rivelarglielo, ma Valerie era sua figlia e, anche se i Weston non lo davano a vedere, sapevo da Helena che stavano ancora elaborando il lutto. Il mio istinto mi diceva che suo padre non ci avrebbe mai tradito. Così aprii la porta più vicina e gli feci cenno di seguirmi in un'altra stanza. Lui esitò solo un attimo, prima di accettare l'invito.

Entrammo in un ampio locale, completamente vuoto tranne per alcune sedie addossate a una parete. Bene, lì nessuno avrebbe potuto ascoltarci.

Feci un respiro profondo e sperai che la mia decisione fosse quella giusta. «So che, circa quattro anni fa, Miller ha pagato alcuni invitati alla festa di fidanzamento di Adam e Valerie per parlare male di lei in pubblico. Faceva parte di un complotto su cui sto indagando.» Non gli rivelai che era coinvolta anche Helena, perché era pur sempre suo padre. Di sicuro non sarebbe rimasto zitto, se avesse saputo che sua figlia stava investigando sulla morte della sorella.

Le labbra di Weston formarono una linea sottile. «Questo significa che la campagna diffamatoria contro mia figlia era tutta una montatura?»

Annuii, nascondendo il fatto che non si era trattato solo di diffamazione, ma di un vero e proprio omicidio. Non aveva bisogno di saperlo per stare al gioco. Se e quando dirlo ai genitori era una decisione che spettava a Helena.

«Ho scoperto che Miller sarebbe stato qui stasera, quindi il piano mio e di Balthazar era di fargli pensare che volessi ingaggiarlo. In questo modo potremo attirarlo da qualche parte e interrogarlo sulla questione, senza che nessuno se ne accorga.»

Il padre di Helena aveva evidentemente bisogno di tempo per metabolizzare la notizia, perché si mise a camminare per la stanza, si ravviò i capelli brizzolati e infine sospirò. All'improvviso, però, gli venne in mente qualcosa e si voltò bruscamente verso di me.

«Come fai a essere così sicuro che non ci sia tua madre dietro a tutto questo? Odiava Valerie più di chiunque altro.»

«Non posso escludere che sia stata lei» ammisi. «E, se è così, lo scoprirò. Ma alcuni indizi fanno supporre che non c'entri nulla.»

Rifletté di nuovo. Poi annuì e sembrò accettare le mie parole. «Cosa posso fare per aiutarti?»

«Lasci che me ne occupi io, ma senza fulminarmi con lo sguardo. O almeno un po' meno di prima» dissi sollevando il mento. «Nessuno sa di me e Helena, e per adesso vorremmo che rimanesse così. Solo per precauzione.»

«Va bene.» Weston si asciugò il viso, e stavo per girarmi e andarmene quando mi fermò. «Come sta Helena? Lincoln non ci dice quasi nulla e io… vorrei sapere se è felice.»

Lo fissai negli occhi. «Sarebbe più felice se sapesse che i suoi genitori la sostengono, qualsiasi futuro scelga.»

«È stata lei ad andarsene» ribatté lui amaramente, scuro in volto. «Tra noi e te ha scelto te.»

Le sue parole mi dimostrarono che non aveva ancora capito la figlia, ma io avevo la possibilità di cambiare le cose e decisi di coglierla al volo. «Non ha scelto me invece che voi: ha scelto prima di tutto *se stessa*, la vita che desiderava. E lei potrebbe farne parte se solo non fosse così terribilmente orgoglioso e accettasse che sua figlia è in grado di fare le proprie scelte. *Io* non mi opporrei mai.»

Mi guardò sorpreso e, per la prima volta, colsi nei suoi occhi un barlume di rispetto. Sentii germogliare in me la speranza. Forse la situazione tra le nostre famiglie non era poi irrimediabilmente incasinata come pensavo. Forse c'era una possibilità che tutti potessimo convivere in modo pacifico.

*Anche con Trish?*

No, non credevo.

Prima che Weston potesse rispondere, si sentì un rumore: la porta che avevo chiuso si aprì ed entrò Thaz.

«Eccoti qui.» Guardò prima me poi il padre di Helena, che si congedò con un rapido cenno del capo.

Pensai che era un peccato che fossimo stati interrotti, perché avrei voluto sapere se avesse intenzione di chiamare la figlia.

Anche se Helena non l'aveva mai detto, sapevo benissimo quanto le pesasse non avere contatti con i genitori. Potevo solo sperare che le mie parole avrebbero smosso un po' le acque.

«Di cosa avete parlato?» chiese Thaz.

«Volevo impedirgli di mandare all'aria il piano. Mentre cercavo di attirare fuori Miller, Weston continuava a guardarmi in cagnesco. Ho pensato che, se avesse continuato così, il tizio si sarebbe insospettito.»

«Be', problema risolto» ribatté il mio amico. «Miller se n'è appena andato.»

# 33

## Jessiah

Fissai Thaz. «Cosa?»

«Sì, Miller ha ricevuto una chiamata ed è stato costretto ad andarsene.»

*Cazzo*. Avevamo perso la nostra unica chance, e solo perché ero intento a rassicurare il mio potenziale suocero. Ma allora perché Balthazar non sembrava amareggiato quanto me?

«Ti ha lasciato questo.» Thaz aveva in mano un biglietto da visita con un indirizzo mail e un numero di telefono. «Mi ha cercato, probabilmente perché aveva visto che eravamo arrivati insieme. Ha detto di chiamarlo se hai bisogno.»

Presi il biglietto e annuii sollevato. Era come aver fissato un appuntamento di persona, e potevamo ancora tendergli una trappola. Ma era meglio non contattarlo subito, altrimenti sarei apparso troppo disperato. Dovevo aspettare almeno un giorno prima di chiamarlo.

«Allora direi che possiamo andare» dissi facendo spallucce.

Certo, avrei comunque potuto cercare di scoprire con chi faceva affari Miller, ma l'avrei chiesto direttamente a lui.

«Sei pazzo?» Thaz scosse la testa risoluto. «Abbiamo pagato una fortuna per partecipare, e io sto vincendo.»

«Bene, allora me ne andrò senza di te. Io perderò tutto comunque, tanto vale che mi ritiri.»

«Oh, andiamo, JC. Solo perché hai la tua ragazza che ti aspetta a casa non significa che devi rinunciare a divertirti. Per una sera, rilassati.»

Mi misi a ridere perché c'erano così tante inesattezze in quella frase che non sapevo da dove cominciare. «Non mi sto affatto divertendo. In più a poker sono un disastro e odio starmene vestito così. Preferirei mille volte ordinare una pizza e...»

«Non dire niente che contenga la parola "divano" o mi metto a piangere» sbottò Thaz con un gesto teatrale. «Ma va bene, come preferisci. Posso almeno avere le tue fiches?»

«Certo. Tutte e cinque quelle che mi sono rimaste.»

Tornammo nella sala con i tavoli da gioco e mi scusai per aver interrotto la partita. Il padre di Helena mi lanciò un'occhiata interrogativa, ma io mi limitai a un cenno di saluto, prima di consegnare le fiches a Thaz, recuperare il cappotto e tornarmene a casa. Stavo cercando un taxi quando mi squillò il cellulare prepagato. Lo tirai subito fuori dalla tasca e risposi alla chiamata.

«Jess? Sono Thea.»

«Ehi, tutto okay?» Sembrava preoccupata, come se fosse successo qualcosa di grave. Mi aveva anche cercato all'altro telefono, cosa che non faceva mai. Sebbene verificassi regolarmente che non fosse sotto controllo, non potevo averne la certezza. «È successo qualcosa a Lilly?» La settimana prima ero andato a trovarle nel New Jersey, era stata la prima volta dal mio ricovero in ospedale. Le avevo viste bene.

«Francamente non lo so.» Sembrava affannata. «Oggi sono andata a prenderla a scuola all'ora di pranzo. Mi ha detto che nel cortile c'era una donna che stava fotografando i bambini, presumibilmente per un articolo di giornale. Ma quando poco fa ho chiamato la maestra per sapere di quale quotidiano si trattasse, mi ha risposto che non ne sapeva nulla. Nessuno a scuola ne ha la più pallida idea, anche se era presente un'educatrice. Ho provato a rintracciarla, ma non risponde.»

Adesso capivo perché Thea era così turbata. A differenza degli altri genitori, non temeva potesse esserci dietro un pedofilo. «E pensi che ci sia dietro Trish?»

«Chi altro potrebbe essere? Un pedofilo non si inventerebbe la scusa dell'articolo per parlare con i bambini e scattare qualche foto.» Thea sospirò forte. «Ho paura, Jess. E se ci avesse scoperto? E se avesse mandato qualcuno a cercare Lilly? Somiglia così tanto a Adam… se solo vedesse una sua foto, se ne accorgerebbe subito.»

Avrei voluto rassicurarla, ma tutte le parole che mi venivano in mente sembravano vuote, perché condividevo i suoi stessi timori. Giustificati o meno, non lo sapevo. Di solito il mio istinto non mi ingannava, però non sempre era un buon consigliere.

«Siamo stati attentissimi durante le mie visite» cercai comunque di rassicurarla. «Non mi hanno mai seguito e non c'era nessuno nella vostra strada. *Non può* saperlo.»

«E se scoprisse che l'appartamento è tuo? O che ci mandi soldi ogni mese?»

Scossi la testa, anche se lei non poteva vedermi. «No, impossibile. Mi sono assicurato più e più volte che nessuno potesse risalire a me.» Anche se non potevo escludere che Trish trovasse il modo di tracciare i miei movimenti, ma in quel caso avrebbe dovuto sospettare qualcosa. E non c'erano indizi in questo senso. Se avesse saputo di avere una nipote con cui io ero in contatto, sarebbe venuta a parlare con me.

*Ah, sì? Anche dopo che l'hai ricattata?*

A fatica, riuscii ad assumere un tono più sicuro. «Ci penso io, okay? Se Trish sa qualcosa, lo scoprirò e la terrò a distanza.»

Ero disposto a tutto pur di proteggere Thea e Lilly, proprio come avevo fatto per Helena.

*Sei sicuro? E se l'avesse fatto per ripicca? Se stesse cercando un modo di neutralizzare il tuo ricatto?*

«Grazie, Jess» rispose Thea. «Forse sto solo esagerando e domani sarà tutto risolto. Ma...»

«No, hai fatto bene a dirmelo. Meglio essere prudenti. Ti richiamo io.» Riattaccai e chiamai un taxi, dando all'autista il mio indirizzo.

Neanche cinque minuti dopo mi arrivò una notifica sul telefono. Era un messaggio di mia madre.

*Dobbiamo parlare.* Nient'altro. Mi bastarono quelle due parole per capire che ogni speranza era vana.

Fissai il display, incapace di muovermi. Freddo. Era tutto ciò che riuscivo a sentire in quel momento. Un freddo glaciale che non poteva essere paragonato a nulla che avessi mai provato prima, nemmeno all'acqua di Rockaway Beach in pieno inverno. Il mio cervello ci mise un po' ad ammettere quello che ormai era chiaro: quella donna alla scuola di Lilly non era stata una coincidenza. Thea aveva ragione: Trish sapeva. Aveva scoperto di avere una nipote.

*Porca puttana.*

Mi allentai il nodo alla cravatta; mi sembrava di non riuscire a respirare. Il mio primo impulso fu quello di chiamare Helena e tuttavia lo scartai subito. Ero sempre stato onesto con lei, ma questo... non potevo dirglielo. Non prima di sapere con certezza se Trish ci avrebbe minacciati con quell'informazione. Far soffrire Helena era peggio che tenerle nascosto qualcosa. Almeno per il momento.

Così scrissi *Arrivo subito* a mia madre e mi sporsi tra i due sedili anteriori.

«La destinazione è cambiata» dissi alla tassista. «Mi porti sulla Cinquantasettesima, Coldwell House.»

Lei annuì e continuò a guidare. Dopo soli cinque minuti di panico e pensieri sfrenati, ci fermammo davanti all'ingresso. Pagai e scesi in tutta fretta.

Il lascito di mia madre alla città risplendeva nel buio, illuminato da centinaia di faretti incassati nell'asfalto. Feci un respiro profondo e varcai la porta d'ingresso, salutai di sfuggita la portiera e corsi subito agli ascensori. Accartocciai la cravatta tra le mani fino a ridurla a un minuscolo pezzo di seta. Cosa mi aspettava lassù? Qual era il piano di Trish? C'era qualcosa che potevo fare per fermarla, se sapeva di Lilly?

*Magari non è come pensi*, cercò di rassicurarmi un'altra vocina nella mia testa. *Forse vuole solo avere un contatto con la nipote, invece di usarla come merce di scambio.*

Sì, se Trish fosse stata una madre normale, probabilmente sarebbe stato così. Ma lei non era una madre normale, non lo era mai stata. Nella vita di Lilly non ci sarebbero state gite allo zoo o visite al negozio di giocattoli con la nonna, ma solo possessività. Non era un caso se Thea aveva sempre avuto una paura folle che questo accadesse, e pregai che non fosse tutta colpa mia. In tal caso non me lo sarei mai perdonato.

Mentre l'ascensore saliva, mi sforzai di pensare a una via d'uscita, senza riuscire a trovarla. Lottai per scacciare dalla testa l'idea di come Trish avrebbe potuto usare quell'informazione. Cosa avrebbe potuto fare a tutti noi – Helena, Thea, Lilly e me – se avesse voluto. Ma ricordai a me stesso che avevo ancora le informazioni sulla morte in cantiere. Questo valeva qualcosa. *Doveva* valere qualcosa.

Trish mi aspettava in salotto, con le braccia conserte davanti al divano, e mi guardò. Era struccata, indossava un leggero maglione di cachemire sopra un paio di pantaloni da yoga, e in altre circostanze probabilmente avrei fatto una battuta sul suo outfit così dimesso. Ma l'espressione sul suo viso soffocò ogni parola. Non sembrava arrabbiata – in tal caso avrei saputo gestirla. No, era scossa. E questo era molto più pericoloso.

«Da quanto tempo lo sai?» mi chiese senza salutare, gettando un mucchietto di foto sul tavolo bianco e lucido. Erano foto di Lilly, non solo nel cortile della scuola, ma anche di lei che saltava la corda davanti a casa, che mangiava il gelato con Thea e a dorso di un pony. A quanto pareva era un po' che le faceva seguire, e adesso capivo perché la donna che le aveva scattate quel giorno era stata così imprudente: lo aveva fatto di proposito. Trish aveva voluto che Thea mi chiamasse, per scoprire se lo sapevo. Probabilmente le aveva messo sotto controllo il telefono e aveva rintracciato la chiamata di poco prima. Sentii ancora più freddo.

«Dal settembre scorso.» Non aveva senso mentire.

«E non hai ritenuto necessario parlarmene? Dirmi che Adam aveva una *figlia*?!» Gridò l'ultima parte della frase talmente forte da farmi trasalire. Non avevo mai avuto paura di lei in vita mia.

E non avevo paura di lei adesso, ma di quello che avrebbe potuto fare con quell'informazione.

«Non spettava a me dirtelo» sussurrai, sforzandomi di mantenere la calma. Era la verità. Non glielo avrei detto neanche se il nostro rapporto fosse stato migliore.

«Oh, altrimenti l'avresti fatto?»

«No» risposi onestamente. «E questo la dice molto più lunga su di te che su di me.»

Sbuffò, ormai furiosa, ma questo non mi rassicurò. Tante volte avevo visto Trish indignata, delusa e arrabbiata, ma stavolta era diverso e non avevo idea di come affrontarla. Il fatto che ci fosse di mezzo la figlia di mio fratello aveva un enorme potenziale distruttivo che non sapevo come scongiurare.

«La conosci? L'hai mai incontrata?» chiese mia madre quasi avidamente.

Non c'era traccia di me nelle foto, quindi avrei potuto mentire e dirle che le avevo solo aiutate economicamente, senza alcun contatto con Lilly. Ma decisi di non farlo. Avrebbe significato agire alla cieca, senza poter prevedere le sue mosse; era meglio dare retta al mio istinto. Così annuii.

«Dopo aver saputo di lei, sono andato a trovarle un paio di volte.»

«E come l'hai scoperto?» chiese Trish fulminandomi con lo sguardo. Non mi chiese come fosse Lilly, se somigliasse a Adam di carattere o qualsiasi altra cosa avrebbe potuto interessare una nonna. No, voleva solo sapere perché l'avessi tradita. Eppure l'avevo fatto così tante volte in passato che non avrebbe dovuto sorprendersi.

«Che importanza ha?» Anche stavolta non volevo mentire, ma non potevo nemmeno dire la verità. Menzionare Helena non avrebbe migliorato la situazione.

«Quindi Adam non l'aveva detto a nessuno.» Trish guardò le foto con tristezza e sospettai che in realtà non fosse delusa da me, ma da mio fratello. Le aveva nascosto Lilly ben prima di morire, ed era questo a sconvolgerla così tanto. «Vivono nel New Jersey» disse sbalordita. «La bambina frequenta una scuola pubblica, fino a poco tempo fa abitavano in uno dei peggiori quartieri della città, con altri coinquilini in una casa che cadeva a pezzi.» Scosse la testa. «Quanto deve odiarmi quella donna per aver sopportato tutto questo? Per chiedere a Adam di tenermi nascosta l'esistenza di questa bambina?»

Mi resi conto di essermi sbagliato: non era delusa da Adam, perché non era possibile. Mio fratello per lei era un santo, quindi intoccabile, così aveva concentrato tutta la sua rabbia su Thea. Mi sentii gelare il sangue nelle vene. Dovevo fare qualcosa. Perché sapevo a cosa avrebbe portato tutto questo: odio. Proprio come con Valerie.

«Erano *entrambi* preoccupati che, se tu lo avessi scoperto, avresti preteso che Lilly vivesse con Adam.» *O da te*, ma questo lo tenni per me. Non volevo suggerirglielo.

«Come fai a saperlo? Non ne avete mai parlato.» Gli occhi di Trish scintillarono in modo inquietante. «No, Adam non mi avrebbe mai tenuto nascosto il fatto di avere una figlia se quella donna non l'avesse convinto a farlo. Non mi avrebbe mai taciuto una cosa del genere.»

«Forse sì.» Lo dissi quasi sussurrando, perché sapevo che qualsiasi forma di provocazione avrebbe solo peggiorato le cose. «Forse non voleva che sua figlia crescesse nel suo stesso ambiente.»

Trish mi guardò completamente spiazzata. «E chi non lo vorrebbe? Chi non vorrebbe la migliore istruzione, le migliori cure, le migliori opportunità per il resto della vita?» Poi sembrò capire e il suo tono si fece sprezzante. «Certo. Tu. Perché non hai mai accettato il fatto che i privilegi implicano responsabilità. Ma non permetterò che accada lo stesso a questa bambina. Mia nipote merita qualcosa di meglio di una vita mediocre. E a questo provvederò io.»

Quello era proprio il genere di decisione che avevo temuto di più, da quando Trish mi aveva chiamato per interrogarmi sull'esistenza di Lilly. Cercai comunque di riprendermi dallo shock.

«E questo che significa?» chiesi, odiandomi per apparire così sulla difensiva, quasi impotente. «Che cos'hai intenzione di fare?»

Trish si alzò e sollevò il mento. «Be', prima di tutto informerò i miei avvocati che esiste una bambina che potrebbe essere figlia di Adam, in modo da poterne stabilire la paternità, anche se si tratta ovviamente di una formalità. Voglio dire, guardala, è la sua fotocopia. E poi mi informerò sulla possibilità di far parte della sua vita. In modo che, si spera, riesca a dimenticare presto il New Jersey. O l'influenza distruttiva di sua madre.»

Il cuore iniziò a battermi all'impazzata, mi si offuscò la vista. Non riuscivo a pensare con chiarezza. Senso di colpa, paura, disperazione si fecero strada dentro di me e mi aggrappai a un'idea che mi era venuta in mente mentre ero al telefono con Thea.

«E invece non lo farai» dichiarai con voce tremante, giocandomi il mio unico asso nella manica. «Perché altrimenti racconterò alla stampa la storia dell'operaio morto nel tuo cantiere.»

«Oh, Jessiah.» Lei schioccò la lingua e prese il portatile sul tavolo, girandolo verso di me. «Lascia che ti dia un consiglio per il futuro: se vuoi combattere una guerra di questo tipo, devi sempre assicurarti di avere abbastanza munizioni.»

Diedi un'occhiata allo schermo, che riportava un articolo online intitolato: *Trish Coldwell ammette un deplorevole incidente*, a caratteri cubitali, e subito sotto, *Imprenditrice di successo si impegna per standard di sicurezza più rigorosi nei cantieri edili di New York*.

«Cosa...» farfugliai. «Come...?»

«A volte l'attacco è la miglior difesa» mi rispose. «In questo modo, avendo ammesso pubblicamente la questione e offerto anche una soluzione, il clamore non sarà così ingestibile come se fosse stato qualcun altro a denunciare il fatto.»

Avrei voluto ribattere, ma non mi veniva in mente nulla.

Mi aveva dato scacco matto in poche mosse. Sapevo di non essere alla sua altezza, in quanto a sangue freddo e spregiudicatezza, in fondo ero figlio di mio padre, non di mia madre. Ma mi ero comunque illuso di poterla sconfiggere. Quanto ero stato ingenuo. Dannatamente stupido. Adesso non avevo più alcun potere, niente che potessi usare contro di lei. Avevo le mani legate.

Così dissi l'unica cosa che mi venne in mente per proteggere Thea e Lilly.

«Cosa devo fare perché tu lasci in pace quelle due?»

Trish mi guardò e capii subito che quella domanda era esattamente ciò che si aspettava. Perché improvvisamente nei suoi occhi non lessi più delusione, né un luccichio irrazionale, ma solo freddo calcolo. E in quel preciso istante capii che, per tutto il tempo, ero stato *io* il bersaglio. Aveva solo messo in atto uno dei suoi intrighi, aspettando che le dimostrassi quanto ero disposto a battermi per Lilly, quanto quella bambina fosse importante per me, per poi ottenere ciò che voleva. Quello che aveva sempre voluto.

«Be', credo che lo sappiamo entrambi, no?» Lo chiese quasi con gentilezza e io, dalla frustrazione, dovetti trattenermi dal distruggere qualcosa nel suo appartamento immacolato. Com'ero potuto cadere così facilmente nella sua trappola? Ecco perché l'aveva fatto, naturalmente. Avrei dovuto prevederlo.

«Non ho intenzione di rompere con Helena» risposi con voce ferma – o almeno così mi sembrava. «Mai.»

«E invece devi, se vuoi che Thea e Lilly rimangano nel loro squallido buco nel New Jersey.»

Dopo che ebbe pronunciato quelle parole, con tanta freddezza e crudeltà, sentii esplodere la rabbia e scattare qualcosa dentro di me. Ero così stanco di dover lottare per assicurarmi che non succedesse niente alle persone che amavo. Per avere una vita che fosse degna di questo nome. Per poter amare chi volevo. Ero stanco di tutto questo. Così esplosi.

«Perché lo fai?!» gridai. «Come mai sei così ossessionata dal fatto che Adam sia morto perché amava Valerie?!»

«Perché è la verità!» urlò lei in risposta. «Tuo fratello è morto dopo essersi innamorato di quella ragazza, e non intendo perdere anche te solo perché stai facendo il suo stesso errore!»

«Come fai a saperlo? Sono mesi che indaghiamo sulla faccenda e non c'è alcun indizio!»

«Be', perché non sapete quello che so io!»

«E di che diavolo si tratta?!»

«Vi stanno minacciando, Jess!» sbottò.

La fissai, i secondi sembravano scorrere al rallentatore. Poi riuscii a riprendere la parola, a bassa voce, scioccato.

«Cosa?» La mia voce era a malapena udibile. «Che cosa significa?»

Trish si tirò indietro i capelli e incrociò le braccia. Non sulla difensiva, ma come per proteggersi.

«Esattamente quello che ho appena detto. La prima mail è arrivata due giorni dopo la cerimonia in mio onore alla Rainbow Room. Una foto di te e Helena che parlavate davanti all'ascensore, niente testo, solo una data: 28.05.»

La fissai, con la paura che mi serpeggiava in corpo mentre mi rendevo conto di ciò che avevo appena sentito. «L'anniversario della morte di Adam e Valerie.»

Trish annuì. D'un tratto non sembrava più scossa o cinica, ma solo infinitamente stanca. Tutte le maschere che aveva indossato quel giorno sembravano essere cadute, rivelando una donna addolorata e indifesa. Non mi ero mai sentito così spaventato in vita mia. «Pensavo che fosse lo scherzo crudele di qualcuno che voleva vedermi soffrire. Come puoi immaginare, non sono poche le persone che ce l'hanno con me.»

Su questo non avevo dubbi. «Ma non è finita lì?»

«No, mi hanno lasciato un messaggio in segretaria che diceva che eravate stati visti insieme al Tough Rock, da una persona e da un numero sconosciuti. Dopo sono venuta a parlare con te e tu mi hai assicurato che tra voi non c'era niente. Poi è stato tutto tranquillo per un po', così ho pensato che fosse finita. Allora non avevo ancora preso sul serio la faccenda.»

Sentii la paura attanagliarmi il petto, ma cercai di ignorarla. Prima avevo bisogno di conoscere tutti i fatti, per capire se le preoccupazioni di mia madre fossero giustificate oppure solo una paranoia, che qualcuno aveva sfruttato. «Poi cos'è successo?»

«La notte in cui tu e Helena… guarda tu stesso.» Si avvicinò al portatile e mi mostrò la mail, a cui era stata allegata un'immagine sfocata. La qualità era scarsa, ma riconobbi lo stesso la persona nella foto: Helena nel mio palazzo, con il suo vestito da principessa Disney, che sale le scale verso la porta dell'appartamento. Il testo era una minaccia molto chiara: *Vuole che la storia si ripeta?*

Per quanto spaventoso potesse sembrare, significava anche che, chiunque fosse il malintenzionato, non si era accorto che io e Helena ci eravamo incontrati anche al Glowfly e al Bella Ciao. E sembrava non sapere nulla neanche del Mirage. Mi aggrappai a quello, anche se non avevo idea del perché. Dopotutto, benché non volessi ammetterlo, era chiaro cosa significava tutto ciò per noi.

«Per questo sei andata direttamente lì la mattina dopo e hai intercettato Helena?» chiesi.

«Che alternativa avevo?» ribatté mia madre scuotendo la

testa. «Sapevo cos'era successo a suo padre quella notte e che, se le avessi offerto in cambio l'area Winchester, lei non avrebbe mai rifiutato. Mi sembrava la soluzione migliore per tutti. E ha funzionato per qualche mese.»

Mesi di dolore e sofferenza per due persone che si erano innamorate, ma che non avevano il permesso di stare insieme. Si rendeva conto di quello che ci aveva fatto? Probabilmente no. Forse aveva preso quella decisione per paura, magari anche per amore, ma questo non significava che ne avesse previsto le conseguenze.

«Perché non mi hai detto niente?» chiesi con tono accusatorio. «Né allora né adesso? Come hai potuto pensare che la soluzione migliore fosse ricattare prima Helena e poi me, invece di dirci la verità?»

«Perché non avrebbe avuto senso!» esclamò lei. «Non avresti mai rinunciato a quella ragazza per una mail, e nemmeno lei lo avrebbe fatto. Anzi, probabilmente avresti sostenuto che mi ero inventata tutto per separarvi, perché odiavo Valerie.»

Non aveva tutti i torti, anche se l'avrei comunque ascoltata. Oppure avrei cercato di rintracciare il mittente della mail. Doveva essere lo stesso che aveva ucciso Adam e Valerie – con gli stessi interessi, che evidentemente erano a rischio anche con me e Helena. E questo significava che la faccenda era seria. Ancora più del previsto.

«Tutto qui?» La guardai. Se ancora adesso, mesi dopo l'accordo con Helena, stava cercando in tutti i modi di separarci, doveva esserci un motivo.

Trish sospirò, si avvicinò al portatile e cercò qualcosa. Era un'altra mail, di dieci giorni prima, priva di testo ma con un documento allegato. Lo aprii e spalancai gli occhi quando lo riconobbi. Era uno di quei moduli da compilare quando si viene ricoverati in ospedale. Sopra c'erano il mio nome e i miei dati, e la data della vigilia di Natale. Quell'indizio era tutt'altro che banale. Mi accorsi che mi tremavano le mani.

«Perché?» chiesi a bassa voce, mentre chiudevo il documento. «Perché lo stanno facendo?»

«Non lo so, non ne ho idea, ma evidentemente vogliono impedire qualsiasi relazione tra i Weston e i Coldwell» spiegò Trish scuotendo la testa. «Forse qualcuno ha pensato che avremmo potuto fare affari dopo il matrimonio di Adam e Valerie. E adesso che tu e Helena state insieme, ci stanno pensando di nuovo.»

Non riuscivo a crederci. Le nostre famiglie erano entrambe molto influenti, soprattutto da quando i genitori di Helena avevano riconquistato il loro posto in società, ma gestivano le proprie aziende in maniera talmente diversa che nessuno sano di mente avrebbe mai potuto credere in una loro collaborazione. E per che tipo di progetto, poi? Un grattacielo in stile antico?

«Se n'è mai parlato?» continuai. «Magari qualche pettegolezzo o roba simile che avrebbe potuto essere frainteso?»

Mia madre scosse di nuovo la testa. «Non che io ricordi.»

«Io sì» risuonò una voce dal corridoio, e io e Trish ci guardammo intorno sbigottiti. Eli era lì in piedi, tutto sudato nella sua tuta da ginnastica; evidentemente era andato ad allenarsi nella sala fitness sul retro dell'appartamento e all'inizio non ci aveva sentiti – o almeno così suggerivano le cuffie che gli penzolavano dal collo. Non sapevo che fosse in casa, ma tanto nella discussione con Trish non avrebbe cambiato niente.

«Cosa?» gli chiesi impaziente, perché ero alla disperata ricerca di un indizio per capire come muovermi. «Dicci tutto.»

Eli fece un respiro profondo. «Qualche settimana prima che morisse Adam ero a casa sua e l'ho sentito parlare al telefono con il padre di Valerie. A quanto pare i Weston erano coinvolti in qualcosa nel Queens, un grosso progetto con centinaia di appartamenti. Stavano cercando un partner perché non potevano occuparsi di tutto da soli – o almeno questo è quello che penso adesso, all'epoca ero troppo piccolo per capire bene. Adam voleva che la mamma e i Weston si incontrassero almeno per parlarne. Ma da quanto ne so, il padre di Valerie non voleva.»

Trish lo guardò scioccata. «Non ne sapevo nulla. Perché non me ne hai mai parlato?»

«Credevo che Adam te l'avesse detto» rispose Eli. «E non avevo idea che potesse essere importante.» Guardò verso di me. «È per questo che sono morti? Avrei potuto impedirlo?»

«No, fratellino, sono sicuro che non avresti potuto fare nulla» lo rassicurai sforzandomi di sorridere. Eli era l'ultimo a cui dare la colpa. «Sai per caso se qualcuno ha ascoltato quella conversazione? C'era qualcun altro nell'appartamento? O magari la porta era aperta?»

«No, eravamo soli. Non c'era nessun altro, neanche Valerie. Magari il telefono di Adam era sotto controllo… o qualcosa del genere…» Lessi disagio sul volto di Eli, un senso di colpa che avevo provato anch'io tante volte. Avrei voluto rassicurarlo, ma in quel momento non ne ero in grado.

«Quindi, forse girava davvero la voce che sarebbe potuta nascere una *Westwell* a prescindere da Valerie e Adam.» Non era una pista, ma finalmente un movente per quello che era successo. Magari avremmo potuto scoprire qualcosa da Miller su chi aveva temuto l'unione tra la CW Buildings e il Weston Group.

«E questo come potrebbe aiutarci?» chiese Trish.

«Be', finalmente sappiamo dove cercare. Scopriremo chi era

interessato a riaccendere le ostilità tra voi» dichiarai risoluto. «Rintracceremo i responsabili e gliela faremo pagare. E così io e Helena saremo finalmente al sicuro. Siamo sulle tracce di qualcuno, un certo Miller, e…»

«Intendi James Miller?» chiese mia madre alzando lo sguardo. «Il tizio che ha pagato gli ospiti della festa per trascinare Valerie nel fango? Lascia perdere. È già stato interrogato dai miei uomini settimane fa. Non ha idea di chi lo abbia assunto. Pagamenti effettuati tramite conti offshore, istruzioni via mail. Come sempre.»

Sentii la speranza defluire dal mio corpo come l'aria da un palloncino bucato… lentamente, ma senza sosta. Miller, la nostra pista più importante, quella su cui riponevamo tutte le speranze, da un momento all'altro non valeva più niente.

«Non puoi rintracciare quelle persone, Jess. Nessuno può farlo.» Trish sembrava impotente come non l'avevo mai vista in vita mia, neanche dopo la morte di Adam. «Fidati, ci ho già provato io. Ho passato mesi a cercare di scovarli, ho speso un sacco di soldi e non ho ottenuto nulla. I tizi che hanno ucciso Adam e Valerie si sono come volatilizzati. E i loro mandanti sono talmente potenti che non se ne assumeranno mai la colpa.»

«Chi sono?» sbottai. «Devi pur avere qualche sospetto!» Altrimenti non avevamo nulla. Nessuna pista, nessun indizio, nessuna possibilità di trovare gli assassini – o di sventare la minaccia che incombeva su di noi. Se non avessimo scovato quei bastardi, io e Helena non saremmo mai stati al sicuro. Allora avremmo dovuto… no. Non riuscivo neanche a pensarlo. Se lo avessi fatto, sarebbe diventato reale, e non potevo sopportarlo.

«Non lo so!» ribatté Trish. «Ho una lunga lista di nomi, ma non so chi tra loro potrebbe avere avuto interesse a uccidere i miei figli!»

«La lista» dissi dominandomi a fatica, se non altro perché Eli era ancora nella stanza. «Per favore, dammela.» Dovevo rimanere lucido per trovare una soluzione. Le persone che avevano ucciso mio fratello e la sorella di Helena esistevano davvero. E ci stavano minacciando, ma io non gli avrei permesso di farla franca.

«No» rispose mia madre scuotendo la testa. «Se te la do, la userai per cercare i colpevoli, e sarebbe altrettanto pericoloso per te della relazione che stai portando avanti. Non ti è bastata la lezione che ti hanno dato a Natale?»

«Markham è stato catturato» le ricordai, anche se sapevo benissimo che la sicurezza di cui avevo goduto da allora era soltanto un'illusione.

«Markham era solo un capro espiatorio, che hanno tirato fuori quando la tua investigatrice si è avvicinata troppo alla verità. Apri gli occhi, Jess.»

Non immaginavo cosa potessero significare quelle parole, ma le ignorai perché per me era troppo. «Ma dobbiamo pur fare qualcosa, porca puttana!» Come poteva lei, *proprio lei*, suggerirmi di starmene con le mani in mano e lasciare che gli assassini di suo figlio la facessero franca?

Annuì, con aria dura e inflessibile. «Sai cosa devi fare. E ti ho anche detto cosa succederà se ti rifiuti di farlo.»

La fissai sbalordito. «Stai scherzando, vero?» ribattei con voce inespressiva. Dopo tutto quello che ci eravamo appena detti, tornava a ricattarmi?

«Purtroppo no» rispose guardandomi negli occhi. «Non mi interessa se mi odi, Jessiah. Non mi interessa neanche se non mi rivolgerai più la parola, purché io sappia che sei al sicuro. E qui l'unico modo per essere al sicuro è non vedere più Helena Weston. Quindi, se non sei disposto a proteggere tutti e due, allora dovrò costringerti io. E questo significa che domani, come prima cosa, mi assicurerò che Thea Wallis perda sua figlia, se non metterai fine a quella relazione.»

Eppure la parte peggiore non era la disperazione che tutto questo aveva scatenato in me, o il fatto che Trish non mi avesse lasciato altra scelta. La parte peggiore era che aveva ragione. Dopo l'aggressione di Natale mi ero tenuto alla larga da Helena perché temevo che i sicari potessero riprovarci. Avevo già giurato in precedenza di essere pronto a tutto pur di proteggerla. Per questo mia madre aveva ragione: Helena non sarebbe mai stata al sicuro al mio fianco. Avremmo potuto dare la caccia a quegli individui, ma ci sarebbe voluto del tempo e, intanto, avremmo avuto sempre un bersaglio puntato sulla schiena – rischiando di fare la stessa fine di Valerie e Adam. Quello era un rischio che non potevo correre. Non potevo permettere che accadesse qualcosa a Helena.

A quella constatazione mi sentii mancare il lucido pavimento di marmo bianco sotto i piedi. Non riuscivo a respirare. Trish disse qualcosa e Eli mi si avvicinò, mi tese la mano ma io la respinsi, mi girai e corsi verso l'ascensore. Mio fratello gridò qualcosa, lo ignorai senza capire cosa avesse detto. Aspettai solo che si chiudessero le porte per scendere al più presto, mentre mi domandavo come avrei potuto sopportare quella situazione. Come avremmo potuto affrontarla insieme, dopo tutto quello che avevamo passato negli ultimi mesi e anni.

Quando raggiunsi la strada, pioveva. Fredde gocce mi picchiettavano la pelle, una dopo l'altra, ma rimasi immobile, senza avanzare di un passo. Mi sentivo vuoto. Insensibile. Ammutolito. Non percepivo niente ma al tempo stesso avvertivo tutto, il dolore, la paura, la rabbia. Ma soprattutto l'impotenza.

Non potevo tornare a casa. Non potevo aprire la porta del

loft, guardare Helena e dirle che era finita. Che dovevamo separarci, di nuovo. E non perché mia madre mi stava ricattando, ma perché adesso conoscevo le vere ragioni per cui mio fratello e la sorella di Helena erano stati uccisi. Se questo era vero, allora lo era anche tutto il resto – che eravamo in pericolo finché saremmo rimasti insieme. Forse potevamo evitare che le nostre famiglie collaborassero, ma non potevamo fare nulla contro chi si opponeva alla nostra relazione. Valerie e Adam erano morti a causa di una semplice conversazione privata e stavano insieme solo da sei mesi. Quanti rischi avremmo corso se fossimo stati insieme uno, due o cinque anni? Quante possibilità avevamo di condurre una vita spensierata insieme, finché esistevano persone disposte a uccidere pur di evitare un'unione tra le nostre famiglie?

Conoscevo la risposta.

Nessuna.

Non avevo il coraggio di tornare a casa, così mi incamminai sotto la pioggia battente senza una meta precisa. Ero bagnato fradicio, infreddolito e quasi non lo sentivo. Ero in preda a un dolore e a una disperazione immensi e non avevo idea di cosa fare. Cosa dirle. Come affrontare la situazione. La amavo più della mia vita e, anche se qualche mese prima l'avevo quasi persa, avrei corso lo stesso il rischio se si fosse trattato solo di me. Ma stavolta si trattava anche di lei. Della sua vita, del suo futuro.

Cercai disperatamente una soluzione, senza trovarla. Sì, potevamo continuare a cercare i colpevoli, e non avrei smesso di indagare. Però, se la relazione tra Adam e Valerie li aveva portati alla morte… allora non potevamo continuare a investigare insieme e sperare di prenderli prima che loro prendessero noi. Soprattutto dopo l'aggressione di Natale. E se Helena fosse stata la prossima? E se avessero scoperto che stavamo ancora insieme? Eravamo stati attenti, ma forse non abbastanza.

Continuai a camminare, passo dopo passo, con la camicia fradicia incollata alla pelle e la città che mi sfilava accanto senza neanche accorgermene. La pioggia si fece più insistente, poi diminuì e aumentò di nuovo; una parte di me desiderò che mi inondasse, che mi spazzasse via, facendomi dissolvere nel nulla. E ovviamente non accadde, così rimasi integro anche se mi sentivo a pezzi. Come poteva essere altrimenti in quella situazione?

Non me la sentivo proprio di tornare a casa, eppure a un certo punto mi fu chiaro che dovevo farlo. Perché era già tardi e, dopo tutto quello che avevamo passato, non potevo fare preoccupare Helena – anche se sarebbe stato comunque meglio di quello che dovevo dirle. Così interruppi per un attimo i miei pensieri cupi e mi resi conto che non ero lontano dal Village. Cinque isolati, dieci minuti a piedi e sarei arrivato. Le luci nel loft erano accese, quindi Helena era ancora sveglia. Sentii una dolorosa morsa al petto al pensiero di quello che stava per succedere. Avrei dovuto ferirla di nuovo.

Come un automa, mi diressi verso il portone, lo aprii, salii le scale e cercai la chiave, ma in quel momento la porta dell'appartamento si spalancò e comparve Helena, visibilmente preoccupata – per amore, un amore che non avevo mai creduto di meritare, e a cui forse ancora non riuscivo a credere. Eppure era lì e mi amava per com'ero. E questo di certo non aiutava. Perché, se le avessi detto quello che avevo scoperto quel giorno, allora quel sentimento si sarebbe trasformato di nuovo in un dolore acuto e divorante.

«Jess, cos'è successo?» chiese quando notò che ero completamente fradicio. Mi trascinò in fretta dentro l'appartamento e mi prese il viso tra le mani. Erano calde sulla mia pelle gelida. «Che c'è, ti prego, dimmelo!»

Avrei tanto voluto dirle cos'era successo, ma non potevo. Avevo tutto sulla punta della lingua, ma mi sentivo soffocare dal dolore. Così non riuscii a dire nulla. La presi invece tra le braccia bagnate, stringendola forte.

Poi iniziai a piangere.

# 34

## Helena

Aspettare nel loft quella sera, sapendo che Jess e Thaz erano sulle tracce di Miller, mi sembrava insopportabile. Per prima cosa sistemai la cucina, impresa alquanto inutile dal momento che era già stata meticolosamente pulita e riordinata. Poi mi concentrai sulle indagini, sempre con un orecchio teso verso la porta. Scoccarono le dieci, poi le undici. Cercai di chiamare Jess, che non rispose. Lo stesso Thaz. Quanto tempo sarebbe passato prima che tornasse a casa? Era successo qualcosa a uno dei due? Mi balenarono prepotentemente in testa i drammatici eventi di Natale e sentii un freddo terribile. Sarei dovuta andare *io* a quel torneo di poker, avrei dovuto occuparmene io, Adam e Valerie erano entrambi nostri fratelli, quella era la mia missione, era stata una mia idea risolvere il caso. Se fosse accaduto qualcosa a Jess, non me lo sarei mai e poi mai perdonata.

Passata la mezzanotte, iniziai a camminare su e giù per l'appartamento; per un attimo avevo pensato di chiamare Eli, però non volevo farlo preoccupare e probabilmente non sapeva nulla di più. Allora riprovai a telefonare, ma di nuovo niente. Dove si teneva il torneo di poker? Avevo sentito l'indirizzo, qualcosa nell'Upper West Side vicino al museo di storia naturale. Avrei dovuto chiamare un taxi e andare lì? Fuori pioveva a dirotto, forse non era una buona idea. No, per niente. Ma cosa avrei dovuto fare allora?

Quando finalmente udii dei passi in corridoio, mi voltai di scatto e raggiunsi l'ingresso proprio mentre Jess apriva la porta.

«Jess, cos'è successo?» chiesi, vedendo che era completamente bagnato. La preoccupazione sorda, che mi aveva accompagnato per tutta la serata, lasciò il posto a una bruciante e tremenda paura. «Che c'è, ti prego, dimmelo!»

Lui aprì la bocca e mi accorsi che voleva dire qualcosa, poi deglutì a fatica, fece un respiro profondo e infine mi abbracciò così forte da togliermi il fiato. Il freddo umido del suo cappotto mi penetrò attraverso la felpa, ma non mi staccai, anzi lo strinsi più forte. Tremava e piangeva, muto, sentivo solo ogni singolo singhiozzo passare dal suo corpo al mio. E, sebbene fossi sul punto di impazzire, lo lasciai fare.

Quando infine si staccò, evitai di richiederglielo. Mi concentrai, invece, su quello che era importante in quel momento – e su come aiutarlo.

«Stai congelando, devi toglierti questi vestiti bagnati» dissi, sfilandogli il cappotto dalle spalle. Lo lasciai cadere sul pavimento, così come la giacca e la camicia, che sbottonai con le dita umide. Poi corsi in bagno e recuperai un asciugamano grande dall'armadio. Jess era rimasto immobile nella stessa posizione, non avevo mai visto i suoi occhi così vuoti. E iniziai a temere che fosse accaduto qualcosa di *veramente* terribile.

«È successo qualcosa a Eli?» chiesi, perché mi sembrava l'opzione più ovvia. Dalla sua espressione sembrava fosse morto qualcuno. «O a Thaz?»

Scosse la testa. Almeno quello.

«Aveva ragione» sussurrò poi, con la voce arrochita dal pianto e dal dolore.

«Chi aveva ragione? Riguardo a cosa?» Lo avvolsi nell'asciugamano e strofinai forte. Gli serviva una bella doccia calda, ma prima dovevo capire cos'era successo.

«Trish. E questo significa… significa…» Gli si spezzò la voce e si portò una mano alla bocca.

Era straziante vederlo così e non capivo cosa stesse cercando di dirmi. Lo guidai delicatamente verso il divano per farlo sedere, gli strinsi la mano e lo interrogai di nuovo. «Allora hai saputo qualcosa da Miller?»

«No, Miller è un buco nell'acqua. Io… sono andato da Trish dopo il torneo di poker. Voleva vedermi perché ha scoperto di Lilly.»

Strabuzzai gli occhi a tal punto da sentire quasi dolore. Una forte scossa mi attraversò il corpo.

«Lo sa? E cosa farà adesso?»

«Niente.» Jess sbuffò, e sembrava così triste che avvertii un nodo allo stomaco. «E continuerà a non fare niente, a patto che ci lasciamo.»

In pochi secondi lo shock lasciò il posto a una rabbia furente. Lo fulminai con lo sguardo. «Cosa, ci sta provando di nuovo? Come osa farci questo? Spero che tu le abbia detto che se lo può scordare.»

«Non potevo.» Scosse la testa e distolse lo sguardo.

«Perché no?»

«Perché lo sta facendo solo per proteggermi» ribatté, fissandomi e accarezzandomi delicatamente la guancia.

Mi staccai in preda alla rabbia. Non avevo idea di cosa fosse successo nelle ultime ore, ma quello non era il Jess che conoscevo io.

«Che diavolo ti prende?» gridai. «Tu detesti tua madre proprio perché fa cose del genere! È riuscita a tenerci lontani e infelici per mesi, e adesso all'improvviso la difendi credendo che lo faccia solo per te?»

Annuì, tentando di nuovo di toccarmi. Poi fissò un punto alle mie spalle e rimase in silenzio, come in cerca di parole. Avvertii l'impulso di scuoterlo, come per farlo tornare in sé, ma sospettavo che non sarebbe servito a nulla. Cercai quindi di mettere da parte la collera.

«Ti prego, spiegami, fammi capire» dissi con voce tremante. «Raccontami tutto fin dall'inizio, okay?»

E lui lo fece. Mi descrisse rapidamente il torneo di poker, menzionò di aver incontrato mio padre, cosa che in quel momento non mi interessava affatto. Poi Thea lo aveva chiamato preoccupata, perché a scuola qualcuno aveva scattato delle foto a Lilly, e un attimo dopo sua madre gli aveva chiesto di parlare.

«Sapevo cosa significava.» Jess rabbrividì, non so se per l'incontro con Trish o perché indossava ancora i vestiti bagnati. «Ero sicuro che avesse scoperto di Lilly, ma ho pensato che magari non l'avrebbe usato contro di me. Contro di noi.»

«E invece l'ha fatto» conclusi affranta.

«Sì, perché ha paura. Giustamente.» Mi fissò di nuovo, e avrei preferito distogliere lo sguardo, perché i suoi occhi erano infinitamente tristi. Come se gli mancassi già, anche se ero ancora lì. Gli presi le mani, per non perderlo.

Qualunque cosa avesse in mente sua madre, avremmo trovato una soluzione. Dovevamo trovarla.

«Perché lo pensi?» Continuavo a non capire. Ci eravamo ribellati agli intrighi di Trish per così tanto tempo e adesso, improvvisamente, sembrava d'accordo con lei. Niente poteva farmi più paura che vedere Jess arrendersi.

«Perché ha ricevuto delle mail in cui ci minacciano. Tutti e due.» Si passò una mano sul viso. «La prima è arrivata dopo che ci siamo incontrati alla Rainbow Room. Una foto di noi due con la data della morte dei nostri fratelli.»

Ansimai in cerca d'ossigeno, ma era come se non riuscissi a respirare. «Cosa?» chiesi con un filo di voce.

Jess annuì e serrò le labbra per mantenere la calma. «Era solo il primo di una serie di messaggi, che dimostra come già ai tempi di Valerie e Adam, secondo qualcuno, le nostre famiglie non dovessero unirsi. Dopo che ci siamo visti al Tough Rock, Trish ha ricevuto una telefonata anonima e, il giorno dopo che sei stata qui per l'anniversario della morte dei nostri fratelli, una mail con una foto di te in cui entravi in casa. Con su scritto: *Vuole che la storia si ripeta?* E poi… qualche giorno fa l'ultima. Il mio referto ospedaliero, quello del ricovero di Natale.»

«No.» Mi premetti la mano contro la bocca, esterrefatta, anche se questo aggettivo non bastava neanche lontanamente a descrivere quello che stavo provando. Mi sentii crollare il mondo addosso, come se tutte le mie certezze si stessero dissolvendo e mi si rovesciassero addosso. Mi alzai e iniziai a camminare; se fossi rimasta a sedere sarei impazzita. Nascosi le mani nelle maniche del maglione, come per evitare di andare a pezzi, anche se sapevo che era impossibile. Era troppo. Veramente troppo.

Eppure non ero ancora pronta ad arrendermi. Mi voltai verso Jess. «Ci deve essere una soluzione.»

«Non c'è» tagliò corto lui scuotendo la testa. «Mia madre ha già indagato, ha fatto di tutto per rintracciare i responsabili. Dice che sono troppo potenti per riuscire a dimostrare la loro colpevolezza. E anche se ci riuscissimo… il rischio è troppo grande.»

Feci un respiro profondo, sopraffatta dalla rabbia e dall'impotenza. «Hanno ucciso i nostri fratelli, Jess! Ci hanno provato anche con te! Non possiamo permettergli di farla franca!»

«Certo, sono d'accordo!» esclamò esasperato. «Ma qual è il prezzo da pagare? La tua vita? La mia? Forse quella di entrambi? Vogliamo infliggere tutto questo di nuovo alle nostre famiglie? Credi che Lincoln potrebbe sopportare un'altra perdita simile? Oppure Eli? Adam e Valerie non lo avrebbero mai voluto!»

Aprii la bocca per dire qualcosa, per provare a fornire qualche buona argomentazione sul perché ne valesse la pena, ma il ricordo della mia angoscia a Natale mi inondò la testa, il cuore, il corpo. Proprio come la mattina dopo la morte di Valerie e negli anni successivi, in cui non mi ero mai completamente ripresa. Come avremmo reagito se qualcun altro avesse perso la vita? Quanto ci avrebbe distrutto, noi e tutti gli altri, una cosa simile?

Non mi ero accorta che avevo iniziato a tremare e a piangere, perché dentro di me sapevo cosa significava tutto questo: la fine tra noi. Dopo tutto quello che avevamo passato, dopo le tante avversità superate – perché il nostro amore era più forte –, avevamo raggiunto un punto di non ritorno. E il dolore esplose senza che io potessi fermarlo.

Nel frattempo non avevo notato che Jess si era alzato, ma sentii le sue braccia stringermi forte. Quelle braccia tra cui così tante volte mi ero sentita a casa e che avrebbero rappresentato per sempre il mio posto preferito al mondo. Sapevo che anche Adam lo era stato per Valerie. Una volta mi aveva detto che con lui si sentiva appagata – soprattutto da se stessa. Che da quando lo aveva conosciuto si era molto calmata, perché era il primo uomo che non si aspettava nulla da lei. Io provavo lo stesso per Jess. E allora forse io e mia sorella condividevamo, oltre a questo sentimento, anche lo stesso destino? Avrei perso la vita se non avessi rotto con Jess? Non lo sapevo. Ma ero consapevole che, in un modo o nell'altro, sarei morta.

«Non posso perderti» gli sussurrai all'orecchio. «Non riuscirei a sopportarlo una seconda volta.» Vivere nella stessa città e non potersi vedere era già stato atroce l'estate prima, e all'epoca non avevamo il rapporto che ci legava adesso. Non avrei mai creduto di poter amare qualcuno come amavo Jess. Con tutto quello che ero e che sarei potuta diventare. Avrei dato qualsiasi cosa per lui. Anche la vita.

«E invece sì» replicò lui, allontanandosi un po' e accarezzandomi la guancia. «Sei la persona più forte che io abbia mai conosciuto. Se c'è qualcuno che può farlo, quella sei tu.»

«Ma non voglio» gridai. «Non voglio vivere senza di te.»

«Neanch'io.» Mi guardò con quel suo sguardo infinitamente triste. «È l'ultima cosa che voglio, ma non posso mettere a rischio la tua vita.»

Lo baciai, con le lacrime che mi rigavano le guance. La cosa più sensata da fare sarebbe stata andarsene, subito, per evitare che la situazione diventasse ancora più difficile. O più pericolosa. Ma non avevo la forza di scomparire di nuovo dalla sua vita, da un momento all'altro. Così lo baciai appassionatamente e lo strinsi forte, ricreando quella cosa sola che non avremmo più potuto essere. Si aggrappò al mio maglione, mi baciò febbrilmente, disperatamente, poi si fermò.

«Helena, no» disse senza fiato, e la sua paura era palpabile. Temeva che la separazione potesse diventare ancora più dolorosa, che ogni secondo passato insieme avremmo dato alle persone che avevano ucciso i nostri fratelli un motivo in più per fare lo stesso con noi. Ma anche se fossero riusciti a separarci, non avrebbero potuto negarci l'addio che meritavamo.

«Solo questa notte» lo implorai. «Concedici un'ultima notte.»

Nei suoi occhi lessi timore, preoccupazione, prima di essere travolto dal desiderio. Un attimo dopo andò alla porta e spense la luce, tornò da me e mi baciò così intensamente da farmi cedere le ginocchia. L'oscurità intensificava ogni carezza, ogni respiro, ogni sentimento tra noi, ma ci avvolgeva anche, proteggendoci da tutto ciò che c'era fuori.

E, mentre il mondo svaniva intorno a noi, mi dissi che morire così non sarebbe stato poi tanto male.

# 35

# Helena

New York di notte non è tranquilla, ma quella sera lo era più di quanto pensassero in molti. Peraltro lassù, nella terrazza sul tetto, sembrava di essere in un'altra città, sebbene quel giorno non riuscissi a ignorare tutto quello che mi circondava chiudendo gli occhi.

Dovevano essere circa le cinque del mattino, ero già sveglia da un pezzo e non riuscivo più a starmene a letto. Anche se sapevo che quella notte era tutto ciò che ci restava, non potevo rimanere tra le braccia di Jess. Ero troppo inquieta, troppo triste, troppo impegnata a contare i minuti che ci separavano dall'addio. Così mi ero alzata, senza svegliarlo, ero salita in terrazza e mi ero seduta sull'ampio divano con una coperta. In realtà contavo di rimanerci solo qualche minuto, finché non mi fosse tornato il sonno, ma poi appena arrivata i miei pensieri si erano messi in moto e non si erano più fermati.

Sembravamo inevitabilmente destinati a separarci, eppure la mia voce interiore continuava a ripetermi che era ingiusto. Quella non poteva essere la nostra ultima spiaggia: cedere alle richieste di spietati criminali che avevano ucciso a sangue freddo i nostri fratelli. Avevo giurato a me stessa che non ci saremmo mai più separati, ed ero intenzionata a mantenere la promessa, ma questo significava che avevo bisogno di un piano. Un piano che non soltanto ci permettesse di scovare gli assassini di Valerie e Adam, ma che garantisse anche la nostra sicurezza.

Dalla morte di mia sorella avevo imparato a pensare in modo strategico. Forse avevo un dono per questo, o forse no, ma da quando al mio rientro avevo iniziato a raccogliere prove sul caso per riabilitare Valerie, avevo capito che era necessario mettere da parte i sentimenti. Solo per qualche minuto, magari mezz'ora, per vederci più chiaro. Ed era quello che stavo facendo in quel momento. Scacciai dalla mente la disperazione, il desiderio e l'amore che provavo per Jess e li rinchiusi nel mio cuore, poi mi concentrai sulla testa. Non sarebbe durato a lungo, lo sapevo, ma forse abbastanza da farmi escogitare qualcosa. Sapevo che non esisteva una via facile, priva di rischi, però forse ce n'era una più difficile, pericolosa, e pur tuttavia... possibile.

Aprii l'app delle annotazioni sul telefono, che mi ero infilata in tasca appena sveglia, e iniziai con il brainstorming, alla rinfusa e senza limitazioni. Scrissi per più di un'ora, cancellando opzioni e aggiungendone di nuove, sempre più audaci e assurde. Poi d'un tratto sentii dissolversi qualcosa dentro di me, come se mentalmente avessi rimosso un freno che mi impediva di rischiare davvero e di andare fino in fondo.

Fu in quel momento che vidi aprirsi una strada.

Non era ampia e ben visibile, piuttosto un sentiero in mezzo alla giungla che appena lo imboccavi si richiudeva alle tue spalle. Un percorso pieno di trappole, buche, che a volte si interrompeva costringendoti a saltare un fosso, ma comunque praticabile. E questa era l'unica cosa che contava davvero, solo che purtroppo non potevo percorrerlo da sola. Avevo bisogno dell'aiuto della donna che probabilmente mi odiava più di chiunque altro al mondo, e che per questo motivo era l'ultima persona che avrebbe mai collaborato con me. Avevo bisogno dell'aiuto di Trish Coldwell.

Erano quasi le sei e mezza quando scesi di sotto. Jess dormiva ancora, anche se di un sonno agitato, e io non avevo il cuore di svegliarlo. Sapevo che avrei ricominciato a piangere non appena avessi guardato i suoi occhi verdi, e questo avrebbe reso tutto ancora più difficile per entrambi. Inoltre non volevo rivelargli quella remota soluzione finché non avessi parlato con sua madre.

Così mi trattenni con tutte le mie forze dal dargli almeno un bacio d'addio sulla fronte, scesi giù dal soppalco senza fare rumore e indossai scarpe e cappotto. Mentre abbandonavo l'appartamento e uscivo in strada, mi sentii pervadere da una vibrante e ansiosa eccitazione, chiamai un taxi e comunicai all'autista l'indirizzo.

A New York era già ora di punta e la corsa durò più del previsto. Stringevo il cellulare, completamente pervasa da quella sensazione di inquietudine mentre guardavo fuori dal finestrino, finché mi venne in mente che forse non era il caso di recarmi a Coldwell House.

Se alla reception avessi chiesto di accedere all'attico di Trish, lei avrebbe sicuramente rifiutato. Così cercai il numero di Eli, sperando che fosse già sveglio e ancora a casa con la madre, e gli scrissi un messaggio.

*Devo parlare con Trish, è molto importante. Puoi farmi entrare in casa senza che lei se ne accorga?* Normalmente sarei stata più gentile, ma in quel momento ero un fascio di nervi. Fortunatamente Eli non sembrò offendersi. Era online e iniziò a scrivere.

*Certo. Sei già qui? Vengo a prenderti all'entrata di servizio.*

*Tra cinque minuti*, risposi, e per fortuna non tardai. Poco prima delle sette, scesi dal taxi davanti al retro dell'edificio e mi diressi verso l'ingresso laterale. Quando mi avvicinai, la porta si aprì e spuntò Eli, già in uniforme scolastica ma con la faccia piuttosto assonnata.

«Si tratta di ieri, vero?» mi chiese, mentre lo seguivo lungo un corridoio disadorno fino a un semplice ascensore. A quanto pareva quella era l'area riservata al personale di Coldwell House. «So tutto.»

Annuii. «Sì, proprio così. Te lo spiego dopo, okay?»

Se Trish avesse accettato il piano – e le possibilità erano assai scarse – avrei sicuramente reso partecipe Eli. E anche qualcun altro.

«Va bene» accettò, poi estrasse dalla tasca una chiave magnetica nera e la avvicinò a un pannello dell'ascensore, le cui porte si chiusero prima di iniziare a muoversi. Infine mi guardò. «Hai un piano?»

Un suono isterico mi solleticò la gola, e lo dissimulai con un colpo di tosse mal riuscito. «Qualcosa del genere.» Certo, non potevo essere più vaga, ma, se volevo salvaguardare la mia storia con Jess, quella era la mia unica possibilità.

«Buona fortuna» disse Eli serio, e in quell'istante l'ascensore si fermò e si aprirono le porte. «Mamma?»

«Sono qui» risuonò una voce dalla cucina. «Perché sei sceso così presto? Non abbiamo ancora neanche il cane… Helena.» Quando spuntai dietro suo figlio, Trish si bloccò e mi fissò. Era già perfettamente agghindata per la giornata, con indosso un tubino color crema e sopra un blazer dello stesso colore. Raddrizzò la schiena e incrociò le braccia, con l'immensa vetrata alle spalle. Era una posa efficace: Trish con la città ai suoi piedi, sulla quale aveva lasciato un segno indelebile. Ma non mi lasciai scoraggiare. La posta in gioco era troppo alta. Non mi sarei fatta intimidire.

«Dobbiamo parlare» dissi.

Trish guardò suo figlio. «Elijah, sbrigati, devi andare a scuola» gli ordinò perché ci lasciasse sole.

Lui mi guardò preoccupato, prese lo zaino e si avviò verso l'ascensore.

Trish aspettò che le porte si chiudessero, poi mi fissò. «Posso immaginare perché sei qui.»

«Non credo proprio» risposi.

«No?» Una delle sue sopracciglia, perfettamente depilate, schizzò verso l'alto. «Allora non sei venuta qui per rinegoziare l'accordo su Jessiah?»

Mi sfuggì quasi uno sbuffo. «Non sono disposta a negoziare sull'uomo che amo. O sul nostro futuro insieme.»

«Be', del resto sarebbe inutile.» Trish si mostrava forte e controllata, ma intuii dal suo sguardo che aveva paura. «Jess ti ha spiegato le ragioni per cui farei qualsiasi cosa pur di impedirvi di stare insieme?»

Annuii. «Certo, è sempre stato onesto con me da quando ci siamo conosciuti. Non mi nasconderebbe mai una cosa del genere.»

«Eppure sei qui. Ti importa così poco della tua vita – o della sua – da non prendere in considerazione l'idea di smettere di vederlo?»

Scossi la testa. «Amo Jess e farei qualsiasi cosa per proteggerlo, ma sono disposta a fare *ancora di più* per mettere in salvo entrambi – insieme. Per questo sono qui.»

Trish rimase immobile, senza dire una parola. Feci un respiro profondo e cercai le parole che mi ero preparata in taxi.

«Capisco che lei sia spaventata, signora Coldwell. Lo sono anch'io.» La guardai negli occhi. «Ma deve capire che... quello che mi sta chiedendo di fare non metterà fine a questa storia.

Solo se prenderemo le persone che hanno ucciso Adam e Valerie potremo considerarci, noi e tutti quelli che verranno dopo di noi, al sicuro. Quando uno ha ucciso una volta per proteggere i propri interessi, potrebbe rifarlo in qualsiasi momento, indipendentemente da me e Jess. E se lei volesse fondersi con un'altra azienda e a loro non piacesse? E se il capo di quella società avesse una figlia e Eli si innamorasse di lei? Minaccerebbero anche lui allora? O Lilly perché è sua nipote?»

Trish cambiò espressione quando menzionai la bambina, ma non si rabbuiò perché per anni ne aveva ignorato l'esistenza. No, i suoi occhi riflettevano preoccupazione. Quella donna sarà anche stata una regina di ghiaccio, ma aveva pur sempre un cuore. Un cuore che si preoccupava per coloro che amava e che facevano parte della sua famiglia. Per questo non riuscivo a odiarla; provavo invece compassione per lei. Aveva calunniato mia sorella, trascinato la sua reputazione nel fango e fatto credere a tutti che fosse colpevole della morte di Adam. Di sicuro non sarei mai riuscita a perdonarla, però capivo comunque perché l'avesse fatto. Non aveva idea di come affrontare il proprio dolore e non credo che avesse mai elaborato il lutto. Capivo benissimo i suoi sforzi per proteggere la vita di Jess, dopo avere già perso Adam. E forse era questo il legame di cui avevo bisogno in quel momento.

«Possiamo chiudere questa faccenda una volta per tutte» dichiarai risoluta, dal momento che Trish non aveva ancora detto una parola. «Possiamo scoprire chi ha ucciso suo figlio e mia sorella e fare in modo che nessuno della sua o della mia famiglia venga più perseguitato da questa storia. Ma possiamo farlo solo se lei mi aiuterà.»

La madre di Jess deglutì a fatica e sospirò. «Come farai a scoprire chi lo ha… chi li ha uccisi? Io stessa ho incaricato alcune persone di indagare e nessuna è riuscita a fornirmi una traccia utile, tantomeno un nome.»

All'udire quelle parole mi sentii più fiduciosa, perché intravidi un piccolo barlume di speranza che potesse collaborare con me. La porta era aperta, anche se naturalmente avrebbe potuto sbattermela in faccia in qualsiasi momento, ma per adesso mi stava almeno ascoltando. Colsi la palla al balzo, perché mi era del tutto chiaro che, se avessi fallito, io e Jess avremmo dovuto separarci per sempre.

«Sto indagando su questa faccenda da quando sono tornata in città» le spiegai partendo dall'inizio. «In un primo momento solo per causa sua: volevo riscattare il nome di Valerie dopo che lei le aveva completamente rovinato la reputazione. Sono sempre stata convinta che mia sorella non fosse responsabile della loro morte ed ero decisa a dimostrarlo.»

Trish non si scusò per il suo comportamento – non che mi aspettassi il contrario – e io andai avanti.

«C'erano particolari che non tornavano riguardo alla sera della festa: Adam, per esempio, aveva allontanato uno spacciatore, mandato lì come una specie di regalo da Carter Fields. E sapevo che Valerie non aveva mai fatto uso di droghe, e nemmeno Adam. A un certo punto Jess ha scoperto cosa stavo facendo e abbiamo iniziato a indagare insieme. Finché non abbiamo avuto bisogno di una detective. Come probabilmente lei sa già.»

Trish annuì, con un misto di dolore e amarezza. «Infatti, ma anche questo non vi ha permesso di risalire ai responsabili.»

«Per adesso no, ma questo non significa che non possiamo farli uscire allo scoperto. Jess mi ha detto che lei ha una lista di sospetti, di persone che, a suo dire, sarebbero in grado di fare una cosa simile.»

«Sì, è vero» ammise lei. «Ma non ho intenzione di dartela, così come non l'ho data a mio figlio.»

«Neanche se le dicessi che ho un piano su come usarla per scoprire chi ha ucciso Adam e Valerie?» In effetti era un piano un po' azzardato, che poteva andare storto, ma ero disposta a rischiare. Se avesse funzionato, sarebbe tutto finito. La preoccupazione, la paura, il pericolo. Se avesse funzionato, Trish non avrebbe più avuto alcun motivo di ostacolare in modo così categorico la nostra relazione. Era la mia unica possibilità di un futuro felice, e dovevo giocarmela. Avvertii una fitta allo stomaco al pensiero di non rivedere più Jess, ma la ignorai e mi costrinsi a restare concentrata.

Trish mi fissò così a lungo che, per la prima volta, mi accorsi di quello che indossavo: la felpa del giorno prima e un paio di jeans con gli strappi alle ginocchia. Non mi ero nemmeno pettinata, ma non mi importava. Non mi interessava che mi trovasse carina, doveva solo aiutarmi.

Alla fine inspirò profondamente. «E di che piano si tratterebbe? A meno che non preveda che tu e Jess vi lasciate…»

«Tutto il contrario» la interruppi.

«Il contrario?»

«Sì» risposi annuendo. «Io e Jess ci fidanzeremo.»

«Vi fidanzerete?» Mi fissò con gli occhi sbarrati. Poi scoppiò in una di quelle risate ringhianti che a me ricordavano sempre un attacco di tosse, e alla fine scosse la testa. «Devi essere completamente impazzita per pensare che io possa contribuire in qualche modo al vostro *fidanzamento*. Hai dimenticato cos'è successo l'ultima volta che una Weston e un Coldwell hanno annunciato di sposarsi?» Ovviamente era una domanda retorica. «Dio santo!» sbottò. «È questo che vuoi, vero? Che la storia si ripeta.»

Adesso dovevo solo fare in modo che non mi sbattesse fuori nei successivi cinque minuti. Anzi due.

«Non voglio che la storia si ripeta» chiarii subito mettendo le mani avanti, come se potesse servire a qualcosa. «O almeno non tutte le parti della storia. Ma se forniamo a queste persone gli stessi motivi per farci del male, reagiranno come hanno fatto l'ultima volta. Con la differenza che stavolta terremo d'occhio ogni singolo individuo della sua lista, per vedere come reagirà all'annuncio del fidanzamento tra Helena Weston e Jessiah Coldwell.» Quello era il mio piano. Non solo, c'erano anche altri punti importanti, ma fondamentalmente si trattava di provocare. Evidentemente gli assassini di Adam e Valerie sapevano che io e Jess stavamo insieme, tuttavia da Natale non avevano più fatto nulla – anzi avevano addirittura trovato un capro espiatorio per l'aggressione di Jess, cosicché nessuno potesse risalire a loro. Questo mi diceva che dovevamo provocarli perché facessero qualcosa, e a quel punto saremmo potuti entrare in azione e catturarli.

«Dobbiamo prendere il controllo della situazione.» Giocai il mio ultimo asso nella manica. «E so che non le importa di me, ma di Jess sì, e anche di Eli e Lilly. Perciò le chiedo, signora Coldwell: è disposta ad aiutarmi in modo che io possa proteggere le persone che ama?»

# 36

## Jessiah

Prima ancora di aprire gli occhi e svegliarmi completamente, sentii che Helena se n'era andata. Non so perché, forse perché nelle ultime settimane avevamo trascorso così tante notti insieme che mi mancava senza che nemmeno mi rendessi conto della sua assenza. O magari era l'ineluttabilità che aleggiava nella stanza, unita al silenzio che mi perforava dolorosamente i timpani. Per un attimo mi domandai cosa fare: se affondare la testa nel cuscino e crogiolarmi nel mio dolore, oppure alzarmi e affrontare i miei sentimenti. Poi aprii gli occhi e mi si palesò la verità.

Lei non c'era più. Semplicemente non c'era più.

Non riuscivo ancora ad ammetterlo, ma a quanto pareva il mio corpo sì. Mi sentii letteralmente soffocare dal dolore, mancare l'aria, e fui costretto ad alzarmi. Non potevo resistere un minuto di più nello stesso letto dove avevo dormito con lei il giorno prima. Allora mi tirai su in fretta e furia, mi misi qualcosa addosso e scesi in cucina.

Il mio cappotto bagnato giaceva ancora sul pavimento davanti alla porta d'ingresso. Lo raccolsi e tirai fuori il cellulare, che per fortuna era impermeabile. Nessuna chiamata persa né alcun messaggio. Per un attimo avvertii l'impulso di recuperare il telefono prepagato dalla cassaforte, ma ero abbastanza sicuro che non avrei trovato niente neanche lì. Era già successo l'ultima volta, quando Helena era stata costretta a lasciarmi. E di certo avrei sofferto terribilmente a sentire la sua voce, ma avrei dato qualsiasi cosa per poterle parlare.

Non sapendo cos'altro fare, mi infilai in doccia, benché consapevole che avrebbe spazzato via ogni traccia di Helena dal mio corpo. O forse lo feci proprio per questo.

Trascorsi il resto della giornata da solo e in silenzio, proprio come le due successive. Passavo la maggior parte del tempo sdraiato sul divano a fissare il soffitto, cercando una soluzione, senza riuscire a trovarne una che non fosse troppo rischiosa e non mettesse in pericolo la vita mia o di Helena. Così gettavo la spugna, piangevo tutte le mie lacrime, e a un certo punto mi alzavo per ordinare qualcosa da mangiare, che puntualmente restava intatto nel frigorifero. Era come se il mondo continuasse ad andare avanti, ma io no. Forse ero sotto shock, o magari semplicemente la mia mente e il mio cuore non ne potevano più. Chiunque avesse perso tante persone come me sarebbe a un certo punto impazzito.

Erano le nove di sera, erano passati due giorni dalla partenza di Helena, quando mi squillò il telefono; non mi muovevo da ore. Mi alzai e mi diressi verso il ripiano della cucina, con il cuore che mi batteva all'impazzata sperando di vedere comparire il suo numero, ma non era lei. Era Thaz.

«Ehi, bello» risposi, anche se avrei preferito non farlo. Come spiegare al mio amico tutto quello che era successo nelle ultime settantadue ore trascorse dal torneo di poker? E, soprattutto, come spiegarglielo senza essere di nuovo sopraffatto dalle emozioni?

«Jess, devi venire qui» disse Thaz in tono concitato.

Sentii l'adrenalina salire alle stelle, il battito a mille. Era successo qualcosa? Avevano preso Helena dopo che aveva lasciato il mio appartamento?

«Che c'è?» chiesi, soffocando il groppo in gola che mi arrochiva la voce. «È successo qualcosa a Helena?»

«A Helena?» Thaz sembrò non capire e mi sentii sollevato, come se mi avessero tolto un macigno dal cuore. «Che c'entra lei? Va tutto bene tra voi?»

«Noi… ci siamo lasciati» risposi a fatica, provando un moto di rabbia nei confronti di quelle persone che probabilmente ci pedinavano da mesi e che adesso avrebbero pensato che le minacce a Trish erano state efficaci. Ero infuriato, perché in questo modo non avremmo mai scovato gli assassini di Adam e Valerie, che avrebbero continuato tranquillamente la loro vita, pur avendo distrutto quella di molti altri. Ma quello che odiavo più di tutto era che Helena non fosse lì con me. Eravamo fatti l'uno per l'altra, di questo ero sicuro al cento per cento. Eppure lei se n'era andata, senza che potessi sperare di vederla tornare.

«Lasciati? Mi dispiace molto, JC.» Si capiva che era sinceramente rammaricato, ma mi tornò in mente che in realtà mi aveva chiamato per qualcos'altro. Prima che potesse chiedermi i motivi della nostra rottura, lo interruppi.

«Che sta succedendo? Perché dovrei raggiungerti e dove?»

«All'Harper's. Volevo dare un'occhiata per decidere di che tonalità verniciare le nuove assi del pavimento, quando ho notato una perdita nella cella frigorifera.»

«Ci mancava solo questo.» Chiusi gli occhi. «Quanto è alta l'acqua?» Giusto per capire se era una catastrofe o solo un mezzo disastro.

«Un paio di centimetri, direi. Non mi è ancora entrata nelle scarpe, cosa che ho apprezzato molto.»

Quindi probabilmente non si trattava di un tubo rotto, ma

solo di una perdita. Almeno questo. Dovevo comunque dare un'occhiata e chiamare qualcuno che se ne occupasse. Secondo il nostro nuovo accordo, ero io il responsabile delle questioni tecniche, anche perché Thaz non sapeva distinguere una chiave inglese da una brugola.

«Sarò lì tra dieci minuti» promisi, e riattaccai. Poi presi una felpa col cappuccio, la giacca e uscii. Raggiunta la strada, scrutai l'area circostante in cerca di veicoli sospetti, di qualcuno a bordo che potesse pedinarmi, ma naturalmente non vidi nessuno. Chiunque avessero ingaggiato quelle persone, di certo non era così incompetente da farsi notare.

Invece di prendere la macchina, decisi di andare a piedi, erano solo un paio di isolati. L'aria era fredda e mi domandai se sarebbe mai arrivata la primavera, o se saremmo rimasti bloccati in quello strano limbo gelato con occasionali raggi di sole. A dire il vero non mi importava. Da quando avevo capito che non c'era speranza per me e Helena, mi sentivo come intorpidito. Anche se la città mi avesse mostrato il suo lato migliore, non sarebbe servito a nulla.

All'Harper's c'era solo una luce fioca, proveniente dal bancone. La settimana prima avevamo parlato con l'arredatore, ma i lavori non erano ancora iniziati e la sala aveva un che di triste, sebbene forse dipendesse dal mio stato d'animo. L'acquisto di quel ristorante era stato il mio primo passo verso un futuro con Helena, la scelta di non trascorrere più i successivi anni a New York come in attesa. Adesso mi sembrava una beffa essermi preso quell'impegno.

«Eccoti qui.» Thaz comparve sulla porta che conduceva alla cucina. «Scusa se ti ho fatto venire così tardi, ma ho pensato fosse meglio dare un'occhiata subito.»

«Sì, hai fatto bene» concordai mentre attraversavo la sala,

cercando di scacciare quella sensazione di vuoto e torpore che mi stava consumando dentro.

La cella frigorifera non era direttamente annessa alla cucina, ma si trovava nel corridoio successivo. Thaz mi fece strada e io lo seguii, concentrandomi sui danni che avremmo dovuto esaminare.

«Dobbiamo prima di tutto asciugare e poi...» Mi bloccai a metà frase. Perché in quel momento qualcuno spuntò in corridoio dalla cella frigorifera, con un cappotto scuro e le mani in tasca.

Ma non qualcuno a caso.

Era lei.

«Helena» sussurrai.

Accennò un sorriso, ma sembrava molto tesa.

«Nessuna perdita alla cella frigorifera» specificò Thaz, senza che ce ne fosse bisogno. «Era solo una scusa. Vi aspetto sul retro con gli altri.» Poi sparì.

«Con gli altri? Cosa...» Ma non riuscii ad andare oltre, perché Helena mi aveva gettato le braccia al collo e, anche se sapevo che era meglio mantenere le distanze, non potevo resistere. Così le affondai il naso tra i capelli e le accarezzai la schiena – e tutto quello che, negli ultimi tre giorni, mi era sembrato morto e vuoto dentro di me riprese vita. Quando me ne accorsi, feci un brusco passo indietro. «È troppo pericoloso. Se scoprono che siamo qui insieme...»

«Non succederà.» Helena mi accarezzò la guancia. «Ecco perché Thaz ti ha attirato qui con una scusa. Così possiamo parlare con calma del piano.»

«Del piano?» le feci eco, disorientato. «Quale piano?»

«Quello che ci permetterà di stare insieme.»

Helena aveva un'espressione molto determinata, una delle

mie preferite in assoluto. Ma per il momento provavo solo paura. Anch'io avevo cercato delle soluzioni mentre camminavo sotto la pioggia dopo aver parlato con Trish, proprio come avevo fatto nei giorni precedenti. Se ce ne fosse stata anche una sola plausibile, non avrei mai lasciato Helena.

Prima che potessi esprimere i miei dubbi, tuttavia, lei mi prese per mano e si incamminò verso la porta dietro cui Thaz era appena scomparso e dove si trovava il vecchio ufficio di Mick. Entrammo e finalmente capii perché il mio amico aveva parlato di "altri". Attorno a un tavolo tondo, che il precedente proprietario usava per le sue partite di poker, erano seduti Malia, Simon, Lincoln e Thaz, tutti in trepidante attesa.

«Okay, che succede?» chiesi. «Qualcuno me lo spiega?»

Helena mi lasciò la mano e si sedette, indicando la sedia accanto a lei, mentre Thaz mi porgeva un bicchiere di whisky. Avevo la netta sensazione che stessero per dirmi qualcosa che non mi sarebbe piaciuto.

«Ho elaborato un piano per incastrare gli assassini di Valerie e Adam» attaccò Helena. «È ancora da perfezionare e sono sicura che necessiti di alcuni aggiustamenti. Spero che funzioni.»

Guardai suo fratello, che annuì, così come Malia e Simon. Quindi Helena sembrava averne già parlato con loro, ma questo non mi rassicurò affatto. Di soluzioni sicure non ne esistevano. E lo sapevano tutti.

«Sentiamolo, allora» dissi comunque, perché continuavo a nutrire la maledetta speranza che dopotutto avesse trovato un modo. Lo desideravo più di qualsiasi altra cosa al mondo, solo che non riuscivo davvero a capire quale potesse essere.

Helena fece un respiro profondo. «L'unica possibilità di prendere il controllo della situazione è passare all'offensiva e provocare una reazione. Solo così potremo stanare i colpevoli.»

Aggrottai le sopracciglia perché in quelle due frasi c'erano innumerevoli campanelli d'allarme. «E come pensi di riuscirci senza rischiare che ci facciano del male?»

«Be', il primo passo sarebbe...» Esitò un attimo, guardando gli altri prima di posare di nuovo gli occhi su di me. «Per prima cosa dovresti chiedermi di sposarti.»

Sbarrai gli occhi. «*Cosa?*»

La determinazione di Helena lasciò il posto all'imbarazzo. «So che non è molto romantico, dal momento che lo facciamo solo per catturare gli assassini. E capisco se non lo vuoi fare, ma...»

«Non ho problemi a chiederti di sposarmi» la interruppi. «Ma ho paura delle conseguenze. Valerie e Adam si sono fidanzati e sono morti. Come facciamo a escludere che possa succedere anche a noi?» Avevo capito cosa aveva in mente, però non mi era chiaro come avremmo potuto tutelarci. E, malgrado il panico al pensiero di non rivedere più Helena, di non poterla più toccare, la paura della sua morte era ancora più grande.

«Adottando delle misure di sicurezza.» Evidentemente si era messa d'accordo con gli altri perché fosse lei a spiegarmi il piano, dato che Malia, Lincoln e Simon rimasero in silenzio. «Faremo tutto il possibile per assicurarci che non ci accada nulla.»

«Quindi puoi escludere che ci accada qualcosa?» Non c'era neanche bisogno che rispondesse. E io non ero disposto a mettere a repentaglio la sua vita solo per salvare i nostri sentimenti. «No» mi opposi con fermezza.

«Jess...»

«No, Helena. È troppo rischioso. Ho giurato di proteggerti, e infrangerei la promessa se prendessi parte a una missione folle che ti mette in pericolo.»

«Ci siamo anche promessi di non separarci mai più» mi ricordò a bassa voce. «E so che è pericoloso, ma potresti almeno ascoltarmi prima di prendere una decisione?»

Scossi la testa. «Anche se accettassi di correre il rischio, c'è sempre Trish. Porterà via Lilly a Thea, se non facciamo quello che ci chiede.»

«La questione Trish è risolta» dichiarò Helena sollevando il mento. «Lei è d'accordo con il piano. Anzi, a dire il vero, ne fa parte.»

Adesso mi mancavano davvero le parole e mi ci volle qualche secondo prima di poter ricominciare a parlare. Okay, stavo sognando. Dovevo essermi addormentato sul divano e ora il mio cervello mi stava offrendo quello spettacolo a dir poco assurdo, così al risveglio mi sarei sentito ancora peggio. Tuttavia chiesi: «Hai parlato con mia madre e lei ha accettato di aiutarci?».

Helena sfoggiò un sorrisetto e rimase in silenzio.

«Cosa?» chiesi un po' contrariato.

«Hai detto aiutar*ci*» puntualizzò.

«Non è una risposta alla mia domanda.»

Sospirò, visibilmente frustrata dalla mia insistenza. Credeva davvero che avrei esultato?

«Tua madre ha una gran paura per te, ma sono riuscita a farle capire che non si libererà mai di questo timore, anche se noi ci separiamo. Un domani potrebbe succedere la stessa cosa a Eli o a Lilly, se dovessero prendere decisioni che non piacciono a quelle persone. È stato tutt'altro che facile, ma adesso è d'accordo con noi e ci aiuterà a dare la caccia a quei tizi. Mi ha anche dato la lista dei suoi sospetti.»

«Impossibile» ribattei.

«E invece sì.» Lincoln girò il tablet che aveva davanti e mi mostrò un foglio Excel. Scoppiai a ridere, domandandomi ancora una volta se non stessi sognando, ma alla fine, a dire il vero, non ero così sorpreso che Helena fosse riuscita a convincere mia madre. Era tornata in città con un unico obiettivo: riabilitare la sorella. Per farlo si era messa in pericolo più di una volta, mi aveva derubato, era stata aggredita da Pratt e si era introdotta in una clinica di disintossicazione.

Come potevo pensare che *non* avrebbe smosso mari e monti per risolvere quella faccenda e preservare la nostra storia d'amore?

«Tu sei pazza» mormorai. «Dopo tutto quello che è successo a Adam e Valerie, vuoi davvero correre il rischio che accada lo stesso anche a noi? E se ti facessero del male? O a me? Ci hanno già provato una volta.»

Helena si incupì sentendo il mio tono di rimprovero. Forse era ingiusto ricordarle che a Natale avevo quasi perso la vita, ma non vedevo altro modo per farle capire che quella era una follia. Fingere di fidanzarci per far uscire quei tizi allo scoperto? Tanto valeva giocare alla roulette russa.

«Forse dovresti ascoltare il piano fino in fondo, fratello» mi intimò Thaz, insolitamente serio.

«Va bene.» Alzai le mani e guardai Helena. «Ti ascolto.»

Lei raddrizzò le spalle. «Non sto affatto insinuando che non ci siano rischi, ma sono tutto sommato bassi se riusciamo a scoprire chi è il responsabile dell'omicidio dei nostri fratelli prima che le cose si mettano male. E se non gli diamo la possibilità di prenderci. Non organizzeremo nessuna festa di fidanzamento come Valerie e Adam. Invece, dopo la proposta di matrimonio, sorveglieremo e intercetteremo tutte le persone su quella lista. In modo da scoprire chi ce l'ha con noi quando si spargerà la voce che ci sposiamo.»

Avvicinai il tablet verso di me ed esaminai i nomi. Erano dieci, tra cui Lowell senior e altri che conoscevo bene. Qualcuno di loro aveva davvero ucciso mio fratello? E in tal caso, come sorvegliare dieci persone in modo che nessuna telefonata, nessuna mail, nessun incontro passasse inosservato?

«E se usassero cellulari prepagati per commissionare chissà che cosa? O account di posta elettronica crittografati? Come farete a beccarli?»

Helena guardò il fratello.

«Conosco una persona alla Sicurezza Nazionale» disse Lincoln un po' a disagio. «Una vecchia conoscenza, che lavorava come analista per i servizi segreti. Abbiamo avuto una relazione.» Okay, ecco perché quella faccia. «Potrebbe monitorare i nomi sulla lista per un certo lasso di tempo senza attirare l'attenzione – telefonate, mail, persino conversazioni, trasformando i cellulari in cimici, non chiedetemi come. Tuttavia non potrà farlo a lungo, al massimo tre giorni, o saranno guai. Quindi dovremo muoverci con cautela.»

«E, appena avremo qualcosa, potremo arrestarli» intervenne Malia. «Io, Garrick e il diciassettesimo distretto ci terremo pronti a intervenire.»

In effetti poteva funzionare, ed ero sicuro che anche Miranda avrebbe approvato il piano. Solo che c'erano ancora delle zone d'ombra. Più di una a dire il vero.

«Che ne sarà di noi tra il mandato e l'arresto dei sospettati? A quel punto avremo un bersaglio sulla schiena.»

«Qui subentro io» intervenne Simon. «In palestra abbiamo diversi soci che lavorano come guardie del corpo, due hanno fatto persino parte dei servizi segreti. In quell'arco di tempo vi proteggeremo noi, in modo che praticamente nessuno possa avvicinarsi a voi.»

«*Praticamente nessuno* non è sufficiente» ribattei.

«Giusto» concordò lui. «Ma se tutto va come previsto, non si tratterà di molto tempo. Il fidanzamento e l'incontro tra i vostri genitori solleveranno un tale polverone da spaventarli a morte. Non resteranno fermi a lungo prima di entrare in azione.»

Mi bloccai di colpo. «Aspetta un attimo… l'incontro tra i nostri genitori?»

Fu Lincoln a rispondermi. «Tua madre ha accettato di incontrare i nostri genitori per aumentare la pressione. Cosa diranno i miei ancora non lo sappiamo, Helena parlerà con loro domani e speriamo che siano d'accordo.»

«Wow.» Mi sedetti. Avevano davvero pensato a tutto e mi colpì che Helena fosse riuscita a elaborare un piano così dettagliato in così poco tempo. Ma c'erano così tanti se e tanti ma che la mia paura non era diminuita di una virgola.

Guardai Helena, vidi la sua espressione tesa e capii cosa stava aspettando: il mio okay. Tuttavia non ero sicuro di volerglielo dare. Non sapevo cosa avrei fatto se le fosse successo qualcosa, come avrei potuto convivere con quel peso sulla coscienza. Vivere senza Helena sarebbe stato indubbiamente terribile e non sarei mai più stato così felice come con lei. E naturalmente ero anche intenzionato a trovare gli assassini dei nostri fratelli. Ma solo settantadue ore prima avevo deciso che il rischio era troppo alto. E adesso avrei dovuto accettare di correrlo lo stesso?

«Ho bisogno di una boccata d'aria» dissi, mi alzai e uscii, senza aspettare la reazione di nessuno.

Non conoscevo ancora bene gli spazi dell'Harper's, ma sapevo che c'era un piccolo cortile dove, nei mesi estivi, venivano allestiti dei tavoli all'aperto. Era vuoto, a parte una panchina di legno addossata al muro. Mi sedetti, aspirai l'aria fredda, cercando di mettere ordine nei miei pensieri e sentimenti confusi.

Non rimasi solo a lungo.

Com'era prevedibile.

# 37
# Helena

Mentre illustravo il piano a Jess mi sentivo tesa come una corda di violino. Sapevo perché era così contrario, era terrorizzato che potesse succedermi qualcosa. Solo per questo aveva accettato di separarsi di nuovo da me obbedendo alle direttive di sua madre. E io non potevo dargli alcuna garanzia che il piano avrebbe funzionato. Il mio amore per lui, tuttavia, era più grande della paura. Ero pronta a rischiare tutto, non soltanto per ottenere giustizia per Valerie e Adam, ma anche per noi. Una vita senza Jess mi sembrava inconcepibile e, dopo tutta la disperazione degli ultimi tempi, ero pronta a combattere. Con ogni mezzo a disposizione. Guardai Jess andarsene, poi mi alzai anch'io, mentre Thaz spiegava agli altri dove Mick Harper nascondeva la roba buona nel suo ufficio.

Il corridoio era deserto. Non essendo mai stata lì prima d'ora, non avevo idea di dove fosse scappato. Se era uscito dal ristorante, non potevo seguirlo, perché non dovevamo essere visti insieme. In tal caso lo avrei aspettato.

La sala era buia, fuori dalle finestre non si vedeva nessuno. Così girai i tacchi e mi diressi sul retro, dove si trovava un passaggio per il corridoio. Seguendo il mio istinto lo attraversai e vidi una porta a vetri che dava sul cortile. Quando la aprii, trovai quello che cercavo.

Jess era seduto su una panchina e alzò lo sguardo quando mi avvicinai. Mi accorsi che era preoccupato perché non sapeva se mantenere le distanze, se avvicinarsi o meno a me. La nostra ultima notte insieme era stata al contempo bellissima e terribile, e dalla sua faccia intuii che ci stava ripensando. Stava ripensando a tutto quello che avevamo condiviso.

«Lo sai che è una follia, vero?» mi chiese infine con voce roca, tenendo gli occhi incollati ai miei.

«È la nostra unica possibilità di essere felici» ribattei, sedendomi accanto a lui. «E credo che il piano non sia così male.» Dovevamo ancora affinarlo, e i miei genitori restavano una variabile difficile da prevedere, ma continuavo a credere che potesse funzionare.

«Per quanto non sia così male, rimane comunque una follia» rispose Jess scuotendo la testa.

Il mio ottimismo iniziava a vacillare. Se da un lato lo capivo, dall'altro desideravo solo che provasse quello che provavo io: la speranza, la rabbia, il desiderio che quelle persone non la passassero liscia.

«Anch'io ho paura che qualcosa vada storto» ammisi. «Malgrado tu pensi il contrario, non ho affatto dimenticato quello che è successo a Natale.» Temere per la sua vita era stata una delle esperienze peggiori della mia.

«Eppure vuoi sfidarli lo stesso?» Alzò le dita come per sfiorarmi, ma poi le riabbassò e incrociò le mani in grembo. Il suo sguardo, però, si posò su di me e mi toccò più di qualsiasi carezza. Era combattuto tra il desiderio di stare con me e la preoccupazione che la posta in gioco fosse troppo alta. «Ti ho già perso troppe volte, Helena» sussurrò. «L'ultima solo tre giorni fa. Non potrei reggerne un'altra.»

In quel momento capii perché si teneva a distanza. Quello

che era successo dopo la conversazione con sua madre lo aveva distrutto, proprio come me. Tornare a nutrire speranze che sarebbero potute sfociare in una terribile tragedia... era troppo per lui. Probabilmente anche per me, ma ormai ero così determinata ad andare avanti da riuscire a tenere a bada le mie paure. Soprattutto mi sentivo furiosa e, pur dubitando che riversare la mia rabbia su Jess fosse la scelta giusta, lo feci comunque.

«Allora non permettere che accada» lo supplicai. «Ci hanno già portato via i nostri fratelli. Non lasciare che ci portino via anche la nostra storia.»

Ci guardammo negli occhi e continuammo quel dialogo in silenzio, soli con i nostri sentimenti – quelli che provavamo l'uno per l'altra e quelli che volevano impedirci di correre il rischio. In quel momento l'amore che provai per Jess fu così intenso, come se fossi fatta solo di quello, di quella calda energia piena di intesa e fiducia. Non volevo perderla, mai più; non volevo mai più perdere *lui*. Desideravo solo stare con Jess, esplorare il mondo con lui, passare la nostra vita insieme, fino alla vecchiaia e oltre. Gli dissi tutto ciò, senza parole, solo guardandolo. E sapevo che lui poteva sentirlo, perché condivideva i miei stessi sentimenti.

Jess fece un respiro profondo e sospirò, poi *finalmente* mi prese la mano. Intrecciò con delicatezza le sue dita con le mie e mi accarezzò il dorso con il pollice. Solo un piccolo gesto, che mi procurò un groppo in gola perché avevamo ritrovato la nostra sintonia.

«Ci sto» annuì infine. «Distruggiamoli, Splendore.»

«Distruggiamoli» ripetei, sporgendomi in avanti per baciarlo. Avremmo rischiato e ne saremmo usciti vincitori, giurai a me stessa in quel momento. Per Valerie, per Adam, per noi.

Non avevamo altra scelta.

Dopo settimane di assenza varcare di nuovo la porta di casa, dove avevo trascorso la maggior parte della mia vita, mi fece uno strano effetto. In realtà fu ancora più strano di quando ero tornata dopo più di due anni, sebbene anche allora fossi cambiata molto. Adesso però mi sentivo cresciuta rispetto a quando ero andata via a Natale, in un certo senso più sicura, più indipendente. Era una bella sensazione, funestata però dal fatto che stavo per incontrare i miei genitori e coinvolgerli in qualcosa che ai loro occhi sarebbe sembrato decisamente assurdo.

Due settimane prima io e Jess avevamo deciso di intraprendere quella strada. E anche se, attenendomi al piano, ero rimasta a casa di Lincoln – perché non volevamo dare a intendere che stavamo ancora insieme –, mi sentivo più vicina a Jess che mai. Era esattamente come lo aveva descritto Valerie una volta: quando incontri la persona giusta, continui ad avere paura, ma al tempo stesso non ne hai più.

Invece di usare la chiave, suonai il campanello e, solo pochi secondi dopo, mi trovai di fronte un uomo di mezza età in livrea. Non l'avevo mai visto prima, ma immaginavo chi potesse essere.

«Signorina Weston» mi accolse con un sorriso. «Entri pure.»

«Grazie…» risposi senza finire la frase.

«Mi chiamo Frederic e sono il nuovo maggiordomo dei suoi genitori, signorina.»

Ricambiai il sorriso. «Piacere di conoscerla, Frederic.» Dovevano averlo assunto dopo che me n'ero andata. Prima di allora avevano faticato a sostituire quello precedente, Vincent.

«Il piacere è tutto mio. Posso prenderle qualcosa?»

Mi tolsi il cappotto e glielo consegnai, poi l'uomo si congedò. Subito dopo qualcun altro spuntò nell'ingresso.

«Helena, che bello vederti.» Mio padre si avvicinò imbarazzato e mi sorrise più calorosamente del previsto. Sapevo che aveva parlato con Jess la sera del torneo di poker, anche se non si era più fatto sentire da allora e avevo creduto che non fosse interessato a contattarmi. Adesso sembrava il contrario, ma non ero lì per quello.

«Anche per me è un piacere, papà.» Forse avrei dovuto indagare sul perché frequentasse bische clandestine dell'alta società, ma non mi sembrava il momento giusto per farlo.

«Vieni, tua madre ti aspetta in sala.» Si incamminò e io lo seguii in salotto, dove la mamma ci aspettava in piedi lisciandosi la gonna del completo. Certe cose non cambiavano mai.

«Helena.» La sua accoglienza fu molto più fredda. «Siediti. Un tè?»

Accettai, più che altro per tenermi occupata. L'ultima volta che ero stata in quell'appartamento avevo discusso con loro comunicando la mia intenzione di andarmene. Ormai era passato un bel po' di tempo, ma in quel momento i ricordi del nostro litigio si depositarono su di me come un vecchio strato di polvere.

Frederic servì il tè, mentre in sala regnava un silenzio teso, come se non appartenessimo più alla stessa famiglia ma ci conoscessimo a malapena. Cercai di non lasciarmi sopraffare dalla delusione. Stavolta non si trattava del nostro rapporto.

«Ho bisogno del vostro aiuto per una cosa molto importante.» Strinsi la tazza, come per trovare il coraggio di parlare del nostro piano. Avrei tanto voluto che Jess mi avesse accompagnata, ma non sarebbe stata una buona idea. Forse per me sì, ma non per la nostra missione. Avevo anche rifiutato l'aiuto di Lincoln. Si trattava del mio piano. Dovevo occuparmene *io*.

«Se vuoi tornare a casa, siamo d'accordo» esordì mia madre riluttante. «Naturalmente solo ad alcune condizioni, in futuro dovrai attenerti alle nostre regole...»

«No, non si tratta di questo» la interruppi il più gentilmente possibile. Erano passati diversi mesi da quando mi ero trasferita e non avevamo più avuto alcun contatto. Pensavano davvero che fosse quello il motivo della mia visita?

«Che c'è allora? Sei venuta per il testamento?» A mia madre si incrinò un po' la voce e intuii che era ferita. Ma non era il momento di pensarci.

«No, nemmeno questo. Lascia che se ne occupino gli avvocati. Si tratta di qualcos'altro.» Cercai un attimo di ricompormi e riuscii a guardarli negli occhi. «E precisamente di chiarire la morte di Valerie e Adam. Abbiamo escogitato un piano per catturare i responsabili, ma abbiamo bisogno di voi.»

I miei genitori si scambiarono un'occhiata e mi apparvero addolorati. Qualche giorno prima Lincoln aveva spiegato loro che Adam e Valerie non erano morti perché avevano assunto cocaina volontariamente, e quella rivelazione doveva averli sconvolti. Sembravano ancora sotto shock.

«Cosa possiamo fare?» chiese mio padre visibilmente emozionato, e le sue parole mi fecero venire le lacrime agli occhi. Forse per la prima volta in quasi quattro anni, notai quanto i miei genitori sentissero la mancanza di Valerie. E quanto volessero, come me, punire i responsabili.

Mi ci volle un attimo per ricominciare a parlare, e quando lo feci il mio tono era leggermente più morbido. «Abbiamo scoperto che queste persone, chiunque esse siano, credevano che foste in combutta con Trish Coldwell. A quanto pare, questo li ha spaventati a tal punto da uccidere Valerie e Adam per riaccendere la vostra faida.»

«Era questo il motivo?» Mia madre mi fissò scioccata, come se sapesse a cosa mi riferivo. «Hanno ucciso Valerie perché pensavano che volessimo realizzare quel progetto nel Queens con

Trish? Ma non è mai andato in porto. Avevamo rifiutato la proposta di Adam.»

«Allora la morte di Valerie è stata del tutto inutile» mormorò mio padre. «Come hanno potuto pensare che avremmo collaborato con quella donna? Perché non hanno almeno aspettato di vedere se si sarebbe concretizzato?»

«Evidentemente il pericolo doveva essere abbastanza concreto» risposi a bassa voce. Ci avevamo già pensato, ma senza una dichiarazione da parte dei colpevoli potevamo solo fare delle supposizioni. Probabilmente per loro sarebbe stato un problema troppo grosso se le nostre famiglie si fossero alleate: una fusione tra i Weston e i Coldwell avrebbe radicalmente cambiato gli equilibri di potere a New York.

«Spero che brucino all'inferno» dichiarò lapidaria mia madre. Poi mi guardò. «Hai detto che avete un piano. Qual è?»

Mi feci forza. «Abbiamo bisogno di farli uscire allo scoperto. Di fare in modo che credano ancora una volta che avete intenzione di fondervi e che si attivino per impedirlo.»

«Spiegati meglio, Len» mi incalzò mio padre.

«Okay, sarò chiara: dovreste incontrare Trish Coldwell domani pomeriggio. Si tratta solo di un meeting, in un posto in cui qualcuno possa sentirvi. In questo modo gli assassini penseranno che la minaccia sia di nuovo reale.»

«Capisco» annuì il papà. «E Trish ha accettato?»

«Sì» risposi. «Le ho parlato di persona ed è disposta a fare tutto il necessario per sbattere quei criminali dietro le sbarre.»

Mia madre bevve dalla sua tazza ormai vuota e la posò irritata. «Okay, questo è il nostro compito. E il tuo?»

*Merda*. Speravo non me lo chiedesse, ma era troppo intelligente, nonché un'abile donna d'affari. Nel suo campo, se non conoscevi tutti i fatti, non potevi prendere decisioni.

«Io… mi fidanzerò con Jess.» Non aggiunsi altro.

Non ce n'era bisogno. Mia madre fece una faccia scioccata e mio padre terrorizzata. E non perché mi volessi fidanzare con un Coldwell, ma perché capirono subito quale fosse il vero obiettivo.

«No» ribatté mio padre in affanno. «Non ti lascerò diventare il bersaglio di quelle persone, Len. E se finisse male? E se uccidessero anche te…» Gli si spezzò la voce.

«Prenderemo delle precauzioni» li rassicurai, proprio come avevo già fatto con Trish e Jess.

«È coinvolta anche la polizia, assumeremo delle guardie del corpo e metteremo in sicurezza l'appartamento. Forse riceveremo qualche minaccia, ma terremo sotto controllo i sospettati e cercheremo di capire chi si attiverà dopo l'annuncio del nostro fidanzamento.»

I miei genitori si scambiarono un'occhiata e io trattenni il fiato perché sapevo che era un momento importante. Cruciale. Forse il fidanzamento da solo non sarebbe bastato a mettere in allarme gli assassini, quell'incontro era l'unico modo per esserne sicuri. Avevo bisogno del loro aiuto. E loro lo sapevano.

«Stai indagando da molto tempo?» chiese mia madre, meno dura di quanto mi sarei aspettata.

Annuii. «Da quando sono tornata a New York. Anzi, a dire il vero da più tempo.» Non c'era bisogno di nasconderlo, perché non vivevamo più sotto lo stesso tetto. «Non potevo accettare che la gente pensasse quelle cose di Valerie, e volevo scoprire la verità sulla sua morte e quella di Adam. Naturalmente non sapevo che fossero stati uccisi. Ma in questo modo potremmo farla pagare ai loro assassini.»

«E siete sicuri di non correre alcun rischio?»

Mio padre mi guardò preoccupato, e non potevo certo biasimarlo. Era terrorizzato all'idea di perdere un'altra figlia. Temevamo tutti che qualcosa potesse andare storto, ma non avevamo alternative.

«Un minimo di rischio c'è» ammisi, altrimenti sarebbe sembrata una bugia troppo palese. «Ma se vogliamo prendere gli assassini, non abbiamo altra scelta.»

«E se quelle persone non dovessero attivarsi? Che farete?»

Io, Jess e gli altri avevamo discusso a lungo anche di questo, senza giungere a una vera e propria conclusione. Certo, potevamo annunciare pubblicamente la fine della nostra relazione, se il piano non fosse andato in porto, ma non volevo pensarci.

«Allora ci lasceremo» dissi comunque, perché credevo che questo li avrebbe convinti. «Per sempre.»

I miei genitori si scambiarono un'altra occhiata, poi mia madre sospirò. «Ci dobbiamo pensare. Come potrai immaginare, non è una decisione facile.»

Annuii. «Sì, ma noi ci proveremo con o senza di voi. Grazie al vostro incontro avremmo solo più possibilità di farcela.» Certo, non mi sembrava del tutto giusto sottolinearlo in quel modo, ma avevo deciso mesi prima di non dipendere più dal beneplacito dei miei genitori. Specificare che non avevano nessuna voce in capitolo sul proseguimento o meno della missione, ma solo su come si sarebbe svolta, era coerente dal mio punto di vista.

A mia madre squillò il cellulare e mi congedò con un cenno del capo, prima di rispondere e incamminarsi verso lo studio.

«Ti chiamiamo appena ne abbiamo parlato» disse mio padre alzandosi. «Vuoi fermarti a cena? Ci farebbe molto piacere.»

Sorrisi, perché da Natale quello era il primo accenno a un possibile riavvicinamento.

«Ti ringrazio molto, ma devo preparare alcune cose per il fidanzamento stasera.»

Impallidì leggermente. «Vi fidanzate già *stasera*?»

Annuii di nuovo. «Abbiamo passato le ultime due settimane a pianificare tutto, non c'è motivo di aspettare. Prima prendiamo quei bastardi, meglio è. E non ti preoccupare, a partire da oggi abbiamo le guardie del corpo.» Accennai un sorriso per rassicurarlo, anche se sapevo che era impossibile. In effetti avrei preferito non dirgli nulla finché non fosse finita, ma l'incontro con Trish era troppo importante.

Poi lui fece qualcosa che non mi aspettavo: mi abbracciò, come quando ero piccola. Io ricambiai la stretta e gli occhi ci si velarono di lacrime.

«Sono molto orgoglioso di te, piccola mia. Sei così forte e determinata, dovremmo prendere tutti esempio da te.» Mi accarezzò dolcemente la guancia. «E tra l'altro avevi ragione. Il tuo Jessiah… sembra proprio un bravo ragazzo.»

«Lo è, ma chiamalo pure Jess.»

«Perché?»

«Semplice» risposi sorridendo. «Gli amici lo chiamano così.»

# 38

# Jessiah

«Sei bellissima» dissi sorridendo a Helena, seduta accanto a me sul sedile in pelle della limousine in un miniabito di pizzo. «La domanda è: come ti vestirai quando un giorno ci fidanzeremo per davvero?»

«Semplice» tagliò corto lei. «Pensavo di indossare una felpa col cappuccio e pantaloni della tuta, perché mi auguro che non lo faremo in pubblico.»

«Cristo santo, e io che pensavo di non poterti amare di più!» Mi chinai, la baciai dolcemente sulla bocca, e subito un desiderio intenso si fece strada dentro di me. Nelle ultime due settimane non avevamo trascorso una sola notte insieme e ci eravamo visti solo di rado, spesso in compagnia di altre persone e nel più assoluto riserbo. Non vedevo l'ora che la situazione cambiasse, perché la desideravo con tutto me stesso.

«Siamo quasi arrivati» ansimò lei, come se stesse correndo una maratona. E in effetti un po' lo era. Quello era il grande giorno.

Le presi la mano e la strinsi forte, come per calmarci entrambi. Avevamo lavorato giorno e notte per pianificare, nei minimi dettagli, il giorno in cui Helena Weston e Jessiah Coldwell si sarebbero fidanzati, gettando scompiglio nell'alta società newyorchese. E non solo lì, se tutto filava liscio, ma anche tra quelli della lista, così spietati da uccidere per il proprio tornaconto. La sorveglianza, grazie all'amica di Lincoln che lavorava alla Sicurezza Nazionale, era scattata dieci minuti prima e le guardie reclutate da Simon erano già in posizione. Una di loro era alla guida dell'auto. Malia e Garrick erano pronti a intervenire, se si fosse mosso qualcosa. I nostri genitori si sarebbero incontrati il giorno dopo, i Weston lo avevano comunicato a Helena circa un'ora prima. Adesso l'unica cosa che restava da fare era annunciare pubblicamente il fidanzamento.

Solo cinque minuti dopo ci fermammo davanti all'Emperor. Stringevo ancora la mano di Helena e mi tastai la tasca con dentro il cofanetto con l'anello. Avevamo scelto quel ristorante perché era mio e avevamo più la situazione sotto controllo. Inoltre ci sarebbero state abbastanza persone pronte a spettegolare sull'evento. Se avessi avuto la possibilità di scegliere dove chiedere a Helena di sposarmi, non mi sarebbe mai venuto in mente di farlo lì – o davanti ad altre persone, se è per questo. Forse avrei scelto il Bella Ciao, ma solo di notte, dopo che tutti i clienti se ne erano andati. Quella però non era una proposta spontanea, ma una messinscena per catturare gli assassini dei nostri fratelli.

«Andrà tutto bene» sussurrò Helena, come per convincere se stessa.

«Sì» concordai per infonderci coraggio, prima di entrare nel ristorante dall'ingresso laterale ed essere accompagnati dalla cameriera, Sarah, al tavolo prenotato. Era uno dei più appartati di tutto il ristorante, in modo che praticamente nessuno potesse notarci prima che io mi alzassi e mi inginocchiassi davanti a Helena. Non so davvero come avremmo potuto mandare giù un boccone prima, ma dovevamo sforzarci per mantenere le apparenze. Nessuno avrebbe dovuto sospettare qualcosa. Era l'unica possibilità di stanare i colpevoli.

Sarah, che non sembrava aver riconosciuto la ragazza con me, ci portò il menu e subito dopo un aperitivo.

Helena appoggiò il cellulare sul tavolo e controllava tesa il display ogni dieci secondi, come se attendesse già un messaggio da Lincoln.

«Ci vorrà tempo» cercai di rassicurarla, sebbene anch'io fossi così nervoso da non riuscire a stare fermo. Quando ero stressato, lo sport era la mia unica valvola di sfogo, ma ora dovevamo fingere di essere una felice coppia di innamorati a cena – e non una che nelle ore successive avrebbe dovuto combattere contro una minaccia mortale.

«Lo so» rispose lei, bevendo un sorso del suo drink. «Ma continuo a pensare: e se invece lo facesse?»

«Okay, dobbiamo trovare un modo per distrarci.» Posai una mano sul tavolo e intrecciai le dita con quelle di Helena. «Parlami delle visite guidate che hai in programma per me.»

Lei batté le palpebre irritata. «Vuoi davvero parlare di questo adesso?»

«Sì» annuii impassibile. «Mi hai detto che mi avresti usato come cavia perché, se fossi riuscita a farmi piacere New York, allora avresti potuto convincere chiunque. Quindi raccontami del tuo tour. Sono sicuro che hai già pensato a tutto.»

Per un attimo temetti che si sarebbe rifiutata, ma poi sembrò capire perché glielo stessi chiedendo. Parlare di qualcosa che amava tanto avrebbe forse alleggerito l'atmosfera. Perché, anche se non eravamo così visibili agli altri clienti, prima o poi qualcuno avrebbe notato le nostre facce da funerale. E questo non doveva succedere.

«Penso che con te partirei dall'High Line Park» disse Helena dopo averci riflettuto un attimo. «È una bella area verde per essere in città, inoltre da lì si vede tutta New York. Credo che ti piacerebbe. L'High Line è un posto storico, valorizzato al cento per cento.» Sorrise e io le accarezzai il dorso della mano. Quando descriveva la città aveva sempre un'espressione radiosa che mi faceva sorridere, anche se a me New York non piaceva affatto. E sapevo che avrei dovuto trovare un modo per vivere lì, almeno per un po', perché non volevo privarla di tutto questo.

«Bene, allora vada per l'High Line Park. E poi?»

«Sicuramente il Guggenheim.»

«Secondo te non ci sono mai stato?» la presi in giro.

«Certo, ma non *con me*» ribatté lei alzando lo sguardo, con un'aria molto da Weston. Mi venne da sorridere quando lo notai. Helena se ne accorse. «Che c'è?»

«Niente. Stavo solo pensando a quanto sia assurdo e meraviglioso che io e te ci siamo innamorati.»

Mi accarezzò le dita. «Ricordo benissimo quando mi hai fermata alla Rainbow Room con un "Ehi, aspetta un attimo". Il mio primo pensiero è stato: *Wow, questo ragazzo è troppo bello per essere vero*, e il mio secondo, *Cazzo, è il fratello di Adam*.» Scosse la testa sorridendo.

«Non mi avevi mai detto che la sequenza era stata questa» scherzai, ma tornai subito serio. «Tuttavia non ho potuto fare a meno di fermarti. C'era qualcosa in te che mi ha colpito come un pugno. Il tuo sguardo, quel dolore e quella rabbia così... familiari. E non avevo idea di chi fossi, prima che tu mi dicessi che avevamo raccontato un sacco di menzogne su Valerie.»

Helena sembrava un po' imbarazzata. «Sono stata terribile con te quella sera.»

«È vero, ma io non sono stato da meno. E avevi ragione a difendere tua sorella.»

«Avevo ragione anche quando ti ho messo al tappeto al Tough Rock?» Lei sorrise soddisfatta e io capii che era il momento giusto per parlare del burrascoso inizio della nostra relazione – come se non fossimo lì solo per fingere di fidanzarci. Ne ero contento: tutto ciò che ci distraeva dal vero motivo della nostra cena era benaccetto.

Sarah si avvicinò al tavolo per prendere le ordinazioni e io non feci in tempo a rispondere. Quando se ne fu andata, non avevo dimenticato le parole di Helena.

«È stata una vera bastardata da parte tua, ma anch'io sono stato molto arrogante a credere che fossi una principiante che voleva solo ribellarsi a mamma e papà.»

Helena rise e il suono della sua risata vibrò dentro di me, infondendomi un piacevole calore. Aveva ragione, i nostri primi incontri non erano stati particolarmente promettenti, ma adesso quello che c'era tra noi era così grande e reale che avrei voluto amarla senza paura e senza la disapprovazione delle nostre famiglie.

«Quando l'hai capito?» mi chiese Helena, e non ci fu bisogno di domande aggiuntive per intuire a cosa riferisse.

«Intendi per davvero? Credo quando sono stato a Swan Lake con Eli. Abbiamo passato un fine settimana alla fattoria di mio padre.» Stavolta mi limitai a un mezzo sorriso. «Eravamo andati a camminare e stavamo tornando indietro, e a un certo punto Eli mi ha chiesto perché ero così distratto. Quella è la prima volta che l'ho ammesso a me stesso. E al contempo mi sono detto che dovevo togliermelo dalla testa perché non avrebbe mai potuto funzionare.»

«Cavolo, capisco benissimo cosa vuoi dire.» Helena abbassò lo sguardo. «Io, in realtà, credo che lo sapessi già al Mirage. Ma la prima volta che mi sono permessa di pensarlo… è stata quando abbiamo parlato nel ripostiglio laggiù e ho capito che, per quanto ci sforzassimo, non ce l'avremmo mai fatta.»

Lasciai andare le sue dita e le accarezzai delicatamente l'avambraccio.

«Eppure oggi siamo qui. E non permetteremo più a nessuno di portarci via quello che abbiamo.» All'inizio ero scettico quando mi aveva illustrato il piano all'Harper's, ma adesso, due settimane dopo, conoscendo tutti i dettagli, volevo credere che ci saremmo riusciti. A fare luce sulla morte dei nostri fratelli e a salvare la nostra relazione.

«No, mai» sussurrò Helena sorridendo. «Ormai ti amo troppo. Inoltre cucini così bene che temo di non poter più fare a meno dei tuoi manicaretti.»

Mi venne da ridere e bisbigliai *Ti amo anch'io*, perché Sarah era appena spuntata con i piatti. Ci servirono la cena e riuscimmo a dimenticare per un po' la nostra missione. Raccontai a Helena della mia ultima visita a Thea e Lilly, dove ero riuscito a tranquillizzarle che non correvano alcun pericolo con Trish. Mia madre non era certo cambiata dopo il colloquio con Helena, ma credo avesse capito che, se fosse andata avanti con le sue minacce e i suoi ricatti, non avrebbe mai avuto alcun rapporto con la nipote. Per adesso Thea non era pronta a incontrarla, e la capivo perfettamente. Non conosceva tutti i dettagli del litigio con mia madre, ma poteva intuire cosa fosse successo. Forse un giorno, tuttavia, avrebbe presentato Lilly a sua nonna. Ed ero sicuro che questo incontro avrebbe fatto un gran bene a Trish.

La settimana prima, inoltre, ero andato con Eli a trovare il suo cane e non avevo mai visto mio fratello così felice come quando aveva conosciuto il cucciolo. Era stato amore a prima vista, come aveva detto l'addestratore di Buddy, ma ci sarebbero voluti ancora dei mesi prima che Eli potesse portarlo a casa. Tutto sommato, quindi, le cose stavano andando per il meglio.

A parte il fatto che quella sera avremmo camminato sui carboni ardenti rischiando di perdere tutto.

Dopo che ci furono portati via i piatti e aver rifiutato il dessert, io e Helena ci scambiammo un'occhiata – e la tensione tornò a farsi sentire. Sapevamo entrambi che era arrivato il momento.

«Ci siamo» dissi, tastandomi la tasca della giacca alla ricerca del cofanetto.

«Sì» replicò lei, e mi accorsi che stava trattenendo il respiro.

Mi alzai e tirai fuori la scatolina. Non ci eravamo accordati su quello che avrei dovuto dirle, perché mi era sembrato sbagliato. Non soltanto perché la sua reazione doveva apparire il più naturale possibile, ma anche perché avevo pensato solo a grandi linee a come chiederle di sposarmi. Sapevo che in fondo era una messinscena, però, anche se lo facevo solo per finta, volevo usare parole sincere.

«Splendore» esordii, inginocchiandomi davanti a lei, ben visibile alle persone intorno. Alcuni si girarono subito, dandosi delle gomitate e attirando l'attenzione su di noi. Quello era l'obiettivo, ma non ci feci quasi caso. Avevo occhi solo per Helena, che mi guardava, e in quell'istante mi sentii al settimo cielo. «So che non stiamo insieme da molto tempo» continuai. «Ma è come se ti amassi da sempre. Forse perché dalla prima volta che ci siamo incontrati è scattato qualcosa, un legame che si è rafforzato ogni giorno di più. Forse perché insieme stiamo così bene da far quasi male. Sei tutto quello che ho sempre desiderato: forte, coraggiosa, sicura di te e intelligente. Sai cosa vuoi, sai chi sei, e *io* voglio essere la persona con cui passerai il resto della tua vita.»

Cercai di proseguire, anche se lo sguardo commosso di Helena mi fece quasi dimenticare le parole. Ma ormai mancava poco, solo alcune frasi che pronunciai con serietà, perché in quel momento, anche se finte, erano la mia personale verità.

«Non voglio perderti mai più, non voglio più rinunciare a chiamarti, vederti, abbracciarti. Voglio che stiamo insieme per sempre.» Feci un respiro profondo, aprii il cofanetto che avevo in mano e la guardai.

«E per questo ti chiedo, Helena Grace Weston: vuoi diventare mia moglie?»

# 39

## Helena

Quando Jess pronunciò quelle meravigliose parole, sentii come uno sciame di farfalle nello stomaco. Non ci eravamo messi d'accordo su quello che avrebbe detto, ma ero sicura che fosse sincero. Si inginocchiò di fronte a me con l'anello in mano... sapevo nel profondo che era tutta una messinscena, però sentivo anche che c'era qualcosa di vero. Per questo, quando annuii, non dovetti sforzarmi di fingermi commossa e felice.

«Sì, lo voglio.» Lo tirai su per un braccio e lo abbracciai, baciandolo mentre intorno a noi scrosciavano applausi, come fossimo i protagonisti di una commedia. E in effetti quello eravamo, anche se per qualche istante lo avevo dimenticato.

«Ce l'abbiamo fatta» mi sussurrò Jess all'orecchio, prima di staccarsi e infilarmi l'anello al dito – un cimelio di sua nonna che gli aveva lasciato in eredità il padre, nel caso in cui un giorno avesse deciso di sposarsi. Anche quello faceva parte del piano, ma non mi sembrò così quando avvertii il peso della pietra grigia sul dito. Fu come se all'improvviso potessi percepire la felicità che aveva provato Valerie quando Adam le aveva chiesto di sposarlo. E mi sentii al contempo infinitamente triste e felicissima.

Jess mi baciò di nuovo, prima di ringraziare i presenti con un sorriso imbarazzato e rimettersi a sedere. Sarah ci portò due bicchieri di champagne e si congratulò con noi, ma io sentii un groppo in gola. Quello, infatti, era il segnale di partenza: da lì in poi avevamo solo pochi giorni per sorvegliare le persone sulla lista e sperare di coglierne qualcuna in flagrante. Se questo non fosse accaduto, non ci sarebbe stata alcuna giustizia per Valerie e Adam. E nessun futuro per la nostra relazione.

«A noi» brindò Jess, sforzandosi di apparire al settimo cielo invece che profondamente turbato.

Alzammo i calici e scrissi un messaggio a Lincoln, che avrebbe informato gli altri. Poi sollevai lo sguardo.

«Andiamo?» chiesi sottovoce, e ottenni subito un cenno di assenso. Nessuno si aspettava che ci avrebbero messo un killer alle calcagna così presto, tuttavia era comunque ragionevole farci vedere in pubblico il meno possibile.

Stavo per alzarmi quando scorsi una donna con un blazer scuro avvicinarsi al nostro tavolo. Per un attimo mi venne la paranoia che potesse costituire una minaccia, poi intuii dalla reazione di Jess che la conosceva.

«Signor Coldwell, a nome di tutto lo staff dell'Emperor, i nostri più sentiti auguri» disse con un sorriso cordiale. «Se ci avesse informato prima che intendeva annunciare il suo fidanzamento con la signorina Weston, ci saremmo organizzati meglio, ma abbiamo comunque una sorpresa per voi.» Si fece da parte e comparve Sarah con in mano una piccola torta rosa antico e bianca, piena di decorazioni.

«Grazie mille, Maya. Non avreste dovuto.» Il sorriso di Jess era molto più teso di quello della direttrice del suo ristorante, ma forse lo notai solo io.

Sarah posò la torta in mezzo a noi e la tagliò, prima di servircene una fetta. Io ne assaggiai solo due bocconi, per non destare sospetti, e così fece Jess. Poi lasciò il resto del dolce al personale e saldò il conto.

«Andiamocene da qui» disse appena fu di ritorno.

Mi alzai e lui mi prese per mano, continuando a guardarsi incontro. La nostra missione al ristorante, tuttavia, non era ancora finita. Secondo i piani non dovevamo uscire di nuovo dall'ingresso laterale, ma da quello principale, passando davanti a tutti gli altri clienti. Fummo costretti a fermarci un paio di volte perché alcuni di loro desideravano congratularsi con noi, ma riuscimmo a liberarcene abbastanza in fretta – soprattutto grazie allo charme di Jess, che fece gentilmente notare come avessimo bisogno di un po' di tempo per noi. Quando finalmente uscimmo e salimmo in macchina, tirai un sospiro di sollievo.

«Grazie al cielo siamo fuori» farfugliai. «Non sapevo che conoscessi così tante persone dell'upper class. Non avevi detto di essertene sempre tenuto alla larga?» In tanti erano venuti a farmi le congratulazioni, ma c'era da aspettarselo.

«Ci ho provato» rispose Jess sfilandosi la cravatta dal collo. «Però sanno tutti di chi sono figlio. E, se non sono interessati a me per questo motivo, lo sono per il mio lavoro.» Sembrava sollevato quanto me quando si rivolse all'autista comunicandogli l'indirizzo di Lincoln. Casa di mio fratello era molto più sicura del loft, per questo avevamo deciso di trascorrere lì i giorni più critici.

La parete divisoria si alzò e mi appoggiai al sedile, rannicchiandomi contro Jess. Dal modo in cui mi abbracciò avvertii quanto fosse teso, i muscoli rigidi, la sua stretta più protettiva e amorevole. Quando mi premette le labbra sulla fronte, chiusi per un attimo gli occhi.

«Andrà tutto bene» gli sussurrai, anche se più che altro lo stavo dicendo a me stessa.

Mancavano solo quindici isolati all'appartamento di Lincoln, una decina di minuti in auto, ed eravamo già a metà strada. Inoltre era improbabile che qualcuno potesse mobilitarsi così in fretta. Con Valerie e Adam c'erano volute due settimane prima che gli mettessero qualcuno alle calcagna. Eppure sentivo che non sarei riuscita a respirare bene finché non fossimo stati al sicuro nell'appartamento blindato, protetti dalle guardie del corpo di Simon.

Mi vibrò il telefono nella borsetta e lo tirai fuori. «Lincoln dice che sono stati tutti informati. La sua amica dell'NSA ha confermato che la sorveglianza è partita, ma per adesso non è ancora successo nulla.»

«Bene.» Ci rilassammo un po'. Se nessuno dei nostri sospettati aveva accennato a noi in una conversazione o al telefono, per il momento eravamo al sicuro. «Sai qualcosa di questa agente dell'NSA? Lincoln sembra molto riservato sull'argomento» mi chiese Jess.

Sorrisi leggermente e mi resi conto che mi stava calando l'adrenalina. «Non so molto più di te. Fino a quando non ne ha parlato per la prima volta due settimane fa, non l'avevo mai sentita nominare. Credo che siano andati al college insieme e abbiano avuto una storia breve ma intensa. Mi ha detto che le doveva molto, però non so in che senso.»

«Be', credo che possiamo rallegrarci che adesso stia con Penelope. Non avrei tanta voglia di sedermi a tavola con una che conosce la mia cronologia di navigazione.»

Scoppiai a ridere. «Quindi mi stai dicendo che nascondi qualcosa di compromettente?»

«Perché, tu no?» Mi sorrise e si chinò per baciarmi in modo appassionato. Quando schiusi leggermente le labbra, si bloccò. «Tuo fratello è in casa?»

«Sì.» Annuii. «Insieme a quattro guardie del corpo.»

Jess si staccò e si appoggiò allo schienale. «Questo fidanzamento non mi piace per niente» sospirò deluso. Anche se in realtà in quel momento nessuno dei due riusciva a pensare seriamente al sesso. Temere di essere assassinati non crea certo l'atmosfera giusta, ma dovevo ammettere che lui stava facendo di tutto per distrarci dai nostri guai.

«Non preoccuparti» dissi scostandogli un ricciolo dalla fronte. «Ci rifaremo quando sarà tutto finito.»

«Non vedo l'ora.» Poi sorrise e controllò l'orologio.

«Dovremmo arrivare tra pochi minuti.» Non ci avevo ancora fatto caso, e quando guardai fuori dal finestrino, notai che i familiari edifici dell'Upper East Side stavano piano piano lasciando il posto ai palazzi più moderni di Midtown. Mi aspettavo che all'incrocio successivo avremmo svoltato in Park Avenue sulla Cinquantunesima, per arrivare alla Lexington, dove si trovava l'appartamento di Lincoln. Ma invece la macchina proseguì dritta. All'inizio non ci pensai, capitava a volte che ci fosse un ingorgo e convenisse fare una piccola deviazione. L'autista però non svoltò neanche alla successiva, né a quella dopo.

*C'è qualcosa che non va*, mi balenò subito in mente.

Senza dire una parola, mi chinai sopra Jess per raggiungere la console dove si trovava il pulsante di chiamata. Lo premetti.

«Jared, perché stiamo andando in centro?» Nessuna risposta. «Jared, mi senti?»

Ci scambiammo un'occhiata allarmata, poi Jess azionò la piccola leva del divisorio, ma non si mosse. Gli strinsi d'istinto l'avambraccio in preda al terrore. Che cosa stava succedendo? Nessun sospettato della lista era entrato in azione, non potevamo essere in pericolo.

«Niente panico, magari è solo un problema tecnico.» Jess mi

abbracciò e con la mano libera recuperò il telefono, ma in quel momento il divisorio si abbassò e dietro non c'era Jared, bensì due sconosciuti.

Ci bloccammo, come paralizzati.

Uno dei due impugnava una pistola.

Puntata su di noi.

## 40

# Jessiah

Nell'attimo in cui vidi l'arma, provai una miriade di sensazioni. Prima di tutto panico, poi il desiderio di proteggere Helena. E infine il ricordo dell'ultima volta in cui mi avevano sparato. Allora non avevo visto la pistola, ma sapevo che era lì, che qualcuno aveva premuto il grilletto e mi aveva quasi ucciso. E sapevo anche che poteva succedere di nuovo. Che qualcuno stava ancora minacciando la mia vita. E non solo la mia.

Reagii d'istinto, gettandomi su Helena, coprendola come meglio potevo dentro l'auto, stringendole la mano. Lei si avvinghiò con le dita alle mie così forte da farmi quasi male. O forse era il contrario.

«Che cosa volete da noi?» chiesi nel tono più sicuro che potessi ostentare in quel momento. Conoscevo già la risposta. La nostra trappola aveva funzionato, fin troppo bene a quanto pare.

«Dateci i telefoni» intimò il tizio al volante, quello che non ci stava puntando la pistola addosso. Aveva un leggero accento, che non riuscii a riconoscere. Gli porsi titubante lo smartphone e Helena gli consegnò il suo con mano tremante. Dopodiché la strinsi tra le mie braccia.

«E adesso fuori di qui. Sarebbe un peccato sciupare questi bei sedili in pelle, no?» Il tizio con la pistola sfoggiò un sorriso gelido.

Fui tentato di rifiutare, ma sapevo che in quello spazio ridotto non avevo alcuna possibilità di colpirli o disarmarli. Così lasciai andare Helena, rimanendole vicino mentre scendevamo dall'auto. Solo a quel punto mi resi conto di dove eravamo.

«Il Vanity?» chiese Helena incredula, più pallida che mai.

Aveva ragione. Ci trovavamo davanti all'ingresso di servizio dell'albergo in cui erano morti i nostri fratelli. Volevano davvero ripetere la stessa storia? Che follia!

«Cosa ci facciamo qui?» chiesi guardando entrambi i tizi.

Non risposero, e mi venne il sospetto che neanche loro lo sapessero. Era tipico degli scagnozzi delle persone molto potenti, e mi domandai se avremmo mai scoperto chi c'era dietro.

*Intendi prima che vi uccidano?* Quel pensiero era tanto assurdo quanto spaventoso, e mi sforzai di mantenere la lucidità. Ne avevo bisogno, altrimenti non ce l'avremmo mai fatta.

«Dentro.» Il più alto dei due tenne aperta la porta. «E guai a voi se chiedete aiuto o fate segnali a qualcuno. Non ho nessun problema a freddarvi nella hall. Voi o chiunque altro si metta in mezzo.»

Non avevamo scelta, così eseguimmo gli ordini, varcammo la porta e ci ritrovammo in uno stretto corridoio che conduceva alla reception. Lì avremmo dovuto trovare altre persone, dopotutto non erano nemmeno le dieci, però non osai attirare l'attenzione di nessuno. Forse il tipo stava solo bluffando e non avrebbe mai fatto una strage, ma non potevamo esserne certi. Dovevamo trovare un altro modo per liberarci.

Helena mi si aggrappò al braccio mentre attraversavamo la hall. Il personale alla reception non fece caso a noi, forse perché troppo assorbito dal lavoro o perché impegnato con gli altri ospiti della struttura. Quando lasciai vagare lo sguardo non vidi nessuno che conoscevo, la gente al bar non ci badò e una coppietta, che ci venne incontro, ci sorrise gentilmente. Prima, al ristorante, tutti sapevano chi eravamo. E proprio adesso a nessuno interessava che una Weston e un Coldwell stessero attraversando l'atrio insieme? Roba da matti.

Insieme ai due scagnozzi ci dirigemmo verso l'ascensore e lessi il panico negli occhi di Helena. Di sicuro anche lei, come me, aveva sperato che qualcuno ci riconoscesse e mandasse all'aria il piano dei nostri rapitori. Ma purtroppo non era andata così.

«Cosa dobbiamo fare?» chiese talmente a bassa voce che riuscii a malapena a sentirla.

«Ci inventeremo qualcosa» risposi, stringendole la mano in modo rassicurante mentre salivamo in ascensore. Era grande circa quattro metri quadrati e valutai se fosse possibile mettervi fuori combattimento i due scagnozzi. Tenevano le pistole nascoste sotto la giacca, quindi non sarebbero stati in grado di sparare velocemente e con precisione. Ma se lo avessero fatto comunque e avessero colpito uno di noi? Non potevo correre rischi.

In preda a una muta angoscia salimmo sei piani e Helena fissò il display terrorizzata. Sapevo perché: anche la suite di Valerie e Adam era al sesto piano. Era come se qualcuno volesse ripetere quell'orribile storia.

Quando uscimmo dall'ascensore il corridoio era vuoto, purtroppo; ciononostante mi venne in mente un'idea. La nostra unica possibilità era attirare l'attenzione di qualcuno della sicurezza attraverso le telecamere di sorveglianza. Ma potevamo farlo solo in corridoio; una volta entrati in camera sarebbe stato troppo tardi. Quindi dovevo aggredirli lì il prima possibile.

«Quando dico *ora*, tu corri» bisbigliai a Helena.

«Cosa? No!» sibilò lei, intuendo le mie intenzioni. «Lo faremo insieme. Tu prendi quello alto, io quello magrolino.»

I due tizi si accorsero che stavamo parlando e si avvicinarono a noi con fare minaccioso. Non avevo tempo di mettermi a discutere, così decisi che dovevamo provare.

«Ora.»

Ci girammo, cercando di sfruttare l'effetto sorpresa. Helena impedì al più mingherlino di estrarre l'arma con un rapido calcio e alzò i pugni per colpirlo. Io assestai un bel gancio in faccia al più alto, che urlò di dolore e lasciò cadere la pistola. L'arma fece un volo e atterrò sulla moquette blu scuro. Mi precipitai a recuperarla, ma il tizio mi afferrò per la giacca e mi tirò indietro. Nello stesso momento il suo collega riuscì a mettere Helena al muro. Lei si divincolò, gli pestò il piede con forza e gli tirò un pugno. Nel frattempo riuscii a liberarmi dal mio aggressore, in preda all'adrenalina e all'euforia. Forse avevamo qualche speranza; forse, se avessimo messo fuori combattimento i due scagnozzi abbastanza a lungo, saremmo riusciti a scappare. Oppure a impossessarci della pistola.

Ero libero, corsi via, più veloce del mio avversario, mi chinai, afferrai l'arma, mi voltai e la puntai contro i due tizi. Solo che loro erano stati più furbi di me. Invece di impedirmi di prendere la pistola, nel frattempo si erano avventati su Helena – e avevano avuto la meglio. L'avevano immobilizzata, uno di loro le teneva il braccio intorno al collo. Il terrore nei suoi occhi mi fece quasi impazzire.

«Mollala subito o le spappolo il cervello contro il muro.» Premette la canna della pistola contro la tempia di Helena e io mi fermai all'istante, abbassando l'arma appena conquistata.

L'altro scagnozzo me la sfilò di mano e mi sferrò un doloroso sinistro; io barcollai e sentii Helena gridare il mio nome. Poi mi afferrarono e mi trascinarono dentro la stanza. Quando la porta si chiuse alle nostre spalle, con il tipico suono ovattato degli alberghi di lusso, capii che la possibilità di fuggire era sfumata. Ma forse, se eravamo stati fortunati, qualcuno ci aveva visto dalle telecamere e, magari, sarebbe accorso in nostro aiuto.

Cercai di afferrare di nuovo la mano di Helena e lei si strinse a me, come se stare più vicini potesse servire a qualcosa. «Andrà tutto bene» le sussurrai, senza sapere se avrei potuto mantenere la promessa. Dovevo comunque pensarlo, altrimenti senza speranza eravamo perduti.

Anche Adam si era sentito così? Anche lui si era scervellato per trovare il modo di salvare la donna che amava? Mio fratello, come me, si allenava regolarmente al Tough Rock. Magari aveva tentato di aggredire i suoi assassini e non c'era riuscito?

«Perché ci avete messo tanto?» disse una voce seccata dall'interno della suite. Non riuscivo a riconoscerla, ma mi suonava familiare. Era una delle persone sulla lista? Alcune le avevo già incontrate, altre no. Intuii dallo sguardo di Helena che anche lei ci stava pensando.

«C'è stata una piccola zuffa in corridoio» ammise uno dei tirapiedi, massaggiandosi la tempia dolorante.

«Be', meno male che stavolta abbiamo messo il video in loop.» La voce dell'uomo sembrò avvicinarsi e finalmente entrò in soggiorno.

Adesso capivo perché mi suonava familiare.

«Lei?» Realizzai con sommo sconforto che la nostra speranza di essere salvati era appena andata in fumo. Non potevo credere di avere davanti il sindaco in persona. Lo fissai, sbalordito e in preda alla rabbia e al terrore. «Ha ucciso *lei* Adam e Valerie?» Avevo parlato diverse volte con lui dalla morte di mio fratello, avevamo scherzato insieme, gli avevo chiesto della sua famiglia e del suo stramaledetto cane! Era persino venuto a trovarmi in ospedale dopo che mi avevano sparato! E per tutto quel tempo non avevo mai sospettato che fosse un assassino.

Il sindaco Roscott chinò leggermente la testa. «Sembrerà banale, ma non c'è niente di personale, Jessiah. Io ti stimo, così come stimo tua madre e i tuoi genitori, Helena. Solo che non posso assolutamente permettere che collaborino.»

«E per questo motivo ha intenzione di uccidere altre persone?» gridò Helena al mio fianco, inorridita quanto me. «Ma è impazzito o cosa?»

«Direi piuttosto pragmatico. Ognuno dovrebbe imparare a stare al suo posto.» Roscott mi raggelò con lo sguardo e mi fu chiaro che aveva sempre interpretato una parte. Quella del politico simpatico e alla mano, che voleva solo il meglio per New York, quando in realtà era uno spietato sociopatico, che pensava solo al proprio tornaconto. Il suo sguardo parlava chiaro. E io non avevo sospettato nulla. Un applauso al mio infallibile sesto senso!

«Allora lo ammette?» chiesi con voce tremante. «Ammette di aver assassinato i nostri fratelli?»

«No, è stato lui, Ralph.» Roscott indicò il più alto dei due scagnozzi. «O meglio, la cocaina che gli ha rifilato. Ho pensato che fosse un modo molto elegante, e per un bel po' ho creduto di poterla fare franca. Finché non siete entrati in scena voi due.»

«E adesso vuole ripetere tutto daccapo?» Helena sostenne il suo sguardo e non avrei mai potuto amarla più di così, perché era stata dannatamente coraggiosa a tenergli testa. «Nella stessa stanza, nello stesso modo? Crede davvero di riuscire a passarla liscia? Non siamo gli unici a indagare su questo caso. Ci sono altre persone in possesso delle nostre stesse informazioni.»

Roscott sfoggiò un sorriso perfido.

«Esatto, per esempio la tua amica della polizia di New York, tuo fratello, il buon vecchio Balthazar Lestrange, e non dimentichiamoci di Simon Foster, il cui autista è stato sostituito a un incrocio senza tanti complimenti. Credevi che non sapessi della tua piccola task force? Vi tengo sotto controllo da settimane.»

«Be', allora sa anche che se ci fa del male si spargerà la voce» rincarò Helena.

Quando Ralph le si avvicinò di un passo, mi misi in mezzo. Finché fossi stato in vita, non avrei permesso a nessuno di toccarla.

«Oh, davvero?» Roscott inarcò un sopracciglio divertito. «Ma io non sono su quella bella lista che Trish Coldwell ha avuto la gentilezza di compilare.»

«Come fa a saperlo?» Lo fissai.

«Be', diciamo che Rodney McVeil, il gorilla di tua madre, ha un bel po' di tasse arretrate. Non è stato difficile sfruttarlo per i miei scopi ed evitare a tutti i costi di finire su quella lista.»

Non ce lo aspettavamo. Ci aveva dato scacco matto con quella mossa, senza che noi intuissimo minimamente con chi avevamo a che fare.

«Jessiah, dalla tua faccia deduco che nessuno sospetti del primo cittadino, che è il garante dell'ordine in città» constatò soddisfatto.

Sbuffai, cercando di nascondere il panico. Perché aveva ragione. Nessuno dei nostri collaboratori sapeva di lui. «Di questo si tratta? Dell'*ordine* di New York?»

«Non puoi neanche immaginare quanto sia fondamentale, ragazzo» mi spiegò il sindaco in tono accondiscendente. «Nel settore immobiliare regnerebbe l'anarchia pura, se non ci fosse qualcuno a occuparsene. L'unione tra le vostre famiglie rovinerebbe tutto.»

«Perché?» Helena lo guardò e lui si limitò a ridere.

«Insomma, devo proprio rivelarvi tutto il mio diabolico piano per dominare il mondo prima di uccidervi? Non siamo mica in un film di James Bond.» Fece un cenno a Ralph e all'altro scagnozzo. «Ma non preoccuparti, Helena, non morirai come tua sorella. Per voi abbiamo pensato a qualcos'altro.»

I due scagnozzi sembravano sul punto di entrare in azione, e io serrai i pugni, pronto a ogni evenienza. Sì, erano armati, ma non mi sarei certo arreso senza combattere. Forse, tuttavia, c'era un altro modo per fermarlo.

«I nostri genitori non hanno nessuna intenzione di collaborare» dissi, perché non sapevo cos'altro avrei potuto fare per salvarci. «Né io e Helena di sposarci. Era solo un bluff per farla cadere nella nostra trappola.»

Il sindaco mi scrutò. «Però, mica male» commentò impressionato. «Ma non vorrete mica negare di essere una coppia?»

«Non lo siamo» affermò Helena prima che potessi replicare. «Ci siamo messi insieme solo per finta. In realtà a me non piace Jessiah.»

«Davvero?» chiese il sindaco con sospetto. «Dimostramelo.»

Fece un cenno col capo a Ralph. Poi si avvicinò a noi, mi spinse via e afferrò Helena. Le tirò bruscamente i capelli e la trascinò con sé, al che mi avventai su di lui, senza pensarci due volte, pronto a difenderla.

«Lascia perdere, Coldwell» ringhiò uno dei tirapiedi, puntandomi la pistola contro e caricando l'arma. Si udì chiaramente il clic. «Il trucco del cavaliere senza macchia e senza paura non era venuto molto bene neanche a tuo fratello.»

Sentii montare la rabbia, ribollirmi il sangue nelle vene. Perché stava facendo del male a Helena come lo aveva fatto a Adam e Valerie. Avrei voluto spezzargli il collo con le mie stesse mani, non me ne fregava un cazzo di cosa mi avrebbe fatto. Ma c'era ancora Helena, e non l'avrei mai messa ulteriormente in pericolo.

«E meno male che non eravate una coppia.» Roscott sembrò soddisfatto e Ralph la lasciò andare. Mi precipitai subito da lei, stringendola forte e accarezzandole la testa. «È come con i vostri fratelli, hanno fatto di tutto per salvarsi a vicenda.» Il sindaco alzò gli occhi al cielo. «Adam ha cercato persino di negoziare. Ha detto che sarebbe bastata la sua morte per scatenare la faida tra le famiglie. E che avremmo dovuto lasciare andare Valerie. Non è romantico?»

«Lei è un essere ignobile» sbottò Helena, traboccante di disprezzo e con gli occhi pieni di lacrime. Per anni aveva cercato la verità. Sentirsi raccontare in quel modo com'erano morti i due ragazzi era atroce.

Ma a meno che non fosse avvenuto un miracolo, ci saremmo portati quel segreto nella tomba.

«Sì, è quello che ha detto anche Valerie, poco prima di... insomma, lo sai. Che peccato. Era un'autentica bellezza tua sorella.» Roscott ci guardò come se fossimo gli attori di una commedia di Broadway e lui il regista. «Insomma, ecco come funzionerà. Dal momento che le vostre famiglie sembrano aver bisogno di un incentivo per continuare a odiarsi per sempre, alzeremo la posta in gioco.»

Non avevo intenzione di chiedere spiegazioni, ma infine lo feci. «E questo che significa?»

«Semplice.» Il sindaco guardò prima me, poi Helena. «Significa che sarai tu a sparare a Jessiah.»

# 41

# Helena

«Significa che sarai tu a sparare a Jessiah.»

Fissai quel pazzo criminale, che avevo sempre considerato un uomo cordiale e gentile, e che in realtà non lo era. Era un crudele assassino che aveva ucciso mia sorella, così come Adam e probabilmente anche altri che avevano ostacolato i suoi piani a New York. Avevo sempre considerato Trish Coldwell la donna più malvagia della città, ma mi sbagliavo. La madre di Jess non era certo una bella persona, però almeno era umana.

«Mai» ribattei, ma Roscott sembrò ignorarmi.

«Immaginate la portata della tragedia. Due ragazzi, che in passato hanno perso i loro fratelli, si innamorano, si fidanzano e muoiono per una scenata di gelosia nello stesso albergo: lei gli spara e poi si toglie la vita.» Prese una cartellina e ne estrasse alcune foto di grandi dimensioni, che mostrò a Jess e, soprattutto, a me. «Credo che questo sia un movente sufficiente.»

Erano foto di Jess e della sua amica Samara, immagini piuttosto esplicite in un appartamento che non conoscevo. Non era una sensazione piacevole vederlo a letto con un'altra, ma non ero gelosa. Non ebbi neanche bisogno di guardare Jess per capire che le foto erano vecchie e non risalivano al periodo in cui stavamo già insieme.

Furiosa, fulminai il sindaco con lo sguardo. «Lei dev'essere *completamente* fuori di testa, se pensa di riuscire a convincermi così a fargli del male.»

«Oh, ma non mi aspetto che tu lo faccia volontariamente. Le foto serviranno solo a confermare la storia. Quando verranno ritrovate qui, insieme ai vostri corpi, sarà tutto più chiaro. Una tragedia in stile Romeo e Giulietta. Di nuovo. E io potrò portare avanti i miei progetti edilizi come meglio credo, senza che i vostri genitori mi intralcino.»

Anche se non aveva esplicitato perché temesse tanto un'alleanza tra le nostre famiglie, per me era chiaro: Trish e i miei genitori messi insieme sarebbero stati più potenti di chiunque altro in città, persino del sindaco e dei suoi finanziatori. Se avessero unito le loro risorse – non soltanto in termini di ricchezze, ma anche di contatti e competenze – sarebbero stati imbattibili. E Roscott si sarebbe visto sfilare di mano lo scettro di New York, rimanendo un semplice spettatore durante il suo stesso mandato, in cui invece avrebbe voluto plasmarla a propria immagine e somiglianza.

«Non riuscirà mai a farla franca» dissi sforzandomi di non far trapelare la paura, ma invano. «Nessuno dei nostri conoscenti crederà mai a questa storia.»

«Forse no, ma, come avrai visto con tua sorella, basta poco per passarla liscia. E sappiamo entrambi che Trish Coldwell metterà a ferro e fuoco l'Upper East Side quando scoprirà che sei responsabile della morte del suo secondo figlio.» Roscott guardò Jess. «Speriamo solo che a Elijah non tocchi la stessa sorte un giorno.»

«Bastardo!» Jess si mosse così rapidamente che i tirapiedi non fecero in tempo a reagire. In due lunghe falcate, raggiunse Roscott e gli sferrò un colpo talmente forte da farlo barcollare all'indietro. Solo allora Ralph e l'altro scagnozzo riuscirono ad allontanarlo dal sindaco. Quando lo colpirono alla pancia e Jess si piegò in due, sentii male come se avessero picchiato me. Gridai il suo nome e tentai di aiutarlo, ma il sindaco mi spinse via.

«Basta con queste sciocchezze. Non abbiamo tutta la notte.» Roscott mi indicò. «Ralph, posso chiederti di procedere?»

Indietreggiai, sollevai i pugni pronta a difendermi, ma il tizio era più forte di me. Mi agguantò e mi infilò in mano una pistola, una più piccola, che non avevo visto prima. Mi dimenai, mentre lui cercava di posizionare il mio indice sul grilletto, poi mi difesi con una mossa di Krav Maga e mi liberai per un attimo, infine mi afferrò per il collo e mi strinse così forte che riuscivo a malapena a respirare. Soffrivo e mi mancava l'aria.

«Non crearci problemi, tesoro. Presto sarà tutto finito. Non avrai molto tempo per piangere il tuo innamorato, te lo prometto.»

Non provavo altro che paura, odio e disperazione, perché eravamo arrivati fino a quel punto e adesso stavamo per morire inutilmente come Valerie e Adam. No, non soltanto inutilmente, ma anche in modo molto più crudele di loro. Chi avrebbe mai creduto che avessi potuto sparare a Jess per gelosia? È questo che avrebbero raccontato di noi?

Ralph mi spostò la mano finché l'arma non fu puntata su Jess. Uno dei due scagnozzi lo teneva fermo con la canna della pistola puntata alla nuca. Il cuore mi batteva talmente forte che temevo di svenire, ma il mio corpo non mi fece quel favore.

«Mi dispiace» sussurrai a Jess. Era colpa mia. Se non mi fossi incaponita così tanto a scoprire la verità – se non avessi violato il mio accordo con Trish, se non mi fossi innamorata di lui –, adesso sarebbe stato al sicuro.

«Non eravamo d'accordo che non ti saresti più scusata con me?» replicò lui con un lieve sorriso.

«È stato tanto tempo fa.» Fissai i suoi occhi verdi, mentre la pressione sul mio indice aumentava. Non avevo mai sparato in vita mia, eppure avvertivo una leggera resistenza e sapevo che se avessi ceduto... Jess sarebbe morto. Le lacrime mi offuscarono la vista, eppure lo vidi così chiaramente davanti a me come mai prima d'ora: l'uomo che amavo di più al mondo. Aveva una paura folle, era evidente, ma sorrideva come se in quella stanza ci fossimo solo noi due.

«Splendore» disse dolcemente «chiudi gli occhi.»

«No» singhiozzai. Sapevo che sarebbe stato meglio così, ma non potevo farlo sapendo che non l'avrei mai più rivisto.

«Ti amo, lo sai.» Si asciugò la faccia piena di lacrime. «E, qualsiasi cosa accada, ne è valsa la pena.»

«Anch'io ti amo» gridai, e sentii che Ralph stava perdendo la pazienza. Tenni comunque gli occhi aperti. Volevo morire sapendo che ci amavamo. Volevo guardare Jess fino all'ultimo istante.

E capii, con crudele certezza, che era ormai arrivato.

Ma un attimo dopo successe un numero indescrivibile di cose. La porta si spalancò, qualcuno urlò «Mani in alto, polizia!» e poi diversi agenti in tenuta d'assalto fecero irruzione nella stanza, precipitandosi verso Roscott e i suoi scagnozzi. Liberai le mani dalla stretta di Ralph, gli sfilai la pistola e mi voltai. All'improvviso mi trovai faccia a faccia con l'assassino di mia sorella, avevo la possibilità di ucciderlo.

Tutto intorno a me sembrava come congelato, mentre puntavo l'arma contro il suo petto, lentamente e di proposito, guidata da una voce interiore che mi urlava di premere il grilletto. E per un attimo provai il desiderio di farlo. Volevo ucciderlo.

«Helena, no, fermati!» sentii allora un'altra voce, la più dolce del mondo, e capii che non avrei mai potuto fare niente del genere. Non avrei mai tolto la vita a qualcuno, perché, anche se quel bastardo se lo meritava, non avrebbe cancellato ciò che aveva fatto.

Così abbassai la pistola, un ufficiale accorse e me la sfilò di mano, un altro portò via Ralph e io mi lanciai tra le braccia di Jess. Affondai il viso nella sua spalla e scoppiai a piangere. Attorno a noi regnava il caos più totale, ma non mi importava. L'unica cosa importante era che finalmente eravamo al sicuro.

«È finita» ripetei più e più volte, come se non riuscissi a crederci. Sentii cedere le ginocchia e mi aggrappai a Jess.

«Proprio così» sussurrò, stringendomi ancora più forte. «Ce l'abbiamo fatta.»

Sapevo cosa voleva dire: non soltanto eravamo sopravvissuti, ma avevamo scoperto gli assassini dei nostri fratelli e non dovevamo più temere che qualcuno ci facesse del male in futuro solo perché eravamo un Coldwell e una Weston. Anzi, no, perché eravamo due Westwell, ora e per sempre. Ed ero sicura che questo sarebbe piaciuto a Adam e Valerie.

«Venga con noi, signor sindaco» si sentì alle nostre spalle, e io mi staccai da Jess e mi voltai.

Raramente avevo provato una soddisfazione più grande di vedere uno dei poliziotti ammanettarlo e portarlo via. I suoi tirapiedi erano già giù, così per un attimo io e Jess rimanemmo soli. Ma non per molto.

«Len!» Lincoln e Malia si precipitarono nella stanza e ci abbracciarono talmente forte che non riuscivo più a respirare. Poi mio fratello si staccò e mi resi conto di quanto fosse spaventato.

«Tutto bene? Ti hanno fatto del male?»

Scossi la testa, anche se era una bugia. Ci sarebbe voluto del tempo per riprenderci da tutto questo. Non soltanto da quella notte, ma anche dalla notizia che era stato il sindaco ad assassinare i nostri fratelli, e per le ragioni più egoistiche che si possano immaginare. Pur tuttavia ce l'avremmo fatta, ora che eravamo al sicuro. Insieme.

«Tutto bene» rispose Jess, e io mi rannicchiai di nuovo contro di lui. Gli stava spuntando un livido sullo zigomo; per il resto sembrava illeso.

«Bene.» Lincoln fece un respiro profondo. «Stanno arrivando anche mamma e papà, e Trish. Li ho appena avvisati.»

Lo guardai con aria interrogativa. «Come facevate a sapere cosa stava succedendo? Roscott non era sulla lista.»

«Be', da lui.» Malia indicò qualcuno che aspettava sulla porta e che sembrava non capire bene cosa fosse appena successo.

«Carter?» Lo guardai meravigliata e lui si avvicinò, con le mani in tasca, alquanto scioccato. Ci aveva salvati? Proprio Carter Fields? Che assurdità! «Come facevi a sapere che eravamo in pericolo?» gli chiesi. «Hanno messo in loop il video delle telecamere di sorveglianza.»

«Proprio per questo.» Scosse la testa. «Qualcuno al ristorante mi ha detto che eravate qui, e anche il sindaco. E poi mi sono ricordato che l'avevo già visto in albergo un'altra volta, la notte in cui erano morti Val e il suo principe azzurro. All'epoca mi ero chiesto cosa ci facesse fuori a quell'ora e per giunta da solo, ma non si domanda al sindaco cosa fa nel suo tempo libero, se capite cosa intendo. Oggi tuttavia mi sono insospettito, così ho controllato le telecamere di sorveglianza e ho visto che era stato messo in loop un video. Allora ho chiamato la polizia e loro si sono precipitati a salvarvi.»

D'istinto gli gettai le braccia al collo e lui sembrò quasi imbarazzato, mentre mi dava una pacca sulla schiena. «Grazie, Carter. Ti devo proprio un favore.»

Cambiò subito espressione. «Intendi dire…»

«No, sono sicuro che Helena non intendesse quello» lo interruppe Jess.

«Peccato, ma va bene lo stesso.» Fece spallucce. «E non mi devi proprio un bel niente, Helena. Consideralo un modo per farmi perdonare della bugia su tua sorella. Era una persona fantastica e vorrei tanto che fosse ancora viva.»

Gli sorrisi e sentii una stanchezza infinita dovuta al calo di adrenalina. Quando Jess se ne accorse, mi tirò di nuovo a sé e facemmo qualche respiro insieme prima di separarci.

«I colleghi mi stanno aspettando. Sono così felice che tu stia bene.» Malia mi abbracciò di nuovo, sfiorando la spalla di Jess. «Voi due ve la caverete? Abbiamo un servizio di sostegno psicologico per casi come questo.» Ignorava cosa fosse accaduto esattamente, e io non volevo certo parlarne, ma aveva fatto quel lavoro abbastanza a lungo da sapere che doveva essere stato orribile.

Rifiutai l'offerta e guardai Jess, che declinò a sua volta. Magari in futuro ne avremmo avuto bisogno, ma era ancora troppo presto.

Malia annuì e se ne andò, Lincoln si incamminò con Carter verso il corridoio.

Jess mi guardò e mi accarezzò la guancia, con tenerezza, gesto che mi fece quasi scoppiare a piangere di nuovo.

«Voglio andare via da qui» sussurrai. Mi sentivo soffocare da quella stanza, come da tutto quello che vi era successo, e l'unica cosa che desideravo era tornare a casa di Jess, accoccolarmi con lui sul divano e ringraziare di esserne usciti sani e salvi.

«Sì, anch'io» replicò, prendendomi la mano e guidandomi verso la porta. Quando uscimmo in corridoio non c'erano poliziotti pronti a farci domande, e io ero contenta che potessimo rimandare e svignarcela.

Lungo la strada, tuttavia, incrociammo i nostri genitori.

«Per amor del cielo, Helena, che cos'è successo?» disse mio padre precipitandosi verso di noi, seguito da mia madre e Trish. In quel momento la faida tra le nostre famiglie sembrava acqua passata. I miei genitori abbracciarono prima me e poi Jess, e un attimo dopo anche Trish mi strinse a sé, molto più calorosamente di quanto mi sarei aspettata.

«State bene» disse, e io annuii, notando i suoi occhi pieni di lacrime. Non riuscivo neanche a immaginare l'angoscia che aveva dovuto provare nell'ultimo anno e, anche se questo non giustificava tutto, lo rendeva almeno molto più comprensibile.

«È vero quello che dice Lincoln? È stato il sindaco?» chiese mio padre stupito.

«Sì» rispose Jess. «Evidentemente voleva impedire un'alleanza tra lei e mia madre. Per questo ha ucciso Valerie e Adam e voleva fare lo stesso con noi.» Mi risparmiai i dettagli, tanto avremmo dovuto testimoniare in seguito in tribunale. Ma fino ad allora era meglio rielaborare con calma l'intera faccenda.

«Probabilmente avrà a che fare con la gente che ha finanziato la sua campagna elettorale.» Trish corrugò la fronte. «Ho sentito dire che era in combutta con personaggi loschi, che devono avergli chiesto molto in cambio.»

Mia madre scosse la testa sconcertata. «E noi che lo abbiamo anche invitato a casa! Una volta ho persino cercato di farti uscire con suo figlio...» Le sfuggì una risatina isterica e scoppiò a piangere.

«Be', non avrebbe funzionato comunque.» Jess mi abbracciò e mi diede un bacio sulla fronte.

«Spero solo che ormai non abbiate più nulla in contrario se

amo questa ragazza. Perché non ho più alcuna intenzione di separarmi da lei.»

Sua madre annuì appena e mio padre gli diede una pacca sulla spalla. «Nessuna obiezione. Voi due siete la dimostrazione che bisogna mettere fine alle vecchie rivalità.» Poi strinse la mano di Trish Coldwell, un po' come due capi di Stato che raggiungono finalmente un accordo dopo essersi fatti la guerra per anni.

Ma come se non bastasse, anche la madre di Jess sembrava sentirsi in colpa nei confronti dei miei genitori. «Tutto quello che è stato detto su Valerie quattro anni fa era falso. Se all'epoca avessi saputo la verità, sono certa che avrei agito diversamente.»

Non erano delle vere e proprie scuse, ma mi sentii sollevata, come se fossi finita in quell'universo parallelo che avevo così tante volte sognato. E dove finalmente avremmo potuto essere liberi.

Mio fratello ricomparve con Thaz, che era rimasto imbottigliato in un ingorgo, e adesso tutti volevano sapere esattamente cosa fosse successo e parlavano l'uno sopra l'altro.

Jess respinse la pioggia di domande sollevando le mani. «Capisco che vogliate delle risposte, ma potete aspettare fino a domani? Siamo distrutti e abbiamo disperatamente bisogno di una doccia, qualcosa da mangiare e, almeno per quanto mi riguarda, una bella birra.»

Raccolse subito gesti di approvazione, che, inaspettatamente, giunsero anche dai nostri genitori. Negli occhi di mia madre lessi qualcosa di raro: un affetto genuino e incondizionato. E mi cullai nella speranza che quel terribile evento potesse suggellare un nuovo inizio tra noi.

«Vi chiamo domani» promisi, e i miei annuirono, così come

mio fratello. Poi feci scivolare la mano in quella di Jess e lo guardai, vedendo il mio amore riflesso nei suoi occhi, e capii che non mi sarebbe mai più successo niente di così bello.

«Che ne dici di andare a casa?» chiese sorridendo.

«Sì» risposi. «Andiamo.»

# Epilogo

## Jessiah

*Sei mesi dopo.*

«Okay, che ne pensi?» Helena allargò le braccia come se volesse mostrarmi un regno segreto che nessuno aveva mai visto prima. Anche se era chiaro che non era così, dal momento che sulle panchine sparse in tutto il parco sedevano persone che leggevano, parlavano o addirittura dormivano. Ciononostante quel luogo mi strappò un sorriso. Non soltanto perché era particolarmente bello, soprattutto per gli standard di New York, ma anche perché sapevo che l'Elizabeth Street Garden era il suo posto preferito in città.

«È veramente fantastico» risposi, e lo pensavo davvero. La mia avversione per New York non era ancora svanita, ma almeno si era un po' attenuata. Anche grazie a quella ragazza straordinaria, che non si stancava mai di mostrarmi tutti gli angoli della città meno rumorosi, caotici e affollati.

Mi condusse verso una panchina che si trovava accanto alla statua di un levriero. Ci sedemmo e mi guardai intorno, osservando le persone che si stavano prendendo una piccola pausa dopo aver lavorato o sbrigato delle commissioni. Non sembravano nervosi come lo sono normalmente i newyorchesi. Forse, dopotutto, era davvero un posto segreto.

«È assurdo che non sia mai stato qui.» Mi appoggiai allo

schienale e Helena mi mise le gambe in grembo. «Eppure non è così lontano da casa mia.»

«Questo perché, prima che ci incontrassimo, non avevi nessuna voglia di aprire il tuo cuore a New York» rispose lei con un sorriso.

«E chi te lo dice che io sia disposto a farlo adesso?» Alzai un sopracciglio. «Magari vengo con te solo per farti compagnia.»

Helena mi diede un colpetto sul braccio. «Stronzate. Quando la settimana scorsa eravamo al Please Don't Tell, ho visto che sorridevi, anche se non te ne sei accorto.»

Mi chinai e la baciai sulla bocca. «Okay, mi hai fregato. Effettivamente in questa città ci sono dei posti davvero fantastici.» Il locale clandestino vicino al Tompkins Square Park mi aveva davvero entusiasmato, soprattutto per il suo carattere segreto. Tanto che stavo pensando di aprirne uno simile.

«Te l'avevo detto.» Helena sorrise soddisfatta e mi si rannicchiò addosso.

Per un po' rimanemmo lì seduti, con il viso rivolto al sole e in silenzio. Era settembre, ma fuori si stava ancora bene. Quando due ore prima eravamo usciti, ci eravamo portati le giacche, anche se per il momento non ne avevamo avuto bisogno.

Domeniche come quella erano diventate un po' un nostro rituale, dopo un'estate a dir poco movimentata: una o due volte al mese, se eravamo in città, Helena mi mostrava uno dei suoi luoghi preferiti. Quel giardino lo aveva tenuto per sé, dato che ci teneva molto. Ma non aveva esagerato, quella stravagante oasi verde meritava sicuramente una visita. Ero sempre felice quando stavamo insieme perché, sei mesi dopo i terribili eventi del Vanity Hotel, non riuscivo ancora a dare per scontata quella serenità. Ogni mattina quando mi svegliavo accanto a lei provavo un profondo senso di gratitudine.

«Ti ho mai detto che sognavo di sposarmi qui, un giorno?» mi chiese a un certo punto.

«No, non lo sapevo. Si può?»

Lei si tirò su e annuì. «Si può affittare il giardino, in tal caso i cancelli rimangono chiusi e hai tutto lo spazio per te. Una volta sono passata di qui e ho visto da lontano un matrimonio. Era bellissimo.» Dal suo sguardo intuii che ci aveva pensato tante volte.

«Be', tecnicamente siamo già fidanzati» le ricordai sorridendo, e le lasciai scorrere le dita lungo la schiena, prima di sfiorarle fugacemente l'anello che aveva al dito. Lo portava ancora, il cimelio di mia nonna. Poco dopo il fidanzamento mi aveva chiesto se lo volessi indietro, ma io avevo risposto di no. Mi sembrava giusto che lo tenesse lei, dal momento che mio padre me lo aveva regalato per la donna con cui avrei voluto passare il resto della mia vita. E, anche se la mia proposta era stata fatta principalmente per attirare gli assassini dei nostri fratelli, Helena era la donna giusta per me.

Rise a sua volta. «È vero. Ma credo che non ci sia nulla di male se ci prendiamo ancora un po' di tempo. Dopotutto ci vorranno anni prima di raggiungere un accordo sul cognome da scegliere.»

«Oh, ma io una soluzione ce l'ho» dissi con leggerezza. Qualche settimana prima avevo finalmente sistemato le cose di Adam, stipate nel mio ripostiglio da più di quattro anni, e avevo trovato un modulo compilato da mio fratello poco prima di morire. «Sapevi che negli Stati Uniti, in determinate circostanze, è possibile cambiare il proprio cognome?»

Helena mi guardò con aria interrogativa. «Davvero? Non ne avevo idea.»

«Nemmeno io, ma Adam a quanto pare sì, perché dopo essersi fidanzato ha fatto domanda per cambiare il suo e quello di Valerie.»

«E quale aveva scelto?»

«Be', indovina?»

«Westwell?» chiese Helena con un sorriso raggiante. «Che bello.»

«Visto?» Sorrisi e le accarezzai la guancia. «Quindi problema risolto.»

«Questo significa che mi sposeresti? Adesso?»

«Ti sposerei in qualsiasi momento, Splendore. Tuttavia credo che per Valerie e Adam, e per salvaguardare la pace tra le nostre famiglie, sarebbe più saggio aspettare ancora un po'.»

«Sì, hai ragione.» Soddisfatta, si appoggiò di nuovo a me e la cinsi con il braccio. Era la verità, l'avrei sposata in qualsiasi momento, ma non avevamo alcuna fretta. «È già tanto che non si scannino più come prima.»

I nostri genitori non erano certo diventati amici, ma almeno si rispettavano e avevano accettato la nostra relazione. Dovevano aver imparato la lezione dopo la storia di Valerie e Adam e, anche se le cene dai Weston non rientravano tra le mie occupazioni preferite, erano molto più sopportabili del previsto. Andavo d'accordo con Tobias, sebbene la madre di Helena fosse piuttosto fredda e non sembrasse approvare la scelta della figlia. Pazienza. Non più di un anno prima l'avevano minacciata di rimandarla all'estero se fosse stata con me. Era già un bel passo avanti.

«Posso prendere la scrivania di Valerie dal magazzino per metterla sotto la finestra sul retro del loft?» Alzò lo sguardo. «Lì c'è tanta luce e non voglio monopolizzare il tavolo in salotto.»

«Certo, fai pure, dopo che hai già occupato metà guardaroba, il mio bagno e il mio letto, puoi prenderti anche il resto dell'appartamento.»

Lei scoppiò a ridere, poi si chinò per avvicinarmi le labbra all'orecchio. «Be', del letto non ti sei mai lamentato.»

Sentii un brivido, dei più piacevoli, corrermi lungo la schiena, e non potei fare a meno di baciarla – con più passione di quanta, forse, fosse concessa in pubblico. Quando entrambi ce ne accorgemmo, ci staccammo e riprendemmo fiato.

«Rimandiamo a più tardi» mormorai. «Ma dico sul serio riguardo alla scrivania: lo spazio là in fondo è comunque sprecato.»

Helena annuì. In pratica viveva da me e io ne ero incredibilmente felice, anche se a volte la prendevo in giro per questo. Aveva pensato di comprare un piccolo appartamento con l'eredità di Valerie, ma poi avevamo subito scartato l'idea. Prima di tutto perché il mio loft era a pochi minuti a piedi dalla NYU, che lei aveva appena iniziato a frequentare per studiare turismo. Inoltre aveva ancora la stanza nell'appartamento di Lincoln, nel caso avessimo avuto bisogno dei nostri spazi. Ultimamente, tuttavia, Helena era stata nel loft quasi più di me, perché dopo l'inaugurazione del ristorante dovevo dedicare sempre più tempo al mio ultimo progetto.

Avevamo pensato a lungo a un piano b, a un altro posto in cui vivere, se New York mi fosse stata troppo stretta. Alla fine a Eli era venuta in mente un'idea che mi era parsa ovvia, benché non ci avessi mai pensato prima: la fattoria di mio padre a Swan Lake. Era a due ore di macchina da Manhattan, immersa nel verde, e sarebbero bastati pochi lavori per renderla la casa dei nostri sogni. Così io e Helena avevamo trovato il nostro rifugio e i nostri amici e parenti avevano già annunciato di volerci venire a trovare.

Guardai l'orologio. «Mi sa che dobbiamo incamminarci.» Quella sera infatti, come ogni domenica, avevamo un altro appuntamento.

«Oh, cavolo, sì.» Helena tirò giù le gambe. «Quando vengo qui, perdo sempre la cognizione del tempo. Questo giardino è magico.»

Ci alzammo e ci dirigemmo verso l'uscita, ma giurai a me stesso che ci sarei tornato più spesso, magari un giorno per sposarmi.

«Alla fine chi viene oggi?» chiese Helena quando iniziammo a passeggiare.

«Tutti in realtà, solo i tuoi hanno dato buca.»

«Allora pensi che verrà anche lei?» continuò.

Sapevo che si riferiva a Trish. Già da alcune settimane avevamo invitato i nostri genitori alle cene della domenica al ristorante – una tradizione che avevo introdotto per amici e parenti subito dopo l'inaugurazione, perché altrimenti nel tran-tran quotidiano era impossibile vedersi. Chiunque ne avesse voglia passava a trovarci, c'era da mangiare per tutti e spesso restavamo seduti insieme a lungo, finché a qualcuno non veniva in mente che il giorno dopo era lunedì e bisognava tornare al lavoro.

I Weston c'erano già stati una volta, ma quel giorno avevano degli appuntamenti a Chicago. Trish non era mai venuta, di solito adducendo come pretesto il lavoro o Eli. Le cose tra noi erano ancora difficili. Sebbene nel frattempo avesse accettato la mia relazione con Helena – a volte avevo l'impressione che andassero più d'accordo loro due di me e mia madre –, per quanto ci sforzassimo non riuscivamo a trovare un terreno comune. Non sarei mai stato il figlio che voleva.

«Non credo» risposi dopo una breve pausa. «Temo che non si senta a suo agio in questo genere di situazioni.»

«Peccato.» Helena sospirò e mi cinse la vita con il braccio. «Non sa cosa si perde.»

«Be', almeno si è un po' rilassata su Eli. Per me questo è più importante del mio rapporto con lei.» Trish nutriva ancora speranze e aspettative nei confronti di mio fratello, ma esercitava molta meno pressione su di lui rispetto a prima. E, da quando gli era stato permesso di andare dalla psicoterapeuta nel Queens ed era arrivato il cucciolo, i suoi problemi di ansia erano molto migliorati.

Poco dopo arrivammo nel Village, varcammo la soglia dell'ex Harper's e mi sentii subito a casa. Non mi ero mai pentito, neanche per un secondo, di averlo comprato, e ogni volta che ci entravo mi accorgevo che era esattamente come lo avevo sognato fin dall'inizio: pavimenti in legno color miele, sedie verde pino, lampade ramate. C'era un'atmosfera rilassata, in cui uno poteva sedersi al tavolo in jeans e maglietta o in giacca e cravatta. Mentre passavo salutai la direttrice del locale, Mila, e due camerieri indaffarati a servire cibo e bevande con il sorriso e l'aria rilassata. Era quella la caratteristica del posto. Tutti dovevano sentirsi a proprio agio, non soltanto i clienti ma anche il personale.

Una parte della sala era stata allestita con tavolini all'interno di nicchie, per le coppie o le persone che volevano starsene in pace, mentre dall'altra parte c'erano lunghi tavoli per grandi gruppi e famiglie. Ci stavamo dirigendo verso uno di questi, perché ci stavano già aspettando.

Lilly e Thea sedevano a un'estremità, ma non erano sole. Mia nipote stava mostrando a Lincoln qualcosa che, a quanto pareva, richiedeva l'uso di molti tovaglioli e qualche cannuccia. Accanto a loro c'erano Penny, Thaz e Malia, Simon e Demi, Edina e Finlay. Eli si era sistemato sull'angolo perché Buddy era accucciato su una coperta accanto al tavolo, intento a rosicchiare un bastoncino e a farsi accarezzare la testa dal suo nuovo padrone. Mi venne da sorridere quando li vidi tutti seduti lì, i nostri amici e la nostra famiglia, che poi forse erano la stessa cosa. Helena se ne accorse perché mi diede un rapido abbraccio prima di guardarmi.

«Perfetto, vero?» chiese.

«Sì. Più che perfetto.»

# Helena

Mi avvicinai a Jess e lo baciai incurante della situazione. Un attimo dopo fummo avvistati e dal tavolo si levarono fischi e urla. Ridendo, ci allontanammo l'uno dall'altra.

«Jess!» Lilly si alzò, corse verso di noi e si gettò al collo dello zio.

Lui la prese in braccio e mi accorsi di quanto fosse felice di poter vedere la nipote ogni volta che voleva. Senza paura, senza preoccuparsi che sua madre lo scoprisse. Trish sembrava aver capito che poteva avere rapporti con Lilly solo rinunciando a portare via la bambina a Thea.

Due settimane prima si erano incontrate per la prima volta nel New Jersey e, in realtà, era andata abbastanza bene. C'eravamo anche noi, e dallo sguardo di Trish avevo intuito che forse per quella bambina sarebbe potuta cambiare: meno paura, meno difficoltà, più amore. Ma solo il tempo avrebbe potuto dirci se avevo ragione.

«Siete in ritardo» disse mio fratello divertito, mentre mi sedevo di fronte a lui. Ormai mi prendeva in giro da quando, due settimane prima, eravamo arrivati tardi a un appuntamento, dopo aver perso la cognizione del tempo facendo altro.

«Siamo andati all'Elizabeth Street Garden» spiegai alzando un sopracciglio.

«Questo spiega tutto.» Si mise a ridere. «Papà ti manda i suoi saluti, ci siamo sentiti prima al telefono. Ha detto che gli dispiaceva saltare la cena... non so se per la nostra compagnia o i churros che aveva mangiato l'ultima volta.»

Mi ferì un po' che avesse nominato solo nostro padre e non la mamma. Il rapporto tra noi era migliorato, ma progrediva a piccoli passi e avevo la sensazione che fosse ancora delusa perché avevo lasciato la Columbia e stavo con Jess. Forse un giorno avrebbe capito, o forse no. In entrambi i casi avrei dovuto accettarlo.

Mio fratello alzò lo sguardo quando la porta si aprì e mi sembrò a disagio prima di sorridere di nuovo. Seguendo il suo sguardo, scoprii il motivo di tanto imbarazzo. Paige, che era appena entrata in compagnia di una ragazza, raggiunse il nostro tavolo.

«Che c'è, ti fa ancora strano?» mormorai divertita, mentre la sua ex fidanzata salutava gli altri.

Scosse la testa. «No, non è questo. Solo che mi sento ancora in colpa per averle chiesto di sposarmi.»

«Be'» ribattei, alzandomi per salutare Paige e la sua amica, «direi che ha superato la cosa.»

Abbracciai la mia ex cognata, che sembrava molto più disinvolta di un tempo – non soltanto perché indossava un abito lungo invece di un twinset e una collana di perle. Ma soprattutto perché, dopo aver fatto coming out, era molto più felice e non doveva più nascondersi. E per fortuna, quando era in buona, riusciva a fregarsene di quello che pensava sua madre.

«Che bello che sei venuta» le dissi, poi salutai Ciara, con la quale usciva da poco tempo e che avevo visto solo una volta. A quanto pareva, però, era già abbastanza importante per Paige da portarla alla cena, e io la presentai subito a tutti prima di lasciarla con Thaz e Malia e dirigermi all'altro capo del tavolo.

«Allora, voi due come state?» Presi posto a capotavola e mi chinai per accarezzare la testa di Buddy. Il cucciolo nero mi guardò con i suoi meravigliosi occhi scuri come se sperasse che gli dessi qualcosa da mangiare. Per quanto fosse un cane da assistenza ben addestrato, restava pur sempre un labrador.

«Tutto bene.» Eli sorrise felice, come faceva sempre quando guardava l'animale. Recarsi a una di quelle cene domenicali sarebbe stato impensabile per lui prima di Buddy e della nuova terapeuta, e questo mi riempiva davvero il cuore di gioia.

«Ha già imparato una cosa nuova, guarda.» Eli alzò la mano come se volesse colpirlo. «Buddy, batti il cinque.»

Il cane si sedette e sollevò la zampa anteriore per appoggiarla alla mano del padrone. Il quale lo ripagò con lodi sperticate e un croccantino, divorato con grande appetito e incredibile velocità.

«Fantastico» dissi ridendo. Buddy in realtà era ben ammaestrato, ma la sua addestratrice non gli aveva insegnato trucchetti del genere, perché impararli insieme a Eli rafforzava il loro legame. E in effetti aveva funzionato: raramente avevo visto il fratello di Jess così felice.

Lo schermo del suo cellulare si illuminò e vidi che aveva ricevuto un messaggio. «È mia madre» disse. «Le ho chiesto se veniva, ma probabilmente non ce la fa. Ha una cena con il nuovo sindaco.» Alzò gli occhi al cielo. «Sono sicuro che è solo una stupida scusa.»

«Può essere. Ma se non vuole venire, dobbiamo accettarlo.» Scrollai leggermente le spalle. «Nessuno dovrebbe sentirsi obbligato a venire qui. E, se ha paura di sentirsi a disagio, forse è meglio così.» Era difficile immaginare Trish Coldwell a quel tavolo, in mezzo a quell'eterogeneo gruppo di persone. Lanciai un'occhiata a Jess e, come se avesse intuito che stavo pensando a lui, alzò lo sguardo e sorrise. Lo ricambiai d'istinto, provando una sensazione di calore che anche a distanza di sei mesi non era cambiata di una virgola.

«Terra chiama Helena» disse Eli strappandomi ai miei pensieri, dopo aver notato che stavo guardando Jess incantata.

«Scusa, stavi dicendo?»

«Niente di importante.» Fece un mezzo sorriso, poi guardò di nuovo il telefono perché aveva ricevuto un altro messaggio.

«Ancora tua madre?» chiesi.

«No.» Mi sbagliavo o sembrava un po' imbarazzato? Si rinfilò rapidamente il cellulare in tasca e diede a Buddy un altro croccantino. «Era qualcun altro.»

Alzai un sopracciglio. «Qualcuno di… speciale?» Trattenendomi dal dire "la tua ragazza", perché mi sentivo sempre un po' una sorella maggiore, a volte troppo ficcanaso.

Eli però era troppo bravo a leggere il mio sguardo, e capì benissimo cosa stavo pensando.

«Lei è… Non siamo… È complicato» concluse con un sospiro.

Mi sfuggì una risata. «Complicato? Quanto su una scala da uno a Westwell?»

«Be', non *così* complicato.» Eli fissò il piano del tavolo. «Viene a scuola con me, ma le ragazze dell'upper class sono davvero impegnative. È tutto un parlare di quello che hai e di quello che vorresti essere… Non so perché, ma questa cosa mi dà fastidio.»

«Ehi, cos'hai contro le principesse dell'alta società?» chiese all'improvviso Jess, sedendosi accanto a noi. «Ti piace qualcuno? Raccontami tutto.»

Eli non sembrava averne molta voglia. Tutto il contrario.

«Devo portare fuori Buddy» esclamò scegliendo il metodo

di fuga più elegante, e pochi secondi dopo era già uscito dal ristorante con il suo cane.

Jess rise, ma poi tornò subito serio. «A volte mi ricorda tanto Adam.»

Mi chinai per baciarlo. «Be', poteva andare peggio.»

«Vero.» Jess annuì e sospirò. «Hai ragione. Vado a prendere qualcosa da bere.» Si alzò e io mi risedetti al mio posto, intuendo che Eli, al suo ritorno, non avrebbe voluto continuare la conversazione su quella ragazza. Da lì osservai i nostri amici ai due lati del tavolo.

«Non trovi che Thaz e Malia vadano molto d'accordo?» sussurrai a Jess mentre tornava con i nostri drink. Sebbene avesse abbastanza personale, non riusciva mai a starsene con le mani in mano.

«Dici?» Sorrise e guardò i nostri amici insieme, che ridevano con le teste vicine come se si stessero raccontando qualche segreto malizioso.

«Sarebbe bellissimo. Gli auguro di trovare qualcuna che non scappi via urlando a sentir parlare di *relazione*.»

Ricambiai il sorriso e dovetti concordare con lui: la vita sentimentale di Balthazar era un disastro. Inoltre, negli ultimi mesi mi ero davvero affezionata a quell'eccentrico casinista.

«Quasi quasi vado a dare un'occhiata» pensai ad alta voce.

«Oppure li lasci in pace e resti qui con me» ribatté Jess, sorridendo mentre mi abbracciava.

«Sì, anche.» Mi appoggiai a lui, soddisfatta, e guardai la parete sopra il nostro tavolo, dove campeggiava una foto in bianco e nero di Adam e Valerie, con sotto scritto *Adam & eVe*. Jess aveva suggerito la V maiuscola in onore di mia sorella, e ogni volta che la guardavo mi venivano le lacrime agli occhi. Per il nome e per l'immagine scelta. Non era una di quelle foto chic in posa, ma una che avevo trovato sulla bacheca in magazzino: Valerie con la treccia e la sua felpa della Columbia, Adam con quella della Cornell dal collo tutto liso, entrambi con un sorriso smagliante. Era la foto di una serata felice e ci ricordava che quei momenti erano preziosi. Ma soprattutto che i nostri fratelli erano sempre con noi. Li avevamo persi, ma non li avremmo mai dimenticati.

«Tutto bene, Splendore?» chiese Jess, accarezzandomi il braccio con delicatezza. Naturalmente si era accorto che ero assorta nei miei pensieri.

«Sì» annuii sorridendo. «Benissimo.»

Mi diede un bacio affettuoso sulla fronte e per un attimo ci guardammo, grati e felici. Avevamo dovuto lottare così tanto per stare insieme, e proprio per questo non avremmo mai dato per scontata la nostra storia.

«Finalmente si mangia!» gridò Thaz entusiasta, strappandoci al nostro dialogo muto.

Jess sorrise, gli accarezzai la guancia e tornammo a concentrarci sugli altri. I camerieri ci portarono grandi vassoi con varie pietanze adatte sia alla colazione che alla cena, e, come sempre in quelle occasioni, ognuno prendeva quello che voleva. Ci fu un simpatico siparietto, perché Lincoln e Thaz avevano puntato lo stesso Dutch Baby, una specie di frittella al forno particolarmente deliziosa. Ma i due trovarono presto un accordo e si udirono degli "oh" e degli "ah" perché il cibo di Adam & eVe era semplicemente squisito. Sorrisi quando vidi Lilly che cercava di infilarsi in bocca un pezzo troppo grosso di omelette, poi mi affrettai a servirmi prima che finisse tutto.

La tavolata era un po' rumorosa, un po' caotica, ma soprattutto era fantastico che fossimo tutti lì. E, mentre me ne stavo seduta, con al fianco l'amore della mia vita, circondata dai nostri amici e fratelli, mi tornò in mente quello che avevo pensato quando ero tornata a New York un anno e mezzo prima – e mi guardai il polso, dove campeggiava una piccola scritta nera. Erano sei parole in caratteri arrotondati, che giusto il mese prima avevo deciso di farmi tatuare. Sei parole sulla mia pelle, quasi come un gioiello, ma con un significato molto più grande.

*Home is where the heart is.*

Non mi era mai sembrato così vero.

# Elijah

Amavo il silenzio al mattino presto.

Niente sapeva infondermi più pace di quella particolare tranquillità prima che la città che non dorme mai tornasse in vita. Non era un silenzio assoluto, sentivo il mio respiro affannoso e l'urto del metallo sul metallo quando i pesi scivolavano al loro posto. Ma questi erano suoni che controllavo *io*. Per il resto non sentivo nulla, nessun rumore, nessun'altra persona, nemmeno i miei pensieri. Quell'ora di allenamento mattutino era tutta mia, e per sessanta minuti mi sentivo solo al mondo. E quella sensazione non soltanto mi piaceva, ma ne avevo un gran bisogno. Per sopravvivere.

Feci un respiro profondo e spinsi in alto il bilanciere prima di riabbassarlo. Ancora e ancora, finché le braccia in fiamme non mi implorarono di fermarmi. Le ignorai, strinsi i denti, feci un altro sollevamento, poi un altro ancora. Quando il grande orologio sopra la porta segnò muto le sei, mi concessi una pausa. Riposi il bilanciere e sciolsi le braccia prima di alzarmi. Era stata una buona sessione, considerato soprattutto che avevo dormito poco. Non una delle migliori, però accettabile.

L'asciugamano sulla panca di fronte era già mezzo fradicio, ma mi ci asciugai comunque il viso e il collo. Poi me lo appesi sulle spalle, lasciai la sala pesi e mi diressi in cucina. Passai davanti a un cuscino imbottito con sopra il mio labrador nero, che alzò lo sguardo assonnato quando mi chinai a salutarlo.

«Ehi, bello mio.» Accarezzai affettuosamente la testa di Buddy, che ormai viveva con me da più di sei anni. Lui emise subito un gemito di soddisfazione e si rotolò sulla schiena per farsi accarezzare la pancia. Mi misi a ridere ed esaudii il suo desiderio – anche se dovevo sbrigarmi altrimenti avrei fatto tardi. Come sempre però ne era valsa la pena, perché, mentre accarezzavo Buddy e gli dicevo che era il miglior cane del mondo, sentivo che mi stavo rilassando. Poi guardai l'orologio in cucina: erano le sei e un quarto.

«Devo scappare a fare la doccia.» Smisi di coccolarlo e mi alzai. «Fammi finire di prepararmi e usciamo.»

Buddy rispose con uno sbadiglio e riposò la testa sul cuscino. La mattina presto non era mai stata il suo momento preferito, ma di solito quando era cucciolo mi accompagnava a fare la mia corsetta mattutina. Adesso, però, aveva già otto anni e ogni mattina andavamo a fare una bella passeggiata insieme, dopodiché mi recavo all'università o al lavoro – e la sera correvo senza di lui. Fare sport prima di dormire era un buon metodo per tenere a bada i demoni. Più mi allenavo, meno possibilità avevo di essere svegliato dal passato nel cuore della notte.

Buddy aveva già richiuso gli occhi da tempo, quando salii le scale che conducevano al piano di sopra. Lungo la strada mi imbattei in una rivista che avevo sbadatamente lasciato sulle scale. Era l'ultimo numero di *Forbes* sul tema "30 under 30". Conoscevo bene il titolo, ma i miei occhi si soffermarono sulla foto.

*Elijah Coldwell: Il futuro di New York?*

Mia madre era molto contrariata dal punto interrogativo, ma io no. Dopotutto l'opinione pubblica non era concorde su di me. Alcuni mi ritenevano una speranza, un prodigio o un talento eccezionale. Altri invece mi consideravano arrogante, presuntuoso e sopravvalutato. Naturalmente questi ultimi erano perlopiù anziani, senza nessuna intenzione di vedersi rubare la scena da un ventiduenne. La verità, tuttavia, come sempre stava nel mezzo. Per questo il punto interrogativo aveva senso.

Accesi la luce in bagno e guardai fuori dalla finestra Central Park che emergeva dall'oscurità. Mi fermai un attimo a osservare la città, preparandomi ad affrontare la giornata. Sapevo, infatti, che non appena avessi preso in mano il telefono, che ogni sera lasciavo in bagno senza toccarlo fino al mattino, non sarei più stato solo. Al contrario, mi sarei ritrovato in un vortice di aspettative, richieste e decisioni. Fino a qualche anno prima questo mi avrebbe paralizzato, adesso non più. Spesso la vita era una dura battaglia, ma ormai avevo imparato a combatterla.

Feci un ultimo respiro profondo, poi presi il telefono e attivai il display con l'impronta digitale. Come sempre controllai prima le mail, poi i messaggi. L'assistente di mia madre mi aveva inviato l'ordine del giorno per la riunione del consiglio di amministrazione che si sarebbe tenuta poche ore dopo. Gli diedi uno sguardo veloce, ma sembrava tutto a posto. Mio nonno mi aveva mandato un messaggio per chiedermi se volessi accompagnarlo alla partita degli Yankees la settimana successiva, ma dovetti rifiutare perché avevo già un altro appuntamento. Infine c'era un messaggio di mio fratello.

*Ehi, fratellino, stasera Tough Rock?*

Feci una smorfia. Non perché Jess mi chiamasse ancora così, nonostante fossi ormai cresciuto e alto quanto lui, né perché non avessi voglia di allenarmi con lui, era il miglior compagno che uno potesse desiderare. Esitai perché sospettavo per quale motivo volesse incontrarmi e non ero sicuro di averne voglia.

Quella settimana sarebbe già stata abbastanza pesante anche senza litigare con Jess.

Invece di rispondere, posai il telefono e presi un asciugamano pulito. Dovevo sbrigarmi se volevo uscire con Buddy. Mentre stavo entrando in doccia, tuttavia, squillò il telefono. Controllai un attimo l'orologio per vedere se potessi permettermi di rispondere. In realtà no, ma lo feci comunque.

«Ciao, Alec.»

«Buongiorno, Elijah. È vergognoso che tu sia già sveglio a quest'ora.»

Il suo accento britannico lo faceva sembrare più burbero. Era andato a trovare la sua famiglia a Londra, dove erano già le undici passate. Altrimenti non avremmo mai parlato al telefono a quell'ora. «Ti sei già allenato? Ti prego, smettila, o ci farai sembrare un branco di pantofolai.»

Sghignazzai, sapevo che l'unico motivo per cui era di cattivo umore era perché era incazzato con i suoi. Alec di solito era il più gentile di tutti noi, quasi troppo. Non so cosa gli avessero fatto in Inghilterra per contrariarlo così.

«Sai che non mi alleno per fare il figo» osservai alquanto divertito.

«Sì, lo dici sempre, ma in fondo ti piace quando le ragazze esclamano "Oddio, Elijah!" appena ti togli la maglietta.»

Soppressi una risata. «Certo, in effetti lo faccio in continuazione» ribattei sarcastico. «Proprio la settimana scorsa a quel meeting con il dipartimento finanziario, ad esempio. La reazione è stata travolgente.»

«Insomma, sai cosa voglio dire» borbottò il mio amico, più che altro per principio.

«No, non ne ho idea. Faccio sport perché mi aiuta a pensare.» *E a mantenere il controllo*, aggiunsi tra me e me. «Peraltro, nessuno ti impedisce di allenarti, Alexis» gli ricordai, appoggiando il telefono sul lavandino per togliermi la maglietta sudata. Due minuti al massimo, poi purtroppo dovevo riattaccare.

«Nessuno reggerebbe mai i tuoi ritmi per più di una settimana senza morire.» Alec sbuffò, ma intuii che gli stava passando il malumore. «Quanti impegni hai oggi?»

«Undici.» Anche i pantaloncini finirono nel cesto della biancheria sporca. «E, se voglio rispettarli, devo assolutamente farmi una doccia.»

«Ricevuto. Comunque volevo solo farti sapere che finalmente lunedì prossimo torno a New York. Mi rimarranno un po' di giorni, prima dell'inizio del semestre, per togliermi dalla testa Londra. Confido nel tuo aiuto.»

«Sempre.» Avvertii una fitta allo stomaco al pensiero di un locale affollato, dove sicuramente mi avrebbe portato, com'era giusto che fosse. «Lo dirò anche agli altri. Ezra ne ha abbastanza delle Bahamas e Yates è tornato in città venerdì scorso.» Io ero l'unico che era rimasto in città quell'estate e non vedevo l'ora di rincontrare i miei amici. Da tre anni formavamo un quartetto inseparabile, anche se eravamo molto diversi.

«Perfetto. A presto, bello. Fai un paio di sollevamenti anche per me.»

«Te lo puoi scordare. Ciao, Alec.»

Riattaccai e guardai l'orologio: le sei e trentasei.

Lanciai di fretta l'asciugamano sul vetro e aprii la porta della doccia. Io e Buddy saremmo dovuti uscire di casa alle sette meno dieci. Dovevo muovermi.

Mentre mi godevo l'acqua calda sul collo e la schiena, ripassai mentalmente il programma della giornata. Per prima cosa avevo una riunione del consiglio di amministrazione, poi il seminario finale di una Summer School alla Columbia e un pranzo con un investitore; nel pomeriggio, invece, un incontro con il mio relatore della tesi e infine una riunione per un progetto di gruppo che sarebbe partito il semestre successivo. Dopodiché sarei tornato a casa a cambiarmi, prima di andare a cena all'Eleven Madison Park con mia madre e alcuni soci. Probabilmente sarebbe finito tutto entro le nove, quindi in teoria avrei avuto il tempo di andare al Tough Rock con Jess, ma non avevo il coraggio di reggere i suoi sguardi. O la domanda implicita che si nascondeva dietro di essi: *Tutto bene, Eli?*

«Sì, cazzo, tutto bene» ringhiai cupo. Nonostante le mie parole, tuttavia, pensare a Jess mi riportò indietro di qualche anno, quando tutti mi chiamavano Eli, non solo lui, ed ebbi un sussulto. Era una sensazione familiare, come una morsa che mi stringeva le budella, mentre i miei sensi si facevano eccezionalmente acuti, come se dovessi prepararmi a combattere o a fuggire. Mi ricomposi subito, afferrai il miscelatore e misi l'acqua gelida. Poi strinsi i denti, cercai di respirare nonostante il freddo e la stretta al torace, e la sensazione svanì. Perché questo volevo: avere il controllo. Quattro anni prima avevo giurato a me stesso che non lo avrei mai più perso. E avevo tenuto fede alla promessa.

Perché sapevo che, se non lo avessi mantenuto, avrei perduto tutto.

Impiegai appena dieci minuti ad asciugarmi, vestirmi e uscire di casa, così potemmo concederci una lunga passeggiata a Central Park. Riuscii comunque a rispettare la tabella di marcia: solo mezz'ora più tardi, dopo essere rientrato a casa e aver dato da mangiare a Buddy, scesi con lui dall'auto, mi abbottonai d'istinto la giacca ed entrai alla CW Buildings passando dall'ingresso principale. Salutai di sfuggita il personale alla reception, con lo sguardo fisso sul mio smartphone e il guinzaglio nell'altra mano. Non avevo più bisogno di Buddy durante il giorno e avrei potuto portarlo in un centro quando ero al lavoro o all'università, ma mi piaceva averlo con me. In fondo era stato il mio migliore amico quando non ne avevo altri. Inoltre riuscivo a capire meglio le persone quando lui era con me. Era impressionante quanto la gente si lasciasse andare di più in presenza di un cane.

Fortunatamente trovai ad attendermi un ascensore vuoto. Non c'era niente che odiassi di più delle insignificanti chiacchiere mattutine. E, dal momento che anche lì in azienda ero considerato un moccioso viziato, una grave minaccia o il messia del settore immobiliare, raramente le conversazioni si rivelavano interessanti. Perché non c'era niente di vero. Okay, forse la storia della minaccia, ma solo se uno si lasciava intimorire dal progresso.

Dovevo ancora rispondere al messaggio di Jess che, dallo schermo, sembrava fissarmi con sospetto. Feci un respiro profondo e risposi: *Scusa, non riesco stasera. Magari la prossima settimana.*

Poi misi via il telefono, nello stesso momento in cui l'ascensore partì a tutta velocità. Mi stavano già aspettando quando le porte si aprirono e uscii con Buddy.

«Elijah, sei puntuale. Molto bene.» Mia madre mi si avvicinò, come sempre vestita di chiaro, quel giorno con un tubino di seta grigio perla.

«Quando mai non è così?» Sorrisi e le diedi un rapido bacio sulla guancia. «Buongiorno, mamma.»

«Buongiorno, tesoro.» Le sue labbra si incurvarono in un rapido sorriso, poi accarezzò fugacemente la testa di Buddy. Per un attimo la guardai con attenzione per capire come stesse. Occhio vigile, nessuna ruga di preoccupazione tra le sopracciglia, sembrava aver dormito bene, a differenza di me. «Pronto per la riunione?» chiese.

«Intendi se sono pronto a fare guerra al consiglio di amministrazione? Non vedo l'ora!»

Imboccammo il corridoio sull'onda del mio sarcasmo. Buddy ci seguì, gli avevo tolto il guinzaglio da tempo. Non soltanto era addestrato in modo eccellente, ma era anche molto educato, e rimaneva sempre al mio fianco a meno che non gli ordinassi il contrario.

«Non prenderla sul personale. Sei giovane e brillante, e questo li intimidisce.» Mia madre mi sistemò il colletto. «Tuttavia potresti anche indossare un colore diverso dal nero ogni tanto. Ti rende così cupo.»

«Non sono brillante» obiettai, senza preoccuparmi neanche di replicare al commento sul mio guardaroba. «Semplicemente non sono bacchettone come loro. O avido.» A dire il vero non capivo perché dovessimo rendere conto a quei burocrati. Dopotutto, in quanto soci, avremmo dovuto essere liberi di prendere le nostre decisioni. Jess aveva rinunciato alle sue quote anni prima e io, da quando avevo compiuto diciotto anni, detenevo il trentasette per cento dell'azienda. Il resto apparteneva a mia madre. Ma poiché la società si era ormai molto ingrandita, per tenere tutto sotto controllo serviva un consiglio di amministrazione. I cui membri non erano proprio miei fan.

«Oggi parleremo di finanziamenti» continuò lei facendo finta di niente. «È un pro forma. Sappiamo entrambi che non dipendono dal consiglio di amministrazione.»

Vero, ma per quello che avevamo in mente servivano investitori esterni, e a loro non piacevano i dissidi all'interno dell'azienda. Quindi speravo che ci fossero meno contrari del previsto. Quel progetto significava molto per me, sarebbe stato il mio modo di lasciare un segno nella città prima di finire gli studi l'anno successivo. Non avrei permesso al consiglio di rovinare tutto.

«Quando è stata l'ultima volta che hai visto tuo fratello?»

Mamma stava guardando il tablet, ma sapevo a cosa alludeva. Aveva intuito che le cose tra me e Jess non andavano bene al momento. Molti la consideravano una perfida regina di ghiaccio, ma era molto più empatica di quanto credessero.

«Non so, da un bel po'» risposi fingendomi disinvolto. «Ma stavo pensando di andare all'Adam & eVe domenica.» Di solito c'erano sempre un sacco di amici e parenti, così non avrei corso il rischio di dover parlare con mio fratello.

«Bene, magari vengo anch'io. Non li vedo da due settimane.»

Trish sorrise di nuovo, e mi tornò in mente quando era terrorizzata dall'idea che Jess e Helena potessero stare insieme. Ero davvero contento che fossero così felici e che la loro relazione fosse stata accettata da tutti. Non avrei mai avuto una storia simile, ma, a essere sincero, neanche la volevo. L'amore rendeva troppo vulnerabili.

Guardai l'orologio. «È ora. Non dovremmo farli aspettare.»

Mamma annuì e io la seguii insieme a Buddy nella sala conferenze, la cui vetrata dava su Coldwell House. Tutti gli altri membri del consiglio erano già nella stanza. Quando entrai, raddrizzai la schiena e sollevai il mento. I presenti mi fissarono e io ricambiai i loro sguardi, sicuro di me e imperturbabile. Frutto di anni di pratica.

«Signore e signori, ci siamo tutti.» Mamma si sedette e io feci cenno a Buddy di accucciarsi sulla coperta sistemata in un angolo della stanza. La sua presenza da tempo non faceva più aggrottare le sopracciglia o arricciare il naso, dopotutto era sempre stato con me da quando ero diventato azionista. Anzi, ero sicuro che la maggior parte dei presenti gli volesse un gran bene.

Mi sbottonai la giacca, presi posto accanto a mia madre, controllai il nodo della cravatta, perfettamente a posto. Nel farlo mi si alzò un po' il polsino della camicia e Greg Talbot, seduto di fronte a me al grande tavolo da conferenza, notò il tatuaggio che spuntava da sotto il tessuto.

Fece una smorfia di disapprovazione, ma non ci pensai proprio ad abbassare la manica per nascondere l'inchiostro scuro. Anzi, tirai su ulteriormente il polsino, in modo da far risaltare di più il motivo grafico.

Talbot si lasciò sfuggire uno sbuffo sommesso e io gli rivolsi un lieve sorriso. Probabilmente sarebbe svenuto se avesse saputo che avevo tatuate non soltanto le braccia, ma anche la maggior parte del busto. O se gli avessi spiegato perché.

«Siamo qui riuniti per discutere dei finanziamenti per il progetto 22-417 sul terreno da noi recentemente acquistato a Bryant Park.»

Mia madre fece cenno alla sua assistente di iniziare con la presentazione. I progetti ufficiali dell'autorità edilizia di New York, in cui era già segnalato l'edificio pianificato, furono proiettati alla parete. Mia madre mi guardò. «Abbiamo già discusso i dettagli. Vi faccio una breve sintesi della situazione attuale, poi Elijah vi esporrà nel dettaglio i fondi necessari.»

Annuii, avvertendo di nuovo per un attimo quella pressione interiore, che accantonai senza difficoltà. Non mi sarei più lasciato turbare da situazioni del genere perché, se anche avvertivo spesso l'eco delle mie paure passate, non le lasciavo affiorare.

1134 giorni. Era passato così tanto tempo da quando avevo avuto il mio ultimo attacco di panico. Da allora la disciplina e la calma erano state le mie principali alleate, non più la paura e l'impotenza. Pertanto, non solo ero in grado di condurre una vita quasi normale, ma anche di stare seduto in quella stanza con persone influenti che non mi guardavano più con pietà, bensì con rispetto. E questo mi rendeva cupamente orgoglioso. Ero sicuro che alcuni di loro ricordassero ancora quello che mi era successo a nove anni, sebbene avessi fatto di tutto per farglielo dimenticare. Adesso, mentre lasciavo vagare lo sguardo sul consiglio di amministrazione, sembravo esserci riuscito: nessuno pareva più associarmi al rapimento. Eppure ricordavo bene gli sguardi compassionevoli e i sussurri a porte chiuse che mi avevano accompagnato a ogni passo. *È traumatizzato, povero ragazzo. Come può farcela? Nessuno riesce a superare fino in fondo una cosa del genere.*

Quella vuota commiserazione era così sfiancante, e per niente d'aiuto. Che ne sapevano loro. Come potevano immaginare cosa si prova a stare seduti per dieci giorni in uno scantinato di Harlem buio come la pece, freddo e umido, senza sapere se si potrà uscirne vivi. Quanto sia terribile subire abusi fisici e mentali, senza sapere se qualcuno verrà mai a salvarci. Si erano mai domandati come sarebbe stato se al mio posto ci fosse stato loro figlio? Quanto si sarebbero sentiti impotenti e inutili in quel momento? Ma nessuno poteva capire davvero quell'agonia, quel dolore. E nessuno sapeva cosa fosse realmente successo in quei dieci giorni. O dopo. Né l'opinione pubblica, né i miei genitori o mio fratello. Né la polizia, né i miei terapeuti, dai quali andavo ogni settimana da anni. Non l'avevo mai raccontato a nessuno. Per una buona ragione.

E, se fosse stato per me, nessuno l'avrebbe mai saputo.

# Ringraziamenti

Eccoci qua, alla fine di un viaggio iniziato nel gennaio 2020, quando è nata l'idea di questa storia. Già all'epoca avevo avuto la sensazione che Helena e Jess potessero segnare l'inizio di qualcosa di speciale, per me e magari anche per voi. Da allora sono successe tantissime cose – così tante che ancora stento a capacitarmene. *Westwell* ha di gran lunga superato le mie aspettative. Questo non solo grazie al vostro entusiasmo, ma anche all'appoggio incondizionato di un sacco di persone meravigliose.

Innanzitutto ringrazio Stephanie Bubley, la migliore editor con cui io abbia mai avuto il piacere di lavorare. Non soltanto per aver capito me, ma anche Helena e Jess in un modo che non mi sarei mai aspettata. E per aver sposato l'idea di realizzare un progetto completamente diverso da quello che avevo pianificato. Grazie infinite per tutto.

Grazie a tutto il team dell'editore LYX, che mi ha riservato un'accoglienza davvero calorosa: Simon Decot e Ruza Kelava, grazie di cuore per la vostra fiducia. Un ringraziamento sincero va ad Andrea Berlauer, per essere stata la mia maestra zen nei momenti di massima agitazione. Grazie a Steffi Ebert, Sabrina Weber, Laura Klingenberg, Sarah Schneider, Annett Brandt, Jeannine Schmelzer e a tutti coloro che si sono presi cura di me e dei miei libri. Siete fantastici.

Un ringraziamento molto speciale va a Melike Karamustafa, le cui modifiche posso ormai accettare a occhi chiusi. Sei stata la mia collaboratrice dei sogni e lo rimarrai sempre.

Ringrazio naturalmente la mia agente, Gerlinde Moorkamp, dal profondo del cuore. Anche quest'anno ti sei rivelata un sostegno fondamentale, assicurandoti che dopo ognuno dei nostri colloqui io mi sentissi un po' più capace e soddisfatta. Grazie anche a Silke Weniger e Anne Kästner per il loro sostegno. Chi l'avrebbe mai detto che avremmo fatto così tanta strada insieme, quando mi avete portato nella vostra agenzia con una trilogia distopica?

A Charlie e Mimi, le mie lettrici-cavia con la testa e il cuore. Grazie Charlie per l'ascolto, l'incoraggiamento e le tante nuove canzoni per le mie playlist. Mimi, hai poteri magici, ne sono certa. Altrimenti non riesco a spiegarmi come tu possa rendermi felice a ogni tuo messaggio.

Simone, ti ho minacciato (affettuosamente!) di dedicarti questo libro – spero tu sia d'accordo. Grazie infinite per tutto quello che fai, sei la personificazione vivente dell'amore per i libri.

Ringrazio le mie colleghe: Merit, per avermi sopportato anche quando ero la reincarnazione del Bianconiglio e per avermi emozionato con i tuoi libri. (Per la cronaca, io ci sono sempre per il Progetto Crociera). Kira, donna di un'intelligenza e di una simpatia incredibili, i cui messaggi mi fanno sempre morire dal ridere. Grazie per essermi stata vicina fin dall'inizio. Kim, mia Sister of Suspense, grazie per essere sempre sulla mia stessa lunghezza d'onda. Nicole, grazie infinite per le meravigliose illustrazioni per l'edizione tedesca di questi libri, nessuno avrebbe potuto fare di meglio con Helena e Jess. Tanja, Laura, Yvy e tutti coloro che amano questo lavoro quanto me: vi ringrazio per i nostri scambi.

Un grazie di cuore alla mia famiglia: mamma, papà, grazie per l'ascolto e per esservi presi un cane. Kathrin, non ce l'avrei mai fatta senza il tuo appoggio – per non parlare del tuo entusiasmo. Stavolta ti lascerò leggere il libro fino in fondo.

Grazie a tutti i miei amici, ma a uno in particolare: Paddy, per me sei sempre stato una fonte di ispirazione, ma da quest'anno sei diventato il mio punto di riferimento. Hai una forza incredibile.

E poi, naturalmente, Felix. Questo è il mio undicesimo libro e non è facile continuare a essere originale quando cerco di descrivere quello che provo per te (lo so, è imbarazzante, d'altronde è il mio lavoro). In ognuno dei miei protagonisti, che si tratti di Lucien, Lyall, Noel, Jess o Eli, c'è un po' di te, e non soltanto perché sei la persona con cui mi sentirò sempre al sicuro. Grazie di tutto.

Cari lettori, so di aver messo a dura prova la vostra pazienza con questa serie e i suoi cliffhanger – eppure siete rimasti fedeli a me, Helena e Jess. Grazie infinite! Spero che siate soddisfatti di come è finita la storia e rassicurati dal lieto fine. E magari avrete voglia di leggere anche *Coldhart*. Ho sempre avuto in mente la storia di Eli fin da quando ho concepito *Westwell* e sono così contenta di poterla finalmente scrivere. Tra un po' sarà proprio il caso di dire: «Welcome back to New York». Spero di rivedervi presto!

# Indice

MISTO
Carta da fonti gestite
in maniera responsabile
FSC® C021883
FSC
www.fsc.org

Stampato presso Grafica Veneta S.p.A.
Stabilimento di Trebaseleghe (PD)